NELSON **ROSENVALD**
FABRÍCIO **OLIVEIRA**

20
23

GOVERNANÇA NOS GRUPOS SOCIETÁRIOS

INOVAÇÕES

2023 © Editora Foco

Autores: Nelson Rosenvald e Fabrício Oliveira
Diretor Acadêmico: Leonardo Pereira
Editor: Roberta Densa
Assistente Editorial: Paula Morishita
Revisora Sênior: Georgia Renata Dias
Capa Criação: Leonardo Hermano
Diagramação: Ladislau Lima e Aparecida Lima
Impressão miolo e capa: FORMA CERTA

Dados Internacionais de Catalogação na Publicação (CIP) de acordo com ISBD

O48g Oliveira, Fabrício

Governança nos grupos societários inovações / Fabrício Oliveira, Nelson Rosenvald. - Indaiatuba, SP : Editora Foco, 2023.

320 p. ; 16cm x 23cm.

Inclui bibliografia e índice.

ISBN: 978-65-5515-761-1

1. Direito. 2. Direito societário. I. Rosenvald, Nelson. II. Título

2023-806   CDD 346.07   CDU 347.7

Elaborado por Vagner Rodolfo da Silva – CRB-8/9410

Índices para Catálogo Sistemático:

1. Direito societário 346.07

2. Direito societário 347.7

DIREITOS AUTORAIS: É proibida a reprodução parcial ou total desta publicação, por qualquer forma ou meio, sem a prévia autorização da Editora FOCO, com exceção do teor das questões de concursos públicos que, por serem atos oficiais, não são protegidas como Direitos Autorais, na forma do Artigo 8º, IV, da Lei 9.610/1998. Referida vedação se estende às características gráficas da obra e sua editoração. A punição para a violação dos Direitos Autorais é crime previsto no Artigo 184 do Código Penal e as sanções civis às violações dos Direitos Autorais estão previstas nos Artigos 101 a 110 da Lei 9.610/1998. Os comentários das questões são de responsabilidade dos autores.

NOTAS DA EDITORA:

Atualizações e erratas: A presente obra é vendida como está, atualizada até a data do seu fechamento, informação que consta na página II do livro. Havendo a publicação de legislação de suma relevância, a editora, de forma discricionária, se empenhará em disponibilizar atualização futura.

Erratas: A Editora se compromete a disponibilizar no site www.editorafoco.com.br, na seção Atualizações, eventuais erratas por razões de erros técnicos ou de conteúdo. Solicitamos, outrossim, que o leitor faça a gentileza de colaborar com a perfeição da obra, comunicando eventual erro encontrado por meio de mensagem para contato@editorafoco.com.br. O acesso será disponibilizado durante a vigência da edição da obra.

Impresso no Brasil (04.2023) – Data de Fechamento (04.2023)

2023

Todos os direitos reservados à
Editora Foco Jurídico Ltda.
Avenida Itororó, 348 – Sala 05 – Cidade Nova
CEP 13334-050 – Indaiatuba – SP

E-mail: contato@editorafoco.com.br
www.editorafoco.com.br

"Dedicamos este livro ao Professor Coutinho de Abreu.
Com sua personalidade arguta, o professor, durante o período
em que convivemos e fomos por ele orientados na Faculdade de Direito
da Universidade de Coimbra, provocou a todo momento o nosso espírito
crítico e o desejo de pensarmos estruturas negociais que funcionem para
todos. Prestamos a ele os nossos agradecimentos pela amizade e dedicação".

SAUDAÇÕES DESDE COIMBRA

Quiseram os Autores deste livro que eu escrevesse nele umas palavras iniciais. Sem esperarem, creio, uma apresentação da obra ou um atestado do mérito da mesma. Um livro apresenta-se ele mesmo, superficialmente pelo título e índice geral (e eventualmente pelas "conclusões"-resumo, tão do agrado do leitor apressado ou do leitor preguiçoso), e mais aprofundada e calmamente pela forma e conteúdo das mensagens que comunica. Depois, o que eu pudesse dizer sobre o merecimento da obra seria apenas a opinião de um primeiro leitor sem pretensões de prejudicar ou comprometer os juízos dos sucessivos leitores de um livro que se abre à publicidade crítica.

Ao convocarem-me para aqui, o que os Autores fizeram foi dar mais um sinal de companheirismo. Na Faculdade de Direito da Universidade de Coimbra tive a oportunidade e o gosto de acompanhar Nelson Rosenvald (em investigação pós-doutoral) e Fabrício Oliveira (preparando o doutoramento). Laços, de amizade também, nasceram desse convívio.

Àquele sinal respondo agora com outro, dizendo simplesmente: presente!

Mas direi um pouco mais, acerca e a pretexto da obra.

Os grupos de sociedades são hoje os grandes protagonistas nos palcos nacionais e mundial da economia (e, portanto, determinantes nos bastidores da política). Regulá-los por lei especial-excecional e global ou sectorialmente, ou não; quais os interesses a tutelar prioritariamente em eventual regulação específica; na ausência desta regulação, que instrumentos jurídicos são mobilizáveis para atalhar abusos – eis alguns (entre muitos) problemas suscitados pelo fenómeno grupal-societário.

Problemas esses apresentados e enfrentados neste livro. São analisadas criticamente cinco estratégias regulatórias dos grupos (número superior aos que costumam ser apontados), algumas delas com variantes, merecendo maior desenvolvimento, naturalmente, as experiências brasileira e portuguesa. Atenção particular é dada aos chamados grupos de facto qualificados. A respeito dos quais são propostos instrumentos de tutela inibitória do ilícito: o direito de saída, exoneração ou recesso dos sócios minoritários da sociedade dominada (que me parece perfeitamente defensável, também com base na ideia-princípio da exoneração por justa causa), e a nomeação judicial de administrador provisório para a dominada (aceitável enquanto medida excecional). (Menos exequível se me antolha, nos quadros legais atuais, a ideia de fazer entrar nos órgãos da sociedade controladora pessoas eleitas pelos minoritários da controlada.).

Os Autores mostram franca simpatia pela conceção contratualista da sociedade (a não confundir com as perspetivas contratualistas, contrapostas às institucionalistas, sobre o interesse social, nem com a tese contratualista, contraposta às teses anticontratrualistas, sobre a natureza jurídica do ato normal-tradicional constituinte das sociedades): a sociedade como nexo (*nexus*) ou complexo de contratos explícitos e implícitos agregando administradores, sócios, trabalhadores, credores... Conceção associada à "teoria da agência" (problemas e custos de agência etc.), amplamente tratada no livro.

Não nutro grande simpatia por estas "teorias", menos ainda quando elas, originariamente económicas, são importadas (tantas vezes acriticamente) para o direito. Além do mais, "contrato" não significa nessa teoria económica o mesmo que no direito; "agência" não tem aí o significado que tem no *law of agency* (nem, menos ainda, no campo do "contrato de agência"); os administradores aparecem como *agents*, não da sociedade nem dos vários sujeitos com interesses nela (e que seriam partes no nexo de "contratos"), mas, afinal, dos (*principals*) sócios ou acionistas – descurando, aliás, a diversidade tipológica destes (acionistas controladores e não controladores, de longo prazo, ocasionais, especuladores etc.); este contratualismo (já se vê pela própria designação) propugna a não regulação legal ou (mais) a regulação por leis dispositivas, não imperativas. Ora, as sociedades são lugares de relações de poder (com projeção interna e externa) muitas vezes não assentes em contratos, ou fundadas em contratos cujas partes não estão no mesmo plano. E o direito das sociedades não vem dispensando normas (também) imperativas (e assim deve continuar).

Não obstante, há que dizê-lo, o livro não trata essas "teorias" ao jeito de vulgata, nem com o simplismo revelado por tantos que teimam mostrar-se *à la page*. Aqui e ali, a análise é crítica, teorias alternativas ou ao menos complementares são avançadas (como as da *fiduciary law*, relevantes em matéria de grupos). E os Autores não veem os grupos de sociedades como (complexos) *nexuses of contracts*, nem propugnam a não regulação ou a regulação tão só dispositiva.

Em suma, este livro, porque importante na temática e rico em erudição e cultura no discurso, merece bem ser lido.

Coimbra, maio de 2019.

Jorge M. Coutinho de Abreu

INTRODUÇÃO

O problema dos grupos de sociedades é tratado sob a perspectiva de uma específica estratégia regulatória: a que regula os grupos segundo dois tipos, os grupos de direito e os grupos de fato. Muito embora, outras estratégias da regulação sobre os grupos de sociedades são abordadas e problematizadas no curso do livro.

Como o leitor perceberá, não defendemos a subjetivação ou a personificação dos grupos de sociedades, mas compreendemos os grupos por intermédio de um referencial teórico que nos possibilita, em um primeiro estágio, a identificação da empresa do grupo e, em um segundo estágio, a elaboração de análises, de críticas e de propostas para os problemas apresentados na regulação dos grupos de sociedades.

Essa forma de compreensão dos grupos de sociedades leva-nos a tratar dos modos de governança (empresa, mercado e híbrido) e aplicá-los à organização grupal. É o que nos permite justificar o título do livro "Governança nos Grupos Societários: inovações".

O texto é elaborado em duas partes (contendo os capítulos respectivos) que tratam o problema sob duas perspectivas: a primeira é estrutural e procedimental e analisa a forma como o comando hierárquico, típico do modo de governança da empresa, se manifesta no interno dos grupos. A hipótese de que é necessária a internalização dos interesses das sociedades controladas pela forma e pelo conteúdo da sociedade controladora é construída ao longo do texto, sendo justificada nos vários conteúdos tratados, desde os fundamentos do modelo contratualista que defendemos até a análise do conteúdo da dogmática jurídica.

Esse esquema metódico gravita em torno da nossa proposta sobre a relação entre empresa, sociedade e governança. O conteúdo da empresa é a hierarquia, a sua forma é o *nexus* (ou conjunto) de contratos. A sociedade, por sua vez, é um sistema de governança dos variados interesses presentes na empresa. Esses interesses serão internalizados pela forma jurídica com maior ou menor intensidade, a depender da abordagem escolhida (*shareholder* versus *stakeholder*). A sua forma, por outro lado, é a de um contrato (em sentido econômico, compreendendo também os atos unilaterais de vontade).

A segunda parte é profilática porque identifica o problema, o grupo de fato qualificado, categoriza-o como ilícito e elabora soluções para serem mobilizadas antes mesmo da ocorrência de um eventual dano. Nessa parte, há um aprofundamento dos estudos sobre as possíveis estratégias regulatórias dos grupos de sociedades, é feita uma verticalização nos estudos da que é adotada pelo Brasil, o que nos possibilita entender mais claramente o problema que se manifesta nos chamados grupos de fato qualificados.

Esse percurso nos conduz à teoria do ilícito e a modulação de propostas para tratar a ilicitude dos grupos de fato qualificados. É o momento da utilização da tutela inibitória no contexto dos grupos societários. Essa hipótese também é construída e justificada ao longo do texto, desde os espaços dedicados aos fundamentos teóricos até aqueles outros destinados à aferição de sua viabilidade diante da dogmática jurídica.

Por fim, ao longo do texto, o leitor irá deparar-se com dados que justificam a necessidade de estudos teóricos e empíricos sobre os grupos de sociedades e alguma vez ou outra deparará com propostas de agenda de pesquisa que refletem não somente a importância desses esforços, mas também outras abordagens possíveis sobre o assunto.

SUMÁRIO

SAUDAÇÕES DESDE COIMBRA V

INTRODUÇÃO VII

PARTE 1 1

1.1 A relação entre empresa, sociedade e governança 10

1.2 A teoria positiva da agência e a teoria dos custos de transação (forma de institucionalismo econômico), origens, aproximações e diferenças; e o modelo de governança que indicamos para os grupos de sociedades 14

1.3 Alguns esclarecimentos sobre a teoria positiva da agência 24

    1.3.1 A identificação do problema posto 27

    1.3.2 A proposta da teoria positiva da agência, seus pressupostos, sua metodologia e suas contribuições – não há algo como o interesse da sociedade em si e, como consequência, não há algo como o interesse do grupo de sociedades em si 27

1.4 O controle no direito societário brasileiro e o problema de sua manifestação nas sociedades organizadas em grupos 49

1.5 Grupos de sociedades 59

    1.5.1 Os grupos de sociedades no direito brasileiro 64

    1.5.2 O fluxo de poder nas sociedades anônimas portuguesas: limites para a atuação do acionista majoritário em face dos administradores 86

    1.5.3 Algumas considerações sobre o direito dos grupos de sociedades português – um breve diálogo com a tese do Professor Doutor Jorge Manuel Coutinho de Abreu 102

    1.5.4 Um olhar alternativo ao da teoria da agência e ao do institucionalismo econômico de Williamson – uma proposta de agenda de pesquisa a partir da *fiduciary law* aplicada no contexto dos grupos de sociedades 109

PARTE 2	125
2.1 O fenômeno dos grupos societários	126
2.1.1 O controle: da influência dominante à direção unitária	136
2.1.2 Para além do grupo: os demais autônomos centros de imputação de efeitos jurídicos	143
2.1.3 As estratégias regulatórias para os grupos societários	151
2.1.4 O Código das Sociedades Comerciais de Portugal	174
2.1.5 O modelo contratual em oposição ao modelo orgânico	197
2.1.6 O modelo regulatório orgânico do EMCA	201
2.1.7 Os grupos de fato qualificados	211
2.1.8 Os grupos de fato qualificados como fatos ilícitos qualificados por uma ilegalidade	223
2.2 A tutela inibitória do ato ilícito	246
2.2.1 Desmistificando a simbiose entre o fato ilícito e a responsabilidade civil	246
2.2.2 O fato ilícito *stricto sensu* (cláusula geral de ilicitude)	254
2.2.3 A tutela preventiva do ato ilícito	256
2.2.4 A tutela Inibitória e a tutela de remoção do ilícito – Uma perspectiva brasileira	264
2.3 Estratégias de atuação perante o ilícito	269
2.3.1 O direito potestativo de recesso	274
2.3.2 A nomeação de administrador provisório	279
CONCLUSÃO	289
REFERÊNCIAS	299
POSFÁCIO	307

PARTE 1

O problema central posto para a compreensão e normatização da dinâmica das forças atuantes nos grupos de sociedade gravita em torno do interesse geral do grupo. É o que, ao nosso ver, está posto por meio da dogmática jurídica. No entanto, entendemos que o que se produz no Direito a partir dessa proposta é algo tão nebuloso, quanto o que se produziu ao longo dos tempos em relação ao interesse da sociedade, quando está sob análise a sociedade isolada.

Buscando a demonstração desse problema, trataremos, em primeira linha, do interesse da sociedade por meio do estudo das teorias da empresa (que mais fortemente influenciam o direito societário na contemporaneidade), além de algumas inserções críticas sobre as teorias que estudam as pessoas jurídicas (no caso, as sociedades), tomando por base a relação que propomos entre empresa, sociedade e governança. Está em causa nessa proposta o potencial dessas construções para explicar (e em alguns casos normatizar) a criação e o funcionamento da empresa, bem como, quando for o caso, a constituição das sociedades (como pessoas jurídicas) e a relação entre os seus constituintes (entre si e para com a sociedade, lembrando que entre os constituintes pode figurar uma ou várias sociedades). Para melhor situar o leitor quanto as finalidades dessas discussões, identificaremos, com suporte em William W. Bratton, Jr., três conjuntos de perguntas postas à reflexão:

a) O primeiro conjunto de questões indaga sobre a existência da sociedade – ou seria da empresa? A explicação será dada ao longo do livro. Uma primeira resposta: são reificações, resultantes dos processos mentais tanto daqueles internalizados na estrutura societária, quanto daqueles outros externos à estrutura, mas por ela afetados. Uma segunda resposta: a empresa ou a sociedade possui existência, como um ser metafísico, à parte da das pessoas a ela relacionadas.[1]

b) O segundo conjunto de questões indaga acerca da distinção entre a empresa e as forças que dela decorrem ou a sociedade e a reunião dos seus constituintes, sejam essas a empresa ou a sociedade, reificadas ou reais. Nessa linha de problematização o que está em causa é a maior

---

1. BRATTON JR, William W. The new economic theory of the firm: Critical perspectives from history. *Stanford Law Review*, p. 1471-1527, 1989.

ênfase dada (ou que deve ser dada) ou ao grupo resultante de comportamentos individuais ou aos seus indivíduos. Se o ente apresenta uma existência cognoscível, os esforços ocorrem para investigar a origem e a forma que se dá a sua separação da dos seus constituintes. Aqui, a personificação das sociedades, compreendida como a atribuição a elas de características humanas, provê uma maneira metafórica para o seu insulamento de seus constituintes. De outro modo, se a noção da entidade não encontra elementos no plano da realidade fática, a sua natureza e a sua origem são determinadas pelas relações mantidas pelos seus constituintes. Esse último posicionamento fundamenta as posições tidas como contratualistas. E mais, podemos perceber que esse segundo conjunto de questões deriva do primeiro.[2] As teorias econômicas que atualmente dão suporte aos contratualismos tendem a compreender a empresa como mera ficção jurídica. Mesmo aquelas que as têm como algo diferenciado do mercado (insulando-as), focam as transações entre indivíduos (a unidade básica de análise). Frequentemente, para as teorias econômicas, a empresa em si é considerada uma ficção jurídica ou até mesmo uma função econômica.

c) Por fim, há um conjunto de questões afetas às políticas públicas. Aqui o problema básico é o de saber se as empresas ou as sociedades derivam (positivamente) da atuação do Estado. Uma possível resposta é dada pela teoria da concessão (a ser explicada a seguir). Outra, contrária a essa, é denominada contratualista, já que afirma que tais entidades derivam da vontade de seus constituintes. No entanto, as teorias da concessão apresentam-se em diferentes graus (identificáveis quando analisada a força conferida ao Estado no que diz respeito à causa das empresas ou à das sociedades). Sua versão mais estatista, e nesse aspecto, mais forte, atribui a existência, agora no caso específico das sociedades, a um ato jurídico de direito público. Sua versão mais liberal, atribui a sua existência à conformidade com a regulação estatal. Por outro lado, ainda nesse plano de análise – das políticas públicas – a posição contratualista defende que as liberdades individuais implicam no direito de organizar a produção e as trocas mercantis por intermédio da empresa, podendo ser conformada pela sociedade, e sem a interferência do Estado. Variações dessa proposta sugerem que as sociedades não podem ser objeto da regulação estatal

---

2. BRATTON JR, William W. The new economic theory of the firm: Critical perspectives from history. *Stanford Law Review*, p. 1471-1527, 1989.

porque as atividades por elas exercidas não possuem caráter público, mas privado.[3]

Eric Orts perspectiva essas discussões no terceiro conjunto de questões apresentadas, tendo em conta a tensão histórica presente entre duas concepções de políticas públicas: as caracterizadas como *top-down* e as *bottom-up*.[4]

Num estudo histórico, Eric Orts, em relação ao Direito romanista, se apoia em Gaius,[5] transcrevendo-o:

> Parterships, "collegia", and bodies of this sort may not be formed by everybody as will; for this right is restricted by statutes, "senatus consulta" (rules), and imperial "constitutions" (edicts). In a few cases only are bodies of this sort permitted. For example, partners in tax farming, gold mines, silver mines, and salt works are allowed corporations. Likewise, there are certain "collegia" at Rome whose corporate status has been stablished by (law), for example, those of the bakers and certain others of the shipowners. Thosse permitted to form a corporate body consisting of a "collegium" or partnership… have the right on the pattern of the state to have common property, a common treasury, and a attorney… trought whom… what should be transected and done in common is transected and done."[6]

Conclui sobre o problema tratado pelo romanismo que as sociedades somente existiram, naquele tempo, em função do interesse do Estado.[7] Percebam

---

3. BRATTON JR, William W. The new economic theory of the firm: Critical perspectives from history. *Stanford Law Review*, p. 1471-1527, 1989.
4. ORTS, Eric W. *Business persons*: A legal theory of the firm. Oxford University Press, 2013.
5. Gaius, Provincial Edict 3 Apud ORTS, Eric W. *Business persons*: A legal theory of the firm. Oxford University Press, 2013. p. 10.
6. Queremos, entretanto, destacar a importância do estudo sobre as *Societas* romanistas e as sociedades modernas presentes na tese de doutorado de Max Weber (The History of Commercial Partnership in the Middle Ages), da qual apontamos o trecho: <em referência às *societas*>, "as merely a complex of obligatory relations among the socii, is of no concern to third parties; in its legal consequences, a transaction a socius makes on the account of the partnership is no different from any transaction made on a personal account. If transactions made on the account of the partnership generate a loss, then it appears to third parties solely as the loss of the person who made the deal. However, in this situation a partner's financial account incurs a claim against the other partners to be indemnified proportionately, and this claim becomes a part of his assets in case of bankruptcy. A bankruptcy proceeds only against the assets of an individual partner and involves only those as creditors with whom he had contracts, which in such case might include the other socii. (In: WEBER, Max. *The history of commercial partnerships in the middle ages*. Rowman & Littlefield, 2003. p. 54). Note-se que, ao contrário, a eficácia da sociedade moderna e contemporânea frente a terceiros é algo sedimentado.
7. Questão outra é a diversidade de pessoas jurídicas e de autonomias a elas atribuídas. É ilustrativo, em linhas gerais, o trecho da decisão proferida pela *US Supreme Court* no caso *Dartmouth College versus Woodward*: "There are divers sorts of corporations; and it may be safely admitted that the legislature has more power over some, than over others. Some corporations are for government and political arrangement; such, for example, as cities, counties and the towns in New England. These may be changed and modified, as public convenience may require, due regard being always had to the rights of property. Of such corporations, all who live within the limits are, of course, obliged to be members, and to submit to the duties which the law imposes on them as such. Other civil corporations are for the advancement of trade and business, such as banks, insurance companies, and the like. These are

que já aqui se identifica a sua proposta de estudo: a compreensão, nesse caso, da *societas* por meio da abordagem *top-down*. Note-se que a análise se dá agora em relação à sociedade e não à empresa.

Em reforço da sua tese, o autor cita trecho do voto proferido pelo *Chief Justice John Marshal* no caso *Dartmouth College versus Woodward*, o qual reproduzimos aqui:

> a Corporation is an artificial being, invisible, intangible, and existing only in contemplation of law. Being the mere creature of law, it possesses only those properties which the charter of its creation confers upon it, either expressly, or as incidental to its very expense.[8]

Propondo que a abordagem *top-down* trata as sociedades e, por extensão, qualquer pessoa jurídica que abrigue a empresa, como subordinada ao Direito e, como consequência, ao Estado que as normatiza (o grau de autonomia dessas pessoas frente ao Estado é o ponto colocado em causa).

Entretanto, entendemos que o problema identificado pelo *Chief Justice John Marshal* no caso *Dartmouth College versus Woodward* situa-se em momento posterior àquele reproduzido por Eric Orts. Analisemos algumas reflexões presentes em seu voto, na sequência do trecho transcrito pelo autor:

O primeiro ponto arguido diz sobre o fato de as sociedades serem criações do Direito, tendo a dogmática jurídica se valido da forma da personalidade jurídica para abrigar ditas relações, o Estado poderia intervir no seu objeto. Um dos principais aspectos a serem analisados no que diz respeito ao problema da extensão dessa personalidade – em princípio construída para abrigar as pessoas naturais – às sociedades empresárias (mas não somente), é a característica da imortalidade dessas últimas. Na expressão do *Chief Justice John Marshal*:

> Among the most important are immortality, and, if the expression may be allowed, individuality; properties, by which a perpetual succession of many persons are considered as the same, and may act as a single individual. They enable a corporation to manage its own affairs, and to hold property, without the perplexing intricacies, the hazardous and endless necessity, of perpetual conveyances for the purpose of transmitting it from hand to hand.[9]

No entender de John Marshal, a função principal da personalidade jurídica, assim encontrada em sua gênese, é a de acomodar um conjunto de

---

created, not by general law, but usually by grant; their constitution is special; it is such as the legislature sees fit to give, and the grantees to accept." Disponível em: https://caselaw.findlaw.com/us-supreme-court/17/518.html. Acesso em: 1º maio 2019.

8. ORTS, Eric W. *Business persons*: A legal theory of the firm. Oxford University Press, 2013.

9. Disponível em: https://caselaw.findlaw.com/us-supreme-court/17/518.html. Acesso em: 1º dez. 2019.

interesses de pessoas naturais para resolver os problemas resultantes de suas sucessões (derivados da circunstância da mortalidade do ser humano). Para cumprir essa função, a pessoa jurídica (no caso, a sociedade) permite que uma sucessão de indivíduos atue para desenvolver (ou explorar) um determinado objeto, como um ser imortal. Mas isso não torna automaticamente essa pessoa parte do Estado, a menos que seja esse o objetivo de sua constituição. A sua imortalidade não lhe confere maior ou menor poder político ou modificação em sua natureza (pública ou privada), do que a imortalidade poderia conferir a uma pessoa natural.

John Marshal conclui seu argumento afirmando que: "It is no more a state instrument, than a natural person exercising the same powers would be."[10]

Essa lógica é aplicada por John Marshal para contextualizar o problema: se em relação a uma pessoa natural, nomeada por outras pessoas privadas, para educar jovens, ou para organizar um seminário no qual jovens são educados, esse mister não transforma a sua natureza, de privada para pública, então, ainda valendo-se da analogia, indaga:

> how is it, that this artificial being, created by law, for the purpose of being employed by the same individuals, for the same purposes, should become a part of the civil government of the country? Is it because its existence, its capacities, its powers, are given by law? Because the government has given it the power to take and to hold property, in a particular form, and for particular purposes, has the government a consequent right substantially to change that form, or to vary the purposes to which the property is to be applied?[11]

Entretanto, se acima, a analogia da pessoa jurídica com a pessoa natural permitiu ao juiz concluir pela não alteração na natureza da pessoa (se pública ou privada), agora, John Marshal, sutilmente, traz à superfície outra questão, quando afirma que os objetivos para os quais uma sociedade é constituída são amplos, o que atende aos anseios do Estado, sendo tidos em conta por beneficiar à comunidade. Mais enfaticamente, fundamenta: "and this benefit constitutes the consideration, and in most cases, the sole consideration of the grant."[12] Para após, explicar a sua lógica: na maioria dos casos de entidades caritativas, o objeto seria de difícil exploração e, em alguns casos, mesmo impossíveis de serem explorados sem a solução da personalidade jurídica (no texto original a referência é feita em relação à *corporation*). A preocupação aqui se dá em relação à capacidade de financiamento dessas estruturas jurídicas (e não somente das sociedades anônimas), sem a qual não haveria incentivo para que pessoas aderissem ao projeto.

---

10. Disponível em: https://caselaw.findlaw.com/us-supreme-court/17/518.html. Acesso em: 1º dez. 2019.
11. Disponível em: https://caselaw.findlaw.com/us-supreme-court/17/518.html. Acesso em: 1º dez. 2019.
12. Disponível em: https://caselaw.findlaw.com/us-supreme-court/17/518.html. Acesso em: 1º dez. 2019.

Pensamos que esse é o fundamento apontado no voto que melhor esclarece a posição de John Marshal, e nessa medida, concordamos com Eric Orts, trata-se de um exemplo da abordagem *top-down,* já que justifica a existência das pessoas jurídicas (de maneira mais ampla) por atenderem a interesses públicos e não, propriamente, a interesses privados.[13]

Já a abordagem *bottom-up* reclama uma alternativa teórica. Apesar do Direito (mas não somente) fornecer a estrutura (instituições) básica para a constituição e o funcionamento das empresas, seus investidores (referência àqueles que investem em capital, trabalho, tempo e conhecimento) buscam justificar a atribuição da personalidade jurídica em razão da empresa em si considerada. Ditos investidores buscam na empresa o reconhecimento do valor de seus próprios interesses e não daqueles patrocinados pelo Estado. Já nessa abordagem há uma relação forte entre empresa e sociedade, já que um dos possíveis meios jurídicos (instituições jurídicas) para a conformação da empresa, é a sociedade.

Eric Orts, com suporte em Friedrich Hayek, explica essa segunda abordagem por meio de uma "ordem espontânea" das empresas, que se desenvolvem em diferentes formatos e magnitudes, uma vez que uma determinada estrutura jurídica básica é fornecida. Prosseguindo, aqui há uma analogia entre os conceitos dicotômicos *top-down* e *bottom-up* com os conceitos de "ordem social imposta" (*taxis*) e de "ordem espontânea" (*kosmos*), sendo que a economia (não no sentido de ciência, mas enquanto objeto de estudo) constitui uma *"catallaxy",* que é uma ordem espontânea especial produzida pelo mercado por meio de indivíduos que atuam dentro de uma estrutura normativa (estrutura institucional).

A lógica por detrás desses conceitos pode ser descrita assim: apesar das empresas terem de se conformar ao Direito, constituem-se e definem-se e, a partir daí, legitimamente solicitam um direito de existência autônoma.[14] A subjetividade jurídica é conferida por vezes pela sociedade.

---

13. Alertamos o leitor que não estamos aqui fazendo referência a periodização histórica da evolução das sociedades anônimas. Para esse fim, remetemo-lo a obra: ABREU, Jorge Manuel Coutinho de. *Curso de direito comercial.* 4. ed. Edições Almedina, 2013. p. 77 a 79.

14. ORTS, Eric W. *Business persons:* A legal theory of the firm. Oxford University Press, 2013. p. 11. Oliver Williamson, também em considerações sobre políticas públicas, contrasta, primeiramente, duas possíveis abordagens – a de *spontaneous governance* e a de *intentional governance* – para explicar as formas de atuação do Estado sobre a economia. A primeira sendo identificada como uma abordagem *bottom-up* e a segunda como *top-down.* O autor concorda com Hayek no que diz respeito ao papel da *spontaneous adaptation* (*"the economic problem of society is mainly one of rapid adaptation to changes in the particular circumstances of time and place"*). Afirma que a proposta de Hayek para a economia se apoia no mecanismo de preço para sinalizar oportunidades, sobre as quais tomadores de decisões descentralizados, que possuem informações locais, poderiam adaptar-se. A partir dessa premissa contesta a eficiência de modelos centralizados no que se relaciona à alocação de recursos. As críticas feitas a Hayek, nesse aspecto, dizem respeito ao papel da empresa: em Coase, é justamente a presença de

Para ilustrar essa posição na jurisprudência estadunidense, Eric Orts cita o controvertido caso *Santa Clara County v. Southern Pacific Railroad*. Entretanto, se esse caso é tido como o primeiro nos EUA a normatizar juridicamente a equivalência das pessoas naturais com as pessoas jurídicas, no ano de 1886, não nos parece ter ocorrido nele um debate envolvendo tal analogia. Nesse sentido, Tom Tyler sugere que:

> (…) because a court reporter chose such language in writing the head note to the case, the decision is now viewed as having granted corporations constitutional protection under the Fourteenth Amendment (the amendment was originally enacted to secure due process and other constitutional rights to newly released slaves).[15]

Entre outros casos julgados pela *US Supreme Court* destaca-se o recente *Citizens United v. Federal Election Commission*. O Tribunal entendeu que a Primeira Emenda da Constituição dos Estados Unidos não limita o direito de as sociedades empresárias participarem ativamente nas campanhas eleitorais realizadas nesse país, financiando transmissões políticas independentes. Há a analogia entre pessoas naturais e pessoas jurídicas.[16]

No entanto, entendemos que o ponto central na análise feita por Eric Orts – e esse é o aspecto que nos interessa para efeito do nosso trabalho, e não propriamente elaborar uma crítica à analogia entre as pessoas naturais e as pessoas jurídicas – é a sua defesa do institucionalismo.

Por outro lado, é importante compreender qual a visão institucionalista advogada por Eric Orts. E mais, de qual institucionalismo trata o autor. É uma forma de institucionalismo jurídico, que pretende normatizar a sociedade como tendo interesses próprios e diferente dos de seus constituintes ou é uma forma de institucionalismo econômico que pretende explicar a causa da existência das empresas.

Em primeira linha, cabe-nos identificar o sistema de classificação que influencia Eric Orts. Para ele, há três importantes linhas de pensamento que inspiram os estudiosos quando está em causa o problema da personalidade jurídica: a) a teoria da concessão; b) a teoria dos constituintes; e c) a teoria institucionalista.

A teoria da concessão, uma espécie de abordagem *top-down* acerca das políticas públicas, defende que as empresas, inclusive as conformadas pelas

---

custos associados ao mecanismo de preços que pode explicar a existência das empresas. Em Williamson, a crítica é a de que, apesar de Hayek reconhecer a importância dos mecanismos de gerenciamento do controle de custos, ele não percebe a empresa como um instrumento de adaptação. (In: WILLIAMSON, Oliver E. *The mechanisms of governance*. Oxford University Press, 1996. p. 148-149).

15. TYLER, Tom R.; MENTOVICH, Avital. Punishing collective entities. *JL & Pol'y*, v. 19, p. 203, 2010.
16. TYLER, Tom R.; MENTOVICH, Avital. Punishing collective entities. *JL & Pol'y*, v. 19, p. 203, 2010.

sociedades, são criaturas do Estado. Segundo essa teoria, as empresas somente existem em função da vontade do Estado e que, por conta disso, o poder estatal não deve encontrar limites ao agir sobre o seu objeto, negócio ou a natureza da sua atividade. É o modelo que mais atende a uma visão de capitalismo de Estado porque coloca a empresa numa situação de supervisão, ou mesmo de subserviência aos interesses estatais.

A teoria dos constituintes assume uma perspectiva *buttom-up* nas políticas públicas, atenta que está à relevância dos interesses individuais daqueles que se organizam internamente na empresa. Uma vez organizada e realizados os diversos investimentos, possibilitados por uma estrutura institucional (normativa), há uma alteração na dinâmica de poderes: os constituintes passam a deter legítimos interesses dentro da organização (acomodada pela sociedade), os quais não podem ser derrogados pelo Estado.

A liberalização promovida pelos Estados para a constituição das sociedades anônimas – no Brasil identificada comumente com o período da regulamentação – respondeu aos anseios dos defensores dessa segunda teoria: respondeu às pressões políticas contra privilégios concedidos pela lei ou pelo monarca em favor de certas companhias. Note-se que essa classificação não coloca em causa quais interesses devem ser internalizados na empresa, via sociedade, porque o maior ou menor espectro de internos depende da forma de capitalismo presente em cada espaço. Ou de outra forma: "the legal recognition of a firm follows from the recognition of the aggregated rights and interests of the people who constitute it."[17]

A teoria institucionalista, na visão de Eric Orts, ocupa um espaço intermediário entre as teorias da concessão e a dos constituintes. Compreende as empresas como entidades socialmente estabelecidas que são, em um só momento, autorizadas e reconhecidas como detentoras de legítimos interesses pelo Estado, além de serem organizadas e administradas pelos constituintes (participantes internos). Uma vez constituídas e reconhecidas, tornam-se entidades sociais, pessoas, o que em termos jurídicos significa que são capazes de adquirir direitos e obrigações (capacidade que decorre da personalidade jurídica da sociedade), destacando-se aqui: "the right to self-govern by adopting founding documents, bylaws, and other private statutes."[18] Destacamos já de início a ficção teórica da proposta, de certa forma decorrente da realidade jurídica (pessoa jurídica). Estatutos e contratos sociais são produtos criados pela vontade dos participantes internos dentro dos limites (sendo, também, integrados) pelo Direito.

---

17. ORTS, Eric W. *Business persons*: A legal theory of the firm. Oxford University Press, 2013. p. 14.
18. ORTS, Eric W. *Business persons*: A legal theory of the firm. Oxford University Press, 2013. p. 14.

Eric Orts, apesar de reconhecer a potência da teoria institucionalista, afasta-se da proposta formulada por Otto Von Gierke, que compreende as sociedades como portadoras de uma "existência metafísica real", com uma continuidade orgânica identificável e independente da dos seus constituintes.

A posição de Eric Orts fica mais bem compreendida, se valermo-nos da classificação do institucionalismo elaborada por Richard Adelstein, que descreve duas de suas vertentes. A segunda fundamenta e contextualiza melhor o pensamento de Eric Orts. A primeira vertente, inspirada em Otto Von Gierke, compreende as sociedades como um organismo em sua literalidade, reificando-as e as tratando como uma pessoa natural, seres sociais com propósitos identificáveis (o que quer significar vontade diferente da vontade de seus constituintes ou partícipes) e, assim, dotadas de interesses econômicos idênticos àqueles manifestados pelas pessoas naturais. São autônomas, autossuficientes e autorrenováveis.[19]

Não são ficções, não são simbólicas, mas organismos vivos, com corpo e membros e vontade próprios.[20]

Já na década de 1920, identifica uma segunda geração de institucionalistas, que abandonam o organicismo explícito para defenderem uma ideia de organizações coletivas. Reconhecem que o corpo organizacional não é, em realidade, um organismo vivo, mas uma entidade social, identificável por meio de sua unidade.

Eles acreditaram que a realidade social de qualquer corpo coletivo, que o Direito reconheça como uma sociedade, precede e é anterior ao seu reconhecimento jurídico, e que o Direito tem de aquiescer a existência desses grupos socioeconômicos, provendo-os com a capacidade jurídica.[21]

A crítica a essa proposta institucionalista pode ser iniciada quando contrastadas as perspectivas conceitualistas de *Von Jhering* (por exemplo) do direito com as perspectivas realistas do direito: para um conceitualista, a sociedade empresarial pode ser parte em um processo judicial porque é uma pessoa, enquanto que para um realista a sociedade empresarial é uma pessoa porque pode ser parte em um processo judicial.[22] Note-se que o *insight* do realismo jurídico considera muitos

---

19. ADELSTEIN, Richard. Firms as Social Actors. *Journal of Institutional Economics*, v. 6, n. 3, p. 329-349, 2010.
20. ADELSTEIN, Richard. Firms as Social Actors. *Journal of Institutional Economics*, v. 6, n. 3, p. 329-349, 2010.
21. ADELSTEIN, Richard. Firms as Social Actors. *Journal of Institutional Economics*, v. 6, n. 3, p. 329-349, 2010.
22. Há, em realidade, um substrato econômico no raciocínio jurídico exposto: o papel estrutural das promessas nos contextos de negociação. Um aspecto importante é, não somente o direito de ação (amplamente estudado pelos juristas), mas também o "direito" de ser acionado judicialmente. A colocação feita pelo economista Thomas Schelling, laureado com o Nobel da Economia em 2005, ilumina esse aspecto: (...) *Among the legal privilegies of corporations, two that are mentioned in textbooks are the*

dos conceitos jurídicos como transcendentais e sem sentido. Em consequência, perquirir sobre a existência (no sentido ontológico) de fundos ou corporações é como perquirir sobre a existência de anjos.

Entretanto, apesar de assumirmos a defesa contratualista,[23] e de descartarmos a impossibilidade ou a inutilidade da verificação de algo como a existência, quer física ou metafísica, das organizações (em especial das empresariais), reconhecemos que o problema não está resolvido no âmbito das ciências sociais.[24]

1.1 A RELAÇÃO ENTRE EMPRESA, SOCIEDADE E GOVERNANÇA

Propomos que a empresa é em si compreendida como um mecanismo para a governança (de comando) da produção e da circulação de bens e serviços.[25]

A narrativa, como pretendemos construí-la, coloca em evidência o problema do controle na governação empresarial. A sociedade ou grupo delas (forma e conteúdo) assim contextualizados podem assumir a função de trabalhar essa problemática: se a empresa é um mecanismo para a governança, a forma jurídica que a subjetiva e acomoda a sua hierarquia e as suas funções, a sociedade ou grupo de sociedades, deve ser compreendida como uma solução de governança,[26] de maneira que não há propriamente a governança das sociedades ou dos grupos de sociedades, mas sociedades ou grupos de sociedades que governam (normativamente) a empresa.[27] Contratos podem ser compreendidos como

---

right to sue and the "right" to be sued. Who wants to be sued? But the right to be sued is the power to make a promise: to borrow money, to enter a contract, to do a business with someone who might be demaged. If suit does arise, the "right" seems a liability in retrospect; (…) In brief, the right to be sued is a power to accept a commitment (SHELLING, Thomas C. *The Strategy of Conflict.* 1960, p. 43).

23. Sobre as discussões envolvendo o contratualismo e o institucionalismo no Brasil, no limite do direito societário, ver Calixto Salomão Filho.

24. Richard Adelstein esclarece a esse respeito que: "social scientists have not yet resolved the interrelated ontological and epistemological questions of just what these ubiquitous social objects are, whether and in what sense they are 'real' social actors, and whether their actions and effects can ultimately be traced without remainder to the actions of living human beings in the here and now or, contrarily, whether there is some irreducible aspect of their existence or operation that can only be attributed to the organization itself." (In: ADELSTEIN, Richard. Firms as Social Actors. *Journal of Institutional Economics*, v. 6, n. 3, p. 329-349, 2010).

25. GOLD, Andrew S. *Contract, Status, and Fiduciary Law.* Oxford: Oxford University Press, 2016. p. 298.

26. Quanto à utilidade da pessoa coletiva de maneira mais abrangente, ver (ABREU, Jorge Manuel Coutinho de. *Da Empresarialidade: As empresas no Direito.* reimp. Coimbra: Almedina, 2013, p. 199).

27. Quer-nos parecer que, por outras razões, Coutinho de Abreu corrobora o nosso entendimento, quando sugere ser espaço comum, mas não propriamente correto, as afirmações de que *"sociedade é a forma jurídica da empresa"* e outras correlatas. O autor se contrapõe a tais afirmações, argumentando que há na empresa conteúdo e forma próprios, assim como acontece em relação à sociedade. (ABREU, Jorge Manuel Coutinho de. *Da empresarialidade*: as empresas no Direito. reimp. Coimbra: Almedina, 2013, p. 216-218). Para nós, o conteúdo da empresa é a de um mecanismo de coordenação da produção ou circulação de bens e serviços. A forma já é o *nexus* contratual (assim como ocorre em relação ao

mecanismo alternativo de governar a produção e a circulação de bens e serviços. Qual a diferença prática, entretanto? A sociedade modula comportamentos de uma forma diferenciada das moduladas por contratos. O comportamento de um empregado é modulado diversamente do de um fornecedor, assim como acontece comparativamente entre o empresário individual e o administrador de uma sociedade.[28] Ou melhor, quer parecer que a forma do exercício do poder em concreto, suas estratégias e táticas são alteradas, e isso influencia comportamentos. Logo, importa ao Direito.[29]

---

conceito de propriedade, o conceito de contrato aqui é alargado para compreender atos e negócios jurídicos). O conteúdo e a forma se mostram compatíveis, já que o que instrumentaliza a coordenação da produção (conteúdo) é a forma *nexus* (ou conjunto) de contratos. A sociedade, por sua vez, compreendemo-la como um sistema de governação dos variados interesses presentes na empresa. Esses interesses serão internalizados pela forma jurídica com maior ou menor intensidade, a depender da abordagem escolhida (*shareholder versus stakeholder*). A sua forma, por outro lado é a de um contrato (em sentido econômico, compreendendo também atos unilaterais de vontade). Entretanto, não defendemos a identidade da empresa com a sociedade: i) porque o conteúdo da empresa pode ultrapassar os contornos societários, como nos casos de grupos de sociedades; e ii) quando assumida a posição *shareholder,* os interesses dos sócios são abrigados pela forma societária, e os demais, ainda que partícipes no nexo contratual, ficam sujeitos à regulação externa. Ainda, assumindo a abordagem *shareholder* nas sociedades anônimas de capital aberto (não tratamos das empresas públicas ou das sociedades mistas), compreendemos que a sociedade é a forma jurídica que internaliza e regula os interesses dos sócios, com maior ou menor espaço para a autonomia dos contratantes de dispor sobre os seus direitos e deveres. O conteúdo da sociedade é a sua estrutura jurídica, que regula com maior ou menor intensidade a formação orgânica da vontade social, a escolha do tipo societário...

28. A resposta a Demsetz (sobre o porquê devemos distinguir entre fornecedores e empregados) é – nos fornecida pelos desenvolvimentos das teorias institucionalistas e patrimonialistas (*the property rights theoristies*): enquanto o empregado toma decisões sobre recursos de seu empregador, o fornecedor as toma sobre recursos próprios. Utilizamos aqui o termo recurso em substituição do termo propriedade utilizado pelos teóricos economistas dos direitos de propriedade porque, no sentido por eles empregado, propriedade é algo mais largo que o sentido mais frequentemente encontrado no Direito. Envolve bens tangíveis e intangíveis, a força de trabalho e, inclusive, interesses protegidos pelo direito à privacidade. O elemento que o caracteriza é o direito de seu titular excluir o acesso de outros ao recurso de que é titular. Neste estudo, a questão é relevante quando propõe o controle dos recursos pela empresa, ou seja, o direito de excluir o acesso de outros ganha o significado de controle, e o que determina a manifestação desse controle é a forma jurídica escolhida para subjetivar a empresa. Sobre a questão, ver em: GOLD, Andrew S. *Contract, Status, and Fiduciary Law.* Oxford: Oxford University Press, 2016. Coutinho de Abreu, de outra forma, compreende que o termo propriedade nem sempre é tratado pelo direito como direito real máximo. Segundo o autor: *"já vimos que há sectores de propriedade desconsiderando a propriedade (em sentido próprio) dos elementos de produção."* (In: ABREU, Jorge Manuel Coutinho de. *Da empresarialidade*: as empresas no direito. reimp. Coimbra: Almedina, 2013, p. 112). Fazemos nota, ainda, que essa compreensão sobre a empresa se diferencia daquela trabalhada por Jensen e Meckling porque para os últimos a empresa não pode exercer o controle sobre os recursos, este controle é possibilitado pelo jogo de forças existentes na empresa, a qual para efeitos cognitivos é análoga ao mercado, como já esclarecido será esclarecido.

29. O caso que envolveu a Dow Chemical Company e o fornecimento de napalm às forças armadas dos EUA na guerra no Vietnam ilustra o meio como o poder se manifesta de acordo com a modulação jurídica. As estratégias dos grupos ativistas somente foram desenhadas da forma que foram em virtude da forma e conteúdo jurídicos existentes e que acomodaram a empresa à época nos EUA. Se a forma

No Direito anglo-saxão, as diferenças existentes entre as relações contextualizadas no mercado e as havidas no interior das formas jurídicas que acomodam a empresa são identificadas por meio de um aspecto: enquanto as primeiras são normatizadas pelo direito contratual, as segundas são suplementadas pelo direito fiduciário.[30] Nessa perspectiva, o direito contratual é suficiente quando todas as partes em uma dada relação decidem sobre os seus próprios interesses. Mas quando uma ou mais partes de uma dada relação possuem autoridade de decisão sobre interesses alheios, proteção jurídica adicional deve ser fornecida. A função da *fiduciary law* é a de canalizar tais decisões por meio da imposição dos deveres fiduciários.[31]

Entretanto, pensamos que essa construção pode colocar em causa a perspectiva contratualista das sociedades. Entendemos que a sociedade é contratual (a realidade jurídica[32] pode ser a de um contrato) e que acomoda variadas relações jurídicas.[33] As relações jurídicas sujeitas à coordenação da empresa, tal como compreendida por Coase, ou de outra forma, submetidas ao poder de controle proveniente da hierarquia empresarial, devem ser submetidas ao núcleo norma-

---

societária não fosse a utilizada para governar a empresa em questão, estratégias outras poderiam ser arquitetadas, levando a que o poder dos ativistas se manifestasse distintamente.

30. Essa é uma distinção simplista a nosso ver, proposta por Gordon Smith, já que há outras relações verificadas no mercado que são regidas pela *Fiduciary Law*, o que será tratado neste trabalho. No entanto, para os efeitos aqui pretendidos, consideramo-la útil.

31. GOLD, Andrew S. *Contract, Status, and Fiduciary Law*. Oxford: Oxford University Press, 2016. p. 299.

32. Coutinho de Abreu entende que a realidade jurídica 'personalidade jurídica' é mais abrangente do que a por nós referida, sendo *um expediente utilizável por uma série de diferenciadas organizações, pelo qual a ordem jurídica atribui às mesmas a qualidade de sujeitos de direito, de autónomos centros de imputação de efeitos jurídicos.* Depois, adverte, o autor: "E, na verdade, as pessoas colectivas não são uma ficção, são realidade – realidade jurídica, criação (recente) do direito. E sem a carga axiológica que a personalidade das pessoas humanas encerra – é por isso ajustado dizer-se que, enquanto esta personalidade nos aparece em larga medida como o "dado", já a personalidade colectiva é do construído; ajustado sendo ainda defender-se que esta última personalidade, porque fundada em critérios de "oportunidade" (e não em certa natureza das coisas" reflectida na consciência jurídica geral), é susceptível de ser mais ou menos estendida ou fracionada." (ABREU, Jorge Manuel Coutinho de. *Da empresarialidade*: as empresas no direito. reimp. Coimbra: Almedina, 2013, p. 198 e 199).

33. Essa afirmação deve ser bem compreendida. Como nos elucida Coutinho de Abreu em relação ao Direito português, logo no início do primeiro capítulo de seu curso de Direito Comercial, *o vocábulo sociedade é utilizado em linguagem jurídica para designar actos jurídicos e entidades. (…) preferimos falar de sociedade como acto-jurídico* (em vez de contrato ou negócio), *porquanto existem actos constitutivos de sociedades sem natureza contratual (v. g. negócios unilaterais constituintes de sociedades unipessoais) e sem natureza negocial (v.g. decreto-lei constituinte de sociedade anónima de capitais públicos).* (In: ABREU, Jorge Manuel Coutinho de. *Curso de Direito Comercial.* 4. ed. Coimbra: Almedina, 2013, v. II, p. 3 e 4). Contudo, o problema que tratamos neste trabalho está circunscrito às sociedades privadas, as quais pressupõem um contrato. Neste exato ponto também não nos referimos à organização ou entidade fruto do ato constitutivo, mas ao ato jurídico em si, que neste caso é contratual. Também, não nos referimos ao *feixe de contratos* que são as várias relações coordenadas por um comando hierárquico identificável.

tivo fornecido pela *fiduciary law*, cujo principal mecanismo jurídico é o dever de lealdade.[34]

Ilustramos esse nosso ponto com o contexto estadunidense. O poder hierárquico da empresa organizado pelas *public corporations* nos EUA é detido pelos administradores. Contar apenas com a mobilização de forças do mercado para equacionar eventuais conflitos de interesses entre acionistas e administradores é insuficiente. Há uma tendência histórica que justifica nosso posicionamento: diante das ameaças advindas de uma *takeover*, os administradores valeram-se de mecanismos *anti-takeovers*. O momento presente parece à nós favorecer a outra espécie de força incidente sobre o poder de controle administrativo nesse país, o *shareholder activism*. No entanto, consideramos que essas forças podem ser circunstanciais (devidas aos fatores econômicos existentes no momento), além de estarem sujeitas a inovações capazes de as anularem.

Assim, quando as forças do mercado se mostram incapazes de conformar o poder decorrente da forma societária de organizar o mecanismo de governança da produção e da circulação de bens e serviços, a empresa, o direito fiduciário deve ser acionado. Um outro aspecto que também precisamos esclarecer em nossa proposta: não refutamos a teoria dos contratos incompletos. Compreendemos que, no plano da análise positiva, as circunstâncias em que os contratos são elaborados não permitem a sua completude. Concordamos, também, que no caso dos contratos realizados[35] entre os administradores e as sociedades, uma tentativa de exaustão das inúmeras circunstâncias vivenciadas pelos primeiros no exercício de suas respectivas funções, ainda que viáveis, seria limitativa à criatividade (capacidade de inovação) de tais profissionais (justificativa normativa).

---

34. Por outros fundamentos, Coutinho de Abreu entende que *"a sociedade é, em boa medida, organização da empresa (quando exista), mas não só: é organização que transcende a empresa".* (In: ABREU, Jorge Manuel Coutinho de. *Curso de Direito Comercial.* 4. Ed. Coimbra: Almedina, 2013, v. II, p. 25.). Lado outro, concordamos com Coutinho de Abreu em que o Direito não tem em sua normatividade de reproduzir conteúdos pré-jurídicos da empresa. (ABREU, Jorge Manuel Coutinho de. *Da empresarialidade*: as empresas no Direito. reimp. Coimbra: Almedina, 2013, p.15). Um pouco mais à frente, o autor afirma a utilidade das análises econômico científicas para a compreensão do Direito, em especial nos domínios do direito empresarial, das sociedades, da concorrência, das empresas... Mas ressalta que há autonomia no conteúdo jurídico da empresa, sem, contudo, menosprezar a sua existência empírica. Talvez essa perspectiva explique a aceitação do autor da relevância das análises funcionalistas do tipo empírico-explicativas. Nas páginas 113, 114, 115 e 116 da última obra citada nesta nota, o autor menciona a origem do termo *entrepreneur*, assim como diversos conceitos já elaborados por economistas e juristas. Sintetizando a sua análise com a seguinte assertiva: "Curiosamente, a legislação portuguesa, embora não defina empresário, utiliza-o quase sempre coerentemente, com o significado de sujeito (singular ou coletivo) da empresa, detendo a respectiva propriedade ou gestão". (ABREU, Jorge Manuel Coutinho de. *Da empresarialidade*: as empresas no direito. reimp. Coimbra: Almedina, 2013, p. 116).

35. Considerações sobre as diferenças entre o ato de designação e o contrato de prestação de serviços serão realizadas mais à frente. Contudo, já encaminhamos o leitor para ABREU, Jorge Manuel Coutinho de. *Curso de Direito Comercial.* 4. ed. Coimbra: Almedina, 2013, v. II, p. 582, 583 e 584.

No entanto, entendemos que a complementação desses contratos durante a fase de execução deve encontrar limites.

Há casos em que, como já mencionado, os limites são impostos por forças do mercado. Mas também há casos em que tais forças são insuficientes. Nesses últimos, deve-se abrir espaço para a atuação do Direito. Esse aspecto ficará mais claro quando tratarmos do conceito de *forbearance,* no institucionalismo econômico de Williamson, e dos deveres fiduciários.

A pergunta aqui é: em que medida a lógica da *Fiduciary Law* pode contribuir para o desenvolvimento da responsabilidade civil no que diz respeito aos mecanismos *ex post* postos em movimento para tratar problemas presentes nas estruturas dos grupos de sociedades?

1.2 A TEORIA POSITIVA DA AGÊNCIA E A TEORIA DOS CUSTOS DE TRANSAÇÃO (FORMA DE INSTITUCIONALISMO ECONÔMICO), ORIGENS, APROXIMAÇÕES E DIFERENÇAS; E O MODELO DE GOVERNANÇA QUE INDICAMOS PARA OS GRUPOS DE SOCIEDADES

William W. Bratton, Jr. afirma que as indagações sobre a existência real da sociedade, a sua autonomia e características, bem como a causa de sua existência estiveram fortemente presentes nas teorias jurídicas até os anos de 1930.

Nessa época, os estudos sobre essas questões perderam força ante a emergência de outros focados na compreensão dos problemas envolvendo o controle (administrativo). Pensamos que a obra referência para essa mudança é a *The Modern Corporation and Private Property* de autoria de Gardner C. Means e Adolph A. Berle.[36]

A perspectiva do controle administrativo coloca os administradores estrategicamente no centro de poder das companhias. Os administradores possuem poder hierárquico, decorrente de suas expertises em organizar recursos e possui três características fundamentais: i) o controle hierárquico dos administradores sobre os processos de produção e circulação de bens e serviços; ii) o controle dos administradores sobre a burocracia que envolve a exploração da empresa (referente à burocracia interna); e iii) a forma de controle administrativo produz externalidades.[37]

---

36. BRATTON JR, William W. *The new economic theory of the firm*: Critical perspectives from history. Stanford Law Review, p. 1471-1527, 1989.
37. BRATTON JR, William W. *The new economic theory of the firm*: Critical perspectives from history. Stanford Law Review, p. 1471-1527, 1989.

Essas afirmações são feitas em relação ao contexto estadunidense, que apresenta majoritariamente companhias com estrutura de propriedade dispersa ou difusa.

Entretanto, o consenso decorrente das produções focadas no poder de controle administrativo desapareceu recentemente, dado, em parte, à força da linha de pesquisa (e sua agenda) conhecida como *new economic theory*.[38]

Economistas sofisticaram essa linha de pesquisa, durante a década de 1970, nos EUA. Entretanto, a sua influência sobre as teorias dogmáticas do direito societário é percebida após o ano de 1980. Esse movimento acabou por desafiar a visão anterior, impelindo os societaristas a formularem novas concepções sobre a sociedade. "Once again entities and aggregates, and concessions and contracts, appeared in corporate law discourse."[39]

A *new economic theory* possui duas variantes, uma considerada forte e, outra, fraca. A variante considerada mais forte possui as suas raízes na economia neoclássica, enquanto a mais fraca as possui no institucionalismo econômico.[40]

A variante fincada no institucionalismo econômico[41] possui o seu pioneirismo no trabalho de Ronald Coase publicado no ano de 1937: The Nature of

---

38. BRATTON JR, William W. *The new economic theory of the firm*: Critical perspectives from history. Stanford Law Review, p. 1471-1527, 1989.
39. BRATTON JR, William W. *The new economic theory of the firm*: Critical perspectives from history. Stanford Law Review, p. 1471-1527, 1989.
40. BRATTON JR, William W. The new economic theory of the firm: Critical perspectives from history. *Stanford Law Review*, p. 1471-1527, 1989.
41. A referência feita no corpo do texto ao institucionalismo é genérica, merecendo aqui o seu refinamento. Mais precisamente o termo é utilizado em relação ao *New Institucional Economics*, que tem seu fundamento em duas proposições: a) *institutions matters;* e *the determinants of institutions are sucectible to analisys by the tools of economic theory.* O institucionalismo econômico em termos mais genéricos (incluindo o novo e o institucionalismo clássico) é concorde com a primeira ideia (instituições são importantes e devem ser consideradas pela Economia). Dois apontamentos são necessários neste ponto: a) compreender o que são instituições para essa escola econômica; b) quanto ao primeiro ponto, instituições são normas informais de origem nos costumes, na tradição e na religião, normas formais relativas ao ambiente institucional, como direito de propriedade, relativas ao funcionamento do Judiciário e da Burocracia, normas de governança, como o direito dos contratos e sua função no alinhamento de interesses nas estruturas organizacionais, e normas econômicas, como as que explicam a alocação de recursos; quanto ao segundo ponto, reconhecer o papel inspirador do trabalho de Coase, especialmente em seu Nature of The Firm, publicado em 1937. (WILLIAMSON, Oliver E. "The New Institutional Economics: Taking Stock, Looking Ahead." *Journal of Economic Literature* 38, n. 3 (2000): 595-613. http://www.jstor.org/stable/2565421). Acerca da história do institucionalismo econômico, verifica-se na literatura que o termo institucionalismo econômico foi cunhado por Walton H. Hamilton (1919), em seu artigo "The Institutional Approach to Economic Theory." Enquanto o institucionalismo clássico (antigo) rejeitava o modelo individualista baseado no *Homus Economicus*, o Novo Institucionalismo assume em parte o modelo da escola econômica neoclássica na medida em que aceita o modelo auto-interessado como padrão de comportamento humano, mas rejeita, em contrapartida, a ideia de racionalismo ilimitado: "This new institutional economics (NIE) took on the orthodox neoclassical assumptions of scarcity and competition, but it rejected the neoclassical

the Firm. Em apertada síntese, Coase explica empresa e mercado como formas alternativas de se produzir ou fazer circular bens e serviços, identificando os custos de transação como o fator determinante para a escolha entre essas alternativas. Apesar do ano de publicação do trabalho, a distinção entre mercados e hierarquia (empresa) exerceu influência entre os institucionalistas (referência ao institucionalismo econômico), que reapresentaram o controle administrativo por intermédio de uma abordagem contratualista (a referência é o exercício do comando hierárquico).[42] Mas não é só. Entendemos ser considerada mais fraca porque não se apoia exclusivamente no mecanismo de preços para explicar a alocação de recursos. É nesse sentido que, ao nosso ver, é considerada fraca em relação às teorias que se ancoram mais diretamente na teoria neoclássica da economia. Observem a afirmação feita por Coase: "the main reason why it is profitable to establish a firm would seem to be that there is a cost of using the price mechanism."[43]

Já aquela outra variante decorrente do neoclassicismo possui o seu marco inicial na publicação de Armen A. Alchian e Harold Demsetz, no ano de 1972: Production, Information Costs, and Economic Organization. Entretanto, o divisor de águas foi a publicação do trabalho de Michael C. Jensen e William H. Meckling, no ano de 1976: Production, Information Costs, and Economic Organization.[44]

Com relação aos trabalhos de Ronald Coase e Michael C. Jensen e William H. Meckling, apesar de possuírem raízes diversas, compreendemo-los como complementares. Apontaremos essas diferentes raízes, depois as semelhanças e, por fim, as diferenças. No fluir dessa comparação, anteciparemos o nosso enquadramento teórico para o problema dos grupos de sociedades e a nossa proposta para equacioná-lo.

---

notions of perfect information and instrumental rationality. It also considered a theoretical framework with incomplete property rights and positive transaction costs and institutions, and assumed a world where the passage of time matters (…) The foundational theoretical framework of NIE combines the Coasean notion of transaction costs with the Northian notion of institutions, holding that institutions determine the level of transaction costs in economic performance. On one hand, Ronald Coase (1937) generated a micro-analytical approach of organizations that gave rise to "transaction cost economics" (Williamson 1974, 1985). On the other hand, Coase (1960) generated a macro-analytical approach that studied the relations between institutions and economic performance, as well as institutional change processes (North 1990a)". In: CABALLERO, G; SOTO-OÑATE, D. The Diversity and Rapprochement of Theories of Institutional Change: Original Institutionalism and New Institutional Economics. *Journal of Economic Issues* (M.E. Sharpe Inc.). 49, 4, 947-977, Dec. 2015. ISSN: 00213624.

42. BRATTON JR, William W. The new economic theory of the firm: Critical perspectives from history. *Stanford Law Review*, p. 1471-1527, 1989.

43. COASE, Ronald H. *The nature of the firm. Economica*, v. 4, n. 16, p. 386-405, 1937.

44. BRATTON JR, William W. The new economic theory of the firm: Critical perspectives from history. *Stanford Law Review*, p. 1471-1527, 1989.

O problema clássico identificado pelo institucionalismo econômico pode ser assim sintetizado:

> when do firms produce to their own needs (incluindo as diversas formas de integração da produção) and when do they procure in the Market? He argued that transaction-cost differences between markets and hierarchies were principally responsible for de decision to use the markets for some transactions and hierarchical forms of organization for others.[45]

O problema clássico enfrentado pela teoria positiva da agência foi anteriormente colocado por Berle e Means: "they observed that ownership and control in the large Corporation are often separated and inquired whether this had organizational and public-policy ramifications."[46] Na sequência, os trabalhos de Jensen e Meckling são reconhecidos por explicar como a separação entre a propriedade e o controle produz benefícios, apesar dos custos (identificados com os problemas de agência, daí o reconhecimento de sua proposta teórica como sendo a da teoria positiva da agência).[47]

Apesar dos diferentes fundamentos, Williamson em suas considerações sobre os mecanismos de governo, as quais, entendemos, tratam de sua visão sobre política pública, anuncia os pontos de contato entre os modelos teóricos, por meio de alguns critérios.

O primeiro critério analisado pelo autor é o da discricionariedade do poder administrativo. Aqui, apesar do enquadramento teórico proposto por William W. Bratton, Jr., já exposto, Williamson entende que as duas teorias se afastam da concepção neoclássica sobre a empresa. Ambas as teorias, o institucionalismo econômico e a teoria positiva da agência, afastam-se da proposta de que as empresas são uma função de produção analisadas externamente. Ao invés, o institucionalismo econômico compreende as empresas como um modo de governança, enquanto a teoria positiva da agência a compreende como um *nexus* de contratos. Em ambas, há um esforço para a compreensão do seu funcionamento interno.[48]

O institucionalismo econômico assume que o comportamento humano está sujeito à racionalidade limitada e ao oportunismo. A teoria que defende a incompletude dos contratos é resultante da primeira assunção. Já o risco contratual advém da segunda. Williamson também observa que a primeira assunção comportamental do institucionalismo econômico vem ganhando espaço nas construções influenciadas pela teoria positiva da agência. Acrescenta que os

---

45. WILLIAMSON, Oliver E. *The mechanisms of governance*. Oxford University Press, 1996. p. 172.
46. WILLIAMSON, Oliver E. *The mechanisms of governance*. Oxford University Press, 1996. p. 172.
47. JENSEN, Michael C.; MECKLING, William H. Theory of the firm: Managerial behavior, agency costs and ownership structure. *Journal of financial economics*, v. 3, n. 4, 1976.
48. WILLIAMSON, Oliver E. *The mechanisms of governance*. Oxford University Press, 1996. p. 173.

conceitos de *moral hazards* e de *agency costs*, utilizados pela teoria positiva da agência, são compatíveis com o conceito de oportunismo do institucionalismo econômico.[49] Ou seja, o autor defende que os pressupostos comportamentais presentes nas duas teorias são muito próximos, mas não o faz sem anotar que, na origem, isso não aconteceu:

> This was not Always so. Thus whereas TCE (em alusão a forma do institucionalismo econômico que ele se alinha) has always maintained that discretionary distortions will be a function of competition in product, capital, and factor market, Jensen and Meeckling originally maintained that product – and factor-market competition were unrelated to managerial discretion, since 'owners of a firm with monopoly power have the same incentives to limit the divergence of the manager from value maximization… as do owners of competitive firms'. Jensen now holds that the opportunity set to which managers have access is a function of product and factor-market competition.[50]

O segundo critério é o da eficiência dos contratos. O institucionalismo econômico estuda formas organizacionais alternativas para reduzir custos derivados da racionalidade limitada ao mesmo tempo em que busca por salvaguardas contra o risco oportunístico. Ressalva que apesar da teoria positiva da agência ser mais preocupada com a segunda, a incompletude dos contratos é perfeitamente aplicável pelas duas.

O terceiro critério é a assunção de que o conselho de administração é algo endógeno do próprio sistema de governança corporativa.[51] Ambos, ao nosso entender, assumem uma visão *buttom-up* neste aspecto, ou seja, o órgão seria uma consequência do arranjo de interesses presentes na própria estrutura societária e não algo cuja existência é explicada unicamente por uma determinação feita pelo Estado.

Em que pese as convergências da teoria positiva da agência com o institucionalismo econômico, há também (como antecipado) diferenças entre as variantes mais fortes, mais diretamente ligadas à economia neoclássica, e aquelas outras já explicadas como mais fracas, o institucionalismo econômico.

O institucionalismo econômico compreende a empresa como uma unidade maximizadora e não como uma função maximizadora resultante de dois fatores – as entradas e as saídas (como a entende a escola clássica) –, ou como sendo fruto da interação não hierarquizada de vários agentes (como a entende a variante mais forte da *new economic theory*).

---

49. WILLIAMSON, Oliver E. *The mechanisms of governance*. Oxford University Press, 1996. p. 173.
50. WILLIAMSON, Oliver E. The mechanisms of governance. Oxford University Press, 1996. p. 174.
51. WILLIAMSON, Oliver E. *The mechanisms of governance*. Oxford University Press, 1996. p. 175.

O institucionalismo econômico tem nas transações a unidade básica de análise, enquanto a teoria positiva da agência centra a sua unidade básica de análise no agente, individualmente considerado. No entanto, "both are microanalytic and both implicate the study of contracting." Esse é o ponto central por meio do qual fazemos, em nosso trabalho, a convergência das duas abordagens para propormos a relação entre empresa, sociedade e governança (especialmente no que diz respeito ao conteúdo e à forma da empresa, ou o conteúdo, comando/coordenação, instrumentalizando a forma, *nexus* de contratos).

Por outro lado, quando o institucionalismo econômico elege as transações como sua unidade básica de análise, acaba por focar nas diferenças apresentadas por cada transação ocorrida no interior da empresa, o que não é percebido, segundo Williamson, nas propostas alinhadas à teoria positiva da agência porque essa possui o seu foco no agente.

Dois aspectos que mencionamos aqui serão relevantes para fundamentar a proposta para o desenvolvimento dos grupos de sociedades. O primeiro deles é que nos referimos à empresa e não à sociedade. É que defendemos que no caso dos grupos de sociedades, a estrutura jurídica que, em última análise, acomoda a empresa é o grupo em si considerado e não cada sociedade que o compõe. Não deixamos de considerar as instituições decorrentes da utilização de várias sociedades, entretanto. Citamos como exemplos dessas instituições as regras de limitação de responsabilidade dos sócios, mobilizadas no interior do grupo de sociedades, ou as que determinam a estrutura orgânica do grupo e das específicas sociedades que o formam.

O outro aspecto é que, ao que nos parece, o argumento mais forte apresentado por Williamson para diferenciar as diversas transações havidas sob o comando hierárquico (conteúdo da empresa, em nossa proposta) é o conceito de ativo específico. Demonstramos isso da seguinte forma:

A par do modelo de racionalidade limitada que justifica a incompletude factual dos contratos (a impossibilidade da previsão exaustiva das condições manifestadas durante a execução dos serviços do administrador), assim como a incompletude normativa (os custos da previsibilidade inviabilizariam a contratação em situações complexas), outro fator considerado pelo autor que também corrobora para o oportunismo comportamental (a astúcia na perseguição do autointeresse) é a existência de ativos específicos, que ganha relevância no contexto de incompletude contratual.

O grau de especialidade dos ativos pode ser detectado pela possibilidade de esses serem utilizados em atividades alternativas sem o sacrifício de seu valor de produção.[52] Relações que envolvem investimentos em ativos específicos, por

---

52. WILLIAMSON, Oliver E. *The mechanisms of governance*. Oxford: Oxford University Press, 1996, p. 59.

consequência, demandam estruturas de governação contratual aptas a estabilizar a execução do contrato, o que significa maiores custos: "as price and governance are linked, parties to a contract should not expect to have their cake (low price) and eat it too (no safeguards)".[53]

De acordo com Williamson, o tipo de oportunismo que motiva a constituição da empresa é o problema por ele identificado como *holdup problem*. Quando uma parte, por meio de um contrato incompleto, investe em ativos que são específicos para essa relação, a outra parte poderá ficar instigada a oportunisticamente se aproveitar da situação, ameaçando extinguir o contrato a menos que o investidor o renegocie[54] (em outras bases). Como contratos são incompletos, salvaguardas contratuais ou legais podem não ser suficientes para resolver o problema. Em tais casos, pode ser mais interessante a constituição de nova empresa (integrando, por exemplo por meio da forma e conteúdo societário, essa relação). No entanto, Williamson ressalva que uma situação de dependência bilateral emerge quando contratos incompletos e ativos específicos são unificados.[55]

Não é esse, entretanto, o nosso argumento para diferenciar as transações realizadas entre as sociedades que formam o grupo porque, nesses casos, não há necessariamente um ativo específico a ser apontado como objeto da transação envolvendo nem o investimento realizado pela controladora na controlada (subscrição ou aquisição de ações ou quotas), nem as eventuais outras transações decorrentes do poder de comando da controladora. Como dito, há um investimento realizado por uma sociedade em outra (a controladora é sócia da controlada) e por intermédio desse investimento a sociedade controladora pode determinar comportamentos da controlada, que não sejam benéficos à última, fundando sua decisão num abstrato interesse do grupo.

Entretanto, um interessante *insight* pode ser retirado de uma resposta elaborada por Gordon Smith ao problema posto por Harold Demsetz em relação ao trabalho de Coase (o último não teria fornecido elementos para diferenciar a relação de um fornecedor da de um trabalhador, já que ambas são estruturadas por contratos incompletos): "an employee exercises discretion with respect to the resources of the entrepreneur, while a supplier exercises discretion only with regard to his own resources. The existence of a person who exercises discretion with respect to the resources of another is an essential feature of multi-person firms.[56]

---

53. WILLIAMSON, Oliver E. *The mechanisms of governance*. Oxford: Oxford University Press, 1996, p. 63.
54. GOLD, Andrew S. *Contract, Status, and Fiduciary Law*. Oxford: Oxford University Press, 2016. p. 298.
55. WILLIAMSON, Oliver E. *The mechanisms of governance*. Oxford University Press, 1996. p. 175.
56. GOLD, Andrew S. *Contract, Status, and Fiduciary Law*. Oxford: Oxford University Press, 2016. p. 299.

Ora, se assumirmos que um problema de governança corporativa é a possibilidade que determinadas pessoas tomem decisões discricionárias sobre recursos de outra e, se assumirmos que para equalizar esse problema, são elaboradas estruturas orgânicas que permitam ao sócio a oportunidade de influir no comando da hierarquia da empresa societária por meio da participação em deliberações dos vários órgãos, compreendemos o que explica o poder da controladora sobre a controlada (como está posto). No entanto, não entendemos, no plano normativo, as possíveis repercussões do exercício do poder de controle nas situações das sociedades em grupo. A controladora exerce o poder discricionário, em última análise, sobre recursos de terceiros, mas, no entanto, esses terceiros não possuem via de participação no governo do grupo. O que se quer indagar, ao final, é se não haveria de ter a participação das controladas (dos seus minoritários e preferencialistas) em algum órgão da controladora (um mecanismo *ex ante*). Ou de outro modo, a forma da sociedade controladora deve ser mais permeável para internalizar em seu conteúdo (estrutura orgânica) os interesses da controlada. Retomaremos esse ponto mais à frente.

Voltando aos apontamentos sobre as diferenças entre o institucionalismo econômico e a teoria positiva da agência.

Outro ponto que diferencia as teorias está nos respectivos conceitos de custos de transação e custos de agência:

Jensen e Meckling definem os custos de agência como sendo o somatório dos custos de monitoramento suportados pelo principal; custos derivados de mecanismos de alinhamento dos interesses entre o agente e o principal; e as perdas residuais. Para Williamson, o último é a característica principal dos custos de agência, já que os dois primeiros somente ocorrem quando produzem ganhos advindos da redução nos custos efetivos relacionados às perdas residuais (a terminologia será mais bem trabalhada em tópico seguinte).[57]

Apresentamos, por ora, sinteticamente os conceitos dos custos. O custo residual: é a redução no valor da empresa decorrente da diluição da fração de seu fundador. Fundamentalmente, dois fatores são considerados nessa análise, o lucro e o poder discricionário do administrador. Os custos oriundos do monitoramento e aqueles provenientes de mecanismos de alinhamento dos interesses do agente com os do principal, em contexto em que há discricionariedade do agente, funcionam para aproximar a situação pós-diluição da participação do fundador com a situação pré-diluição (situações hipotéticas). O custo resultante é o custo de agência.[58]

---

57. WILLIAMSON, Oliver E. *The mechanisms of governance*. Oxford University Press, 1996. p. 176.
58. WILLIAMSON, Oliver E. *The mechanisms of governance*. Oxford University Press, 1996. p. 176.

Já os custos de transação focam em custos *ex posts*, sendo eles: os custos da ineficiência adaptativa decorrentes de transações que se afastam do alinhamento em relação à curva contratual (representando a situação ótima na alocação de recursos); os custos de barganha resultante de esforços bilaterais para a correção de desalinhamentos *ex post*; os custos oriundos de disputas envolvendo as estruturas de governança; e os custos de alinhamento para efetivamente assegurar os compromissos assumidos.[59]

O ponto central na diferença entre os dois custos (custos de agência e custos de transação) é que o primeiro decorre da precificação do realinhamento de interesses, enquanto o segundo decorre de problemas de desajuste, de não adaptação, o que requer uma escolha meticulosa da estrutura de governança.

O terceiro ponto que diferencia as duas teorias é a questão organizacional.

Nesse aspecto, enquanto a teoria positiva da agência se preocupa com questões de alinhamento *ex ante*, o institucionalismo econômico centra-se nas questões *ex post,* porque a última proposta elabora mais profundamente mecanismos de resolução de disputas, demonstrando a importância das soluções privadas de resolução de conflitos.[60]

Williamson ainda destaca duas outras diferenças: a questão da seleção natural, mais forte na teoria positiva da agência. O institucionalismo econômico assume uma versão mitigada, postulando que: "in a relative sense, the fitter survive, but there is no reason to suppose that they are fittest in any absolute sense."[61]

O autor ainda afirma o seguinte, ao invocar o conceito de *impossibility of selective intervention*:

> TCE (em referência ao que optamos por denominar, neste trabalho, como institucionalismo econômico) maintains that high-powered incentives found to be effective in Market organization give rise to dysfunctional consequences if introduced into the firm. It also argues that control instruments found to be effective within firms are often less effective in the market (between firms). The upshot is that whereas market organization is associated with higher powered incentives and lesser controls, internal organization join lower powered incentives with greater controls). The assignment of transactions to one mode to another necessarily must make allowance for these respective incentive-and-control syndromes.[62]

---

59. WILLIAMSON, Oliver E. *The mechanisms of governance*. Oxford University Press, 1996. p. 176.
60. WILLIAMSON, Oliver E. *The mechanisms of governance*. Oxford University Press, 1996. p. 177.
61. SIMON, Herbet apud WILLIAMSON, Oliver E. *The mechanisms of governance*. Oxford University Press, 1996. p. 177.
62. WILLIAMSON, Oliver E. *The mechanisms of governance*. Oxford University Press, 1996. p. 178. Ver também o conceito de *forbearance* nas páginas 97 à 100 dessa obra.

Retornamos ao nosso questionamento, empresas organizadas em grupo, nas relações dadas entre elas, estão mais próximas de qual modo de governança? O do mercado ou o da empresa? Entre esses dois modelos, pensamos que a situação se aproxima do segundo porque as sociedades participantes do grupo não possuem, nas relações em si, a liberdade (autonomia) apresentada nas relações entre sociedades não relacionadas. Há um controle acentuado. Se assim o for, a questão derivada pode ser assim posta: se os mecanismos de governança atualmente disponíveis são adaptados a essa realidade. É nesse sentido que propomos a internalização dos interesses das controladas (e mais propriamente dos interesses dos seus minoritários e preferencialistas) nas estruturas de governo da controladora.

No entanto, e se inserirmos o terceiro modo de governança? O mercado, a hierarquia e o híbrido?

A forma híbrida de governança situa-se entre as duas outras formas, podendo ser compreendida como sendo menos rígida do que a encontrada no mercado (o ponto central de análise é o rigor do contrato), mas mais rigorosa que a encontrada na hierarquia (nas empresas, os contratos internos podem ser mais incompletos do que no modelo híbrido).[63]

Reproduziremos alguns casos em que Williamson entende como possível a utilização da forma híbrida:

> The parties to such contracts maintain autonomy, but contract is mediated by an elastic contracting mechanism. Public utility regulation, in which the relations between public utility firms and their customers are mediated by regulatory agency, is one example... Exchange agreements or reciprocal trading in which the parties experience (and respond similarly to) similar disturbances is another illustration. Franchising is another way of preserving semi-autonomy, but added supports are needed...[64]

Entendemos que os grupos de direito podem ser organizados por meio do modelo de governança híbrido (desde que o contrato de grupo preserve alguma autonomia para a controlada, como o poder de veto, por exemplo), mas os grupos de fato, majoritariamente presentes, enquadram-se melhor na hierarquia.

Por fim, há alguma diferença quando o conceito de *nexus* de contratos é trabalhado pela teoria positiva da agência e pelo institucionalismos econômico. Esse conceito foi originalmente proposto por Alchian e Demsetz,[65] ao identificarem a *classical firm* como uma estrutura de contratos, mas desenvolvido mais

---

63. WILLIAMSON, Oliver E. *The mechanisms of governance*. Oxford University Press, 1996. p. 104/105.
64. WILLIAMSON, Oliver E. *The mechanisms of governance*. Oxford University Press, 1996. p. 96.
65. ALCHIAN, Armen A.; DEMSETZ, Harold. Production, information costs, and economic organization. *The American economic review*, v. 62, n. 5, p. 777-795, 1972.

profundamente pela teoria positiva da agência. Segundo Jensen e Meckling: "It is important to recognize that most organizations are simply legal fictions which serve as a nexus for a set of contracting relationships among individuals."[66] Segundo Williamson, a concepção da empresa, como proposta por Jensen e Meckling, gerou resultados positivos para a análise comportamental dos contratantes participantes nesse *nexus*. O autor destaca ainda que de acordo com essa concepção, a empresa é um *nexus* neutro, dentro do qual relações em equilíbrio são organizadas.[67]

No entanto, Williamson questiona a neutralidade do *nexus* contratual, tal como proposta pelos autores da teoria positiva da agência, em virtude da posição diferenciada ocupada pelos administradores na estrutura da companhia, em relação aos demais participantes. Destaca que:

> given its centrality in the contracting process (the neutral nexus needs someone to contract on its behalf), the management will sometimes be in a position to realize advantages by striking mutually 'inconsistent' contracts with other constituents.[68]

Dada característica leva Williamson a sugerir a designação de representantes de trabalhadores e fornecedores no conselho de administração. Observa, contudo, que não lhes deve ser entregue necessariamente o poder de voto.[69]

Percebemos nesse argumento mais um elemento para a defesa da participação de representantes das controladas no conselho de administração da controladora – a inexistência de neutralidade no *nexus* contratual –, consubstanciando os outros argumentos que já expomos anteriormente.

1.3 ALGUNS ESCLARECIMENTOS SOBRE A TEORIA POSITIVA DA AGÊNCIA

O ponto central nas variantes neoclássicas é que a empresa é uma ficção jurídica que funciona como um *nexus* para um conjunto de relações contratuais, como as existentes em decorrência dos fatores de produção, ou aquelas havidas em função do mercado de produtos ou serviços. A empresa não é necessariamente uma hierarquia que se manifesta por meio de um comando (uma ordem). Empresas não apresentam o poder de subordinação, não possuem autoridade,

---

66. JENSEN, Michael C.; MECKLING, William H. Theory of the firm: Managerial behavior, agency costs and ownership structure. *Journal of financial economics*, v. 3, n. 4, p. 305-360, 1976.
67. WILLIAMSON, Oliver E. *The mechanisms of governance*. Oxford University Press, 1996. p. 179.
68. WILLIAMSON, Oliver E. *The mechanisms of governance*. Oxford University Press, 1996. p. 179.
69. A sugestão consta da nota de rodapé n. 12 da página 179 da obra WILLIAMSON, Oliver E. *The mechanisms of governance*. Oxford University Press, 1996.

e nenhuma ação disciplinar (aspecto advindo do conceito de neutralidade do *nexus* contratual). Elas são análogas ao mercado. A partir do que essa variante concebe a administração como um processo contínuo de negociação de sucessivos contratos. A parte insatisfeita pode sempre extinguir o vínculo contratual (esse ponto ficará mais claro quando estivermos analisando especificamente os trabalhos de Michael Jensen e Meckling).

O fundamento comportamental que é pressuposto aqui é o de que "rational economic actors, consciously or not, solve problems in the process of pursuing wealth maximization. Given the actors' capabilities and intense competition, only optimal contracting strategies survive."[70] Agora o que está em causa é o conceito de seleção natural. Percebam que essa afirmação sobre o pensamento neoclássico deriva diretamente da dinâmica de mercado proposta pela economia clássica. Servimo-nos, a título de exemplo, da afirmação de Adam Smith (recorrente na literatura por conta da sua força retórica): "it is not from the benevolence of the butcher, the brewer, or the baker, that we expect our dinner, but from their regard to their own interest".[71] A presunção comportamental é a de que os indivíduos não são altruístas, mas são estimulados por amor-próprio. A partir dessa abstração da realidade, Smith prossegue sua construção teórica afirmando que é por meio de acordos, de escambo e de compra e venda que conseguimos grande parte dos recursos que entendemos necessitar e que tal comportamento fundamenta a divisão do trabalho.[72]

Há uma certa proximidade das variantes neoclássicas com aquelas elaboradas anteriormente em torno do controle administrativo, quando analisado o papel das forças do mercado. As primeiras delimitaram a estrutura e alocaram os administradores no cimo orgânico da sociedade. Os seus defensores afirmavam que os resultados advindos dessa construção eram positivos em razão da especialização. Os seus críticos afirmavam que esse poder decorria da ausência de restrições de mercado.[73]

A variante neoclássica reafirma a função das restrições de mercado, mas agora de uma forma mais sofisticada. O mecanismo de preço em funcionamento no mercado de produtos e serviços soma-se àqueles presentes nos mercados de fatores de produção, de valores mobiliários e de contratos de administração.

---

70. BRATTON JR, William W. The new economic theory of the firm: Critical perspectives from history. *Stanford Law Review*, p. 1471-1527, 1989.
71. SMITH, Adam. *An inquiry into the nature and causes of the wealth of nations*. General editors R. H. Campbell and A. S. Skinner; textual editor W. B. Todd. Oxford: Clarendon Press, 1976. p. 27.
72. SMITH, Adam. *An inquiry into the nature and causes of the wealth of nations*. General editors R. H. Campbell and A. S. Skinner; textual editor W. B. Todd. Oxford: Clarendon Press, 1976. p. 27.
73. BRATTON JR, William W. The new economic theory of the firm: Critical perspectives from history. *Stanford Law Review*, p. 1471-1527, 1989.

Entretanto há nesse ponto uma fundamental diferença para com as teorias anteriores (centradas no controle administrativo): se os contratos são bilaterais, o poder dos administradores (controle gerencial na linguagem de Berle e Means), assim como a hierarquia, perde relevância, ante o argumento de que "in a firm of bilateral contracts between free market actors, both parties possess equal power to contract someplace else."[74]

Essa abordagem limita a função do direito societário.

> Corporate law does not invest and legitimize power in hierarchical superiors; instead, it appears as just another term of the contract governing equity capital input. Given the model's basic assumption that the fittest arrangements survive, the contract presumably effects an *optimal sharing of risk. The model,* then, affords no basis for intervention by government for the protection of shareholders.[75]

Portanto, podemos aproximar essa variante da versão mais estremada do contratualismo, apresentada no início deste livro, quando tratamos das implicações das teorias da empresa sobre as políticas públicas (daí ser caracterizada como uma variante forte, já que fundamentada mais diretamente no mecanismo de preço).

Colocamos esses apontamentos para antecipar o estudo mais detido das propostas decorrentes da teoria positiva da agência, a ser realizado agora.

O problema derivado e delimitado aflora a tensão entre abordagens que, em última análise, entendem que tais organizações, em razão de suas próprias características, apresentam estímulos suficientes para que as partes envolvidas cheguem a soluções adequadas, e abordagens que tendem a ver obstáculos que somente podem ser ultrapassados por meio de mecanismos de governança mais invasivos.[76] Sendo

---

74. BRATTON JR, William W. The new economic theory of the firm: Critical perspectives from history. *Stanford Law Review*, p. 1471-1527, 1989.
75. BRATTON JR, William W. The new economic theory of the firm: Critical perspectives from history. *Stanford Law Review*, p. 1471-1527, 1989.
76. A questão metodológica aqui inerente é aquela posta por Popper em relação às Ciências Sociais: (...) *o método das ciências sociais, como aquele das ciências naturais, consiste em experimentar possíveis soluções para certos problemas; os problemas com os quais iniciam-se nossas investigações e aqueles que surgem durante a investigação.* A ideia subjacente aqui diz respeito à teoria do conhecimento proposta por Popper: o conhecimento produzido por meio do enfrentamento de problemas, os quais colocam o pesquisador diante da tensão entre conhecimento e ignorância. Conhecimento porque não se encontra o problema sem um qualquer conhecimento prévio e ignorância porque esse conhecimento prévio não é suficiente para resolver o problema encontrado: seria o *gap*, a lacuna no conhecimento que ainda precisa ser trabalhada. Essa, de maneira sintética, seria, para o autor, a maneira como as fronteiras do conhecimento são avançadas. Obviamente, outras questões relevantes ligadas à metodologia da pesquisa são também importantes (questões envolvendo os aspectos psicológicos na própria formulação do problema, questões relativas à objetividade científica, que para Popper não está centrada no trabalho do investigador individualmente considerado, mas sim nas críticas potenciais permitidas pelos vários meios de exposição encontrados na comunidade científica, dentre outros). POPPER, Karl R. *Lógica das ciências sociais*. Brasília: Universidade de Brasília, 1978.

a principal preocupação neste livro a de encontrar mecanismos que consigam minimizar as disfunções advindas das estruturas organizacionais da empresa.

Em primeira linha, abordaremos uma forma específica de organização empresarial (a sociedade de capital aberto em contexto de mercado disperso, ou simplesmente *Public Corporation*). Em segunda linha, abordaremos as disfunções existentes na empresa quando estruturada por meio de grupos societários.

1.3.1 A identificação do problema posto

O problema que estamos trabalhando por meio das duas teorias (teoria positiva da agência e teoria do institucionalismo econômico) pode ser posto nos seguintes termos: como um indivíduo pode ser induzido a satisfazer da melhor forma o interesse de outro, sem que esse outro especifique detalhadamente o que deve ser feito? Robert Cooter e Bradley J. Freedman esclarecem que economistas desenham estruturas organizacionais visando a utilização do autointeresse dos indivíduos para que tal efeito prático seja atingido.[77]

Notamos isso, quando analisamos alguns aspectos e propostas do institucionalismo econômico. Neste momento, explicaremos como a lógica da teoria positiva da agência percebe o problema.

1.3.2 A proposta da teoria positiva da agência, seus pressupostos, sua metodologia e suas contribuições – não há algo como o interesse da sociedade em si e, como consequência, não há algo como o interesse do grupo de sociedades em si

Três problemas genéricos de agência decorrem da forma em que é estruturada a empresa societária. Aqui, temos em mira a sociedade isolada. Os problemas de agência ganham maior complexidade nos grupos societários e serão tratados mais à frente.[78]

O primeiro envolve o conflito entre os sócios e os administradores. Aqui os sócios são os principais e os gestores são os agentes. Esse problema reside em assegurar que os gestores respondam aos interesses dos sócios, em vez de perseguirem os seus próprios interesses pessoais.[79]

---

77. Cooter, Robert, and Bradley J. Freedman. "Fiduciary Relationship: Its Economic Character and Legal Consequences, The." *NYUL Rev.* 66 (1991): 1045.
78. ARMOUR, John; HANSMANN, Henry; KRAAKMAN, Reinier. *Agency problems, legal strategies, and enforcement.* 2009.
79. ARMOUR, John; HANSMANN, Henry; KRAAKMAN, Reinier. *Agency problems, legal strategies, and enforcement.* 2009.

O segundo grupo de problemas de agência envolve o conflito entre os sócios que possuem controle societário e aqueles sócios não controladores. Aqui os sócios não controladores podem ser considerados como os principais e os controladores como agentes, e a dificuldade reside em assegurar que os primeiros não sejam expropriados por esses últimos. Embora esse problema seja mais notório nas tensões entre sócios majoritários e minoritários, aparece sempre que um subconjunto de sócios controla as decisões que afetam a classe como um todo. Assim, se alguma categoria de sócio goza de direito de veto em relação a decisões específicas, o problema pode manifestar-se (é o caso das *golden shares* no Brasil).[80]

O terceiro gênero de problemas de agência envolve o conflito entre a própria sociedade – incluindo, em particular, os seus sócios – e as outras partes com quem a sociedade estabelece relações, tais como os credores, empregados e clientes. Aqui a dificuldade reside em assegurar que a sociedade, como agente,

não se comporte de forma oportunista em relação a esses vários outros interesses – como, por exemplo, expropriando credores, explorando trabalhadores, ou induzindo em erro os consumidores.[81]

Passaremos à análise da Teoria Positiva da Agência, sem, contudo, deixar de advertir o leitor que muitas referências serão feitas ao sistema de governança Anglo-americano – dando maior ênfase ao primeiro gênero de problema de agência – por ser o local em que a teoria foi concebida, vis-à-vis o sistema de governança corporativa brasileiro, que manifesta problemas mais acentuados do segundo e do terceiro gênero.

A seguir será examinado o ambiente corporativo, especialmente os incentivos *ex ante* (típicos da teoria positiva da agência),[82] para o alinhamento dos interesses dos agentes (em mercado disperso, dos gestores) com os dos principais (acionistas), problematizando tais mecanismos e demonstrando quando a governança corporativa pode ser disfuncional. Essa proposta é importante para os fins deste trabalho porque possibilita a análise comportamental dos partícipes da empresa. O ambiente analisado com mais ênfase neste tópico é o dos EUA, local de origem da teoria. Depois, em tópico específico, trataremos da nossa proposta de governança, já em parte antecipada neste texto, e contextualizaremos a análise

---

80. ARMOUR, John; HANSMANN, Henry; KRAAKMAN, Reinier. *Agency problems, legal strategies, and enforcement.* 2009.
81. ARMOUR, John; HANSMANN, Henry; KRAAKMAN, Reinier. *Agency problems, legal strategies, and enforcement.* 2009.
82. *Agency Theory examines contract predominantly from an "ex ante" incentive-alignment point of view while Transaction-cost theory* (derivação do institucionalismo econômico) *is more concerned with crafting "ex post" governance structures within which the integrity of contract is decided.* WILLIAMSON, Oliver E. *The mechanisms of governance.* Oxford University Press, 1996. p 174.

no espaço brasileiro (mercado majoritariamente concentrado, em que o poder de controle é normatizado juridicamente e alocado nos acionistas majoritários).

Antes, entretanto, propomos uma afirmação como ponto inicial de reflexão. Segundo Tirole, (...) *the overall significance of moral hazard is largely understated by the mere observation of managerial misbehavior, which forms the "tip of the iceberg."* A parte submersa, ainda segundo o autor, é a resposta institucional dada pela governança, pela teoria das finanças e pelo Direito.[83]

A Teoria Positiva da Agência ganha relevo, principalmente, com Jensen e Meckling, ao colocarem em causa o fato de até aquele momento (década de 1970), as pesquisas relacionadas ao problema de agência focarem, em sua maioria, no aspecto normativo das relações (como estruturar a relação contratual – incluindo esquemas de incentivos – entre o principal (acionista) e o agente (administrador, no modelo Anglo-americano. Acionista controlador, no modelo brasileiro) para fornecer incentivos adequados para que o segundo tome decisões que melhorem a posição do primeiro, reconhecendo um nível de incerteza e deficiência nos mecanismos de monitoramento. Os autores, no entanto, focam nos aspectos positivos[84] do problema de agência, assumindo que indivíduos resolvem os problemas normativos, no ambiente corporativo, a partir da emissão de *stocks* e *bonds*.[85] Especificamente ao tratar das empresas, entendem-nas como simples ficção jurídica, ficção essa que faz com que elas sejam vistas como indivíduos.[86] Entretanto, não é essa a visão dos autores sobre a empresa.

Aspectos como os abordados no parágrafo anterior, encontrados em seus textos da década de 1970, podem melhor ser compreendidos a partir do olhar desses autores para a forma como indivíduos e organizações comportam-se. Sendo que a razão pela qual a análise do pensamento que estrutura a proposta de Jensen e Me-

---

83. TIROLE, Jean. The *Theory of Corporate Finance*. New Jersey: Princeton University, 2006. Kindle Edition, posição 704.

84. (...) *much of the more formal agency literature is concerned with issues as efficient risk bearing and works out of a mechanism design setup. The less formal literature is referred to by Jensen as the positive theory of agency. This is concerned with the technology of monitoring and bonding on the form of contracts and organizations.* WILLIAMSON, Oliver E. *The mechanisms of governance.* Oxford University Press, 1996. p 172.

85. (...) *we investigate the incentives faced by each of the parties and the elements entering into the determination of the equilibrium contractual form characterizing the relationship between the manager (i.e., agent) of the firm and the outside equity and debt holders (i.e., principals).* JENSEN, Michael C.; MECKLING, William H. Theory of the firm: Managerial behavior, agency costs and ownership structure. *Journal of financial economics*, v. 3, n. 4, p. 305-360, 1976.

86. *The private corporation or firm is simply one form of legal fiction which serves as a nexus for contracting relationships and which is also characterized by the existence of divisible residual claims on the assets and cash flows of the organization which can generally be sold without permission of the other contracting individuals.* JENSEN, Michael C.; MECKLING, William H. Theory of the firm: Managerial behavior, agency costs and ownership structure. *Journal of financial economics*, v. 3, n. 4, p. 305-360, 1976.

ckling não obedecerá rigorosamente a cronologia de seus trabalhos mais relevantes para essa forma de compreensão da empresa e de seus potenciais reflexos para os trabalhos de juristas e economistas da atualidade porque, inicialmente, é preciso indagar-se: qual o modelo de comportamento por eles assumidos? A resposta dos autores é publicada quase duas décadas após a publicação de seu trabalho seminal, mais precisamente em 1994, em artigo intitulado *The nature of the man.*[87]

Na conclusão do artigo *The nature of the man,*[88] Jensen e Meckling afirmam que independentemente da atividade exercida (política, administrativa, gerencial, acadêmica, filantrópica), os indivíduos são engenhosos, avaliativos e maximizadores de resultados. Assumem, portanto, um modelo conhecido na literatura como REEM (*Resorceful, Evaluative, Maximizing Model*).[89] Em conformidade com esse modelo comportamental, entendem que indivíduos respondem de forma criativa às oportunidades que o ambiente lhes apresenta, trabalhando para reduzir as limitações que lhes impedem de fazer o que desejam. Indivíduos importam-se, não somente com dinheiro, mas com honra, respeito, poder, amor, conforto de outros, por exemplo. Assim, o desafio é a construção de "regras do jogo" e de processos educacionais capazes de levá-los a aplicar suas energias criativas para aumentar o uso eficiente dos recursos escassos.

Alguns postulados comportamentais advindos desse modelo são fundamentais para a compreensão da lógica presente no modelo organizacional proposto pela Teoria Positiva da Agência:

1) Todo indivíduo importa com sua situação (isolada e comparativamente) – é uma *evaluator:* o indivíduo está disposto a trocar qualquer bem em

---

87. JENSEN, Michael C. and MECKLING, William H., *The Nature of Man* (July 1, 1994). Michael C. Jensen, FOUNDATIONS OF ORGANIZATIONAL STRATEGY, Harvard University Press, 1998; *Journal of Applied Corporate Finance*, v. 7, n. 2, p. 4-19, Summer 1994. Available at SSRN: http://ssrn.com/abstract=5471 or http://dx.doi.org/10.2139/ssrn.5471. Acesso em: 16 jun. 2018.

88. JENSEN, Michael C.; MECKLING, William H. *The nature of man.* 1998.

89. Os autores assumem este modelo e comparam-no com outros quatro modelos já elaborados pelas Ciências Sociais: a) O modelo Econômico de comportamento humano. Esse seria para eles uma redução do modelo REEM. O indivíduo é um maximizador, mas seu único desejo é o aumento de sua riqueza. É um *short-run money maximize*. b) O modelo sociológico: percebe os indivíduos como o resultado de seu ambiente cultural. Segundo os autores, sob essa lente, indivíduos não seriam mais engenhosos do que formigas ou cupins. Seriam conformistas, tendo seus comportamentos determinados por tabus, cultura, tradição etc. c) O modelo Psicológico proposto por Maslow: esse modelo compreende a engenhosidade humana, seus desejos e vontades, mas entendem que os desejos humanos são absolutos e fortemente independentes uns dos outros. Portanto, o efeito prático aqui seria a indisposição individual para a substituição de desejos. d) O modelo Político: nessa proposta, indivíduos seriam perfeitos agentes no sentido que seriam engenhosos, maximizadores e criativos não para atenderem aos seus próprios interesses, mas para atenderem ao "interesse geral" ou "interesse público). (JENSEN, Michael C.; MECKLING, William H. *The nature of man.* 1998). O modelo político pode explicar melhor as construções decorrentes de políticas públicas do tipo *top-down*, já trabalhadas no início deste texto.

particular por outros bens em maior quantidade, observando que o valor atribuído a cada unidade de um determinado bem decresce quando os indivíduos têm mais acesso à ele relativamente a outros bens; Além disso, as preferências individuais são transitivas, ou seja: se A é preferido em relação a B; e se B é preferido em relação a C, logo A é preferido em relação a C.

2) Os desejos dos indivíduos são ilimitados;

3) Todo indivíduo é um maximizador: suas ações são direcionadas para atingir o maior valor possível, sendo que eles são sempre limitados na satisfação de seus desejos. Tais limitações decorrem de seus limites de conhecimento, riqueza, tempo, leis da natureza, dentre outros (é um aspecto muito próximo ao do conceito de racionalidade limitada utilizado no institucionalismo econômico).

4) Indivíduos são engenhosos. No sentido de que são criativos, compreendem mudanças em seus ambientes, preveem consequências advindas de tais mudanças, sendo responsivos a elas, criando oportunidades.

Essas premissas são fundamentais para a compreensão da tendência comportamental do agente, e também dos demais participantes na organização e eventuais futuros participantes, colocando o desenho da estrutura organizacional como problema central na agenda de pesquisa da abordagem feita pela Teoria Positiva da Agência:[90] um exemplo, à título ilustrativo e preambular, é o mecanismo de monitoramento efetivado pela auditoria independente: se os custos na obtenção de informações sobre a gestão da companhia são menores para o administrador se comparados aos custos incorridos para os demais partícipes da empresa, a tendência comportamental, que é modelada pelo REMM's, é a de que esses partícipes recebam estímulos para remunerar o administrador para que ele, administrador, organize e preste essas informações (sendo-as auditadas por um auditor independente), ao invés dos próprios partícipes realizarem todo o processo de monitoramento. Aliás é o que encontramos normatizado pelo direito brasileiro em relação às companhias de capital aberto.[91]

---

90. Um dos aspectos propostos por meio deste modelo, é a tendência comportamental no ambiente promovida por alteração nas normas jurídicas: (...) *No matter how much experience we have with the response of people to changes in their environment, we tend to overestimate the impact of a new law or policy intended to constrain human behavior. Moreover, the constraint or law will almost always generate behavior which was never imagined by its sponsors. Why? Because of the sponsor's failure to recognize the creativity of REMMs.* (JENSEN, Michael C.; MECKLING, William H. *The nature of man.* 1998).

91. Note que para o modelo comportamental assumido por Jensen e Meckling, não há "necessidades" humanas, no sentido que a expressão é correntemente usada. Há unicamente desejos humanos, vontades ou, numa linguagem econômica, demandas. Se algo é mais caro, menor quantidade será demandada (em comparação à situação em que esse mesmo "algo" fosse mais barato. (JENSEN, Michael C.; MECKLING, William H. *The nature of man.* 1998).

Nesse sentido, a companhia é simplesmente uma entre as possíveis alternativas jurídicas para acomodar a empresa, as quais possuem como característica a função de servir como um *nexus* para relações contratuais marcadas por participações acionárias divisíveis, e que, em regra, podem ser transmitidas sem a anuência dos demais.[92] Apesar dessa definição de empresa ter pouco conteúdo substancial, enfatiza a sua essência contratual, focando a atenção para questões cruciais, tais como: por que um conjunto particular de relações contratuais emerge em vários tipos de organização? Qual a consequência dessas relações contratuais? E como elas são afetadas por fatores exógenos à relação? Essa visão torna sem sentido a distinção entre o que está dentro da empresa e o que está fora. "There is in a very real sense only a multitude of complex relationships (i.e., contracts) between the legal fiction (the firm) and the owners of labor, material and capital inputs and the consumers of output."[93]

---

92. Interessante anotar que Weber já no ano de 1889, em sua tese de doutoramento, já pronunciava que: *basically the firm is only a kind of practical breviloquence, for it functions only to encapsulate the relations of property in regard to the partnership*. (Weber, Max. *The History of Partnership in the Middle Ages*. Translated by Lutz Kalber. New York: Rowman & Littlefield Publishers, 2003. 56 p.). Jensen e Meckling afirmam que indivíduos se comportam em relação às organizações tal qual átomos em relação à massa. Desde pequenos grupos até mesmo a sociedade civil, afirmam que organizações são compostas por indivíduos. Ao se pensar em uma ciência que pretende o estudo das organizações, ela deverá ser construída levando-se em consideração, o quanto for possível, os traços individuais. (JENSEN, Michael C.; MECKLING, William H. *The nature of man*. 1998).

93. Este parágrafo aponta as diferentes compreensões e origens entre as Teorias dos Custos de Transação e a Teoria da Agência. O problema dos custos de transação foi colocado por Ronald Coase em 1937: quando as empresas produzem o que precisam e quando buscam por produtos e serviços no mercado? Coase argumenta que os diferentes custos de transação envolvidos na forma hierarquizada (empresa) e no mercado são determinantes para responder à questão. Coase, em seu artigo The Nature of The Firm, assim como em trabalhos posteriores, como em The Firm, The Market, and The Law, é movido por estas dúvidas: por que existem empresas? O que determina o número de empresas ou o tamanho dessas? E o que determina o que as empresas fazem? Para responder a essas questões, Coase constrói um conceito já bastante difundido entre os economistas institucionalistas, o conceito de custo de mercado ou de custos de transação, o qual, segundo o autor, pode ser compreendido como o decorrente das atividades a seguir descritas: *in order to carry out a market transaction it is necessary to discover who it is that one wishes to deal with, to inform people that one wishes to deal and on what terms, to conduct negotiations leading up to a bargain, to draw up the contract, to undertake the inspection needed to make sure that the terms of the contract are being observed, and so on*. Note que para o autor, apesar da produção poder ser realizada em um contexto completamente descentralizado (no mercado), a empresa surge quando seus custos são menores que aqueles necessários para produzir no Mercado. O limite do tamanho de uma empresa (enquanto organização econômica – o conceito aqui utilizado é, portanto, econômico) é estabelecido onde seus custos para organizar uma transação são iguais aos custos para se produzir no Mercado. No referente ao mercado, Coase denuncia que esse tem sido negligenciado enquanto instituição social. Essa denúncia quer significar, de um lado, que são necessários estudos sobre sua regulação (não somente da regulação jurídica) porque a forma como os mercados são organizados reflete nos custos de transação, e de outro quer significar que a economia clássica os negligencia porque entende, restritivamente, que a regulação dos mercados atende a dois objetivos: (i) combater o monopólio e (ii) restringir a competição. (In: COASE, Ronald Harry. *The firm, the Market, and the law*. Chicago: The University of Chicago Press, 1988. p. 1-9). Por fim, atribui essa visão estreita sobre a regulação dos mercados a: (...) *The eloquence end force of Adam's Smith denunciations of regu-*

Esse último aspecto levantado por Jensen e Meckling aponta a seguinte questão: compreender a empresa (a sociedade e os grupos de sociedade são formas jurídicas possíveis de organizá-la) como um *nexus* de relações contratuais entre indivíduos presta-se a deixar claro que a personificação dessas estruturas está implícita por questões tais como: qual seria a função objetiva da empresa (e da sociedade)?; Ou se tais empresas teriam uma responsabilidade social? Segundo os autores, essas perguntas revelam uma séria ilusão. A empresa e seus modelos jurídicos não são indivíduos, são uma ficção jurídica que servem (o aspecto analisado é funcional) como um ponto de convergência de um processo complexo no qual os conflitos objetivos entre indivíduos, dentre os quais alguns "representam" outras organizações, são apresentados em um equilíbrio dentro de uma estrutura de relações contratuais (esse é o aspecto em que Williamson utiliza do conceito de *selective intervention* como um dos seus argumentos de crítica ao modelo proposto pela Teoria Positiva da Agência, já explicado em item anterior).

Nesse sentido, o comportamento dessas estruturas é comparável ao comportamento do mercado, ou seja, como o resultado de um processo de equilíbrio complexo.[94] Advertem, ainda, os autores, que raramente caímos na armadilha de considerar o mercado de grãos ou o mercado de valores mobiliários, dentre outros, como indivíduos, mas comumente consideramos as organizações como tais.[95]

---

lations designed to narrow the competition seem to have blinded us to the fact that dealers also have an interest in making regulations which widen the markets, perhaps because this was a subject which Adam Smith gave little attention. (In: COASE, Ronald Harry. *The firm, the Market, and the law*. Chicago: The University of Chicago Press, 1988. p. 9). Já o problema clássico enfrentado pela Teoria da Agência foi colocado por Adolf Berle e Gardner Means em 1932. Os autores observaram que a propriedade e o controle nas grandes corporações estadunidenses estão normalmente separados, questionando, a partir de tal constatação, por suas implicações para as organizações e para as políticas públicas. (ver JENSEN, Michael C.; MECKLING, William H. Theory of the firm: Managerial behavior, agency costs and ownership structure. *Journal of financial economics*, v. 3, n. 4, p. 305-360, 1976; e BERLE, Adolf Augustus. *A moderna sociedade anônima e a propriedade privada*. Trad. Dinah de Abreu Azevedo. 3. ed. São Paulo: Nova Cultural, 1988; COASE, Ronald H. *The nature of the firm. Economica*, v. 4, n. 16, p. 386-405, 1937).

94. Sobre esse aspecto, Oliver Williamson observa que, apesar da compreensão da empresa como um *nexus* de contratos ter sido introduzida por Alchian e Demsetz, em 1972, essa abordagem foi desenvolvida com maior profundidade por Jensen e Meckling e os parafraseia: compreender a empresa como um *nexus* de contratos serve para entender que não há nesse artefato um indivíduo, o qual se presta a um processo em que os conflitos existentes entre seus participantes são colocados em equilíbrio por meio de uma estrutura de relações contratuais. Essa neutralidade estrutural possibilita o equilíbrio nas relações contratuais. WILLIAMSON, Oliver E. *The mechanisms of governance*. Oxford University Press, 1996. p 178/179.

95. JENSEN, Michael C.; MECKLING, William H. Theory of the firm: Managerial behavior, agency costs and ownership structure. *Journal of financial economics*, v. 3, n. 4, p. 305-360, 1976. Lembra-se que, como já colocado no início desse capítulo, os custos de agência são aqueles derivados do: monitoramento pelo principal; do alinhamento dos interesses do agente ao do principal; e das perdas residuais.

Nesse ambiente, levando-se em consideração uma abordagem mais genérica do problema de agência – o problema de induzir os agentes a comportarem-se de modo a maximizar os interesses dos principais[96] – delimitam, os autores, a sua pesquisa no estudo das corporações (sociedades) com estrutura de capital disperso, em que o controle é gerencial/administrativo. Em suas análises da teoria, afirmam que:

> (...) the existence of positive monitoring and bonding costs will result in the manager of a corporation possessing control over some resources which he can allocate (within certain constraints) to satisfy his own preferences. However, to the extent that he must obtain the cooperation of others in order to carry out his tasks (such as divisional vice presidents) and to the extent that he cannot control their behavior perfectly and costlessly they will be able to appropriate some of these resources for their own ends.[97]

A emergência do problema de agência no ambiente corporativo: se o proprietário administrador (no caso da Sociedade Limitada Unipessoal) aliena direitos de participação[98] (fração do capital social, as quotas) de sua sociedade, que são idênticos aos seus (em que ele compartilha proporcionalmente tanto os lucros, quanto a responsabilidade limitada), os custos de agência serão gerados pela divergência entre os seus próprios interesses e os daqueles do "sócio externo". Isso porque ele, a partir de então, fica com somente uma fração dos custos de qualquer benefício não pecuniário que ele venha a receber visando a maximização de sua própria posição. Se o majoritário (no caso, também administrador) é proprietário de apenas 95% das participações sociais, ele despenderá recursos até o ponto em que a utilidade marginal derivada do dispêndio de 1 dólar (uma unidade monetária) dos recursos da sociedade nesses determinados itens iguala a utilidade marginal de um adicional de 95 centavos de dólar no poder geral de compras (é sua quota na redução da riqueza) e não 1 dólar.[99]

---

96. Jensen e Meckling ainda advertem que os custos de agência estão presentes em qualquer contexto de esforço cooperativo, mesmo naqueles em que não há claramente uma relação principal-agente (o exemplo citado é o próprio texto em análise escrito em cooperação/coautoria). JENSEN, Michael C.; MECKLING, William H. Theory of the firm: Managerial behavior, agency costs and ownership structure. *Journal of financial economics*, v. 3, n. 4, p. 305-360, 1976.
97. JENSEN, Michael C.; MECKLING, William H. Theory of the firm: Managerial behavior, agency costs and ownership structure. *Journal of financial economics*, v. 3, n. 4, p. 305-360, 1976.
98. A expressão utilizada pelos autores é *equity claims*, que quer significar: *The right of a shareholder or some other party to the profit of a company after all prior obligations have been paid. Equity claims are perhaps most important in the event of the company's liquidation. Equity claims are also called residual claims.* Equity claim. (n.d.) Financial Glossary. (2011).
99. Essa lógica pode melhor ser compreendida assim: o sócio único de uma sociedade limitada unipessoal, por exemplo, tem à sua disposição os recursos dessa empresa. Esses recursos podem ser gastos em alguma atividade produtiva da empresa, investimento esse que resultará no aumento do seu valor, ou em algum "item não pecuniário", isto é, em gastos que beneficiem a satisfação pessoal do empresário, sem que o valor da empresa seja incrementado, como por exemplo, a decoração do escritório. A uti-

Esse comportamento pode ser limitado, mas não eliminado pelo investimento em mecanismos de monitoramento por parte dos acionistas (externos).[100] Mas, os autores acreditam, que os controladores suportariam todos os efeitos desses custos pelo fato de os mercados anteciparem e precificarem tais efeitos. Acionistas minoritários potenciais perceberão que os interesses do controlador divergirão dos seus, consequentemente o preço que eles pagarão pelas frações do capital social refletirá os custos de monitoramento e o efeito da divergência entre os interesses do controlador e os seus. Mesmo assim, ignorando no momento a possibilidade do *borrowing against his wealth* (ou seja, tomar do que é seu), o controlador entenderá como desejável arcar com tais custos enquanto o aumento da sua riqueza possibilitar que ele converta seus créditos sobre a sociedade (a referência original é à empresa) em poder aquisitivo e isso for grande o suficiente para compensá-lo.[101]

No momento em que a fração patrimonial do controlador diminuir, seus direitos sobre os resultados da sociedade também caem, o que o estimula a apropriar-se de montantes maiores do patrimônio social na forma de benefícios. Outro efeito produzido é o de estimular os sócios não controladores a elevarem os custos com o monitoramento. Então, o custo patrimonial para o controlador obter financiamento adicional no mercado cresce na medida em que sua participação social decresce.[102]

Os autores continuam a caracterização do conflito de agência entre o controlador e os acionistas externos como sendo derivados de uma tendência dos administradores de se apropriarem de benefícios às custas da sociedade para o seu

---

lidade desse empresário é função de seu salário (mantido constante), da sua riqueza (e, portanto, do valor correspondente à empresa) e da satisfação obtida a partir dos itens não pecuniários. Sua utilidade será maximizada quando a utilidade marginal de um dólar adicional dos recursos de uma empresa gastos com itens não pecuniários for igual à utilidade marginal desse mesmo dólar adicional gasto com atividades produtivas.

Se este empresário vender 5% de suas ações a um acionista externo (em virtude de uma operação de transformação, por exemplo), o gasto de um dólar adicional em atividades produtivas resultará no aumento da utilidade deste, agora acionista administrador, equivalente a 95% do aumento do valor da sociedade. Como o benefício marginal decorrente do gasto em atividades produtivas é proporcionalmente menor, o acionista administrador racional estaria tentado a investir proporcionalmente mais em itens não pecuniários do que na situação anterior, na qual ele era o único `proprietário´ da empresa." (In: GOLDBAUM, Sergio. *O postulado da racionalidade e a nova economia institucional*: a nova teoria da firma. Disponível em: https://bibliotecadigital.fgv.br/dspace/bitstream/handle/10438/5392/1199701285.pdf. Acesso em: 20 dez. 2018.

100. Acionistas externos é a terminologia que Jensen e Meckling utilizam para identificar aqueles acionistas que estão fora do controle administrativo.

101. JENSEN, Michael C.; MECKLING, William H. Theory of the firm: Managerial behavior, agency costs and ownership structure. *Journal of financial economics*, v. 3, n. 4, p. 305-360, 1976.

102. JENSEN, Michael C.; MECKLING, William H. Theory of the firm: Managerial behavior, agency costs and ownership structure. *Journal of financial economics*, v. 3, n. 4, p. 305-360, 1976.

próprio benefício, mas, advertem, que esse não é o único ou o mais significativo efeito desse tipo de conflito: na realidade, o mais importante conflito emerge do fato de que quando os direitos dos controladores, enquanto sócios, decrescem, os seus incentivos para envidar esforços em atividades criativas, tais como a busca por novos negócios lucrativos para a sociedade, perdem força. Em verdade, eles podem até mesmo evitar tais empreendimentos simplesmente porque eles os podem trazer variados problemas, riscos ou a necessidade de realizarem esforços para aprender novas tecnologias, por exemplo. O ato de evitar esses custos pessoais por parte do controlador pode provocar uma substancial perda de valor para a sociedade.[103]

Neste momento, é interessante abordar dois pontos importantes na análise: 1) o modelo comportamental assumido; 2) a função da estrutura organizacional em causa. O primeiro ponto, esclarecido no artigo *The Nature of the Man*,[104] implica que: se a unidade de análise a ser utilizada pelas teorias organizacionais deve ser o indivíduo e não a organização, e se os indivíduos tendem a comportar-se segundo o modelo REMM, já descrito neste livro, o controlador não tende a um comportamento de perfeito agente, implicando que substituir um administrador que não esteja atendendo aos interesses dos principais não é a solução (não reflete a agenda de pesquisa nessa área específica). A solução, já avançando para o ponto 2, está na forma organizacional, em sua estrutura, na maneira como os benefícios são estruturados (trabalhando com mecanismos de estímulo e desestímulo). Usualmente, os problemas organizacionais surgem porque os administradores são premiados por tomarem decisões que prejudicam a sociedade: *empire-building*, implementar projetos visando o aumento na fatia de mercado às custas do *shareholder value*, dentre outras.

Em virtude de tais considerações, será feita uma análise do papel da estrutura organizacional sobre o comportamento do controlador (administrador, no sistema Anglo-americano), segundo a proposta em estudo:

Em geral, os autores observam que são esperados, ambos, mecanismos de alinhamento (*bonding*)[105] e monitoramento, sendo os incentivos suficientes para satisfazer as condições de eficiência. Disso, não se resulta que a empresa (no caso

---

103. JENSEN, Michael C.; MECKLING, William H. Theory of the firm: Managerial behavior, agency costs and ownership structure. *Journal of financial economics*, v. 3, n. 4, p. 305-360, 1976.
104. JENSEN, Michael C.; MECKLING, William H. *The nature of man*. 1998.
105. Os autores entendem por: "bonding costs: We call these expenditures "bonding costs," and they would take such forms as contractual guarantees to have the financial accounts audited by a public account, explicit bonding against malfeasance on the part of the manager, and contractual limitations on the manager's decision-making power (which impose costs on the firm because they limit his ability to take full advantage of some profitable opportunities as well as limiting his ability to harm the stockholders while making himself better off)."

aqui enfrentado, as sociedades) serão dirigidas de maneira a maximizar seu valor. A diferença entre a hipótese ideal (abstrata),[106] chamada pelos autores de solução eficiente, em que não há custos de agência com os mecanismos ditos, e a hipótese em que há custos de agência positivos são os custos totais de agência. Tais custos são decorrentes da separação entre propriedade e controle. Enfatizam, ainda, os autores, que esses custos serão positivos na realidade.[107]

Entretanto, concluem que:

> In conclusion, finding that agency costs are non-zero (i.e., that there are costs associated with the separation of ownership and control in the corporation) and concluding therefrom that the agency relationship is non-optimal, wasteful or inefficient is equivalent in every sense to comparing a world in which iron ore is a scarce commodity (and therefore costly) to a world in which it is freely available at zero resource costs, and concluding that the first world is "non-optimal" – a perfect example of the fallacy criticized by Coase (1964) and what Demsetz (1969) characterizes as the "Nirvana" form of analysis.[108]

Em consequência, entendem Jensen e Meckling que se fosse possível a construção de arranjos institucionais alternativos, que produzissem a redução dos custos de agência (derivados da separação entre controle e propriedade), seria legítimo concluir que as relações de agência emergidas nesses espaços não seriam Pareto Ótimo. Entretanto, ainda prosseguem os autores, que em assim sendo, ficaria em aberta a questão do porquê de tais arranjos não terem substituído as formas societárias.[109]

Fatores que influenciam e diferenciam os custos de agência entre sociedades diferentes: personalidade dos administradores, a maneira como eles trabalham os seus próprios interesses no processo de tomada de decisão frente ao parâmetro de maximização do *shareholder value,* e os custos de alinhamento e monitoramento. Tais custos também sofrem a influência decorrente dos custos de se mensurar e

---

106. *O optimum mix (na ausência de tributos) em relação aos benefícios pecuniários e não pecuniários é atingido quando a utilidade marginal derivada da adição de 1 dollar (poderia ser uma unidade monetária) de gastos (measured net of any productive effects) é igual a cada item não pecuniário e igual a utilidade marginal derivada da adição de 1 dollar (after-tax purchasing power (wealth)).* Notas de esclarecimentos conceituais: Marginal utility = marginal benefit: a utilidade marginal é o benefício que você adquire ao produzir uma unidade a mais com os mesmos insumos (recursos); Lei da utilidade marginal: a utilidade marginal decresce à medida que se consome mais uma unidade de um mesmo item. Ver paradoxo da água e do diamante; Ponto ótimo: benefício marginal é igual ao custo marginal; Custo marginal: custo envolvido ao produzir uma unidade a mais.
107. JENSEN, Michael C.; MECKLING, William H. Theory of the firm: Managerial behavior, agency costs and ownership structure. *Journal of financial economics,* v. 3, n. 4, p. 305-360, 1976.
108. JENSEN, Michael C.; MECKLING, William H. Theory of the firm: Managerial behavior, agency costs and ownership structure. *Journal of financial economics,* v. 3, n. 4, p. 305-360, 1976.
109. JENSEN, Michael C.; MECKLING, William H. Theory of the firm: Managerial behavior, agency costs and ownership structure. *Journal of financial economics,* v. 3, n. 4, p. 305-360, 1976.

avaliar a *performance* dos administradores, daqueles envolvidos na construção e aplicação dos sistemas de remuneração performática dos administradores, além dos custos de elaborar e fazer cumprir normas específicas que visam a modelar o comportamento do agente.[110]

Outro fator de influência é o chamado *market for managers*, o que em síntese significa que um mercado de administradores competitivo pode contribuir para reduzir os custos envolvidos na prestação dos serviços de administração, incluindo nessa redução o incentivo para que o administrador se comporte de maneira próxima ao do modelo abstrato de Jensen e Meckling, em que os custos de agência são zero (esse último fator, consideram os autores, está diretamente relacionado aos custos de substituição do administrador, o que envolve a maior ou menor especialização requerida na gestão dos negócios sociais e se a avaliação da sua performance pode ser realizada com um custo relativamente módico).[111]

A divergência entre os interesses do principal e do agente, neste contexto, também sofre forças do mercado de capitais: nesse mercado, nos casos de estar-se diante de uma sociedade anônima listada, os seus acionistas têm sempre a alternativa de vender suas respectivas participações sociais (é a conhecida *Wall Street Rule*).[112]

Acionistas de companhias controladas por administradores, segundo uma racionalidade econômica, verificam o mercado e, se constatarem que conseguem ganhos maiores em outros investimentos devido à problemas com a administração da sociedade em que participam, sofrem estímulos para que vendam suas participações. Sobre esse aspecto, os autores consideram que, em virtude das próprias forças de mercado, os demais acionistas podem encontrar meios mais eficientes para o monitoramento do administrador. Um outro fator considerado é que a totalidade das ações pode ser adquirida por um único investidor, caso em que os custos de agência seriam eliminados. Ainda, trabalhando na perspectiva de um mercado competitivo, Jensen e Meckling consideram que se houver um número considerável de potenciais adquirentes – com expertises administrativas – da integralidade das participações sociais, os acionistas receberiam no preço de venda de suas ações (preço de mercado) um valor que refletiria: seus direitos

---

110. JENSEN, Michael C.; MECKLING, William H. Theory of the firm: Managerial behavior, agency costs and ownership structure. *Journal of financial economics*, v. 3, n. 4, p. 305-360, 1976.
111. JENSEN, Michael C.; MECKLING, William H. Theory of the firm: Managerial behavior, agency costs and ownership structure. *Journal of financial economics*, v. 3, n. 4, p. 305-360, 1976.
112. JENSEN, Michael C.; MECKLING, William H. Theory of the firm: Managerial behavior, agency costs and ownership structure. *Journal of financial economics*, v. 3, n. 4, p. 305-360, 1976.

residuais sobre o fluxo de caixa da sociedade, incluindo nesse valor os ganhos derivados da eliminação dos custos de agência e de administração.[113]

Dando continuação à sua proposta (teórico-positiva, a qual compreende a personalidade jurídica, que subjetiva a empresa, como uma ficção jurídica que possui a função de facilitar o estabelecimento de relações jurídicas, já que, economicamente, o que há é o *nexus* de contratos operando tal qual ao mercado), os autores posicionam-se, no referente aos fatores que podem influenciar os custos de agência, contrapondo situações monopolísticas *versus* situações de mercado competitivo para os produtos ou serviços oferecidos pela sociedade. Em realidade, os autores contrapõem-se à tese segundo a qual a existência de um mercado competitivo dos produtos ou serviços oferecidos no mercado pela companhia pressionaria os administradores a perseguirem a maximização de valor para os acionistas. Enquanto a situação de monopólio (ou monopsônio) permitiria fortes tendências ao afastamento da maximização de valor para os acionistas.

Segundo os estudos realizados por Jensen e Meckling, não há comprovação dessa tese, assim os acionistas de uma sociedade com poderes de monopólio no mercado têm os mesmos incentivos para limitar as divergências de interesses entre o principal e o agente (no caso, o administrador), na persecução da maximização dos valores de suas participações acionárias, quando comparados aos acionistas de uma companhia atuante em mercado competitivo. Dizem, ainda, ou melhor reforçam a sua hipótese, segundo a qual a competição no mercado por administradores é que torna desnecessário aos acionistas compartilharem seus rendimentos com o agente: os acionistas somente precisam pagar o valor de oferta pelos serviços de administração.[114]

Logo, assumindo que acionistas de sociedade que atua em monopólio possuem os mesmos incentivos daqueles de uma outra que atua em mercado competitivo, todos tendem a ocuparem-se do atingimento do nível de monitoramento que iguala os custos marginais de monitoramento à receita marginal derivada da redução dos privilégios destinados ao administrador. Por essa razão, concluem que a existência de monopólio não aumenta os custos de agência. Um segundo argumento colocado é o seguinte: se numa situação de mercado competitivo

---

113. JENSEN, Michael C.; MECKLING, William H. Theory of the firm: Managerial behavior, agency costs and ownership structure. *Journal of financial economics*, v. 3, n. 4, p. 305-360, 1976. Alguns juristas tendem a defender a tese contrária, segundo a qual: quando as sociedades funcionam em um mercado competitivo, *insiders* que atuam sem o conhecimento e a lealdade necessários, levam a sociedade a uma perda de competitividade, situação que pode provocar a sua extinção. (In: O' KELLEY, Charles R. T. Thompson, Robert B. *Corporations and Other Business Associations*: cases and materials. New York: Wolters Kluwer Law & Business. & Ed., 2014. p. 17).

114. JENSEN, Michael C.; MECKLING, William H. Theory of the firm: Managerial behavior, agency costs and ownership structure. *Journal of financial economics*, v. 3, n. 4, p. 305-360, 1976.

em que atua a sociedade em análise, e se todos os competidores incorrem em custos de agência, um determinado competidor não será eliminado pela razão de também incorrer nesses custos.[115]

Os autores, a partir dessas constatações, colocam a seguinte questão em causa: o porquê, dada a existência de custos positivos de agência nas relações societárias, encontra-se, no ambiente corporativo estadunidense, a prevalência de sociedades anônimas de capital aberto e difuso? Destacam que, nesse ambiente, se alguém levar em consideração, com a seriedade necessária, toda a literatura existente sobre a discricionariedade (relacionada ao tipo de controle gerencial que emerge nessas condições) atribuída aos administradores dessas sociedades, fica difícil de compreender o fato histórico do grande crescimento patrimonial que revelam tais organizações. Citando Alchian,[116] questionam:

> How does it happen that millions of individuals are willing to turn over a significant fraction of their wealth to organizations run by managers who have so little interest in their welfare? What is even more remarkable, why are they willing to make these commitments purely as residual claimants, i.e., on the anticipation that managers will operate the firm so that there will be earnings which accrue to the stockholders?[117]

Respondem à questão, colocando a hipótese de que certamente não há alternativas organizacionais viáveis para receber esses investimentos individuais, ou mesmo outras formas não organizacionais em uma análise comparativa de custos e benefícios. Complementando o argumento, ainda dirigem outra questão para aqueles que defendem que os administradores não defendem os interesses dos acionistas: por que acionistas, que não participam da administração, não investem em *fixed claims*[118]?[119]

---

115. JENSEN, Michael C.; MECKLING, William H. Theory of the firm: Managerial behavior, agency costs and ownership structure. *Journal of financial economics*, v. 3, n. 4, p. 305-360, 1976.

116. O economista Armen A. Alchian parte de premissa similar à assumida por Jensen e Meckling no que diz respeito à dinâmica da empresa. Em artigo bem posterior ao analisado, ele e sua coautora Susan Woodward, iniciam uma revisão crítica de uma obra de Oliver Williansom, explicitando o conceito da empresa como sendo ums *"black box"*, onde são colocados capital e trabalho e extraídos produtos e serviços, sendo as relações, ali mantidas, influenciadas ou explicadas pelas forças de mercado. Alchian, A., & Woodward, S. (1988). The Firm Is Dead; Long Live The Firm a Review of Oliver E. Williamson's The Economic Institutions of Capitalism. *Journal of Economic Literature*, 26(1), 65-79. Disponível em: http://www.jstor.org/stable/2726609.

117. JENSEN, Michael C.; MECKLING, William H. Theory of the firm: Managerial behavior, agency costs and ownership structure. *Journal of financial economics*, v. 3, n. 4, p. 305-360, 1976.

118. Por *fixed claims* os autores querem significar outros títulos emitidos por uma companhia que assegurem a seus titulares uma remuneração fixa. Em Portugal, cita-se o caso das obrigações, enquanto que no Brasil, seria o caso das debentures.

119. JENSEN, Michael C.; MECKLING, William H. Theory of the firm: Managerial behavior, agency costs and ownership structure. *Journal of financial economics*, v. 3, n. 4, p. 305-360, 1976.

A par da constatação de que há imperfeições (no sentido mesmo dos custos de agência, no caso aqui analisado), os autores buscam algumas explicações para a existência e o largo uso dessa forma de estrutura proprietária (ou seja, a sociedade anônima de capital aberto e disperso).

Citando os estudos de Manne e Alchian e Demsetz nas décadas de 1960 e 1970, evidenciam a função da regra de limitação da responsabilidade dos acionistas. Em comparação com as formas de exploração individual da propriedade, ou mesmo das *partnerships* estadunidenses, entendem que tal característica das *corporations* é estímulo significativo à sua existência como forma de investimento e estruturação de capital, porque sem essa característica legal, todo acionista comprometeria todo o seu patrimônio pessoal com o passivo da sociedade, sendo a consequência resultante a de que apenas alguns poucos indivíduos ainda poderiam estar dispostos a assunção desse risco. No entanto, o grande benefício obtido por meio da diversificação não seria obtido.

Jensen e Meckling consideram esse argumento incompleto, já que a regra de limitação da responsabilidade dos acionistas não limita o risco fundamental (básico): o argumento, em última análise, está ligado aos custos de transação.

Explicam o raciocínio com a seguinte hipótese: se todos os acionistas da GM fossem responsáveis pelas obrigações assumidas pela sociedade, a responsabilidade máxima de um acionista seria maior em comparação com a situação em que há regras limitando suas responsabilidades. Entretanto, redarguem que dada a existência de vários outros acionistas, também responsáveis pelas obrigações não satisfeitas pela pessoa jurídica, seria muito pouco provável que o pagamento máximo que cada acionista incorreria seria alto no caso de uma falência da GM, já que a riqueza total de todos os acionistas seria também opulenta. Em realidade, pensam os autores, a inexistência da regra limitativa da responsabilidade dos acionistas produziria incentivos para que cada acionista monitorasse tanto a sociedade (sua capacidade de solvência), quanto a riqueza dos demais acionistas. Entretanto, é fácil de perceber que os custos envolvidos neste tipo de monitoramento seriam muito altos no agregado (ou no computo total) em comparação com a alternativa de simplesmente oferecer aos credores da GM contratos prevendo taxas mais altas de juros para que assumam o risco de contratarem com uma pessoa jurídica que protege seus acionistas com a regra da responsabilidade limitada.

Note-se, entretanto, que a lógica desenvolvida por Jensen e Meckling fica restrita a um raciocínio econômico (de custos e benefícios) que somente é possível diante de credores voluntários.

Além do que, argumentam os autores, não é totalmente aceito que a limitação da responsabilidade dos acionistas é a característica que justifica a magnitude dos investimentos nessa forma organizacional. Outras obrigações também podem ser submetidas à regras que limitam a responsabilidade. Se a limitação da responsabilidade dos acionistas resume toda a condição que explica a existência das sociedades de capital aberto e difuso, por que, então, não se encontra (observa-se) na realidade grandes sociedades, individualmente exploradas,[120] com uma pequena parcela do capital investida pelo empreendedor e o restante do capital necessário à persecução de seus fins obtidos por meio de contratos de mútuo?[121]

Jensen e Meckling observam que essa questão não é bem posta porque, em realidade, leva à incompreensões acerca do que realmente está em causa, ou seja: a resposta a que se persegue não é propriamente como as sociedades se financiam, mas o porquê da forma organizacional mais utilizada para o financiamento das atividades produtivas nos EUA assumir esse modelo, em que há a separação entre propriedade e controle e que, segundo suas análises, é inconteste que apresentam custos de agência positivos.[122]

Essa questão colocada em evidência pelos autores pode bem esclarecer a proposta do desenvolvimento de uma teoria positiva da agência. O termo positivo utilizado releva não somente que existem custos de agência decorrentes da separação entre controle e propriedade na forma organizacional estudada, mas quer dizer que utilizam de uma metodologia que busca explicar a realidade, por meio da construção de modelos que abstraem diversos aspectos que, segundo a metodologia por eles utilizada, não ajudariam na construção teórica.

Esclarecedor sob esse ponto, é a análise sintetizada por Posner sobre a metodologia positiva utilizada na economia. Ao criticar a metodologia utilizada em um famoso artigo de autoria de Milton Friedman (*The Methodology of Positive Economics*), Posner pondera que:

> (...) também o que torna sua mensagem popperiana obscura é a sugestão exageradamente positivista de que o único objetivo das teorias econômicas consiste em fazer previsões verificáveis, bem como à sua ênfase afim, ao mesmo tempo desnecessária e enganosa, na pretensa necessidade de tornar os pressupostos econômicos irrealistas.[123]

---

120. No Brasil seria a forma não societária da Empresa Individual de Responsabilidade Limitada.
121. A resposta à indagação é fornecida por Jensen e Meckling: "we don't find many large firms financed almost entirely with debt-type claims (i.e., non-residual claims) because of the effect such a financial structure would have on the owner-manager's behavior. Potential creditors will not loan $100,000,000 to a firm in which the entrepreneur has an investment of $10,000. With that financial structure the owner-manager will have a strong incentive to engage in activities (investments) which promise very high payoffs if successful even if they have a very low probability of success. If they turn out well, he captures most of the gains, if they turn out badly, the creditors bear most of the costs." JENSEN, Michael C.; MECKLING, William H. Theory of the firm: Managerial behavior, agency costs and ownership structure. *Journal of financial economics*, v. 3, n. 4, p. 305-360, 1976.
122. JENSEN, Michael C.; MECKLING, William H. Theory of the firm: Managerial behavior, agency costs and ownership structure. *Journal of financial economics*, v. 3, n. 4, p. 305-360, 1976.
123. Posner, Richard A. *Problemas de filosofia do direito*. Trad. Jefferson Luiz Camargo. São Paulo: Martins Fontes, 2007, 488 p.

Segundo Posner, o que Friedman gostaria de dizer é que não é que a falta de realismo em uma teoria científica seja uma vantagem, mas que uma teoria não é uma descrição. Além do mais, o compromisso com os pressupostos econômicos só precisa ser metodológico, não precisa induzir a ação política (o temor de que o faça é uma das causas da hostilidade acadêmica para a economia).[124] Exatamente porque o analista acredita que a teoria econômica, talvez drasticamente simplificada, seja o mais poderoso instrumento para estudar o comportamento social.[125] Esse apontamento traz em si uma outra problemática com relação à metodologia econômica: o pressuposto básico de que os indivíduos são maximizadores racionais: tal pressuposto não é somente contraintuitivo (assim como o é a teoria heliocêntrica), mas também incompleta – parece deixar de lado comportamentos impulsivos, emocionais e supersticiosos, o que já foi por nós destacado quando analisamos o pressuposto comportamental da teoria positiva da agencia. Contra esse último argumento, Posner, auxiliado pela filosofia analítica de Cohen, elucida que:

> (...) toda teorização científica procede pela abstração. Preocupa-se com relações espaciais, com números, com movimento, com a evolução das espécies e assim por diante. Se em vez disso, uma teoria tentasse preocupar-se com o conjunto total dos animais, que não apenas

---

124. Posner exemplifica essa fragilidade da metodologia da economia em comparação com as ciências naturais, por meio da seguinte assertiva: "(...) esse é um problema menos sério para as ciências que não apenas geram "Insights" dos fenômenos naturais, como a origem do universo ou das espécies, mas que também permitem dramáticas intervenções. A bomba atômica é prova (não conclusiva, mas nenhuma prova o é) de que a teoria atômica moderna não é apenas mais uma especulação brilhante sobre as formas invisíveis (...)" (In: POSNER, Richard A. *Problemas de filosofia do direito*. Trad. Jefferson Luiz Camargo. São Paulo: Martins Fontes, 2007. p. 490). Note-se que o aspecto abordado da metodologia positiva da economia não se confunde com a metodologia do positivismo no pensamento jurídico. Sobre esse último, é esclarecedor o fragmento do texto de Castanheira Neves: "(...) O que determina a principal consequência do sentido positivista do texto jurídico enquanto objecto da interpretação também jurídica – e que marca como nenhuma outra a índole da interpretação também jurídica, como se fosse seu "ex libris". À interpretação jurídica não seria lícito imputar à fonte normativa um sentido jurídico que não pudesse corrresponder à um dos sentidos textual-gramaticalmente ou literalmente possíveis da fonte interpretanda". (...)" E conclui: "Nestes termos, pois, o teor literal da lei não seria só o ponto de partida e um dos factores hermeneuticos da interpretação jurídica (o seu factor ou elemento gramatical, seria também o critério dos limites da interpretação." (In: NEVES, A. Castanheira. *Metodologia jurídica*: problemas fundamentais. 2013, 97 P.). Percebe-se, assim, que o dado (o *positum*) no pensamento jurídico positivista não é uma qualquer regularidade comportamental, como no caso encontrado na metodologia presente no trabalho de Jensen e Meckling.
125. Sobre a questão metodológica levantada no corpo do texto, a qual tem suas raízes nas discussões sobre a objetividade nas ciências, inclusive das ciências sociais, Popper em sua Lógica das Ciências Sociais esclarece que a objetividade científica não é propriamente a objetividade do cientista. Afirma ser um erro acreditar que o cientista natural é mais objetivo que o cientista social. Essa afirmação decorre do pensamento popperiano que entende a objetividade científica como não decorrente de uma atividade individual do cientista, "porém, mais propriamente, do resultado social de sua crítica recíproca, da divisão hostil-amistosa de trabalho entre cientistas, ou sua cooperação e também sua competição." (In: POPPER, Karl R. *Lógica das ciências sociais*. Brasília: Universidade de Brasília, 1978. p. 23).

têm formas e números e a capacidade de moverem-se e reproduzirem-se, mas também uma variedade infinita de outras características, o empreendimento teórico iria ver-se inevitavelmente asfixiado por uma superfluidade de detalhes.[126]

Esse esclarecimento sobre a metodologia econômica é relevante no trabalho para enfatizar a utilidade dos conhecimentos produzidos pelos desenvolvimentos da Teoria Positiva da Agência, mas, também, para acusar suas possíveis fragilidades: a neutralidade do *nexus* contratual e a presunção do equilíbrio resultante dos interesses presentes na empresa, fundamentado numa dinâmica de seleção natural.

Um aspecto importante que ilustra a lógica desses autores é o seguinte: uma sociedade, interessada em financiar a sua atividade, poderia, alternativamente à admissão de sócios, recorrer ao endividamento, através do lançamento de debêntures, por exemplo. No entanto, se assim o fizer, também incorrerá em custos de agência, tais como gastos de monitoramento e dos provenientes da implementação de mecanismos de alinhamento de interesses entre principal e agente (ou entre ela, sociedade, e os debenturistas). O caso é imaginário e não guarda relações com as limitações jurídicas relacionadas ao instrumento de conformação da empresa. Dessa forma, haveria um *mix* ótimo de ações e debêntures, no qual o grau de separação entre propriedade e controle estaria determinado.[127]

Percebe-se nesse raciocínio, a utilidade da Teoria Positiva da Agência, a de demonstrar a direção e a intensidade dos movimentos realizados na estrutura organizacional da sociedade, mas, de outro lado, evidencia sua limitação: as decisões organizacionais ficam pautadas por negociações típicas de um mercado que se autorregula (problema relacionado ao conceito de *fundamental transformation* exposto por Williamson). Note a evolução desse raciocínio:

Em princípio, seria possível aos titulares de *bonds* limitar o comportamento do controlador que redundasse numa diminuição nos valores de seus títulos, por meio da previsão de termos contratuais relacionados ao pagamento de remuneração, futuras emissões de *bonds,* além da manutenção do *working capital.*

Entretanto, para uma completa proteção, essas previsões teriam que ser incrivelmente detalhadas, cobrindo praticamente todos os aspectos do empreendimento, incluindo limitações a certos tipos de projetos, sendo que os custos envolvidos em tal tarefa (sua redação, o de fazer com que o compromisso seja

---

126. POSNER, Richard A. *Problemas de filosofia do direito.* Trad. Jefferson Luiz Camargo. São Paulo: Martins Fontes, 2007, p. 492.

127. GOLDBAUM, Sergio. *O postulado da racionalidade e a nova economia institucional*: a nova teoria da firma. Disponível em: https://bibliotecadigital.fgv.br/dspace/bitstream/handle/10438/5392/1199701285. pdf. Acesso em 20 dez. 2018.

cumprido, os custos de transação implicados) reduziriam os ganhos empresariais (já que, ao limitarem a discricionariedade dos administradores sobre certos assuntos, provocariam perdas de oportunidade negociais).[128]

Note que os autores Jensen e Meckling não somente adotam uma linguagem diferente da adotada por institucionalistas como Oliver Williamson, como assumem uma perspectiva diferente na análise: enquanto no institucionalismo, a sua análise foca em mecanismos *ex post* e não em mecanismos *ex ante*, como é característico da abordagem da Teoria Positiva da Agência, as soluções são diferentes também para esses problemas (problemas gerados em contratos relacionais). A abordagem do institucionalismo econômico tenderia a resolver ditos problemas por meio da compreensão de tais contratos como sendo incompletos, buscando por mecanismos de governança adequados a essa incompletude.[129]

Na abordagem *ex ante*, os titulares de *bonds* teriam incentivos para a elaboração de mecanismo de monitoramento acaso os custos marginais decorrentes dessa atividade se igualem aos ganhos marginais por ela oferecidos. Os autores ainda enfatizam que os ganhos e custos são nominais porque, em realidade, tais fatores são precificados pelas partes, levando a que o emitente dos *bonds* (debentures) arque com os custos, assim como acontece na emissão de ações. Perceba que o foco da abordagem está centrado nos incentivos. O fragmento de texto transcrito em nota de rodapé ilustra muito bem essa lógica.[130]

---

128. (...) *In fact, since management is a continuous decision-making process it will be almost impossible to completely specify such conditions without having the bondholders actually perform the management function. All costs associated with such covenants are what we mean by monitoring costs.* JENSEN, Michael C.; MECKLING, William H. Theory of the firm: Managerial behavior, agency costs and ownership structure. *Journal of financial economics*, v. 3, n. 4, p. 305-360, 1976).

129. Sobre a eficiência dos contratos incompletos na Teoria dos Custos de Transação, ver: WILLIAMSON, Oliver E. *The mechanisms of governance.* Oxford University Press, 1996. P. 174. *(TCE – Teoria dos Custos de Transação – examines alternative forms of economic organization with reference to economize on bounded rationality while simultaneously safeguarding the transactions in question against the hazards of opportunism.* E complementa: *(...) Although AT* – Teoria da Agência – *is more concerned with the latter, an incomplete contracting in its intirety orientation is employed by both. (...) Although both AT and TCE are cognizant of both of these contractual needs, AT examines contract predominantly from ex ante incentive-aligment (...).*

130. (...) *the manager has incentives to take into account the costs imposed on the firm by covenants in the debt agreement which directly affect the future cash flows of the firm since they reduce the market value of his claims. Because both the external and internal monitoring costs are imposed on the owner-manager it is in his interest to see that the monitoring is performed in the lowest cost way. Suppose, for example, that the bondholders (or outside equity holders) would find it worthwhile to produce detailed financial statements such as those contained in the usual published accounting reports as a means of monitoring the manager. If the manager himself can produce such information at lower costs than they (perhaps because he is already collecting much of the data they desire for his own internal decision-making purposes), it would pay him to agree in advance to incur the cost of providing such reports and to have their accuracy testified to by an independent outside auditor. This is an example of what we refer to as bonding costs.*

Os custos associados à falência da sociedade e os custos de reorganização (no Brasil, custos envolvidos na falência e na recuperação), segundo Jensen e Meckling:

nesse aspecto, ainda segundo a análise da Teoria Positiva da Agência, os autores demonstram que enquanto o passivo exigível aumenta na estrutura patrimonial da sociedade (por exemplo por meio da emissão de debentures) até determinado ponto em que os custos de agência marginais começam a dominar ou sobrepujar os custos marginais de agência associados à emissão de ações, o resultado é uma tendência para a utilização simultânea de debentures e de ações no projeto de financiamento societário.[131] É um raciocínio econômico que pode muito bem ser esclarecido pelo método contábil: a contrapartida do investimento por meio da alienação de ações pela companhia é uma posição no patrimônio líquido da sociedade, afetando-o positivamente, enquanto que a contrapartida do investimento realizado por meio da emissão de debentures é uma posição no passivo exigível da sociedade.[132]

Entretanto, antes de considerar esse efeito, os autores levam em consideração o terceiro maior componente do custo de agência relacionado ao financiamento societário por meio da emissão de títulos que aumentam o passivo societário,[133] o que, segundo a lógica por eles utilizada, ajuda a explicar o motivo pelo qual o financiamento por meio da emissão desses títulos não domina a estrutura do patrimônio societário (ou de outro modo, a sua forma de financiar-se): a existência de custos associados à falência da sociedade e à sua reorganização (as recuperações, no Brasil).

Importa diferenciar, nesse espaço, falência e liquidação societária: a falência tem sempre como causa uma sentença declaratória da falência. É um ato jurídico[134] (apesar de, mediatamente, a causa ser econômica). Já a liquidação

---

(JENSEN, Michael C.; MECKLING, William H. Theory of the firm: Managerial behavior, agency costs and ownership structure. *Journal of financial economics*, v. 3, n. 4, p. 305-360, 1976.).

131. JENSEN, Michael C.; MECKLING, William H. Theory of the firm: Managerial behavior, agency costs and ownership structure. *Journal of financial economics*, v. 3, n. 4, p. 305-360, 1976.

132. Sobre o aspecto contábil, ver em: IUDÍCIBUS, Sérgio de et al. *Manual de contabilidade societária*. FIPECAFI – Fundação Instituto de Pesquisas Contábeis, Atuariais e Financeiras, FEA/USP. 2010.

133. *In summary then the agency costs associated with debt consist of: 1. the opportunity wealth loss caused by the impact of debt on the investment decisions of the firm, 2. the monitoring and bonding expenditures by the bondholders and the owner-manager (i.e., the firm), 3. the bankruptcy and reorganization costs.* (JENSEN, Michael C.; MECKLING, William H. Theory of the firm: Managerial behavior, agency costs and ownership structure. *Journal of financial economics*, v. 3, n. 4, p. 305-360, 1976).

134. Nos EUA, ambiente em que a proposta teórica em análise foi concebida, a lógica é a de que há hipóteses de falência involuntária – denominadas "The involuntary case," admitindo-se hipóteses de reorganização, as quais podem afastar a falência. Isso, no plano jurídico. Por esse motivo, os autores desenvolvem seu raciocínio, no plano econômico, diferenciando-a da liquidação da sociedade decorrente do exercício da vontade dos acionistas. Note que não é tratada a hipótese de liquidação não

societária, apesar de observar uma forma jurídica em seu processamento (a dissolução da sociedade solvente), que também é iniciada por um ato jurídico, abre espaço para uma decisão estratégica específica a ser levada em consideração pelos acionistas: uma decisão fundada numa lógica econômica que pode acontecer quando o fluxo de caixa gerado pela sociedade é menor que o custo de oportunidade associado ao patrimônio societário (por exemplo, quando os valores gerados pela sociedade são menores que os valores gerados por meio da alienação dos bens que integram o patrimônio social).[135] Em princípio, a lógica da decisão sobre a dissolução e liquidação da sociedade sempre pressupõe que a sociedade é superavitária (ou de outra forma, seu ativo é suficiente para arcar com todo o passivo existente e, eventualmente, sendo viável a partilha do acervo remanescente entre os acionistas). Já a lógica econômica da falência é diferente porque, em princípio, pressupõe a situação de uma sociedade deficitária, incapaz, portanto, de resolver todo o seu passivo, sendo que, nesse último caso, questões ligadas ao Direito (como a ordem do pagamento dos credores da massa falida) passam a ser relevantes para a decisão estratégica.

Note-se o destaque para um raciocínio apriorístico porque tanto uma falência pode se dar em relação a uma sociedade superavitária, como uma dissolução pode, durante seu processamento, resultar numa situação falimentar.

Se não existissem custos associados a uma situação falimentar, o valor de mercado da sociedade não seria afetado pela possibilidade de sua ocorrência (a ocorrência da falência). O raciocínio aqui é o seguinte: apesar de não haver menção explícita dos autores, eles assumem que contratos são incompletos e existem custos associados à sua negociação, elaboração e execução que inviabilizam que esses instrumentos prevejam todas as circunstâncias que possam ocorrer durante a exploração da empresa. Esse aspecto é mais bem desenvolvido pelo institucionalismo econômico. Assumindo esse pressuposto, entendem que, enquanto a sociedade prospera, raramente há judicialização de uma relação jurídica (seja com fornecedores, com trabalhadores ou com investidores). Entretanto, quando há problemas no adimplemento das obrigações (principalmente quando há questões ligadas à sua solvabilidade), as questões relacionadas às proteções contratuais e à ordem implicada nos recebimentos dos créditos (na linguagem falimentar)

---

voluntária no argumento dos autores. Na *Civil Law*, a questão deve levar em consideração os sistemas da insolvência que fazem presumir o estado de falência. No Brasil, ver art. 94 e 105, da Lei 11.101/05. Em Portugal, ver art. 3, do Código da Insolvência e da Recuperação de Empresas. Em especial, nesse último caso, os números 1 e 4, que trazem causas de presunção do estado de insolvência. Em relação ao número 1, a presunção deriva do ato de não pagamento de dívida vencida, enquanto o número 4 trata da insolvência presumida pela confissão do devedor que a pede judicialmente.

135. JENSEN, Michael C.; MECKLING, William H. Theory of the firm: Managerial behavior, agency costs and ownership structure. *Journal of financial economics*, v. 3, n. 4, p. 305-360, 1976).

ganham importância. Se a ocorrência de uma falência não causasse custos a ela relacionados, a sociedade e seus credores poderiam por meio de uma reorganização societária, inclusive da estrutura de seu patrimônio, dar continuidade à empresa – provavelmente por meio da designação de um novo administrador. Note-se que a análise não é jurídica, portanto, não estão sendo consideradas fórmulas jurídicas de reestruturação patrimonial, como à título de exemplo ocorre, atualmente, no Brasil com a recuperação (que seria a fórmula jurídica no caso para tal reorganização). Os autores apenas consideram que há custos mesmo nessas soluções e que tais devem ser levados em consideração quando se decide sobre a estrutura patrimonial da sociedade ou o do seu *Project Finance.*

O que mais releva na análise por meio dessa teoria é que: se na realidade há custos relacionados à uma situação falimentar; e se tais custos consomem uma fração do patrimônio societário; esses custos são levados em consideração pelos investidores (que o precificam); logo, novamente, há uma reprodução da conclusão já exposta em relação aos custos associados ao financiamento societário por meio da emissão de ações e de debentures (*bonds*).

A tendência, segundo os autores, é a de que o controlador arque com esses custos e que, portanto, sua racionalidade tende a evitar situações que comprometam a capacidade de solvência da sociedade. Essa lógica determina, segundo os autores, que há um ponto ideal que limita (não juridicamente, mas segundo uma racionalidade econômica) o financiamento societário por meio da emissão de debentures.

Esse raciocínio pode muito bem fundamentar a revogação do art. 60, da Lei 6.404, de 15 de dezembro de 1976, levado a cabo pela Lei 12.431, de 24 de junho de 2011, que normatizava limites legais para a emissão de debentures pela companhia brasileira.

Assim, se por um lado a Teoria Positiva da Agência apresenta falhas, a *fundamental transformation* e a *selective intervention*, por outro ela ajuda-nos a compreender o problema das propostas que buscam a identificação da vontade da sociedade, enquanto entidade social. A proposta teórica da teoria busca explicar o funcionamento da *public corporation* a partir dos interesses dos agentes e dos incentivos por eles recebidos em função do conjunto de contratos (não há propriamente um interesse da sociedade ou, no nosso caso, um interesse do grupo de sociedades).

A partir do que, se utilizamos a Teoria Positiva da Agência com o propósito crítico exposto no parágrafo anterior, assumimos o institucionalismo econômico para o fim de propor formas de governança mais aptas para acomodar os problemas apresentados pela empresa conformada pelo grupo de sociedades. Mas não sem um olhar pragmático para essa solução, quando abrimos espaço para a mobilização das soluções judiciais (em especial por meio do mecanismo da responsabilidade civil a ser tratado no capítulo seguinte), quando a solução de governança apresenta disfunções, afastando-nos nesse aspecto da defesa mais acirrada feita por Williamson[136] sobre a *business judgment rule*. O que não quer significar que não consideramos os benefícios das ADR's (*alternative dispute resolution*), ou mesmo da *forbearance* como elemento caracterizador do modo de governança da empresa.

1.4 O CONTROLE NO DIREITO SOCIETÁRIO BRASILEIRO E O PROBLEMA DE SUA MANIFESTAÇÃO NAS SOCIEDADES ORGANIZADAS EM GRUPOS

O estudo do controle no Direito brasileiro possibilita ao leitor, em matéria de governança corporativa, compreender que, por aqui, os problemas de agência preponderantes são aqueles identificados no segundo gênero – problemas entre acionistas controladores e acionistas não controladores (externos) –, conforme explicamos em capítulo anterior. Ainda, enfatizamos que, a partir da classificação do controle proposta por Berle e Means, encontramos, no Brasil, o controle majoritário, e, também, o controle por mecanismo legal. Esse último ocorre nas companhias que optam pela emissão de ações preferenciais sem direito de voto, naquelas que adotam a estrutura de voto plural e nas estruturas grupais (controle piramidal na linguagem de Berle e Means) – as estruturas grupais serão analisadas detidamente a partir do próximo capítulo.

A leitura dos próximos capítulos, assim como daqueles que integram a segunda parte deste livro, deve ter em mente os problemas acusados para um sistema de governança corporativa fundado na concentração da propriedade. Esses problemas manifestam-se tanto na sociedade isolada, como na estrutura grupal. Em reforço à essa afirmação, reproduzimos o resultado de estudo empírico-comparativo realizado a partir de uma variada amostra de material oriundo de diversos ordenamentos jurídicos. Nesse trabalho, Rafael La Porta, Florencio Lopez-de-Silanes, Andrei Shleifer e Robert W. Vishny afirmam que a intensa concentração na estrutura da propriedade da companhia é resultado de uma fraca proteção conferida aos investidores em um sistema de governança corporativa. As evidências apontam que leis fracas na realidade fazem diferença e produzem custos. O primeiro custo presente nas grandes companhias com

---

136. Ver como Williamson elabora o conceito de *forbearance* e sua consequente defesa da *business judment rule* nas páginas 97 a 100 da obra: WILLIAMSON, Oliver E. *The mechanisms of governance*. Oxford University Press, 1996.

estrutura de capital fortemente concentrada é a falta de diversificação dos principais investidores. O segundo é a dificuldade apresentada por tais companhias na obtenção de financiamento via mercado de capitais, já que os minoritários e preferencialistas sem o direito de voto temem ser expropriados pelos gestores e pelos acionistas controladores.[137]

O direito societário brasileiro, influenciado pelo institucionalismo jurídico, aproxima o interesse social do interesse do acionista controlador, reforçando a sua posição de poder, como permanente e efetivo, valendo-se da amplitude de poderes conferidos à assembleia de acionistas sobre a administração da sociedade (controlada por um acionista ou grupo de acionistas) e de intrincados mecanismos de balanceamento do poder de designação dos membros do conselho de administração, quando utilizados simultaneamente o voto múltiplo e o voto em separado, sobrecarregando o mecanismo da responsabilidade civil e fomentando as intermináveis discussões sobre o abuso do poder de controle e o abuso das minorias.

Possivelmente, essa opção está relacionada com o objetivo de incentivar a grande empresa. É o que aponta Calixto Salomão Filho, sustentado pelas justificativas constantes da Exposição de Motivos do Ministro da Fazenda 196 de 24.6.1976.[138]

Alfredo Lamy Filho e José Luiz Bulhões, autores do anteprojeto da Lei 6.404/76, defendem a concentração do poder por intermédio do controle, além de destacarem outras particularidades do modelo adotado que concorrem para o processo de concentração industrial e formação de macro empresas institucionalizadas, por meio da estrutura orgânica da companhia (o conteúdo da sociedade), que distingue a assembleia geral e órgãos da administração e fiscalização. Tais características, segundo os autores, permitiriam a especialização e a expansão ilimitada da estrutura administrativa da grande empresa (em referência à sociedade). Mais à frente justificam a concentração do poder nas mãos de uma única pessoa, ou grupo de pessoas: o empresário (em referência ao papel central do controlador) exerce o poder empresarial, que é a capacidade de causar, determinar ou alterar a atividade da empresa.[139] Enxergamos aqui, com as adequações necessárias, visão próxima à daquelas teorias que, nos EUA, tiveram força até a década de 1930 – centradas na importância do controle, limitavam-se a apontar aspectos positivos ou negativos da extensão desse poder (lá, do controle administrativo, aqui, do acionista controlador).

---

137. PORTA, Rafael La et al. Law and finance. *Journal of political economy*, 1998, 106.6: 1113-1155.
138. SALOMÃO FILHO, Calixto. *O novo Direito Societário*. 2006. p. 36-37.
139. LAMY FILHO, Alfredo; PEDREIRA, José Luiz Bulhões. *A Lei das SA*. Renovar, 1992. p. 64.

Modesto Carvalhosa destaca a posição de proeminência da figura do acionista controlador, ou do grupo de controle, na lei acionária brasileira, que reúne mais de 50% das ações votantes.[140]

O direito societário das companhias no Brasil passou a gravitar em torno dessa figura, a do controlador, "cuja função é nuclear irradiando-se por todos os demais segmentos da Lei das Anônimas."[141] Há uma ruptura com o anterior sistema de tensões entre acionistas minoritários e acionistas majoritários presentes no sistema passado. Ainda, segundo o autor, a tensão decorrente do movimento da Lei 6.404/76 passa a se dar entre o controlador, de um lado, e os não controladores (minoritários e preferencialistas), do outro.

O Decreto-Lei 2.627, de 1940, revogado pela vigente lei acionária, não normatizou a figura do controlador. Mesmo contextualizada em um mercado concentrado, identificava o acionista majoritário, sem criar responsabilidades especiais para ele, as quais eram previstas apenas para os administradores. A única referência ao controlador era encontrada no art. 135, parágrafo 2, de seu texto:[142] "(...) § 2º Se a sociedade participar de uma ou mais sociedades, ou delas possuir ações, do balanço deverão constar, sob rubricas distintas, o valor da participação ou das ações e as importâncias dos créditos concedidos às ditas sociedades."

Em movimento alternativo e em decorrência dos mecanismos de governança que fundam a Lei Acionária atual, o poder sobre a companhia tornou-se personalizado. "Dá-se a esse grupo uma série de prerrogativas de mando que são auto-homologadas pela assembleia geral, que, em última instância, é constituída pelos próprios controladores."[143]

Essa dinâmica pode ser mais bem compreendida se analisarmos o art. 121, da lei das companhias.

No direito societário brasileiro percebe-se também a tendência verificada em outros países de se entregar ao conteúdo do tipo societário (o que está a ser tratado é a companhia) a estruturação da hierarquia empresarial (conteúdo da empresa). O fragmento que transcreveremos ilustra bem o que é corrente na literatura do país:

---

140. CARVALHOSA, MODESTO DE S. BARROS; EIZIRIK, NELSON LAKS. *Estudos de direito empresarial*. São Paulo: Saraiva, 2010. p. 11.
141. CARVALHOSA, MODESTO DE S. BARROS; EIZIRIK, NELSON LAKS. *Estudos de direito empresarial*. São Paulo: Saraiva, 2010. p. 11.
142. CARVALHOSA, Modesto Souza Barros. *Comentários à Lei de Sociedades Anônimas*. São Paulo: Saraiva, 2009. v. 2, p. 475.
143. CARVALHOSA, Modesto Souza Barros. *Comentários à Lei de Sociedades Anônimas*. São Paulo: Saraiva, 2009. V. 2, p. 477.

(...) se cada um desses órgãos é dotado de poder próprio (a referência é a estrutura orgânica da sociedade) eles não se colocam no mesmo nível, mas organizam-se hierarquicamente. No modelo legal, é, incontestavelmente, a assembleia-geral o órgão primário, ou imediato, que investe os demais, elegendo os seus membros e podendo demiti-los.[144]

Porém, não percebemos neste país o mesmo movimento verificado em Portugal: ao longo do tempo, primeiramente temos movimentos ancorados na soberania da assembleia de sócios, após, movimentos que visam a redução de seus poderes, com a consequente ênfase no poder entregue aos administradores, e, agora, a crise do poder administrativo. No Brasil, ainda se vive a soberania da assembleia de sócios, e o poder a ela correlato, o do acionista controlador.[145]

Fabio Konder Comparato e Calixto Salomão entendem que o poder deve ser compreendido pelos juristas para que possa ser assimilado pelo Direito.[146] Essa afirmação, ainda que por outros fundamentos, possui o efeito prático que pretendemos alcançar em nosso trabalho, como já assinalado anteriormente. Se compreendemos a sociedade como solução de governança da empresa, e se a empresa pressupõe um comando hierárquico, defendemos que ao Direito cabe assimilar esse comando, disciplinando-o ou estimulando-o. A questão que fica em aberto, no contexto institucional brasileiro, é se esse poder manifestado por intermédio da estrutura orgânica da sociedade (o poder de controle) é estável e, se assim o for, por meio de que mecanismos se mantém nessa condição, ou se é fluido, e neste caso, como identificá-lo e discipliná-lo.

Trajano de Miranda Valverde, ao examinar o papel histórico exercido pela assembleia geral nas sociedades anônimas, afirma que essa:

---

144. FRANÇA, Novaes; AZEVEDO, Erasmo Valladão. *Invalidade das deliberações de assembleia das S/A.* 2. ed. rev. e aum. São Paulo: Malheiros, 2017, p. 36. A afirmação é feita parafraseando Fábio Konder Comparato.

145. A crítica realizada por Comparato e Calixto Salomão acerca da displicência da manifestação de poder na estrutura societária, por intermédio da assembleia geral, sintetiza o que agora colocamos: "É generalizada, porém, a ignorância do poder no direito acionário. Até há pouco, o modelo legal, ao qual aderiam doutrina e jurisprudência, concebia as companhias como destituídas de mando ou controle predeterminado, admitindo que os negócios sociais fossem decididos, em assembleia, por uma maioria formada *ad hoc*, após amplos debates e momentânea deliberação. Daí decorria a disciplina da assembleia geral e do exercício do voto como um verdadeiro direito eleitoral, quando a realidade quotidiana não cessava de desmentir essa concepção parlamentarista." Entretanto, por motivos que já expomos no campo metodológico, discordamos dos autores quando afirmam que "não há sociedade sem controle, assim como não há empresa sem empresário". Para nós, a sociedade é em si uma das possíveis formas de governo da empresa. É uma solução de governança. (In: SALOMÃO FILHO, Calixto; COMPARATO, Fábio Konder. *O poder de controle na sociedade anônima.* 6. ed. São Paulo: Forense, 2005, Posição 203).

146. SALOMÃO FILHO, Calixto; COMPARATO, Fábio Konder. *O poder de controle na sociedade anônima.* 6. ed. São Paulo: Forense, 2005, Posição 189.

resulta da transformação do caráter jurídico da instituição, que se foi lentamente desprendendo dos laços que a uniam à organização administrativa do Estado, para se fixar no campo onde se desenvolve a iniciativa dos particulares e atuam as normas de direito privado.[147]

O autor discorre sobre a evolução não somente da função exercida pela assembleia geral de sócios, mas também sobre a sua composição. Nesse último plano de análise, demonstra que houve, no curso da história, maior oportunidade de participação de acionistas, deixando o órgão de ser composto apenas por grandes acionistas para admitir a participação geral. Tal movimento teve o seu apogeu quando o direito de participar nas assembleias gerais foi compreendido como direito essencial dos acionistas (não necessariamente incluindo o direito de voto).

Quanto à função da assembleia geral, verifica-se no art. 87 do hoje revogado Decreto-Lei 2.627/1940[148] que essa detinha poderes para ingerir em "todos os negócios relativos ao objeto de exploração da sociedade". Ou seja, o avanço que se pretendeu na época era o de ampliar as possibilidades de participação no órgão, que era soberano. Ressaltamos, entretanto, que por soberano não queremos significar único. A composição orgânica da companhia na época da vigência desse Decreto-Lei previa a Diretoria e o Conselho Fiscal.

Não houve a preocupação legal de identificar-se o controle, entretanto. Entendemos que nessa época os avanços pretendidos bastavam-se com a ampliação das possibilidades de participação na assembleia geral. Em realidade, essa característica explica a regra segundo a qual a maioria dos sócios, e não a sua unanimidade, decide.[149] Muito embora, Trajano de Miranda Valverde já se manifestava no sentido de que "o direito havia de procurar uma fórmula que solucionasse as divergências e garantisse a continuidade da pessoa jurídica."[150]

---

147. VALVERDE, Trajano de Miranda. *Sociedade por ações*: comentários ao Decreto-Lei 2.627, de 26 de setembro de 1940. Rio de Janeiro: Forense, 1959, p. 413.

148. Art. 87 A assembleia geral tem poderes para resolver todos os negócios relativos ao objeto de exploração da sociedade e para tomar as decisões que julgar convenientes à defesa desta e ao desenvolvimento de suas operações. (...)

149. SALOMÃO FILHO, Calixto; COMPARATO, Fábio Konder. *O poder de controle na sociedade anônima*. 6. ed. São Paulo: Forense, 2005, Posição 1686. Trajano de Miranda Valverde, em relação à lei anterior, já advertia que "vige, nas assembleias gerais das sociedades por ações, o princípio majoritário, princípio que domina nas organizações colegiais ou nas reuniões deliberativas, porque seria impraticável a exigência da unanimidade, da concordância, enfim de todos os membros, para que em uma corporação se pudesse tomar deliberação de interesse geral." In: VALVERDE, Trajano de Miranda. *Sociedade por ações*: comentários ao Decreto-Lei 2.627, de 26 de setembro de 1940. Rio de Janeiro: Forense, 1959. p. 441.

150. VALVERDE, Trajano de Miranda. *Sociedade por ações*: comentários ao Decreto-Lei 2.627, de 26 de setembro de 1940. Rio de Janeiro: Forense, 1959. p. 441.

Em outra passagem, afirma o autor: "a assembleia geral dos acionistas, como órgão da pessoa jurídica, recebe a energia volitiva dos membros que a compõem, mas só filtra a corrente mais forte, manifestada pela voz da maioria (...)".[151]

Entretanto, defendemos neste trabalho que há um reducionismo subliminar nessa afirmação. Já vimos, apoiados em Berle e Means, dentre outros, que a estrutura de capital concentrada tem como característica o controle do acionista detentor da maioria das ações com o poder de voto. O direito societário brasileiro poderia se mobilizar assimilando esse fator e reduzindo o seu poder via implementação de alterações orgânicas na sociedade, utilizando-se, para tanto, de mecanismos *ex ante*, tal qual percebemos no direito português (e que podemos extrair do modelo teórico proposto por Williamson). Ou assimilando no plano positivo esse poder e reforçando-o, deixando para o mecanismo *ex post* da responsabilidade civil a função de discipliná-lo. O direito brasileiro optou pela segunda alternativa, colocando em evidência o poder de controle sobre a gestão dos negócios sociais.

Essa lógica do direito brasileiro acaba por justificar a importância dos mecanismos da responsabilidade civil trabalhados no contexto dos grupos de sociedades (matéria a ser abordada na Parte 2).

É da tradição do direito societário brasileiro a permissão para que os acionistas reunidos em assembleia geral possam deliberar sobre a gestão da sociedade. Trajano de Miranda Valverde, ao comentar o art. 87[152] do revogado Decreto-Lei 2.627 de 26 de setembro de 1940, afirma:

> No artigo (art. 87), que se conjuga com o anterior, ficou bem claramente dito que esses poderes estão estreitamente ligados ao objeto de exploração da sociedade, e, por isso, as resoluções e decisões da assembleia geral devem ter por finalidade o progresso da sociedade e a defesa dos seus legítimos interesses. Negócios estranhos aos fins sociais fogem, pois, à competência da assembleia geral.[153]

No vigente art. 121[154] da Lei 6.404, de 15 de dezembro de 1976, a assembleia geral conserva a atribuição de ingerência nos negócios sociais. Ou seja, repete-se

---

151. VALVERDE, Trajano de Miranda. *Sociedade por ações*: comentários ao Decreto-Lei 2.627, de 26 de setembro de 1940. Rio de Janeiro: Forense, 1959. p. 442 e 443.
152. Art. 87. A assembleia geral tem poderes para resolver todos os negócios relativos ao objeto de exploração da sociedade e para tomar as decisões que julgar convenientes à defesa desta e ao desenvolvimento de suas operações.
    (...)
153. VALVERDE, Trajano de Miranda. *Sociedade por ações*. Rio de Janeiro: Forense, 1959. p. 419.
154. Art. 121. A assembleia geral, convocada e instalada de acordo com a lei e o estatuto, tem poderes para decidir todos os negócios relativos ao objeto da companhia e tomar as resoluções que julgar convenientes à sua defesa e desenvolvimento.
    (...)

a tendência de oitocentos, é o órgão supremo da sociedade anônima.[155] Assim, elucidam Vera Helena de Mello Franco e Rachel Sztajn que nos casos em que o controle é definido e identificável, e pelo fato de o controlador designar a maioria dos administradores, além de definir as diretrizes gerais da companhia, dois problemas se apresentam: "de um lado é preciso que acionistas externos (não controladores) não sejam adversamente atingidos pelos administradores; de outro é preciso evitar que o controlador aufira benefícios do controle."[156]

Percebemos nessa afirmação que o equilíbrio advindo da seleção natural defendido pela teoria positiva da agência não parece funcionar bem. Abrimos espaço, então, para preocupações com mecanismos de governança.

Modesto Carvalhosa afirma que "a lei vigente de 1976 inspira-se no direito norte-americano, ainda que os dispositivos que disciplinam a assembleia geral mantenham formalmente suas características de órgão necessário da companhia."[157]

Discordamos, entretanto, do autor. O Direito estadunidense se manifesta em um contexto diferente. Nesse país, a estrutura de capital é em geral dispersa (e não concentrada). O controle fica nas mãos dos administradores em virtude dos entraves à participação dos acionistas advindos dos mecanismos da *proxy machinery*. Assim, se nos EUA o controle está alocado no CEO ou no *Board*, a depender do modelo de governança em questão, no Brasil defendemos que ele é detido, em regra, pelo acionista controlador (que pode ser uma sociedade controladora), podendo manifestar-se na assembleia geral.

Nelson Eizirik corrobora este entendimento quando afirma: "o poder de comando sobre as atividades desenvolvidas pela companhia, de eleger a maioria dos administradores e determinar a ação da sociedade, é usualmente exteriorizado na assembleia geral, órgão que manifesta a vontade social."[158] Entretanto, o autor acusa a tendência de transferência do lugar de manifestação e formação da vontade do controlador para as denominadas "reuniões prévias" nos casos em que há acordo de acionistas.

O acordo de acionistas pode ter como objeto a compra e venda de ações, o direito de preferência para adquiri-las, o exercício do voto e do poder de controle. Os acordos de defesa são os firmados entre acionistas minoritários; versam

---

155. FRANCO, Vera Helena de Mello; SZTAJN, Rachel. *Direito empresarial II*: sociedade anônima, mercado de valores mobiliários. São Paulo: Ed. RT, 2009, p. 170.

156. FRANCO, Vera Helena de Mello; SZTAJN, Rachel. *Direito empresarial II*: sociedade anônima, mercado de valores mobiliários. São Paulo: Ed. RT, 2009. p. 191.

157. CARVALHOSA, Modesto. *Comentários à Lei de Sociedades Anônimas*. 4. ed. São Paulo: Saraiva, 2009, v. 2, p. 594.

158. EIZIRIK, Nelson. *A Lei das S/A comentada*. São Paulo: Quatier Latin, 2011, v. 1, p. 676.

sobre o exercício do direito de voto.[159] Tais acordos incidem sobre matérias que exigem um quórum mínimo, como: o voto múltiplo, a exibição judicial de livros e a eleição para membros do conselho fiscal.[160]

Todavia, interessa-nos, no momento, o acordo sobre o controle. Nesses, os acionistas podem regular o conteúdo do voto. A cláusula mais comum é a obrigação dos convenentes de votarem em bloco na assembleia geral, *a favor ou contra determinada deliberação*.[161] Sendo que é na reunião prévia, usualmente por decisão majoritária, que é definido o sentido do voto. Por isso, afirmamos a tendência verificada, nesses casos, de a manifestação do poder ocorrer fora da estrutura societária. É interessante esse aspecto porque, apesar de o poder se manifestar para além da forma e do conteúdo da sociedade, ele se manifesta no interior da empresa, segundo a proposta metodológica que empregamos neste livro.

O sócio signatário do acordo de acionista, assim como o administrador, não está vinculado a votar ou decidir ilicitamente, quando por exemplo houver caracterizado abuso do poder de controle. É o acordo de controle, introduzido pela Lei 10.303, de 31 de outubro de 2001, que, além de assegurar a eleição da maioria dos administradores, regula a forma da direção dos negócios sociais. Ou melhor, regula a forma como os acionistas integrantes do bloco de controle ingerem na gestão da companhia.

A questão que colocamos em relação ao contexto institucional descrito é se os administradores eleitos em função do acordo de acionistas devem lealdade aos signatários do acordo ou se a devem à coletividade dos acionistas. O § 9º do art. 118 da Lei 6.404/76[162] permite que um acionista signatário vote com as ações de signatário ausente ou omisso em conformidade com o sentido do voto verificado no acordo ou em reunião prévia. Esse mecanismo jurídico é uma forma de autotutela *interna corporis*. Ainda segundo a racionalidade do dispositivo legal em apreço, se um dos signatários do acordo de acionistas comparece à assembleia e vota contrariamente ao decidido no acordo ou na reunião prévia, deve

---

159. CARVALHOSA, Modesto. In: WALD, Alrnold et al. *Sociedades Anônimas e Mercado de Capitais*. São Paulo: Quartier Latin, 2011, p. 41.
160. EIZIRIK, Nelson. *A Lei das S/A comentada*. São Paulo: Quatier Latin, 2011, v. 1, p. 708.
161. EIZIRIK, Nelson. *A Lei das S/A comentada*. São Paulo: Quatier Latin, 2011, v. 1, p. 706-707.
162. Art. 118 (...)
    "O não comparecimento à assembleia ou às reuniões dos órgãos de administração da companhia, bem como as abstenções de voto de qualquer parte de acordo de acionistas ou de membros do conselho de administração eleitos nos termos de acordo de acionistas, assegura à parte prejudicada o direito de votar com as ações pertencentes ao acionista ausente ou omisso e, no caso de membro do conselho de administração, pelo conselheiro eleito com os votos da parte prejudicada."

o presidente da assembleia geral desconsiderar o voto e permitir ao acionista prejudicado votar com as ações do acionista inadimplente.[163]

Há que se diferenciar para tanto o mecanismo jurídico que permite ao acionista prejudicado votar com as ações do signatário ausente ou inadimplente daquele outro que trata da vinculação dos administradores eleitos em razão de acordo de acionistas. O § 9º do art. 118 obriga o presidente do conselho de administração ou o diretor presidente a:

> (…) não computar o voto proferido pelo conselheiro ou pelo diretor em desacordo com o direcionamento de voto dado pelo bloco de controle, bem como permite ao conselheiro ou ao diretor eleito em virtude do acordo votar pelo administrador ausente ou abstinente.[164]

O argumento daqueles que defendem tal mecanismo pode ser sintetizado pela eficácia que ele confere ao acordo de acionistas. Dito de outra forma, não haveria eficácia do acordo de acionistas caso somente vinculasse os signatários nas assembleias de sócios e não vinculasse os administradores por eles eleitos nas decisões dos órgãos de administração. Além disso, argumentam que não há incompatibilidade entre esse dispositivo e o dever de independência do administrador previsto no § 1º do art. 154 da Lei das S/A[165] porque o acordo de voto em bloco deve visar à consecução do interesse social (e aqui nos deparamos novamente com a abstração que a tudo pode justificar).

Pensamos, contudo, de forma diferente. A lealdade exigida do administrador não é compatível com a sua vinculação ao que for decidido pelos que o elegeram em função do acordo de controle. Há uma imperfeição metodológica que envolve essa proposta com o dever de lealdade dos administradores e com a independência deles exigida pelo § 1º do art. 154 da Lei das S/A. O padrão comportamental imposto pelo dever de lealdade dos administradores é diferente daquele previsto para os controladores.

O que se pode questionar aqui é qual o modelo dogmático explica a relação entre administradores e sócios, quando aqueles forem eleitos em função de acordo de acionistas. Estaríamos diante de um retorno ao modelo do mandato? Os eleitos seriam mandatários dos signatários do acordo que os elegeram?[166]

---

163. EIZIRIK, Nelson. *A Lei das S/A comentada*. São Paulo: Quatier Latin, 2011, v. 1, p. 724-727.
164. EIZIRIK, Nelson. *A Lei das S/A comentada*. São Paulo: Quatier Latin, 2011, v. 1, p. 728.
165. Art. 154 (…)
    § 1º O administrador eleito por grupo ou classe de acionistas tem, para com a companhia, os mesmos deveres que os demais, não podendo, ainda que para defesa do interesse dos que o elegeram, faltar a esses deveres.
166. Defendemos, ao não adotarmos o institucionalismo jurídico (organicismo), que a relação entre os administradores e sociedade é contratual, tratando-se de dois negócios jurídicos relacionados entre si, a nomeação e a aceitação. É uma disciplina análoga à disciplina do regime jurídico do contrato. Entretanto, não deve ser a de um mandato. (In: NUNES, Pedro Caetano. *Dever de gestão dos administradores de sociedades anónimas*. Almedina, 2018, p. 17).

Vimos até aqui duas irradiações da arquitetura da companhia brasileira projetada em torno do acionista controlador: a manifestação de seu poder na assembleia de sócios e a sua manifestação nas reuniões prévias, no caso de haver acordo de acionistas.

Entretanto, queremos, ainda, destacar mais um ponto da projeção de sua arquitetura normativa: o conselho de administração que passa a funcionar como um microcosmos da assembleia de sócios (é uma projeção que também demonstra a lógica do direito das sociedades anônimas brasileiro, o de aproximar a vontade da sociedade, que é uma realidade jurídica, daquela do acionista controlador). De maneira que identificamos a raiz teórica da solução, o institucionalismo jurídico, mas não sem criticá-la); e a instabilidade da proposta da vigente lei acionária ante o surgimento de companhias com estrutura de capital disperso. Outras, ainda, podem se somar a essas, como o poder dado a assembleia de sócios de livre destituição do administrador.

Nesse movimento de gravitação em torno do acionista controlador, a lei acionária ora acentua essa posição de poder, ora a atenua via instrumentos de proteção dos minoritários e preferencialistas. Demonstrando essa lógica, citamos o voto múltiplo, previsto na cabeça do art. 140 da Lei 6.404/76, e o voto em separado, previsto no parágrafo 4 desse dispositivo. Ambos se destinam a possibilitar aos minoritários a elaboração de estratégias eficientes para elegerem membros do conselho de administração. São alternativas à eleição por meio de chapas, que certamente afasta a possibilidade de as minorias elegerem membros para o órgão. O procedimento dos sufrágios é amplamente descrito na literatura brasileira, de forma que não o faremos aqui. É nos suficientes, entretanto, dizer que, ainda que os minoritários consigam implementar cumulativamente os dois instrumentos e que, com isso, potencialmente possam eleger a maioria dos membros desse conselho, o poder de controle sobrepõe-se. É o resultado da regra prevista no § 7º do dispositivo,[167] que determina que o controlador, ao final, designe a maioria dos membros do conselho de administração.

Não criticamos isoladamente a regra. Ela é coerente com a lógica presente na lei das S/A brasileira: decorre das projeções do poder do acionista controlador, da sua condição de estabilidade (normativa), que advém da condição de permanên-

---

167. Art. 141.

(...)

"§ 7º Sempre que, cumulativamente, a eleição do conselho de administração se der pelo sistema do voto múltiplo e os titulares de ações ordinárias ou preferenciais exercerem a prerrogativa de eleger conselheiro, será assegurado a acionista ou grupo de acionistas vinculados por acordo de votos que detenham mais do que 50% (cinquenta por cento) das ações com direito de voto o direito de eleger conselheiros em número igual ao dos eleitos pelos demais acionistas, mais um, independentemente do número de conselheiros que, segundo o estatuto, componha o órgão."

cia para a sua caracterização. Mas não é só. Pensamos, como indicamos, que se trata da implementação da visão de Berle e Means (no que diz respeito ao estudo das formas de controle), no entanto, acentuada pelo Direito. Já demonstramos a diferença entre a forma de controle decorrente do Decreto-lei 2.627/1940 e a que decorre da vigente lei das S/A. No primeiro caso, o poder é resultado da posição acionária majoritária (se usarmos as construções de Berle e Means), no segundo da de uma especial posição detida pelo acionista.

Quanto à instabilidade da proposta de controle da vigente lei acionária ante o surgimento de companhias com estrutura de capital disperso, destacamos, brevemente, o seguinte.

A dinâmica do poder de controle centra-se em duas condições para a caracterização jurídica desse poder: a permanência; e o uso efetivo do seu poder de voto para eleger a maioria dos administradores. É o que se percebe na norma que se extrai do art. 116 da Lei das S/A.

Destacamos aqui a condição da permanência. Essa condição é iluminada quando contrastamos três formas de estrutura de capital: a concentrada; a dispersa e a pulverizada. A permanência, relacionada à titularidade de mais de 50% das ações com direito de voto, é possível de manifestar-se em estruturas de capital concentrada, mas não em estruturas dispersas ou pulverizadas. Segundo Modesto Carvalhosa, o conceito `permanência´ é jurídico e é extraído da norma contida na alínea *a* do art. 116 da Lei das S/A: "(…) é titular de direitos de sócio que lhe assegurem, de modo permanente, a maioria dos votos nas deliberações da assembleia geral e o poder de eleger a maioria dos administradores da companhia."

Essa condição de permanência não é encontrada nas companhias que apresentam estrutura de capital disperso ou pulverizado, entretanto. O que coloca em xeque a aplicação do conceito jurídico de controlador e, em consequência, de todos os outros mecanismos que se irradiam a partir dele, inclusive a regra de responsabilidade especialmente elaborada para modular o seu comportamento. É responsivo a esse argumento a força que vem ganhando a *proxy fight* no direito brasileiro, disciplinada na Resolução CVM 81, de 29 de março de 2022..

No tópico seguinte, trabalharemos a dogmática do direito dos grupos de sociedade, demonstrando que, no Brasil, a lógica gravitacional do poder de controle é canalizada para a arquitetura desse direito.

1.5 GRUPOS DE SOCIEDADES

Os grupos de sociedades são uma realidade pujante na contemporaneidade. Ilustra essa afirmação, o caso do grupo italiano Pirelli, que não é o maior grupo de sociedades da atualidade, mas que demonstra bem a potência desses arranjos organizacionais. Ele engloba mais de 100 sociedades, em mais de 30 países, contando com um número superior a 30.000 empregados, e com um volume de negócios anuais de quase 6 bilhões de euros.[168]

Klaus Hopt afirma que dois importantes problemas de agência emergem nos contextos dos grupos de sociedades: "between the controlling shareholder and the minority shareholders and between the shareholders and the creditors." Sendo encontrados três modelos normativos para mitigá-los: a normatização pelo direito societário (solução generalista); a normatização pelo direito dos grupos de sociedades (solução específica); a normatização por segmentos do direito. Os problemas tornam-se mais complexos porque a estratégia organizacional das empresas lança mão frequentemente de estruturas piramidais elaboradas em camadas: subsidiárias de subsidiárias de subsidiárias...[169]

Um dos objetivos da normatização dos grupos de sociedades pelo direito, e que aqui nos interessa mais propriamente, é o de proteger os acionistas minoritários e os credores das subsidiárias. Daremos maior ênfase no estudo dos grupos que envolvem a sociedade anônima por considerarmos que nessas estruturas o problema do controle é mais severo. No Brasil, parte das questões envolvendo o controle foi elucidada neste trabalho, uma outra parte deriva do modo como esse país normatizou o problema da separação entre propriedade e controle em um contexto majoritariamente de capital concentrado.[170]

Em termos gerais, no Brasil, encontramos três importantes tensões reveladas por meio do conceito do problema de agência: conflitos existentes entre os acionistas controladores e os minoritários e os preferencialistas sem direito de voto da sociedade controladora; conflitos entre os controladores e os minoritários e os preferencialistas sem direito de voto das sociedades controladas, e os conflitos de interesses presentes entre os acionistas (em conjunto) e os credores das sociedades de maneira geral.[171]

---

168. Os dados são do ano de 2015 e foram apresentados na obra: HOPT, Klaus J. *Groups of Companies* – A Comparative Study on the Economics, Law and Regulation of Corporate Groups. 2015.

169. HOPT, Klaus J. *Groups of Companies* – A Comparative Study on the Economics, Law and Regulation of Corporate Groups. 2015.

170. Sobre esse segundo grupo de problemas, remetemos o leitor para a obra: Oliveira, Fabrício de Souza. A introdução das superpreferenciais no Brasil: Estudo de caso: Azul S.A. *Revista de Direito Empresarial*: RDEmp, v. 11, n. 2, p. 153-168, Belo Horizonte, maio/ago. 2014.

171. Sobre o contexto originário das teorias que estudam o problema da agência no direito societário, Klaus Hopt afirma que: "The classic agency conflict concerns the managers as agents of the shareholders. This conflict exists if the shareholders are dispersed as is common in the US, the UK, and some other countries." (In: HOPT, Klaus J. *Groups of Companies* – A Comparative Study on the Economics, Law and Regulation of Corporate Groups. 2015).

Ilustrativo das questões envolvendo os conflitos de interesses tratados pelas teorias da agência, é o problema envolvendo a relação entre autor e leitor de uma determinada obra não fictícia: o autor, normalmente, encontra-se mais próximo da matéria abordada, ou ao menos do problema por ele formulado e delimitado. Porém, o leitor pode confiar que o autor o informará acerca do conteúdo da obra da melhor forma possível? Não, necessariamente. Primeiramente, temos que considerar que o autor pode focar em diferentes grupos de leitores: juristas, economistas, sociólogos... Vimos isso quando tratamos do que chamamos teorias da empresa. Teorias concebidas por economistas e sociólogos não tratam com acuidade das diferenças conceituais entre empresa, personalidade jurídica e sociedade, como as concebidas por juristas, apesar de produzirem conhecimentos valiosos para estes. Além disso, há conflitos existentes entre os editores (também considerados agentes) e os leitores. Questões mercadológicas, por exemplo. O fator reputacional pode ser utilizado como estímulo para o alinhamento de interesses entre autor e leitor ou entre editor e leitor, bem como entre autor e editor e entre diferentes autores.[172]

Essa experiência imaginária fornecida por John W. Pratt e Richard J. Zeckhauser demonstra bem a forma com que as teorias da agência abordam o problema dos conflitos de interesses entre principais e agentes. Identificam nesses conflitos a possibilidade da existência de desalinhamento de interesses, estudam os seus motivos e buscam por mecanismos de alinhamento e monitoramento. Esse método emoldura tudo o que expomos sobre a Teoria Positiva da Agência (agora no plano normativo) e, também, facilita-nos a compreensão dos problemas de agência encontrados no contexto dos grupos de sociedades.

Para fundamentar a utilidade de se pensar certas estruturas por meio do problema agente/principal, os autores utilizam o problema exteriorizado pela economia clássica, o de assegurar que a produção ocorra da maneira mais eficiente possível. Mas argumentam que a informação não flui isenta de custos e de forma ideal. Se isso fosse possível, os superiores saberiam exatamente o que os seus subordinados pensam e fazem, os investidores poderiam confiar que os administradores realizam a sua atividade da forma com que fariam eles próprios...[173]

Mas, na vida real, a informação é algo escasso para todas as partes, então o problema apresenta-se na forma como os contratos (a expressão não apresenta precisão jurídica, podendo significar contratos, declarações individuais de vontade, por exemplo) devem ser estruturados para induzir os agentes a atuarem

---

172. ZECKHAUSER, Richard J. *Principals and agents*: The structure of business. Harvard Business School Press, 1991. p. 1.
173. ZECKHAUSER, Richard J. *Principals and agents*: The structure of business. Harvard Business School Press, 1991. p. 2.

de maneira a atender da melhor forma possível aos interesses dos principais, inclusive quando as suas informações e o seu comportamento não possam ser avaliados pelos segundos. Sintetizando, em qualquer lugar em que um indivíduo dependa da ação de outro, uma relação de agência emerge.[174]

Sobre o problema da magnitude alcançada pelo problema principal/agente manifestado nos grupos de sociedades, Klaus Hopt, ao analisar o direito da União Europeia e o Alemão, afirma que dirigir um grupo de sociedades é diferente de dirigir uma sociedade isolada porque isto implica em tornar as decisões negociais mais complexas: podem ser mais interessantes para o grupo ou mesmo necessárias para ele, apesar de serem, às vezes, desvantajosas para uma subsidiária. Equacionar os interesses da sociedade controladora com os interesses das controladas é mais complexo que equacionar interesses da maioria e das minorias numa sociedade isolada.[175] Cita, entre outros exemplos, a situação em que:

> the parent may need to make a decision about (…) which of the subsidiaries in the group should be attributed the opportunity to develop a promising new product or where, usually for tax reasons, a new subsidiary should be brought up that may take away business from the others.[176]

Conclui que isso não torna impossível o equacionamento das decisões sobre a gestão dos grupos, mas afirma ser o fundamento por que podemos encontrar em alguns `sistemas jurídicos´ a normatização específica dos problemas de agência havidos nos grupos de sociedades.[177] Coutinho de Abreu, acerca desse problema, afirma:

> Não é a mesma coisa um sócio controlador ser uma pessoa humana não empresária ou ser uma sociedade. Em um e outro caso há ou pode haver conflitos de interesses entre o sócio controlador e os sócios minoritários e/ou a sociedade.[178]

Mas a intensidade e a qualidade dos conflitos são diferentes.

Um outro fator que entendemos demandar uma solução específica para os grupos de sociedades é que a ameaça da insolvência produz efeitos sobre a governança da sociedade isolada, como esclarecido anteriormente, quando es-

---

174. ZECKHAUSER, Richard J. *Principals and agents*: The structure of business. Harvard Business School Press, 1991. p. 2.

175. In: HOPT, Klaus J. *Groups of Companies* – A Comparative Study on the Economics, Law and Regulation of Corporate Groups. 2015.

176. In: HOPT, Klaus J. *Groups of Companies* – A Comparative Study on the Economics, Law and Regulation of Corporate Groups. 2015.

177. In: HOPT, Klaus J. *Groups of Companies* – A Comparative Study on the Economics, Law and Regulation of Corporate Groups. 2015.

178. ABREU, Jorge Manuel Coutinho de. *Direito dos grupos de sociedades segundo o european model company act.*

tudamos mais detidamente o modelo da Teoria Positiva da Agência. No entanto, esse efeito perde a força no contexto dos grupos de sociedades em virtude das regras de limitação de reponsabilidade mobilizadas no interior do grupo e que são decorrentes dos contornos jurídicos de cada sociedade componente. Ou seja, a ameaça da insolvência de uma sociedade controlada não produz os mesmos efeitos sobre os controladores da sociedade mãe como o produzido pela ameaça da insolvência da própria sociedade controladora. Nesse momento, temos que nos valer de alternativas organizacionais (tratadas nesta primeira Parte) ou da responsabilidade civil (tratada na Parte seguinte).

Defendemos que a primeira solução mostra-se adequada para resolver problemas derivados da inexistência de neutralidade no *nexus* de contratos presente na governança das sociedades em grupo (solução centrada principalmente no conflito entre as minorias e os preferencialistas das sociedades controladas e a sociedade controladora) e para equacionar a deficiência de estímulos endereçados ao órgão estratégico da sociedade mãe (a presença de membros eleitos pelas minorias e pelos preferencialistas das controladas no órgão estratégico da controladora não somente permite o acesso à informações relevantes, como, por meio do direito ao voto, permite que estes, estimulados por ameaças de insolvência das controladas, defendam estratégias que, ao final, produzam resultados positivos para os credores das subsidiárias).

O primeiro problema encontra o seu suporte teórico no institucionalismo econômico desenvolvido por Williamson, o segundo, na Teoria Positiva da Agência.

Como dito na introdução deste item, dentre os modelos jurídicos encontrados, quando estamos diante do problema dos grupos de sociedades, está o a da solução normativa específica. Acerca dessa normatividade específica, Klaus Hopt menciona a adoção de duas alternativas no direito alemão: os grupos de fato e os grupos de direito. Os grupos de direito são formados por meio de um contrato firmado entre a controladora e as subsidiárias. Os grupos de fato decorrem da participação de uma sociedade em outra ou em outras. No grupo de direito, a controladora tem a faculdade de gerir o grupo no interesse exclusivo do grupo, mas deve arcar com os custos dessa faculdade, aprovando as contas dos administradores da controlada que apresente perdas em função da implementação de estratégias voltadas para o interesse do grupo, como também possui a obrigação de compensar os minoritários da subsidiária afetada. Acusa, ainda, o autor, que os grupos de direito na Alemanha não são frequentes se comparados aos grupos de fato. Já nos grupos de fato, a compensação das subsidiárias deve ser integral, diante de qualquer decisão da controladora que afete os interesses dessas controladas. Mais à frente, trataremos das soluções encontradas no direito brasileiro.

De maneira que a solução orgânica que defendemos em nosso trabalho não anula os efeitos positivos de outras regularmente encontradas no Direito e que versam sobre: o dever de informar e a *accountability*, as restrições impostas às negociações com partes relacionadas, os padrões de comportamento impostos aos administradores e aos controladores, e as negociações sobre o controle da companhia mãe.

1.5.1 Os grupos de sociedades no direito brasileiro

Jorge Lobo compreende

> que o grupo de sociedades é uma técnica de gestão e de concentração de empresas, que faz nascer um interesse novo, externo e superior ao de cada uma das sociedades isoladas, o qual, muitas vezes, não coincide nem com o interesse perseguido pela sociedade dominante, nem com os propósitos das sociedades dominadas.[179]

Entendemos de forma diversa. Para nós, o grupo de sociedades mobiliza uma solução de governança que perpassa a da sociedade isolada, já que o conteúdo da empresa (os limites da hierarquia) não coincide com o de cada sociedade integrante do grupo.

Essa hierarquia pode ser percebida, por exemplo, nas pesquisas realizadas por Ana Frazão, quando a autora afirma ser *um dos elementos mais importantes para a definição de grupo societário ou empresarial, (…) a existência de direção econômica unitária (…)*.[180]

De outra forma, também não buscamos pelo interesse do grupo ou de suas sociedades integrantes pelos motivos que expomos quando analisamos as teorias contratualistas e que, também, constam da lógica trabalhada no item anterior.

Para além disso, entendemos que, no Brasil, o grupo de direito, tipificado no art. 265 da lei das S/A, a "sociedade controladora e suas controladas podem constituir, nos termos deste Capítulo, grupo de sociedades, mediante convenção pela qual se obriguem a combinar recursos ou esforços para a realização dos respectivos objetos, ou a participar de atividades ou empreendimentos comuns", é uma realidade jurídica, em razão, especialmente, do que dispõe o inciso VI, do art. 269, dessa lei, que estabelece que a convenção que constitui o grupo de direito deve prever: "os órgãos e cargos da administração do grupo, suas atribuições e as relações entre a estrutura administrativa do grupo e as das sociedades que o componham." Explicamos melhor esse nosso posicionamento, acerca da compre-

---

179. LOBO, Jorge. *Direito dos grupos de sociedades*. 1999.
180. FRAZÃO, Ana. *Direito da concorrência*: pressupostos e perspectivas. São Paulo: Saraiva, 2017, 1. p. 170.

ensão dos grupos de direito como uma realidade jurídica, com a norma prevista no parágrafo único do art. 272 da lei das S/A, que estabelece que: a "representação das sociedades perante terceiros, salvo disposição expressa na convenção do grupo, arquivada no registro do comércio e publicada, caberá exclusivamente aos administradores de cada sociedade, de acordo com os respectivos estatutos ou contratos sociais."

Contudo, se defendemos que o grupo de direito é uma realidade jurídica, com isso não pretendemos entender que o direito lhe atribui personalidade jurídica, ou mesmo lhe confere capacidade. Esse é mais um aspecto com o qual nos afastamos das teorias da empresa fundadas no institucionalismo jurídico e de vocação mais organicista.

Já o grupo de fato não é uma realidade jurídica. Decorre de declaração unilateral, o voto, desde que preenchidas as condições previstas no § 2º do art. 243 da Lei 6.404/76. Por isso, as críticas e proposições que fazemos neste livro são endereçadas aos grupos de fato, cujo poder de comando (conteúdo da empresa) está localizado na estrutura orgânica da controladora (conteúdo da sociedade).

O grupo de sociedades é diferente do consórcio porque neles as sociedades possuem escopo de unirem-se de forma perene, enquanto no consórcio a duração é efêmera, persistindo apenas durante a execução de um determinado empreendimento em função do qual foi constituído.[181] Sobre a caracterização jurídica do consórcio, remetemos o leitor para a norma prevista no art. 278 da lei das companhias.

Difere, também, do agrupamento de empresas, encontrado no Direito estrangeiro. Em Portugal, por exemplo, há a previsão de agrupamentos complementares de empresas, sendo compreendidos a partir do que transcreveremos: "as pessoas singulares ou colectivas e as sociedades podem agrupar-se, sem prejuízo da sua personalidade jurídica a fim de melhorar as condições de exercício ou de resultado das suas actividades económicas."[182] Coutinho de Abreu entende que os membros do agrupamento devem ser empresas em sentido subjetivo (referente a condição de empresário do sujeito), que devem ser proprietários de estabelecimentos (aqui há o sentido objetivo da empresa). Mas não só. A atividade objeto do agrupamento complementar de empresa deve ser diversa, mas complementar ou auxiliar daquelas exercidas pelos seus membros. Entretanto, os agrupamentos complementares de empresas "adquirem personalidade jurídica com a inscrição do contrato de constituição no registro comercial."[183] Uma outra característica

---

181. LOBO, Jorge. *Direito dos grupos de sociedades*. 1999.
182. ABREU, Jorge Manuel Coutinho de. *Curso de direito comercial*. Edições Almedina, 2013. p. 31-32.
183. ABREU, Jorge Manuel Coutinho de. *Curso de direito comercial*. Edições Almedina, 2013. p. 33.

dos agrupamentos complementares de empresas é que "não são sociedades" … "são entidades essencialmente, repita-se, sem fins lucrativos."[184]

Os grupos de sociedades são, também, distintos dos agrupamentos europeus de interesses econômicos, previstos no Regulamento (CEE) 2137/85 do Conselho, de 25 de julho de 1985. O traço característico principal que os distanciam dos agrupamentos complementares de empresas é que estes têm de ser "compostos por pelo menos dois sujeitos que tenham a administração central ou exerçam a actividade principal em Estados-membros diferentes",[185] além de os seus membros não terem de ser empresários.[186]

Após pontuarmos traços que distinguem os grupos de sociedades de outras formas associativas, passaremos às anotações acerca dos principais aspectos do direito dos grupos presentes na lei das companhias. Mas antes, importa-nos afirmar que o Direito brasileiro adota o modelo da solução específica por meio direito societário (art. 243 a 277, da Lei 6.404/76) e o modelo da regulação por áreas do direito. Ilustra o último modelo a relação de dispositivos legais elaborada por Viviane Muller Prado,[187] que atualizamos com as recentes inovações legislativas, tratando de problemas dos grupos que se manifestam em áreas específicas do direito:

a) a Consolidação das Leis do Trabalho – CLT (Decreto-lei 5.452/1943) que, em seu vigente art. 2º, § 2º, estabelece, para efeitos da relação de emprego, a responsabilidade solidária de empresas: "sempre que uma ou mais empresas, tendo, embora, cada uma delas, personalidade jurídica própria, estiverem sob a direção, controle ou administração de outra, ou ainda quando, mesmo guardando cada uma sua autonomia, integrem grupo econômico, serão responsáveis solidariamente pelas obrigações decorrentes da relação de emprego";

b) a Lei 12.529/2011 (Lei da Concorrência), em seu art. 33, prevê a responsabilidade solidária de "empresas ou entidades integrantes de grupo econômico, de fato ou de direito, quando pelo menos uma delas praticar infração à ordem econômica";

c) o Código de Defesa do Consumidor (Lei 8.078/1990), em seu art. 28, § 2, prevê responsabilidade subsidiária para "as sociedades integrantes dos grupos societários e as sociedades controladas";

---

184. ABREU, Jorge Manuel Coutinho de. *Curso de direito comercial.* Edições Almedina, 2013. p. 33.
185. ABREU, Jorge Manuel Coutinho de. *Curso de direito comercial.* Edições Almedina, 2013. p. 35.
186. ABREU, Jorge Manuel Coutinho de. *Curso de direito comercial.* Edições Almedina, 2013. p. 35.
187. PRADO, Viviane Muller. Grupos societários: análise do modelo da Lei 6.404/1976. *Revista direito GV,* v. 1, n. 2, p. 5-27, 2005.

d) por sua vez, a Lei 9.605/1998, sobre crimes ambientais, não menciona a expressão grupo, mas após afirmar, em seu art. 4, que "poderá ser desconsiderada a pessoa jurídica sempre que sua personalidade for obstáculo ao ressarcimento de prejuízos causados à qualidade do meio ambiente", acaba por produzir os mesmos efeitos práticos que as demais, permitindo o tratamento unitário de uma empresa plurissocietária.

A lei das companhias traz dois conceitos que envolvem a conexão entre duas ou mais sociedades, o controle e a coligação. O controle é definido indiretamente por intermédio da definição de sociedade controlada presente no § 2º de seu art. 243, nos termos: "considera-se controlada a sociedade na qual a controladora, diretamente ou através de outras controladas, é titular de direitos de sócio que lhe assegurem, de modo permanente, preponderância nas deliberações sociais e o poder de eleger a maioria dos administradores".

A lógica presente na Lei 6.404/76, a de gravitar em torno do acionista controlador, continua presente quando ela regula o direito dos grupos. A condição de permanência, que abordamos quando analisamos o controle nas sociedades isoladas, é notada também aqui. Reafirmamos neste espaço as críticas que tecemos atrás.

Houve avanço, no entanto, em relação às sociedades coligadas. Na redação anterior às reformas promovidas pela Lei 11.941, de 27 de maio de 2009, o art. 243, § 1º, estabelecia que "são coligadas as sociedades quando uma participa, com 10% (dez por cento) ou mais, do capital da outra, sem controlá-la." Após a alteração promovida, a caracterização da coligada passou a depender de um conceito mais completo de dependência significativa. Essa dependência ocorre (§ 4º da norma vigente) "quando a investidora detém ou exerce o poder de participar nas decisões das políticas financeira ou operacional da investida, sem controlá-la." E é presumida (§ 5º desse dispositivo legal) "quando a investidora for titular de 20% (vinte por cento) ou mais do capital votante da investida, sem controlá-la." A condição da presunção pode ser atingida via mobilização do voto múltiplo, previsto no art. 140 da lei acionária, e do voto em separado, previsto no § 4º, desse dispositivo, na eleição dos membros do conselho de administração e os reflexos disso na nomeação dos diretores (ver art. 143 da Lei 6.404/76). Ressaltamos, contudo, que apenas as companhias abertas, as de capital autorizado e as de economia mista devem obrigatoriamente adotar o conselho de administração.

Não consideramos que o problema a que a inovação legislativa busca resolver é o da emergência de sociedades anônimas com estrutura de capital disperso ou pulverizado, entretanto. O problema presente que fundamenta a Lei 11.941/2009 é afeto à questões tributárias. Acaso o problema fosse a adequação do direito dos grupos às sociedades com estrutura de capital disperso ou pulverizado, haveria de ter tido alteração na caracterização normativa do controle.

No que diz respeito à técnica legislativa, a caracterização da coligação de sociedades é também feita de modo indireto, por meio da definição normativa da coligada.

Observamos que a lógica constante no código civil (art. 1.097 a 1.101) é concentracionista e, aí, não tecemos críticas.

Passamos a tratar das soluções encontradas na lei acionária para buscar equacionar o problema dos grupos de sociedades. Caracterizando-as como: restrições às transações com partes relacionadas; dever de prestar informações nas situações de grupo; padrão de comportamento imposto aos administradores da sociedade controladora; e negociações sobre o controle da sociedade mãe.

- *Restrições às negociações com partes relacionadas: art. 245 da lei 6.404/76 (Related Party Transactions – RPT's)*

Em contextos com alta concentração da estrutura de propriedade das companhias, como o brasileiro, o problema manifesta-se nas transações entre sociedades do mesmo grupo empresarial, ou entre a companhia e entidades de interesse dos acionistas controladores, como sociedades de seus familiares ou amigos.[188]

No caso dos grupos de sociedades, ao lado do dever de prestar informações, encontramos as restrições às negociações com partes relacionadas, visando a redução de problemas de agência envolvendo minoritários e preferencialistas sem direito de voto de uma determinada sociedade controlada e a sociedade controladora. Está presente sempre que houver uma transferência de riqueza, atual ou potencial (portanto relativa também às oportunidades negociais) entre uma companhia e uma outra pessoa a ela relacionada.[189]

Nesse último contexto, novamente colocamos em pauta as decisões estratégicas tomadas pela sociedade controladora que afetem a alocação de recursos e oportunidade com e entre as sociedades controladas.

Se nos grupos, a sociedade controladora não tem apenas o interesse de obter os direitos derivados da sua posição de sócia, mas também o exerce de forma a coordenar as atividades de todas as sociedades integrantes desse grupo para

---

188. Di Miceli da Silveira, Alexandre and Prado, Viviane Muller and Sasso, Rafael de Campos, Related Party Transactions: Legal Strategies and Associations with Corporate Governance and Firm Value in Brazil (November 26, 2008). Disponível em: SSRN: https://ssrn.com/abstract=1307738 or http://dx.doi.org/10.2139/ssrn.1307738.

189. FREOA, Ricardo Peres; Zequi, Alessandra. *Negociações com partes relacionadas.*

atingir o melhor resultado global,[190] e se, no Brasil, o pressuposto da preservação da autonomia das companhias que se ligam por meio do controle (art. 243, da lei das S/A) se mostra inadequado frente à unidade direcional que decorre do fluxo de poder entre as sociedades grupadas (grupo de fato qualificado), as relações tidas entre as sociedades partícipes do grupo merecem tratamento.

No Brasil, a regulação das negociações com partes relacionadas nos grupos de fato é feita por meio do art. 245, da lei das companhias: "os administradores não podem, em prejuízo da companhia, favorecer sociedade coligada, controladora ou controlada, cumprindo-lhes zelar para que as operações entre as sociedades, se houver, observem condições estritamente comutativas, ou com pagamento compensatório adequado; e respondem perante a companhia pelas perdas e danos resultantes de atos praticados com infração ao disposto neste artigo."

A solução da normatividade do direito dá-se por meio da responsabilidade civil dos administradores e da controladora (art. 246, da Lei 6.404/76), que não é suficiente, por exemplo, para cuidar da alocação de oportunidades negociais entre os membros do grupo, postas em funcionamento por um centro hierárquico unitário (grupo de fato qualificado).

É o caso que se verifica quando, por exemplo, houver uma compartimentação estratégica na cadeia de produção entre várias sociedades componentes do grupo. Note que a solução mais viável, do ponto de vista negocial, se levarmos em conta exclusivamente a perspectiva da sociedade isolada (como parece ser o critério do direito brasileiro), poderia ser a verticalização da cadeia produtiva. Ou de outro modo, a internalização em uma mesma sociedade dos processos necessários à industrialização de um determinado produto. Entretanto, o interesse do controlador pode levar a uma solução pretensamente de mercado, em que as sociedades integrantes do grupo fornecem matéria-prima umas para as outras.

Nesse caso, a regra do art. 245 da lei das S/A, que é norma específica dos grupos de fato e não se confunde com a instituída pelo art. 115 dessa lei,[191] e se presta unicamente a verificar se os negócios realizados entre as sociedades integrantes do grupo ocorrem em termos de preços e condições análogos aos do mercado, aplicando o dever de indenizar em caso contrário. Essa concepção leva a uma simulação de mercado onde o que está presente é a hierarquia. É uma solução de regulação que revela o problema da inadequação do modelo de governança.

---

190. PRADO, Viviane Muller. Grupos societários: análise do modelo da Lei 6.404/1976. *Revista direito GV*, v. 1, n. 2, p. 5-27, 2005.

191. Sobre o conflito de interesses regulado neste dispositivo, ver as discussões entre formalistas e substancialistas na obra de Erasmo Valadão: FRANÇA, Novaes; AZEVEDO, Erasmo Valladão. *Conflitos de interesses nas assembleias de SA*. 1993.

Aplica a governança pelo mecanismo do mercado no lugar em que haveria de ser aplicada a governança por meio da empresa.

De maneira que o que estamos tratando não é somente do conhecido efeito *tunneling*, que possui seu exemplo mais frequente na prática de preços diferenciados nas relações com partes relacionadas em relação aos preços que seriam praticados caso a operação fosse realizada em mercado. O que por si só já traz um grande desafio para o Direito porque os produtos e serviços que circulam entre sociedades integrantes de um mesmo grupo não são sempre *commodities*, cuja informação (preço) pode ser mais facilmente obtida.

Propor uma norma que vede as transações com partes relacionadas não nos parece ser uma alternativa viável. Seria desconsiderar os efeitos positivos gerados por essas transações em contexto de grupo de sociedades. Óscar Miguel da Silva Pinto de Matos e Fernando Caio Galdi sugerem que as transações com partes relacionadas podem ser um instrumento eficiente para: i) diminuir o custo de transação das sociedades organizadas por meio de grupos, desde que realizadas através de uma política responsável de preços de transferência; ii) otimizar os recursos internos; iii) provocar o aumento da competitividade em função de economia de escala; iv) e para um planejamento fiscal não evasivo entre outros benefícios. No entanto, os autores do estudo ressaltam a necessidade de evolução nas pesquisas sobre esses efeitos.[192] Um exemplo de eficiência provocado por essas transações feitas no interior do arranjo grupal é o contrato realizado entre sociedades sob o mesmo controle sem a exigência de garantias para sua a sua execução (algo muitas vezes inviável via mercado). O problema de assimetria de informações entre os contratantes é menos intenso nesses casos.[193]

O problema, como afirmamos ao longo deste trabalho diz respeito à inadequação do modelo de governança. A questão relacionada neste item também fundamenta a nossa proposta: a de reconhecer que nos grupos de fato (qualificado), a alocação de recursos obedece a um comando hierárquico único, devendo ser adotada uma solução de governança pertinente com essa característica. Os problemas fundamentais relacionados aos grupos de fato (qualificado) no direito brasileiro concernem às disfunções de governança. Em não sendo solucionados

---

192. Matos, Óscar Miguel da Silva Pinto de; Galdi, Fernando Caio. *O impacto das transações com partes relacionadas na performance operacional das companhias listadas na Bm&Fbovespa*. Disponível em: file:///C:/Users/fabri/Downloads/1961-Texto%20do%20artigo-9569-1-10-20150511.pdf.

193. Di Miceli da Silveira, Alexandre and Prado, Viviane Muller and Sasso, Rafael de Campos, Related Party Transactions: Legal Strategies and Associations with Corporate Governance and Firm Value in Brazil (November 26, 2008). Disponível em: SSRN: https://ssrn.com/abstract=1307738 or http://dx.doi.org/10.2139/ssrn.1307738.

(ou enquanto não o forem, uma alternativa que se abre é o de tratá-los por meio da responsabilidade civil).

Klaus Hopt,[194] por outros fundamentos, avalia positivamente soluções (as que qualifica como procedimentais) encontradas em sistemas estrangeiros. Em relação à Austrália, cita o papel dos conselheiros independentes no conselho de administração das sociedades controladas. Em relação à Itália, cita norma mandamental que determina a presença de conselheiros eleitos pelas minorias nesse órgão das controladas. No Brasil, já dispomos de mecanismos para possibilitar a eleição por minoritários e preferencialistas no órgão estratégico das sociedades, inclusive das controladas, nos casos em que for adotada essa estrutura orgânica.

Defendemos que, em razão dos argumentos que já elaboramos (e os que ainda o serão), que tais soluções são ainda insuficientes. É necessário a presença de membros eleitos pelas minorias das controladas (um *stake* em relação à sociedade controladora isoladamente considerada) no conselho de administração da controladora.

O problema que identificamos relacionado à má regulação das transações com partes relacionadas encontra evidência empírica no Brasil: "concluímos obter evidências relevantes de que as RPT's são entendidas pelo mercado mais como uma sinalização de conflitos de interesse do que como um uma transação econômica eficiente."[195] E, especificamente, sobre as transações com partes relacionadas em contexto de grupo, o estudo realizado por Óscar Miguel da Silva Pinto de Matos e Fernando Caio Galdi[196] conclui que: os "resultados empíricos analisados neste estudo indicam que empresas controladoras fazem uso de transações de compras com controladas para aumentar seus retornos operacionais." Mas não somente. O estudo ainda afirma que:

---

194. In: HOPT, Klaus J. *Groups of Companies* – A Comparative Study on the Economics, Law and Regulation of Corporate Groups. 2015.

195. Di Miceli da Silveira, Alexandre and Prado, Viviane Muller and Sasso, Rafael de Campos, Related Party Transactions: Legal Strategies and Associations with Corporate Governance and Firm Value in Brazil (November 26, 2008). Disponível em: SSRN: https://ssrn.com/abstract=1307738 or http://dx.doi.org/10.2139/ssrn.1307738.

196. MATOS, Óscar Miguel da Silva Pinto de; GALDI, Fernando Caio. *O impacto das transações com partes relacionadas na performance operacional das companhias listadas na Bm&Fbovespa*. Disponível em: file:///C:/Users/fabri/Downloads/1961-Texto%20do%20artigo-9569-1-10-20150511.pdf. Sobre a amostra e o período de coleta dos dados, os autores informam que: "A amostra utilizada consistiu em 315 empresas listadas na Bolsa brasileira a BMF&BOVESPA. Dentre essas empresas, algumas têm características puramente de controladoras e outras de controladas. Os dados dessas empresas foram coletados por meio da observação individual de cada empresa da amostra nas suas demonstrações financeiras. Em alguns casos, foram consideradas, para uma mesma empresa, transações como sendo de controladora e controlada ao mesmo tempo. O período utilizado foram os anos de 2008 e 2009."

Esses resultados empíricos vão ao encontro das conclusões obtidas em estudos internacionais como Chien et al., (2009), Aharony et al., (2010), Jian &Wong (2010), Cheung et al., (2008) que concluem que transações com partes relacionadas são importantes ferramentas para a potencialização de interesses de controladoras, gerenciamento de resultados e expropriação de recursos de minoritários.

Apesar de não termos evidência empírica isolada para os grupos de direito brasileiros, entendemos que, nesse caso, a situação é mais equilibrada porque o contrato (convenção) de grupo pode dispor sobre as questões de governança. As partes do contrato (sociedades integrantes do grupo) podem negociar as suas posições e as possibilidades de influenciar as decisões estratégicas do grupo. Pode haver menor hierarquia em comparação com o primeiro caso.

Por isso defendemos um modelo de governança intermediário para esse caso, o híbrido. Como reforço dessa posição, citamos Ana Frazão quando a autora discorre sobre contratos relacionais e associativos. Os contratos associativos possuem uma organização mais estável e sofisticada do que a dos contratos relacionais, ostentando como características essenciais, a existência de um propósito comum entre os contratantes, a comunhão das necessidades das partes e o compartilhamento dos mesmos objetivos, mediante assunção conjunta da álea do negócio. Diferenciam-se, portanto, dos contratos híbridos, onde a interdependência é menos acentuada, com áleas, lucros e prejuízos distintos. Em uma escala de 0 a 100, pode-se dizer que enquanto os contratos de sociedade possuem nível organizativo máximo, os contratos relacionais possuem nível médio e os contratos de troca possuem nível mínimo. Já os contratos associativos se encontram em posição intermédia entre as duas primeiras figuras, revelando aspectos de hierarquia (das sociedades) e de coordenação (dos contratos híbridos), pois é criada uma empresa, através de mecanismos contratuais de mercado, não pela clássica forma societária.[197]

Ainda sobre os desafios provocados pelas transações com partes relacionadas, acusamos as alterações promovidas pela Lei 14.195, de 26 de agosto de 2021, ao introduzir o inciso II, parágrafo 12, do art. 110-A e o inciso X do art. 122 na Lei 6.404/76.

Entendemos que a primeira alteração legislativa intenta reduzir problemas de agência provocados quando há adoção da estrutura de voto plural pelas companhias e que seriam intensificados nos casos das deliberações sobre as transações com partes relacionadas.[198] A segunda alteração intenta reduzir os problemas

---

197. FRAZÃO, Ana. *Direito da concorrência*: pressupostos e perspectivas. *São Paulo: Saraiva*, 2017.
198. Sobre os problemas de agência relacionados ao voto plural, indicamos o texto: OLIVEIRA, Fabrício de Souza; GONTIJO, Vinícius José Marques. O voto plural: problemas em governança corporativa. *Direito das Sociedades em Revista*, 13, v. 28, 2022.

das chamadas instruções extra orgânicas. Tais instruções dadas, por exemplo, por um controlador (sociedade ou não) aos administradores sem o respeito aos procedimentos orgânicos previstos em Lei ou no estatuto social, escapam do controle de minoritários e preferencialistas sem direito de voto. Esse problema é intensificado na relação grupal.

- *Dever de dar publicidade às transações com partes relacionadas*

Normas cogentes impondo o dever à companhia de informar sobre as transações realizadas com partes relacionadas existem em vários países, tais como os EUA, a União Europeia, a Alemanha, além de outros da Europa continental.[199] É uma das estratégias construídas pelo Direito para regular os conflitos de agência presentes nos grupos de sociedades (mas não só), a da transparência obrigatória de informações relevantes.[200] Várias dessas normas não se encontram no direito societário, mas no direito dos mercados de capitais ou nas normas contábeis.[201]

Exemplos de normas do direito dos mercados de capitais, que tratam da publicidade das transações com partes relacionadas, são:

Na União Europeia, a Diretiva (UE) 2017/828 do Parlamento Europeu e do Conselho, de 17 de maio de 2017, estabelece em seu artigo 9-C que os *Estados-Membros devem assegurar que as sociedades anunciem publicamente as transações relevantes com partes relacionadas o mais tardar no momento em que forem realizadas. O anúncio deve conter, no mínimo, informações sobre a natureza da relação com as partes relacionadas, o nome da parte relacionada, a data e o valor da transação e outras informações necessárias para avaliar se a transação é justa e razoável do ponto de vista da sociedade e dos acionistas que não são partes relacionadas, incluindo os acionistas minoritários.*

Em Portugal, a letra c, do número 3, do art. 246 do Código dos Valores Mobiliários prescreve que "os emitentes de ações devem incluir ainda informação sobre as principais transações relevantes entre partes relacionadas realizadas nos seis primeiros meses do exercício que tenham afetado significativamente a sua situação financeira ou o desempenho bem como quaisquer alterações à informação incluída no relatório anual precedente suscetíveis de ter um efeito

---

199. In: HOPT, Klaus J. *Groups of Companies* – A Comparative Study on the Economics, Law and Regulation of Corporate Groups. 2015.
200. Di Miceli da Silveira, Alexandre and Prado, Viviane Muller and Sasso, Rafael de Campos, Related Party Transactions: Legal Strategies and Associations with Corporate Governance and Firm Value in Brazil (November 26, 2008). Disponível em: SSRN: https://ssrn.com/abstract=1307738 or http://dx.doi.org/10.2139/ssrn.1307738.
201. In: HOPT, Klaus J. *Groups of Companies* – A Comparative Study on the Economics, Law and Regulation of Corporate Groups. 2015.

significativo na sua posição financeira ou desempenho nos primeiros seis meses do exercício corrente."

Exemplo de normas contábeis, que tratam da publicidade das transações com partes relacionadas, é a *International Accounting Standards* (IAS) 24, reeditada em novembro de 2009, cuja síntese é a seguinte: "Related Party Disclosures requires disclosures about transactions and outstanding balances with an entity's related parties. The standard defines various classes of entities and people as related parties and sets out the disclosures required in respect of those parties, including the compensation of key management personnel."[202]

No Brasil, destacamos a Resolução Conselho Federal de Contabilidade – CFC 1.145, de 12 de dezembro de 2008, que aprovou a NBC T 17 – Divulgação Sobre Partes Relacionadas, cujo objetivo é o de "estabelecer que as demonstrações contábeis da entidade contenham as divulgações necessárias para evidenciar a possibilidade de que sua posição financeira e seu resultado possam ter sido afetados pela existência de transações e saldos com partes relacionadas."

Quando o critério é o das normas específicas do direito societário, no Brasil, destacamos as que regulam a publicidade da informação sobre a titularidade de ações pelas partes relacionadas. Nesse aspecto, a lei das S/A é bastante específica em seus artigos 116-A, 157, § 6º e 165-A.[203]

Os benefícios dessas normas não se resumem a prestação de informações aos interessados (partícipes ou não de sociedades integrantes de grupo de sociedades), mas possibilitam a realização de pesquisas sobre os efeitos dessas transações (positivos e negativos) sobre os valores das sociedades grupadas, dentre outros. Alguns desses estudos foram abordados no tópico anterior.

- *Padrão de comportamento imposto aos administradores da sociedade controladora*

A par da proteção dada aos acionistas minoritários e preferencialistas sem direito de voto, e dos demais credores da sociedade por meio das normas centradas no dever de prestar informações, descritas atrás, há aquelas outras destinadas a conformar as ações dos administradores. Acusamos, de início uma lógica presente no direito das sociedades, a de que ações dos administradores, assentidas pelo

---

202. Disponível em: https://www.iasplus.com/en-us/standards/international/ias/ias24.
203. Di Miceli da Silveira, Alexandre and Prado, Viviane Muller and Sasso, Rafael de Campos, Related Party Transactions: Legal Strategies and Associations with Corporate Governance and Firm Value in Brazil (November 26, 2008). Disponível em: SSRN: https://ssrn.com/abstract=1307738 or http://dx.doi.org/10.2139/ssrn.1307738.

controlador, que provocam prejuízos para os minoritários, em geral, atingem os credores da sociedade.[204]

Já nos casos de falência da sociedade, ou quando essa é próxima, os padrões são alterados pelo Direito porque os estímulos econômicos são modificados. Os argumentos que serão produzidos devem ser acrescidos àqueles que tratamos quando cuidamos do problema da insolvência da sociedade em grupo diante da Teoria Positiva da Agência.

Bruno Salama e Fabio Crocco afirmam que as "regras que visam dissuadir a tomada de riscos excessivos pouco antes do devedor tornar-se insolvente são desejáveis, pois atenuam incentivos perversos que surgem no período que antecede o colapso do negócio."[205] Justificam a afirmação porque quando a sociedade se aproxima da insolvência, os sócios e administradores são tentados a tomar decisões excessivamente arriscadas.[206] Para demonstrar essa hipótese, utilizaremos de um experimento imaginário elaborado pelos autores.

Os administradores de uma determinada sociedade precisam tomar uma decisão. Investir ou não em um projeto no valor de R$200.000,00. Suponha-se que a probabilidade de sucesso seja de 25% e se houver esse sucesso, o retorno esperado é de R$400.000,00. Se houver fracasso, o retorno será R$0,00. Dessa maneira, o valor monetário do projeto (encontrado pela multiplicação do resultado e da probabilidade de sua materialização) é de R$100.000,00. Como o valor monetário do projeto é inferior ao valor do investimento, em uma situação de normalidade, o cálculo racional leva a conclusão de que a "a realização desse projeto não maximizaria os retornos da empresa ao longo do tempo."[207]

Logo, a pergunta que se coloca é se apesar desse investimento ser ineficiente, os administradores ainda teriam incentivos para realizá-lo?

Uma pequena nota: entendemos que a realidade é um pouco mais complexa do que o que está sendo demonstrado por meio desse experimento porque a decisão do administrador nem sempre é coincidente com o interesse dos sócios. Isso pode variar em decorrência da forma como a remuneração da administração é calculada, das questões organizacionais (que envolvem a maior ou a menor intensidade do monitoramento dos sócios), e da conformação das ações dos

---

204. In: HOPT, Klaus J. *Groups of Companies – A Comparative Study on the Economics, Law and Regulation of Corporate Groups*. 2015.
205. ABRÃO, Carlos Henrique; ANDRIGHI, Fátima Nancy; BENETI, Sidnei (Coord.). *10 Anos de Vigência da Lei de Recuperação e Falência*. São Paulo: Saraiva, 2015. p. 402.
206. ABRÃO, Carlos Henrique; ANDRIGHI, Fátima Nancy; BENETI, Sidnei (Coord.). *10 Anos de Vigência da Lei de Recuperação e Falência*. São Paulo: Saraiva, 2015. p. 404.
207. ABRÃO, Carlos Henrique; ANDRIGHI, Fátima Nancy; BENETI, Sidnei (Coord.). *10 Anos de Vigência da Lei de Recuperação e Falência*. São Paulo: Saraiva, 2015. p. 405.

administradores via regras de responsabilização (instrumento *ex post* que pode produzir efeitos *ex ante*). Entretanto, abstrairemos esses fatores porque a intenção do experimento é a de comparar uma situação de solvência da sociedade com uma situação pré-falimentar, identificando possíveis alterações no alinhamento dos interesses dos sócios e administradores com interesses dos credores da sociedade entre essas duas situações.

Retomando: a reposta à pergunta não é uma única. Dependerá da situação patrimonial da sociedade. Se a sociedade tiver, por exemplo, ativos na ordem de R$500.000,00 e passivos totalizando R$50.000,00, não haverá incentivos para a realização do investimento, pois quem mais perderia com o insucesso seriam os próprios sócios e não os credores da sociedade porque o que estaria em risco seria a parcela do superávit da sociedade (R$450.000,00).[208]

Retomemos o raciocínio que expomos no momento em que nos dedicávamos ao estudo da teoria positiva da agência, mas agora com o auxílio desse experimento. Se os sócios optarem pela dissolução da sociedade, o acervo remanescente que lhes caberá será o patrimônio líquido dessa sociedade: o ativo diminuído do passivo.

Os incentivos, portanto, direcionam esses sócios para a tomada da decisão socialmente mais eficiente, tendentes a maximizar o valor da empresa, não assumindo posições excessivamente arriscadas.[209]

A alteração dos incentivos provocada pela situação de insolvência da sociedade poderá ser percebida a seguir.

Se a sociedade tiver ativos no valor de R$500.000,00 e passivos no valor de R$600.000,00, a resposta racional para a decisão de investir ou não pode ser outra. Como há regra de limitação da responsabilidade dos sócios, eles não teriam mais nada a perder. Ou seja, antes do investimento, o patrimônio líquido já é negativo (não haveria o que partilhar para os sócios e a dissolução da sociedade deveria se dar pela falência). Já se o projeto for bem-sucedido, os sócios seriam beneficiados, já que a sociedade passaria a apresentar superávit.[210]

A conclusão a que chegam Bruno Salama e Fabio Crocco é a de ser indesejável impor aos sócios e aos administradores o dever de resguardar os interesses dos credores da sociedade, enquanto essa for solvente, porque isso poderia aumentar

---

208. ABRÃO, Carlos Henrique; ANDRIGHI, Fátima Nancy; BENETI, Sidnei (Coord.). *10 Anos de Vigência da Lei de Recuperação e Falência*. São Paulo: Saraiva, 2015. p. 405.
209. ABRÃO, Carlos Henrique; ANDRIGHI, Fátima Nancy; BENETI, Sidnei (Coord.). *10 Anos de Vigência da Lei de Recuperação e Falência*. São Paulo: Saraiva, 2015. p. 405.
210. ABRÃO, Carlos Henrique; ANDRIGHI, Fátima Nancy; BENETI, Sidnei (Coord.). *10 Anos de Vigência da Lei de Recuperação e Falência*. São Paulo: Saraiva, 2015. p. 406.

neles o sentimento de aversão aos riscos, incentivando-os a determinar a realização de investimentos apenas em projetos de baixo risco.[211] Em última análise, esse movimento se mostraria como um inibidor de inovações, comprometendo a audácia dos empreendedores.

Com isso, os autores não fazem uma defesa de interpretações amplas de mecanismos de responsabilização dos sócios e dos administradores nas vésperas da falência. Utilizam como argumento a capacidade de lidar com incertezas que para alguns é o mote do capitalismo. Mas aludem aos mecanismos de conformação já em utilização no direito brasileiro. Entendem que os seus comportamentos já sofrem conformações por causa do risco a que estão expostos em virtude da teoria da desconsideração da personalidade jurídica da sociedade e da teoria da extensão dos efeitos da falência.

Essa consideração é também percebida na literatura estrangeira. Klaus Hopt diz:

> The difficulty for the courts in applying this standard is on the one hand not to discourage directors from taking risks that may reasonably be expected to save the company, but on the other not to allow them to engage in risky speculations at the expense of the creditors if the company has no prospects to go on (gambling for resurrection).[212]

No entanto, se nos casos das sociedades isoladas, podemos afirmar, com razoável precisão, que em situação de solvência o interesse dos sócios é próximo ao interesse dos credores da sociedade (até porque existem mecanismos jurídicos que buscam por esse alinhamento, como o impedimento de distribuição de lucros e amortização de ações às custas do capital social ou as regras que regulam a redução do capital social), não afirmamos o mesmo no contexto dos grupos de sociedades.

O problema de incentivos, como já observado em item anterior, também é modificado pelo contexto de grupo. Os incentivos para a execução de um investimento arriscado não são os mesmos para os administradores e os controladores de uma sociedade isolada do daqueles presentes em relação à sociedade controladora e os seus administradores, quando o projeto é, por meio de determinação deles, executado por uma subsidiária.

No primeiro caso, o fracasso compromete diretamente o valor patrimonial das ações do controlador e reduz a parte performática da remuneração do administrador. No segundo caso, o que fica comprometido é apenas uma fração do

---

211. ABRÃO, Carlos Henrique; ANDRIGHI, Fátima Nancy; BENETI, Sidnei (Coord.). *10 Anos de Vigência da Lei de Recuperação e Falência*. São Paulo: Saraiva, 2015. p. 408.

212. In: HOPT, Klaus J. *Groups of Companies* – A Comparative Study on the Economics, Law and Regulation of Corporate Groups. 2015.

investimento da controladora na controlada. Os efeitos sentidos pelo controlador da sociedade mãe tendem a ser menos intensos, entretanto.

A solução para esse problema pode ser a de responsabilizar a sociedade controladora como administrador de fato (*shadow director*) das sociedades controladas.[213] No Brasil, a solução dos tribunais tende a tomar outra orientação, a da desconsideração da personalidade jurídica. Exemplo disso, é o acordão proferido pelo Superior Tribunal de Justiça[214] que, mesmo sem a prova da existência de vínculo societário entre sociedades de dois grupos distintos (ao menos no aspecto formal), diante da influência exercida por sociedades, integrantes de um determinado grupo, em outras sociedades, integrantes de grupo formalmente distinto do primeiro, decidiu pela extensão da falência às últimas.

Percebam que a solução da dogmática empregada pelo tribunal foi no sentido de alargar o conceito da desconsideração da personalidade jurídica, estendendo-a a não sócios, sob o argumento da influência determinante, e não aquela proveniente da caracterização da administração de fato. Ressalvamos que entre nós, a influência determinante é utilizada, pela lei acionária, como critério para caracterizar a coligação entre sociedades.

A tendência na utilização da desconsideração da personalidade jurídica pode ser percebida em um dos argumentos utilizados pela Ministra Nancy Andrighi (relatora) em seu voto:

> É possível coibir esse modo de atuação mediante o emprego da técnica da desconsideração da personalidade jurídica, ainda que, para isso, seja necessário dar-lhe nova roupagem, interpretando-se progressivamente o art. 50 do CC/02. Para as modernas lesões, promovidas com base em novos instrumentos societários, são necessárias soluções também modernas e inovadoras.[215]

Não deixamos de sinalizar ao leitor quanto à introdução do parágrafo 4 no art. 50 do Código Civil pela Lei de Liberdade Econômica, no ano de 2019, que determinou que *a mera existência de grupo econômico sem a presença dos requisitos de que trata o caput deste artigo não autoriza a desconsideração da personalidade da pessoa jurídica.*

Um outro conjunto de normas conformadoras do comportamento do controlador e dos administradores da sociedade mãe, quando interferem nos negócios explorados pelas sociedades integrantes do grupo possui relação com os mecanismos normativos do Direito que regulam o comportamento da sociedade

---

213. In: HOPT, Klaus J. *Groups of Companies* – A Comparative Study on the Economics, Law and Regulation of Corporate Groups. 2015.
214. Superior Tribunal de Justiça. Recurso Especial 1259020 / SP, publicado em 28.10.2011.
215. Superior Tribunal de Justiça. Recurso Especial 1259020 / SP, publicado em 28.10.2011.

controladora em face dos interesses das controladas e prescrevem com maior ou menor intensidade o dever de a sociedade mãe compensar determinada sociedade controlada em razão da relação intragrupo.

Klaus Hopt noticia que na Alemanha, na França e na Itália uma avaliação ampla das operações realizadas entre cada controlada e a controladora deve ser realizada. O direito dos grupos alemão é o mais rigoroso dentre os citados porque ele não permite a ponderação entre as vantagens e as desvantagens sofridas por uma subsidiária em função do seu pertencimento ao grupo. As desvantagens devem ser mensuradas tendo como padrão a sociedade isolada. O direito dos grupos italiano é mais flexível porque permite a avaliação também das vantagens recebidas pela subsidiária em função das suas relações havidas no grupo ao qual pertence.[216]

A doutrina francesa denominada *Rozenblum* é ainda mais flexível que a italiana. A jurisprudência penalista permite que se leve em consideração na avaliação das perdas e vantagens sofridas por uma subsidiária decorrentes do seu pertencimento a um grupo de sociedades, o interesse do grupo. As condições para tanto são três: uma estrutura de grupo estável; a adoção de uma política de grupo coerente; e uma distribuição equitativa de benefícios e perdas entre os membros do grupo. O *Forum Europaeum Corporate Group Law* emitiu recomendação acompanhando a doutrina francesa *Rozenblum*, desenvolvendo-a por meio do reconhecimento legal da administração do grupo.

No direito brasileiro, em se tratando de grupo de fato, há a regra lacônica que visa a conformação das ações dos administradores da controladora. O art. 245 está assim redigido: "os administradores não podem, em prejuízo da companhia, favorecer sociedade coligada, controladora ou controlada, cumprindo-lhes zelar para que as operações entre as sociedades, se houver, observem condições estritamente comutativas, ou com pagamento compensatório adequado; e respondem perante a companhia pelas perdas e danos resultantes de atos praticados com infração ao disposto neste artigo."

O dispositivo, para além de tratar dos negócios com partes relacionadas, aborda o problema das relações intragrupo sob a perspectiva de qualquer sociedade membro do grupo, controladora ou controlada. Assume para tanto a independência de seus respectivos administradores perante a influência ou determinação de outra sociedade integrante do grupo.

---

216. In: HOPT, Klaus J. *Groups of Companies* – A Comparative Study on the Economics, Law and Regulation of Corporate Groups. 2015.

De um lado, não há qualquer inferência a ganhos e perdas decorrentes da participação da sociedade no grupo. De outro, há uma certa incoerência com a intensidade com que canaliza o poder para a figura do controlador. Como já argumentamos, os administradores das companhias brasileiras não gozam da independência que é pressuposta aqui. Assim como não a gozam em relação à sociedade isolada. O art. 154, § 1º estabelece que o "administrador eleito por grupo ou classe de acionistas tem, para com a companhia, os mesmos deveres que os demais, não podendo, ainda que para defesa do interesse dos que o elegeram, faltar a esses deveres." Muito embora, o seu art. 118, § 8 estabeleça que o "presidente da assembleia ou do órgão colegiado de deliberação da companhia não computará o voto proferido com infração de acordo de acionistas devidamente arquivado." Já o § 9 deste dispositivo de lei determina que o "não comparecimento à assembleia ou às reuniões dos órgãos de administração da companhia, bem como as abstenções de voto de qualquer parte de acordo de acionistas ou de membros do conselho de administração eleitos nos termos de acordo de acionistas, assegura à parte prejudicada o direito de votar com as ações pertencentes ao acionista ausente ou omisso e, no caso de membro do conselho de administração, pelo conselheiro eleito com os votos da parte prejudicada."

Acrescentamos ao texto legal, os comentários de Modesto Carvalhosa: "o dever legal contido no § 8 a respeito da obrigatoriedade da suspensão do voto contrário ao acordo, por parte do presidente da assembleia ou do Conselho de Administração ou da diretoria, torna imperativos esses procedimentos (...)."[217]

Não repetiremos aqui os argumentos que já elaboramos quando analisamos o poder de controle na sociedade isolada, mas apenas o seu reflexo para os grupos de sociedades.

Qual a independência do administrador de uma companhia controlada, eleito em função de acordo de acionistas firmado com a controladora, diante dos acionistas controladores? E se as estratégias elaboradas no conselho de administração de da sociedade mãe, nos casos em que houver esse órgão, ou nas reuniões prévias no caso de existir acordo de acionistas, favorecerem um determinado membro do grupo, em detrimento de outros? Como acessar essa informação sem a presença de pelo menos um membro do conselho eleito pelas minorias das controladas? Ainda que sem poder de voto. Não é uma questão relacionada ao ilícito (tema que será pormenorizado na Parte seguinte), mas um problema que envolve o ter ciência do dano (do prejuízo). Que fique claro, não estamos

---

217. CARVALHOSA, Modesto. *Comentários à Lei de Sociedades Anônimas*. 4. ed. São Paulo: Saraiva, 2009, v. 2, p. 537.

afirmando a necessidade do dano para a caracterização da responsabilidade civil, por isso utilizamos a expressão 'ter ciência do dano'.

Os problemas apontados são evidenciados ante a constatação feita por Modesto Carvalhosa no que toca aos efeitos promovidos pela Lei 10.303/2001 em relação à assembleia de acionistas:

> A Lei 10.303, de 2001, ao introduzir o exercício do poder de controle como objeto do acordo de acionistas, retira de fato os poderes da assembleia geral, na medida em que as deliberações sociais são tomadas pela comunhão dos controladores em reunião prévia.[218]

As reuniões prévias são órgãos criados pelo acordo de acionistas, não são órgãos da companhia, entretanto. Modesto Carvalhosa, comentando o acordo de voto em bloco, afirma que esse órgão é o instrumento do exercício do poder-dever de controle comum, abrangendo todos os signatários, sem qualquer prerrogativa de exercício individual.[219]

Possuem a função de formar a vontade comum, a partir do confronto das vontades individuais, que podem se manifestar por meio de dissensões nas posições assumidas pelos signatários do acordo externadas nessa reunião prévia. Em decorrência do que for deliberado por meio de tais discussões, em que se manifestam os signatários do acordo, o resultado deliberativo será alcançado por maioria no mínimo absoluta de votos, obedecido o regime de quórum pactuado. É órgão de formação da vontade dos signatários do acordo, por meio desse procedimento deliberativo, sendo as suas decisões oponíveis aos internos (signatários do acordo) e à companhia.[220]

Contudo, não possuem poder de representação da vontade majoritária do acordo. Suas vontades são impostas pelo representante, pelos signatários e pelos administradores eleitos pelo acordo. Quanto ao representante, o próprio art. 118, em seu § 7º, traz a regulação (que é especial): "o mandato outorgado nos termos de acordo de acionistas para proferir, em assembleia geral ou especial, voto contra ou a favor de determinada deliberação, poderá prever prazo superior ao constante do § 1º do art. 126 desta Lei."

O que importa aqui esclarecer é que, havendo acordo de acionistas, as decisões próprias de acionistas ou de administradores podem acontecer por meio desse canal, que é institucionalizado, mas é externo à companhia.

---

218. CARVALHOSA, Modesto. *Comentários à Lei de Sociedades Anônimas*. 4. ed. São Paulo: Saraiva, 2009, v. 2, p. 594.
219. CARVALHOSA, Modesto. *Comentários à Lei de Sociedades Anônimas*. 4. ed. São Paulo: Saraiva, 2009, v. 2, p. 529.
220. CARVALHOSA, Modesto. *Comentários à Lei de Sociedades Anônimas*. 4. ed. São Paulo: Saraiva, 2009, v. 2, p. 529.

Já nos casos dos grupos de direito no Brasil, o problema é menos intenso porque há a possibilidade da criação de estrutura orgânica do grupo, equilibrando os interesses das sociedades membros, segundo o art. 272, da lei das S/A, o que pode resolver problemas em virtude da aplicação da regra prevista no art. 276, dessa lei: "a combinação de recursos e esforços, a subordinação dos interesses de uma sociedade aos de outra, ou do grupo, e a participação em custos, receitas ou resultados de atividades ou empreendimentos somente poderão ser opostos aos sócios minoritários das sociedades filiadas nos termos da convenção do grupo."

Isso em virtude da vinculação dos órgãos administrativos da sociedade membro às instruções oriundas da administração do grupo. O art. 273: "aos administradores das sociedades filiadas, sem prejuízo de suas atribuições, poderes e responsabilidades, de acordo com os respectivos estatutos ou contratos sociais, compete observar a orientação geral estabelecida e as instruções expedidas pelos administradores do grupo que não importem violação da lei ou da convenção do grupo."

- *Negociações sobre o controle da sociedade controladora*

Além daqueles conflitos de agência derivados das negociações com partes relacionadas, encontra-se nos grupos de sociedades outro espaço para a emergência de tais conflitos. São os que decorrem das negociações envolvendo o poder de controle, nas quais esse poder é transferido de uma companhia para outra pessoa. Klaus Hopt cita como o problema típico e mais apropriado a situações de controle administrativo, os existentes "between the directors and the shareholders of the target."[221] Numa situação de controle exercido pelo acionista majoritário, seu típico problema de agência ocorre "between the majority and the minority shareholders of the target as to the premium and a possible exit."[222]

Pelas razões já elucidadas neste trabalho, trataremos do segundo conflito.

Nas mudanças de controle, o problema de agência emerge quando os acionistas ocupam posições diversas na sociedade alvo ou quando existe um controlador.

A normatização das (largamente) denominadas *takeovers* foi desenvolvida primeiramente nos EUA e no UK, locais em que não existe um direito dos grupos de sociedades, ao menos de forma consistente. Em países como a Alemanha, com uma codificação extensa sobre o direito dos grupos, essas normas foram instituídas recentemente. Klaus Hopt defende que há uma relação entre a edifi-

---

221. In: HOPT, Klaus J. *Groups of Companies* – A Comparative Study on the Economics, Law and Regulation of Corporate Groups. 2015.
222. In: HOPT, Klaus J. *Groups of Companies* – A Comparative Study on the Economics, Law and Regulation of Corporate Groups. 2015.

cação de normas sobre o grupo de sociedades nesse país e a previsão de normas regulando as *takeovers*. O direito dos grupos trata de alguns dos problemas de agência envolvendo os minoritários em um estágio posterior, especificamente quando os grupos de sociedades são constituídos e os minoritários precisam de medidas protetivas. A regulação das *takeovers*, especialmente pela previsão da oferta pública de aquisição (OPA) necessária, é mobilizada em um momento anterior a esse, permitindo a saída dos minoritários por meio do direito de alienarem as suas ações por, no mínimo, 80% do preço pago pelas ações que sustentam o controle. Esse raciocínio fica mais claro se entendermos que a OPA necessária é um mecanismo protetivo que funciona no estágio em que um interessado na aquisição do controle se apresenta.[223]

Por isso (e nessa perspectiva), a oferta pública de aquisição (OPA) necessária é funcionalmente considerada um mecanismo do direito dos grupos de sociedades, oferecendo proteção ao acionista minoritário antes da formação do novo grupo. Essa a razão por que o autor defende que é uma medida que funciona em um estágio anterior aos mecanismos fundados nos problemas de agência que emergem na situação dos grupos já existentes.[224]

Não sei se podemos afirmar a verdade dessa relação histórica no Direito brasileiro. Mas fato é que a OPA necessária foi introduzida no Direito brasileiro pelo mesmo estatuto legal que introduziu as normas específicas que regulam o direito dos grupos: a Lei 6.404/76. Na redação original dessa lei, o revogado art. 254, § 1º, determinava que a "Comissão de Valores Mobiliários deve zelar para que seja assegurado tratamento igualitário aos acionistas minoritários, mediante simultânea oferta pública para aquisição de ações."

O que quer significar que o preço oferecido aos minoritários deveria ser idêntico àquele a ser pago ao controlador.[225]

No ano de 1997, em razão do plano de privatização das estatais e das sociedades de economia mista, a Lei 9.457, de 5 de maio desse ano, revogou o art. 254 da lei acionária, eliminando no Direito brasileiro a obrigatoriedade da realização da OPA nos casos de alienação do controle. As razões: a pessoa jurídica de direito público detinha posição majoritária e caso fosse realizada a OPA e existissem minoritários interessados na alienação das suas ações, o rateio previsto no então

---

223. In: HOPT, Klaus J. *Groups of Companies – A* Comparative Study on the Economics, Law and Regulation of Corporate Groups. 2015.

224. In: HOPT, Klaus J. *Groups of Companies – A* Comparative Study on the Economics, Law and Regulation of Corporate Groups. 2015.

225. FRANCO, Vera Helena de Mello; SZTAJN, Rachel. *Direito empresarial II*: sociedade anônima, mercado de valores mobiliários. 2009. p. 241.

vigente § 2º, do art. 254 deveria ser aplicado e, como consequência disso, a saída integral da pessoa jurídica de direito público ficaria frustrada.[226]

Já no ano de 2001, a OPA necessária para a alienação do controle foi reintroduzida no Direito brasileiro via Lei 10.303, de 31 de outubro desse ano. Representou a vitória do projeto Kandir sobre o do Emerson Kapaz que defendia o tratamento igualitário entre controladores e minoritários.[227] Agora, o tratamento a ser dado pela OPA pode ser diferenciado, até o limite mínimo de 80% do valor pago por ação com direito a voto, integrante do bloco de controle.

A par disso, a Lei 10.303/2001 fez, dentre outras, expressa referência aos controles direto e indireto. O que se questiona aqui é sobre a efetividade dessa referência para equacionar os problemas de agência verificados na estrutura da sociedade controlada, provocados por uma alteração no controle da companhia mãe. Antes, contudo, temos que abordar as diferentes formas, atualmente, previstas no Direito brasileiro de ofertas públicas de aquisição. Faremos isso de maneira breve.

O primeiro conjunto que se apresenta é o das OPA's necessárias, no qual constam as seguintes: i) a OPA prevista no art. 254-A, da lei das S/A, quando estiver em causa um negócio de alienação do controle; ii) a OPA prevista no art. 4, § 4, dessa lei, quando for o caso de cancelamento do registro da companhia aberta; e iii) A OPA prevista no seu art. 4, § 6º, para as hipóteses de aumento do número de ações que sustentam o controle acima de um determinado percentual de ações em circulação no mercado.[228]

O segundo conjunto é o das OPA's voluntárias, as quais são um meio possível de aquisição de ações (e não do controle) para a manutenção da posição de determinado acionista (ou de grupo deles) como controlador. Estão previstas nos art. 257 a 263 da lei das companhias. Admitem as formas: i) amigável, "quando solicitada pela própria administração da empresa alvo ou quando esta estiver de acordo."[229]

A terceira forma é a das ofertas concorrentes. Estão previstas no art. 262 da Lei Acionária. É realizada por um terceiro, que não é o ofertante inicial ou pessoa a ele vinculada, interessado no controle da sociedade alvo.[230]

---

226. FRANCO, Vera Helena de Mello; SZTAJN, Rachel. *Direito empresarial II*: sociedade anônima, mercado de valores mobiliários. 2009. p. 245.
227. FRANCO, Vera Helena de Mello; SZTAJN, Rachel. *Direito empresarial II*: sociedade anônima, mercado de valores mobiliários. 2009. p. 245.
228. FRANCO, Vera Helena de Mello; SZTAJN, Rachel. *Direito empresarial II*: sociedade anônima, mercado de valores mobiliários. 2009. p. 247.
229. FRANCO, Vera Helena de Mello; SZTAJN, Rachel. *Direito empresarial II*: sociedade anônima, mercado de valores mobiliários. 2009. p. 248.
230. FRANCO, Vera Helena de Mello; SZTAJN, Rachel. *Direito empresarial II*: sociedade anônima, mercado de valores mobiliários. 2009. p. 252.

A quarta forma é a contra-OPA. É um meio de defesa da sociedade alvo, que a permite utilizar essa forma específica de oferta concorrente.[231]

Após as breves considerações sobre as formas de OPA's admitidas no direito das companhias brasileiro, retomamos o problema de agência que diz respeito à posição dos acionistas minoritários da controlada e a alienação do controle da sociedade mãe. Fazemos uso para contextualizar esse problema de um caso abordado por Vera Helena de Mello Franco e Rachel Sztajn[232] (as autoras o contextualizam em cenário teórico diferente do nosso), que envolve a Mittal Steel Company NV., a Arcelor Brasil S.A., e a Arcelor S.A.

As autoras dão conta de que a proposta de aquisição do controle da Arcelor S.A, controladora, na época, da Arcelor Brasil S.A, feita pela sociedade holandesa Mittal Steel Company NV., resultaria, ao final, em uma transferência indireta do controle da sociedade controlada (da Arcelor Brasil S.A).

O aspecto que nos interessa de maneira mais particular é que

Colocou-se, então, em questão se a transferência do controle indireto da Arcelor Brasil S.A importaria ou não a OPA aos acionistas minoritários desta última. Pelo fato de cuidar-se de oferta para aquisição de controle e não de oferta consequente à alienação, o entendimento seria o de que não caberia qualquer OPA aos não controladores desta sociedade.[233]

Analisando unicamente o negócio realizado entre a Mittal Steel Company NV e a Arcelor S.A, verifica-se ser a hipótese de OPA voluntária (envolve a aquisição de ações e não do controle). O problema de agência que emerge na Arcelor Brasil S.A é típico daqueles encontrados nos casos de alienação de controle.

É um problema mais intenso diante do Direito brasileiro que gravita em torno do controlador (como já abordado). O poder de comando que passaria a ser exercido pela Mittal Steel Company NV, por intermédio de sua influência nas deliberações tomadas pelos órgãos da sociedade Arcelor S.A, na gestão dos negócios da Arcelor Brasil S.A decorre da canalização do fluxo do poder de controle entre as sociedades integrantes do grupo. A influência, senão determinação, dos negócios das sociedades controladas pela nova controladora não pode ser negada. A questão é se esse problema pode ser resolvido por meio dos instrumentos que regulam os negócios sobre a alienação do controle.

---

231. FRANCO, Vera Helena de Mello; SZTAJN, Rachel. *Direito empresarial II*: sociedade anônima, mercado de valores mobiliários. 2009. p. 252.

232. FRANCO, Vera Helena de Mello; SZTAJN, Rachel. *Direito empresarial II*: sociedade anônima, mercado de valores mobiliários. 2009. p. 248.

233. FRANCO, Vera Helena de Mello; SZTAJN, Rachel. *Direito empresarial II*: sociedade anônima, mercado de valores mobiliários. 2009. p. 248.

Entendemos que não porque esses instrumentos analisam a causa da transferência do controle e não os seus efeitos piramidais. A causa não foi a alienação do controle, mas a aquisição de ações. Então o problema poderia ter-se resolvido via mercado (de ações) e não via empresa (mecanismo hierárquico). Os acionistas da Arcelor Brasil S.A poderiam ter se antecipado ao negócio de aquisição de ações proposto pela Mittal Steel Company NV e evitado a emergência do problema de agência.

A questão apresenta, ao nosso entender, um outro tipo de problema e requer uma outra solução. O problema é a restrição ao acesso às informações estratégicas da controladora e, por consequência, do grupo de sociedades (especialmente o caso do grupo de fato), imposto às sociedades controladas. O que está em movimento, em termos teóricos, é o problema da inexistência de neutralidade no *nexus* contratual, o que, em última análise, reclama pela internalização dos interesses das controladas no órgão estratégico da controladora (o seu conselho de administração). É o que decorre do reconhecimento de que as informações não são perfeitas e nem transferidas sem custos e de que o mecanismo de preço apresenta custos. Esse argumento leva a solução, à princípio, de mercado (mecanismo de governança) para a de empresa (mecanismo de governança) e, por consequência, produz efeitos sobre a forma (mais ou menos porosa do contrato social) e o conteúdo da sociedade (a sua estrutura orgânica).

Por fim, resta-nos dizer que a solução final da CVM foi pela obrigatoriedade da OPA. Não em função de norma legal, mas em função de norma convencional. Alguém pode redarguir, utilizando o próprio Williamson, dizendo que a solução privada se mostrou possível e, portanto, o argumento não seria válido dentro do seu sistema metódico. Entendemos de maneira diferente. Contratos são incompletos e a estrutura de governança deve dar conta disso. Utilizamos a própria existência do processo administrativo tramitado na CVM para demonstrar a validade de nosso argumento. Se a solução para o caso fosse dada por meio do mecanismo da empresa e não do mecanismo do mercado, haveria menor possibilidade para o conflito (o fluxo de informação interno ao grupo apresentaria melhor qualidade).

1.5.2 O fluxo de poder nas sociedades anônimas portuguesas: limites para a atuação do acionista majoritário em face dos administradores

Já foi demonstrado neste texto que o direito das companhias brasileiro gravita em torno da figura do sócio controlador, que, por sua vez manifesta o seu poder nas assembleias de sócios ou nas chamadas reuniões prévias em caso de haver acordo de acionistas. Tivemos oportunidade de analisar os artigos 118 e 121 da lei das S/A. Isso nos permitiu considerar não somente a intensidade do poder do controlador nas sociedades isoladas, como nos autorizou a tecer considerações sobre o vigor desse fluxo nas várias camadas em que se organizam um grupo de sociedades (especialmente o de fato).

No Brasil, o poder de ingerência do controlador sobre a controlada não possui sua gênese unicamente no direito dos grupos de sociedades. Antes, essa gênese encontra-se na arquitetura normativa da Lei 6.404/76.

Nosso intuito, ao apresentar as discussões que envolvem o dispositivo legal n. 3, do art. 373, do Código das Sociedades Comerciais português, é o de demonstrar que a possibilidade ou não dos acionistas ingerirem nos negócios sociais não é algo pacífico em Portugal. De forma que podemos afirmar que há nesse país maior consideração em relação à independência dos administradores do que a que encontramos no Brasil. O que produz efeitos sobre os mecanismos de conformação de interesses dos partícipes do grupo de sociedades. O n. 3, do art. 373 estabelece que: "sobre matérias de gestão da sociedade, os accionistas só podem deliberar a pedido do órgão de administração."

Antes, contudo, descreveremos as estruturas dos órgãos de administração da sociedade anônima portuguesa. Agora buscaremos encontrar na estrutura da companhia de capital aberto portuguesa as formas de manifestação e o fluxo desse poder.

Antes, porém, uma nota acerca do conteúdo da sociedade (a sua estrutura orgânica). Gaudencio Esteban Velasco esclarece que cada órgão que compõe a estrutura societária possui atribuições próprias que lhes são designadas pela lei e pelo estatuto social, diante do que ressalta que é óbvio que a assembleia de acionistas não é o único órgão que forma a vontade das sociedades. Esclarecemos que o autor não está a tratar da representação dessa vontade, mas de uma anatomia da dinâmica societária cuja manifestação pode ser a vontade social.[234] O que ressaltamos fica claro na afirmação do autor:

---

234. O que afirmamos não quer significar que a assembleia de acionistas não possa manifestar a vontade da sociedade perante terceiros. Sobre esse assunto, ver o Coutinho de Abreu: (...) "Conquanto raras, há deliberações – como precisamente, as nomeações de titulares de órgão sociais – que produzem directamente efeitos em relação a terceiros (a coletividade dos sócios, ou, como sói dizer-se, a assembleia representa a sociedade)". (In: ABREU, Jorge Manuel Coutinho de. *Curso de Direito Comercial*. 4. ed. Coimbra: Almedina, 2013, v. II, p. 582). O autor contextualiza a sua afirmação em sua análise sobre a complexidade do ato de designação dos administradores. Acerca do tema, remetemos o leitor à obra citada. Agora, um aspecto enfrentado pelo autor precisa ser esclarecido neste texto. A designação dos administradores envolve dois atos: a deliberação tomada em assembleia de acionistas, se for o caso, e a correlata aceitação da proposta pelo administrador; e o possível contrato de prestação de serviços que regulará a atuação (no sentido amplo do termo).

"La junta general es el órgano de formación de la voluntad de los socios en unos determinados ámbitos o esferas de competencia."[235] Mais à frente, afirma que "existen supuestos em que se puede hablar de materias de competencia compartida en que se permite la participación – con unos u otros efectos, ésa es la cuestión – de uno de los órganos (junta general) en la competencia en principio de otro órgano (órgano de administración)."[236]

A afirmação do autor vai ao encontro do que defendemos neste trabalho: o estudo da hierarquia empresarial e da tipologia dos conflitos de interesses é mais intrincado do que a lógica de que mercados concentrados apresentam controle majoritário (com conflitos do tipo sócio majoritário/sócio minoritário), e que mercados dispersos apresentam controle administrativo (com conflitos do tipo sócio/administradores). Gaudencio Esteban Velasco entende que a lei espanhola não determinou com suficiente precisão o espaço de atuação da assembleia dos acionistas: se é o de decidir sobre assuntos de administração, ou se prescreve o dever dos administradores de colher a posição da dita assembleia sobre esses assuntos.

Então, entendemos que, a depender do que ficar estabelecido com o desenvolvimento do Direito espanhol, analisando especificamente essa temática, o controle da sociedade pode se aproximar mais ou menos do controle administrativo, muito embora a estrutura de capital das companhias neste país seja concentrada.[237] Mas não é o exame do contexto espanhol o nosso objetivo. Apenas o utilizaremos para a melhor compreensão da realidade portuguesa.

---

235. VELASCO, Gaudencio Esteban. Distribución de competencias entre la Junta General y el órgano de Administración, en particular las nuevas facultades de la Junta sobre activos esenciales. *Junta General y Consejo de Administración de la Sociedad cotizada*: Estudio de las modificaciones de la Ley de Sociedades de Capital introducidas por las Leyes 31/2014, de 3 de diciembre, 5/2015, de 27 de abril, 9/2015, de 25 de mayo, 15/2015, de 2 de julio y 22/2015, de 20 de julio, así como de las *Recomendaciones del Código de Bon Gobierno de Febrero de 2015*. Thomson Reuter, 2016. p. 29-89.

236. VELASCO, Gaudencio Esteban. Distribución de competencias entre la Junta General y el órgano de Administración, en particular las nuevas facultades de la Junta sobre activos esenciales. *Junta General y Consejo de Administración de la Sociedad cotizada*: Estudio de las modificaciones de la Ley de Sociedades de Capital introducidas por las Leyes 31/2014, de 3 de diciembre, 5/2015, de 27 de abril, 9/2015, de 25 de mayo, 15/2015, de 2 de julio y 22/2015, de 20 de julio, así como de las *Recomendaciones del Código de Bon Gobierno de Febrero de 2015*. Thomson Reuter, 2016. p. 29-89.

237. Gaudencio Esteban Velasco, aprofundando a possibilidade de manifestação do poder pela assembleia de acionistas, esclarece que esse órgão detém uma posição de supremacia, que se manifesta por meio dos seguintes mecanismos: i) quando reserva para si as `atribuições fundamentais´ de determinar a estrutura da forma societária, (a modificação dos estatutos sociais é um exemplo); a eleição dos administradores, além de outros instrumentos de controle, tais como a remuneração dos administradores, a aprovação da prestação de contas, o exercício do direito de ação de responsabilização contra os administradores, a possibilidade de limitar a atuação dos administradores via reservas estatutárias, além da possibilidade de trazer para si determinados assuntos de gestão por meio do poder de estabelecer reservas de autorização e do poder de dar instruções aos órgão da administração em sentido estrito (deliberação da assembleia de acionistas sobre a gestão sem prévia reserva estatutária).

Tratando pontualmente da companhia de capital aberto portuguesa, levantamos a hipótese de que a tensão se dá entre maioria e minoria, não relevando o aspecto encontrado no direito das sociedades anônimas brasileiro: a gravitação em torno do acionista controlador. Alguns pontos do direito societário português nos permitem essa consideração: i) o intenso debate existente acerca da força normativa do dispositivo n. 3 do artigo 373 do Código das Sociedades Comerciais[238] deste país (se cogente ou se dispositiva); ii) da forma como o direito português trata o direito de destituição dos administradores da companhia no art. 403 do Código das Sociedades Comerciais.[239] A conclusão da análise dos dispositivos permitirá uma melhor apreciação do nível de independência dos administradores em relação aos acionistas, a tipologia das relações principal-agente, e também da intensidade do dever de lealdade a eles prescrita.

Dentre os dois temas mencionados, trataremos da estrutura orgânica da administração da sociedade anônima de capital aberto em Portugal, o que entendemos ser necessário para a correta identificação do problema relacionado à conformação da hierarquia empresarial pela forma e conteúdo jurídicos do tipo societário em estudo.

Iniciamos este item com a afirmação de Coutinho de Abreu: "as sociedades actuam através de seus órgãos, isto é, através de centros institucionalizados de

---

238. Artigo 373.º (Forma e âmbito das deliberações)

   1 – Os accionistas deliberam ou nos termos do artigo 54.º ou em assembleias gerais regularmente convocadas e reunidas.

   2 – Os accionistas deliberam sobre as matérias que lhes são especialmente atribuídas pela lei ou pelo contrato e sobre as que não estejam compreendidas nas atribuições de outros órgãos da sociedade.

   3 – Sobre matérias de gestão da sociedade, os accionistas só podem deliberar a pedido do órgão de administração.

239. Artigo 403.º Destituição

   1 – Qualquer membro do conselho de administração pode ser destituído por deliberação da assembleia geral, em qualquer momento.

   2 – A deliberação de destituição sem justa causa do administrador eleito ao abrigo das regras especiais estabelecidas no artigo 392.º não produz quaisquer efeitos se contra ela tiverem votado accionistas que representem, pelo menos, 20% do capital social.

   3 – Um ou mais accionistas titulares de acções correspondentes, pelo menos, a 10% do capital social podem, enquanto não tiver sido convocada a assembleia geral para deliberar sobre o assunto, requerer a destituição judicial de um administrador, com fundamento em justa causa.

   4 – Constituem, designadamente, justa causa de destituição a violação grave dos deveres do administrador e a sua inaptidão para o exercício normal das respectivas funções.

   5 – Se a destituição não se fundar em justa causa o administrador tem direito a indemnização pelos danos sofridos, pelo modo estipulado no contrato com ele celebrado ou nos termos gerais de direito, sem que a indemnização possa exceder o montante das remunerações que presumivelmente receberia até ao final do período para que foi eleito.

poderes funcionais a exercer por pessoa ou pessoas com o objetivo de formar e/ ou exprimir a vontade juridicamente imputável às sociedades."[240]

O que se pode colocar em causa inicialmente é o que essa síntese contribui para o exame dos problemas dos grupos de sociedade. Bom, em um primeiro lugar, permite-nos a identificação, no contexto português atual, do conteúdo da empresa (mecanismo de governança), por meio da verificação do conteúdo da sociedade (a estrutura orgânica). Mas não só. Possibilita-nos identificar os vetores das forças que atuam a partir dos ditos dados, com o fim de identificar a arquitetura legal que determina o fluxo de poder, a princípio dentro da sociedade, mas depois, para fora, em relação às sociedades controladas. Percebemos que este caminho pode conduzir-nos a orientar deveres de lealdade, por exemplo dos controladores de uma sociedade mãe em relação aos minoritários de uma sociedade controlada (de direito ou de fato). É quando o mecanismo de governança da produção ou da circulação de bens e serviços perpassa (conteúdo da empresa), por meio de sua forma (o nexo contratual), a forma jurídica da sociedade.

Coutinho de Abreu esclarece que nas sociedades anônimas é possível a escolha de uma das duas alternativas: i) conselho de administração; ii) conselho de administração executivo; há, ainda, uma terceira possibilidade permitida apenas para sociedades anônimas cujo capital não exceda 200.000,00 Euros[241] – é a administração conferida a um único administrador. Ressalva o autor que nas sociedades de estrutura monística, o órgão administrativo deve adotar a forma de colegiado.[242]

Desde a lei de 1867 – e notadamente no Código Comercial de 1888 – até a edição do Código das Sociedades Comerciais de 1986, as companhias de capital aberto portuguesas poderiam assumir apenas uma estrutura orgânica: o conselho de administração e o conselho fiscal (o denominado sistema tradicional). O CSC, em sua versão original, trouxe nova hipótese estrutural: o conselho de administração executivo e o conselho geral e de supervisão (inicialmente chamado de conselho geral). É o modelo germânico. No entanto, após a reforma legislativa ocorrida no ano de 2006,[243] o CSC passou a prever mais um modelo estrutural:

---

240. ABREU, Jorge Manuel Coutinho de. *Curso de Direito Comercial*. 4. ed. Coimbra: Almedina, 2013, v. II, p. 57.

241. Art. 278 (…) 2 – Nos casos previstos na lei, em vez de conselho de administração ou de conselho de administração executivo pode haver um só administrador e em vez de conselho fiscal pode haver um fiscal único.

242. ABREU, Jorge Manuel Coutinho de. *Curso de direito comercial*. 4. ed. Coimbra: Almedina, 2013, v. II, p. 58.

243. Segundo Sónia das Neves Serafim, o Código das Sociedades Comerciais "sofreu uma profunda alteração legislativa por via do Decreto-Lei 76-A/2006, de 29 de março." (…) "Fruto de uma proposta apresentada pela Comissão do Mercado de Valores Mobiliários, entidade que sujeitou a consulta pública as alterações àquele diploma legal, este decreto-lei teve reflexos profundos na desburocratização de determinados actos societários, mas um especial impacto nas matérias de corporate governance." Logo mais à frente,

o monístico. Este é formado por um conselho de administração, o qual é composto, para além dos membros executivos, pelos membros de uma comissão de auditoria.[244] Atualmente, as possibilidades são encontradas no art. 278 do CSC, que estabelece também as situações e locais estruturais em que há a necessidade da atuação do Revisor Oficial de Contas (ROC).[245]

Coutinho de Abreu esclarece que na literatura portuguesa é frequente outra proposta, a qual designa como monista ou latina a estrutura do tipo tradicional; de dualista a do tipo germânico; e de anglo-saxonica a estrutura do tipo monístico.[246] Após, o autor faz referência ao sistema monista e ao dualista na página 36 da obra Governação das Sociedades Comerciais, tecendo suas críticas às correntes designações, para as quais, remetemos o leitor.[247]

Os sócios, por outro lado, contam com uma estrutura deliberativa, a assembleia geral legalmente convocada e instalada. No entanto, não é esta o seu único canal deliberativo. No caso das sociedades anônimas, podem utilizar-se da abertura legal contida no n. 1 do art. 373 do CSC, que por sua vez nos conduz ao art.

---

a autora faz menção à permissão da adoção do modelo anglo-saxão (modelo monístico). SERAFIM, Sónia das Neves. In: MARTINS, João Pedro Vargas Carinhas de Oliveira et al. *Temas de Direito das Sociedades*. Coimbra: Coimbra, 2011, p. 500.

244. ABREU, Jorge Manuel Coutinho de. In: FLECKNER, Andreas M.; HOPT, Klaus J. (Ed.). *Comparative corporate governance*: A functional and international analysis. New York: Cambridge University Press, 2013, p. 793.

245. Artigo 278.º
Estrutura da administração e da fiscalização
1 – A administração e a fiscalização da sociedade podem ser estruturadas segundo uma de três modalidades:
a) Conselho de administração e conselho fiscal;
b) Conselho de administração, compreendendo uma comissão de auditoria, e revisor oficial de contas;
c) Conselho de administração executivo, conselho geral e de supervisão e revisor oficial de contas.
2 – Nos casos previstos na lei, em vez de conselho de administração ou de conselho de administração executivo pode haver um só administrador e em vez de conselho fiscal pode haver um fiscal único.
3 – Nas sociedades que se estruturem segundo a modalidade prevista na alínea a) do n. 1, é obrigatória, nos casos previstos na lei, a existência de um revisor oficial de contas que não seja membro do conselho fiscal.
4 – Nas sociedades que se estruturem segundo a modalidade prevista na alínea c) do n. 1, é obrigatória, nos casos previstos na lei, a existência no conselho geral e de supervisão de uma comissão para as matérias financeiras.
5 – As sociedades com administrador único não podem seguir a modalidade prevista na alínea b) do n. 1.
6 – Em qualquer momento pode o contrato ser alterado para a adopção de outra estrutura admitida pelos números anteriores.

246. ABREU, Jorge Manuel Coutinho de. *Curso de Direito Comercial*. 4. ed. Coimbra: Almedina, 2013, v. II, p. 59-60.

247. ABREU, Jorge Manuel Coutinho de. *Governação das sociedades comerciais*. 2. ed. Coimbra: Almedina, 2010, p. 36.

54[248] deste código. Coutinho de Abreu, em virtude da existência de alternativa a assembleia geral, propõe nomenclatura diversa para o órgão: "órgão deliberativo interno ou de formação de vontade."[249]

Um ponto a ser observado é a tendência da maior interferência do Direito por meio de normas mandamentais (cogentes) em assuntos de governo societário após a crise financeira global de 2008.[250] Um dos argumentos utilizados para defender a natureza mandamental do art. 373 do CSC para todos os tipos de estrutura da administração societária previstas em Portugal é o seguinte: "se o estatuto pudesse atribuir competência deliberativa aos sócios em matéria de gestão, permitir-se-ia que um sócio ou grupo controlador (com poder de voto para fazer alterar o estatuto) derrogasse ou distorcesse o sistema legal de divisão de competências".[251]

Relembramos que as duas afirmações colocam em causa a sociedade como uma solução de governo (coordenação) dos mecanismos de produção e/ou circulação de bens e serviços, ou melhor, a maior ou menor liberdade oferecida pelo Estado (ou organismo supranacional com poder vinculativo) aos participantes (internalizados mais ou menos pela forma jurídica societária: o contrato ou estatuto social) de regularem o poder hierárquico na empresa (a sociedade atuando e conformando a hierarquia por meio do *nexus* contratual).

Depois de algumas considerações sobre o problema ligado à gênese da norma, Coutinho de Abreu afirma que: "todavia, com ou sem a questionada possibilidade

---

248. Artigo 54.º (Deliberações unânimes e assembleias universais)

1 – Podem os sócios, em qualquer tipo de sociedade, tomar deliberações unânimes por escrito, e bem assim reunir-se em assembleia geral, sem observância de formalidades prévias, desde que todos estejam presentes e todos manifestem a vontade de que a assembleia se constitua e delibere sobre determinado assunto.

2 – Na hipótese prevista na parte final do número anterior, uma vez manifestada por todos os sócios a vontade de deliberar, aplicam-se todos os preceitos legais e contratuais relativos ao funcionamento da assembleia, a qual, porém, só pode deliberar sobre os assuntos consentidos por todos os sócios.

3 – O representante de um sócio só pode votar em deliberações tomadas nos termos do n. 1 se para o efeito estiver expressamente autorizado.

249. ABREU, Jorge Manuel Coutinho de. *Curso de Direito Comercial*. 4. ed. Coimbra: Almedina, 2013, v. II, p. 57.

250. MERKT, Hanno. In: FLECKNER, Andreas M.; HOPT, Klaus J. (Ed.). *Comparative corporate governance*: A functional and international analysis. New York: Cambridge University Press, 2013, p. 524. No spect relacionado à crise global de 2008, o autor diz que: "(…) the provision of state aid to credit institutions that formed part of the emergency measures adopted in the aftermath of the Lehman Brothers failure in October 2008, has been made conditional upon compliance with a number of corporate governance-related restrictions regarding, in particular, director compensation schemes, which effectively supersedes the internal decision-making processes in the relevant institutions." (In: MERKT, Hanno. In: FLECKNER, Andreas M.; HOPT, Klaus J. (Ed.). *Comparative corporate governance*: A functional and international analysis. New York: Cambridge University Press, 2013, p. 528).

251. ABREU, Jorge Manuel Coutinho de. (Coord.) *Código das sociedades comerciais em comentário*. Coimbra: Almedina, 2013, v. VI, p. 22.

estatutária, é permitido aos administradores, influenciados ou não pela maioria, submeter assuntos de gestão a deliberação dos sócios."[252] Para além disso, entende que outro problema é o de saber se os administradores devem acatar todas as deliberações dos sócios (válidas ou anuláveis), e se, fazendo-o, estariam exonerados das correlatas responsabilidades. Cita o autor o n. 1 do art. 56 do CSC.[253]

No entanto, como interpretamos o material jurídico posto no caso em questão?

Coutinho de Abreu propõe que o art. 373 deve ter força mandamental somente em relação as sociedades anônimas que adotem a estrutura orgânica do tipo germânico. Segundo o autor:

> Não se pode olvidar (sob pena de importação descabida) que o § 119 (2) da AktG – copiado no art. 373, 3, do CSC – é norma de uma lei que prevê somente o sistema orgânico dualístico. E essa lei permite certos poderes em assuntos de gestão ao 'Aufsichtsrat' (correspondente ao conselho geral e de supervisão das nossas sociedades anônimas). É ver o § 111 (4), 2.frase: 'No entanto, tem o estatuto ou o conselho geral de determinar que certas espécies de negócios só podem ser efectuados com o seu [do conselho geral] consentimento.[254]

Prossegue o autor dizendo que o CSC, no *quadro da estrutura orgânica do tipo germânico, contém uma norma semelhante*. A referência legal que o autor faz é a do art. 442, n. 1.[255] A partir das referências legais que menciona, conclui que: "Ora, o conselho geral e de supervisão congrega poderes atribuídos no sistema tradicional aos sócios e ao conselho fiscal e é, pode dizer-se, uma 'comissão da assembleia' ou '*longa manus* dos sócio', rectius, dos acionistas maioritários".[256]

---

252. ABREU, Jorge Manuel Coutinho de. (Coord.) *Código das Sociedades Comerciais em comentário*. Coimbra: Almedina, 2013, v. VI, p. 22.
253. Artigo 56.º (Deliberações nulas)
   "1 – São nulas as deliberações dos sócios:
   a) Tomadas em assembleia geral não convocada, salvo se todos os sócios tiverem estado presentes ou representados;
   b) Tomadas mediante voto escrito sem que todos os sócios com direito de voto tenham sido convidados a exercer esse direito, a não ser que todos eles tenham dado por escrito o seu voto;
   c) Cujo conteúdo não esteja, por natureza, sujeito a deliberação dos sócios;
   d) Cujo conteúdo, directamente ou por actos de outros órgãos que determine ou permita, seja ofensivo dos bons costumes ou de preceitos legais que não possam ser derrogados, nem sequer por vontade unânime dos sócios."
254. ABREU, Jorge Manuel Coutinho de. (Coord.) *Código das Sociedades Comerciais em comentário*. Coimbra: Almedina, 2013, v. VI, p. 24.
255. Artigo 442.º Poderes de gestão
   1 – O conselho geral e de supervisão não tem poderes de gestão das actividades da sociedade, mas a lei e o contrato de sociedade podem estabelecer que o conselho de administração executivo deve obter prévio consentimento do conselho geral e de supervisão para a prática de determinadas categorias de actos.
256. ABREU, Jorge Manuel Coutinho de. (Coord.) *Código das Sociedades Comerciais em comentário*. Coimbra: Almedina, 2013, v. VI, p. 24 e 25.

O método interpretativo proposto por Coutinho de Abreu pode ser sintetizado assim: a norma que veda a ingerência dos sócios em assuntos de gestão da sociedade anônima portuguesa somente é justificada quando aplicada às sociedades que adotam o modelo germânico porque, se o dispositivo legal português é cópia do alemão, logo, a sua normatividade deve estar de acordo com a encontrada no modelo original. Nos demais casos, tradicional e monístico, como não há órgão assemelhado ao conselho geral e de supervisão, entende que a assembleia geral pode ingerir nos negócios da sociedade desde que haja previsão estatutária para tanto.

Fazemos aqui uma breve consideração ao tratamento da questão no Direito germânico. Hanno Merkt, ao analisar o problema da governação societária na Alemanha, afirma que o *two-tier board* é mandamental para as companhias de capital aberto neste país, e, em alguns casos, para as *limited companies (GmbH), também*. O *Management Board* é formado por um ou mais membros eleitos pelo *supervisory board* para mandatos de 5 anos. Aquele órgão nomeia o seu presidente, o qual o representa, preside as suas reuniões e coordena os seus trabalhos. No entanto, o que nos importa para os efeitos da posição adotada por Coutinho de Abreu é que o "management board is responsible for independently managing the company. This includes planning and strategy, coordination and control, and the nomination of top executives, upon which only the full management board may decide."[257] Mais à frente, afirma Hanno Merkt: "generally, the supervisory board and the shareholder's meeting do not participate in the management of the company".[258]

Portanto, assumimos neste trabalho a posição de Coutinho de Abreu acerca da força normativa do art. 373, do CSC. Concluindo com o autor: "Em suma, o art. 373, 3, não impede que o estatuto de uma sociedade anônima com sistema tradicional ou monístico preveja o dever de o conselho de administração obter prévio consentimento-deliberação dos sócios para a prática de determinadas categorias de actos de gestão."[259] Mas não sem fazer menção às propostas de normatização que fizemos no início deste subitem. Vejamos que nessas hipóteses a transferência de autoridade do principal/acionista para o agente/administrador ou sócio majoritário (a depender da relação entre os órgãos internos da sociedade) é variável.[260]

---

257. MERKT, Hanno. In: FLECKNER, Andreas M.; HOPT, Klaus J. (Ed.). *Comparative corporate governance*: A functional and international analysis. New York: Cambridge University Press, 2013, p. 530.

258. MERKT, Hanno. In FLECKNER, Andreas M.; HOPT, Klaus J. (Ed.). *Comparative corporate governance*: A functional and international analysis. New York: Cambridge University Press, 2013, p. 530.

259. ABREU, Jorge Manuel Coutinho de. *Governação das sociedades comerciais*. 2. ed. Coimbra: Almedina, 2010, p. 55.

260. O antagonismo nas posições doutrinárias pode ser ilustrado por meio das seguintes posições: i) Alexandre de Soveral Martins, para quem, o art. 405, n. 1, do CSC "deve ser lido de forma a evitar

Se a transferência de autoridade ocorre no sentido sócio-administrador, o poder de coordenação (mecanismo da empresa) se localiza nos órgãos administrativos. Por outro lado, se dita transferência ocorre no sentido administrador-sócio, a arquitetura societária confere espaço para a manifestação do poder quando exista uma qualificada maioria, atenuando o poder do acionista controlador, ou lhe exigindo uma grande parcela no financiamento da sociedade (fator decorrente da exigência de maioria qualificada). É o que se percebe na norma prevista no art. 442, n. 2.

À partida, podemos, ancorados no que foi examinado até aqui, dizer que há uma tendência de que o poder hierárquico nas sociedades de tipo germânico, em Portugal, está localizado nos órgãos de administração, e não nos sócios. Já as sociedades de tipo tradicional e monístico podem (no sentido de potência a ser conferida por disposições estatutárias ou deliberações assembleares) concentrar poderes nos acionistas. Contudo, ditas afirmações ainda são frágeis, e somente poderão ser concluídas após o exame dos itens seguintes. Isso porque, ao assumirmos a tese defendida por Coutinho de Abreu, segundo a qual por lei – para a generalidade das sociedades anônimas – ou pelo estatuto – para as sociedades de tipo tradicional ou monístico – ou por solicitação do órgão da administração, os sócios podem deliberar sobre matéria de gestão, abre-se a questão de quando e com que intensidade estão esses órgãos vinculados às deliberações dos sócios.[261]

Há deliberações com força prescritiva (instruções ou ordens), mas não são todas assim. "Algumas deliberações permitidas (directamente) pela lei consentem ou autorizam a prática de certos actos aos administradores, não impõem essa prática."[262]

---

contradições com o disposto no art. 373, 3. Daí que nos pareça adequado sustentar que o contrato de sociedade só pode subordinar os poderes de gestão do conselho de administração a deliberações dos acionistas dentro do quadro de competências que a lei reconhece aos próprios acionistas." (MARTINS, Alexandre de Soveral Martins. In: ABREU, Jorge Manuel Coutinho de. (Coord.) *Código das Sociedades Comerciais em Comentário*. Coimbra: Almedina, 2013, v. VI, p. 404); ii) Pedro Pais de Vasconcelos compreende que: "é típico das sociedades anônimas que o exercício da função de governo da sociedade no conselho de administração é mais independente dos sócios do que nas sociedades por quotas, sob qualquer que seja a sua designação." No entanto, conclui o autor: "Mas da ordem pública do tipo não se pode concluir que seja vedado aos sócios – nos estatutos iniciais ou nas suas versões subsequentes – estipular sobre a relação de dependência ou independência entre os sócios e os gerentes e os gerentes e os administradores das sociedades conforme entenderem conveniente e acordarem entre si, nos estatutos iniciais, ou conforme deliberarem, ou convencionarem com os gerentes e administradores." (In: VASCONCELOS, Pedro Pais de. Dependência e independência entre sócios e gestores nas sociedades comerciais. In: DOMINGUES, Paulo de Tarso (Org.). *Congresso Comemorativo dos 30 Anos do Código das Sociedades Comerciais*. Coimbra: Almedina, 2017, p. 43).

261. ABREU, Jorge Manuel Coutinho de. *Governação das sociedades comerciais*. 2 ed. Coimbra: Almedina, 2010, p. 57.

262. ABREU, Jorge Manuel Coutinho de. *Governação das sociedades comerciais*. 2 ed. Coimbra: Almedina, 2010, p. 57-58.

Para além disso, a situação é mais intrincada nas sociedades de tipo germânico, porque nessas, como defendido, a norma prevista no n. 3 do art. 373 do CSC é imperativa. Neste aspecto, Alexandre de Soveral Martins traz luz ao problema quando propõe que:

> Como o art. 373, 3, apenas permite, também, em regra, que os acionistas deliberem sobre matérias de gestão a pedido do órgão de administração, o contrato de sociedade só pode aí estabelecer que o órgão de administração fica subordinado ao que os acionistas deliberarem se aquele mesmo órgão tiver solicitado a deliberação. Isto, naturalmente, sem prejuízo do que a lei disponha quando permite que os acionistas deliberem sobre específicas matérias de gestão.[263]

Todavia, não concordamos com o autor quando afirma que por serem as sociedades anônimas sociedades de responsabilidade limitada, a repartição de competências entre os órgãos de administração (e, portanto, a generalidade da força cogente para todos os tipos de sociedade anônima) é *fundamental para se apurarem responsabilidades frente a terceiros.*[264] A realidade é que o poder de decisão é dinâmico e pode transitar no interior da sociedade ou fora dela. O que devemos buscar é o comando hierárquico que coordena a atividade empresarial, de forma que não é uma estrutura orgânica mais ou menos rígida que se deve colocar a serviço dos mecanismos de sanção jurídica, mas são esses mecanismos que devem ser mobilizados a depender do poder manifesto.

A autoridade de decisão sobre a gestão societária pode ser ou não entregue aos administradores, sendo que, a depender desse movimento, são os problemas de agência que se manifestam de formas diferentes. Por isso é que afirmamos que a sanção jurídica, que é um mecanismo *ex post,* pode ser moldada de forma a controlar o poder onde quer que ele se manifeste. Como a sociedade anônima do subtipo germânico apresenta estrutura mais complexa (é o conteúdo da sociedade), neste caso a rigidez na compartimentação das competências entre os órgãos da sociedade distribui melhor os interesses internalizados pela forma jurídica (o contrato). Sobre isso, ver o papel desempenhado pelo conselho geral e de supervisão.

Questões de estratégia podem ser acomodadas no Conselho Geral e de Supervisão, enquanto questões táticas podem ser atribuídas ao Conselho de Administração Executivo e, quando for permitido, ao administrador único. O n. 1 do art. 431 do CSC estabelece que a gestão fica a cargo do Conselho de

---

263. MARTINS, Alexandre de Soveral Martins. In: ABREU, Jorge Manuel Coutinho de (Coord.) *Código das Sociedades Comerciais em comentário*. Coimbra: Almedina, 2013, v. VI, p. 405.

264. MARTINS, Alexandre de Soveral Martins. In: ABREU, Jorge Manuel Coutinho de (Coord.) *Código das Sociedades Comerciais em comentário*. Coimbra: Almedina, 2013, v. VI, p. 404.

Administração Executivo, o qual, no entanto, pode ter que obter autorização, em algumas matérias que a lei ou o estatuto dispuser, do Conselho Geral e de Supervisão.[265] Tal arquitetura evita o protagonismo do acionista (ou do bloco de acionistas) controlador. Como já demonstrado, o mesmo não acontece no direito societário brasileiro.

Relembramos o que colocamos quando tratamos da relação entre empresa, sociedade e governança, apoiados em Gordon Smith (a referência já se encontra neste trabalho): "os juristas pretendem compreender quando e com que intensidade o Direito deve impor o dever de lealdade àqueles que detêm autoridade de decisão sobre interesses alheios."

E há aqui a norma de reenvio (mecanismo *ex ante* que amortece os problemas de agência), a prevista no n. 2 do art. 442 do CSC (mencionada anteriormente):

> sendo recusado o consentimento previsto no número anterior, o conselho de administração executivo pode submeter a divergência a deliberação da assembleia geral, devendo a deliberação pela qual a assembleia dê o seu consentimento ser tomada pela maioria de dois terços dos votos emitidos, se o contrato de sociedade não exigir maioria mais elevada ou outros requisitos.

Um breve retorno à origem alemã para verificarmos o problema de agência presente no ambiente germânico. O primeiro apontamento é que há no direito societário alemão as denominadas *codetermined companies*, nas quais há uma maior porosidade do contrato (forma da sociedade), permitindo a efetiva participação dos empregados em sua estrutura, tanto no que diz respeito à participação no *supervisory board,* quanto no direito de indicar o seu vice-presidente. Entretanto, o que nos interessa no momento é o exame da função do órgão de supervisão. Hanno Merkt nos informa que a função essencial exercida pelo *supervisory board* é a supervisão das atividades realizadas pelo *management board,* "by way of inspect completed operations and advising on futures ones". O autor ainda acrescenta que o aumento no fluxo de informação entre esses dois órgãos é uma preocupação constante no direito societário alemão. Há regra impondo que o *supervisory board* se reúna, nas companhias de capital aberto, ao menos duas vezes a cada seis meses, o que entendemos ser relevante para que os membros fiquem próximos dos negócios sociais (da exploração do objeto societário). Uma

---

265. Em sentido diverso, Alexandre de Soveral Martins afirma que "consentimento prévio não se confunde com tomada de decisão. Tratando-se de matéria de gestão relativamente à qual seja necessário o consentimento prévio do conselho geral e de supervisão, ainda assim a decisão caberá ao conselho de administração executivo" (MARTINS, Alexandre de Soveral Martins. In: ABREU, Jorge Manuel Coutinho de. (Coord.) *Código das Sociedades Comerciais em comentário*. Coimbra: Almedina, 2013, v. VI, p. 740).

das falhas no governo das sociedades é o distanciamento dos conselheiros em relação aos negócios sociais.[266]

Um adendo ao que expomos, a tensão de interesses entre principal-agente é do tipo acionista majoritário-minoritário. Por isso, Hanno Merkt afirma que há uma sensível tendência de recrudescimento dos deveres fiduciários (de lealdade, por exemplo) do acionista controlador em relação à companhia e aos acionistas minoritários. O autor ainda acusa um *déficit* na participação dos acionistas nas assembleias, o que corrobora a proposta formulada por Coutinho de Abreu em relação ao funcionamento das sociedades que adotam o sistema germânico em Portugal. Percebe-se na origem alemã que o sistema parece se ancorar na relação entre o órgão administrativo e o órgão de supervisão, sendo o último formado por acionistas ou acionistas e trabalhadores a depender do tipo societário em questão. Todavia, o *supervisory board* parece-nos funcionar como um *longa manus* da assembleia de acionistas.[267]

Em Portugal, nas sociedades de estrutura germânica, entendemos que nada impede que o estatuto social confira ao Conselho Geral e de Supervisão as atividades relativas à elaboração das estratégias, ficando a cargo do Conselho de Administração Executivo a implementação dessas estratégias por intermédio de decisões táticas. Há permissão no n. 1 do art. 442 do CSC.[268] A norma de reenvio já aludida (e prevista no n. 2 do dispositivo em causa)[269] é aplicada quando

---

266. MERKT, Hanno. In: FLECKNER, Andreas M.; HOPT, Klaus J. (Ed.). *Comparative corporate governance: A functional and international analysis.* New York: Cambridge University Press, 2013, p. 531 a 546. Quando o consentimento do conselho geral e de supervisão decorrer de imposição legal, a sua falta causa a ineficácia do ato. Quando decorrer de cláusula estatutária, ficará vinculada a sociedade. Nos dois casos a responsabilização do administrador e a sua destituição por justa causa podem ser invocados. (MARTINS, Alexandre de Soveral Martins. In: ABREU, Jorge Manuel Coutinho de (Coord.) *Código das Sociedades Comerciais em Comentário.* Coimbra: Almedina, 2013, v. VI, p. 810-811).

267. MERKT, Hanno. In: FLECKNER, Andreas M.; HOPT, Klaus J. (Ed.). *Comparative corporate governance:* a functional and international analysis. New York: Cambridge University Press, 2013, p. 531 a 546.

268. "O conselho geral e de supervisão não tem poderes de gestão das actividades da sociedade, mas a lei e o contrato de sociedade podem estabelecer que o conselho de administração executivo deve obter prévio consentimento do conselho geral e de supervisão para a prática de determinadas categorias de actos."

269. Alexandre de Soveral Martins, acerca das atribuições do conselho geral e de supervisão, afirma que esse órgão não possui poderes de gerir a sociedade, mas de fiscalizar a gestão. Em suas palavras: "não pode tomar a iniciativa de deliberar atos de gestão da sociedade. Nem o pode fazer *por sua iniciativa, nem lhe está permitido fazê-lo a pedido do conselho de administração executivo.*" (MARTINS, Alexandre de Soveral Martins. In: ABREU, Jorge Manuel Coutinho de (Coord.) *Código das Sociedades Comerciais em Comentário.* Coimbra: Almedina, 2013, v. VI, p. 806). Em outra parte, comentando o art. 432, do CSC, o autor afirma que "o conselho de administração executivo deve, pelo menos uma vez por ano e fundamentalmente, comunicar ao conselho geral e de supervisão a política de gestão que tenciona seguir e os factos e questões que fundamentalmente determinaram as suas opções." MARTINS, Alexandre de Soveral Martins. In: ABREU, Jorge Manuel Coutinho de. *Código das Sociedades Comerciais em comentário* (Coord.). Coimbra: Almedina, 2013, v. VI, p. 752. Mais adiante, o autor propõe: "As

houver divergência entre os dois órgãos de administração, ou melhor, quando o Conselho Geral e de Supervisão recusar o consentimento para que o Conselho de Administração Executivo pratique determinado ato.

Observamos que se a norma de reenvio for acionada, o poder se manifesta na assembleia de acionistas e pode tomar a forma de acionistas majoritários-minoritários, caso em que a exigência do quórum qualificado funciona como mecanismo *ex ante*, para diminuir a dissociação entre propriedade e controle. Entretanto, se não for esse o caso, o poder se manifesta no órgão de administração (conselho geral e de supervisão) e o conflito toma a forma acionistas-administradores.

Ou seja, o que queremos aqui afirmar é que nos casos das sociedades em questão (com estrutura complexa – conteúdo da sociedade), instruções são permitidas de acionistas para os administradores quando a lei assim dispuser ou no caso de haver solicitação do órgão de administração ou quando houver previsão no estatuto social. Neste tipo germânico – (diríamos subtipo, o tipo é a sociedade anônima), são nulas as instruções de acionistas para os administradores quando: não previstas no estatuto social, não abrigadas por lei e não solicitadas por órgão administrativo.

Sobre o que é permitido:

Coutinho de Abreu entende que em princípio devem os administradores cumprir as deliberações "prescritivas válidas e eficazes permitidas em lei."[270]

Primeiramente, trataremos dos atos praticados pelo conselho de administração executivo sem o consentimento do conselho geral e de supervisão, nos casos em que é imperativo esse consentimento. Alexandre de Soveral Martins afirma, ao analisar o art. 431 do CSC, que nos casos de ato de representação da sociedade que legalmente deve ser antecedido por deliberação de outro órgão, se não houver esse consentimento, a consequência jurídica é a sua ineficácia em relação à sociedade porque o membro do conselho de administração executivo atua sem os poderes de representação.[271] Diferentemente ocorre nos casos de prática de atos que não respeitem os limites estabelecidos por lei à capacidade

---

categorias de atos sujeitos a consentimento do conselho geral e de supervisão podem certamente dizer respeito a assuntos com importância significativa, Mais duvidoso é, no entanto, que possam abranger os negócios habituais da sociedade." MARTINS, Alexandre de Soveral Martins. In: ABREU, Jorge Manuel Coutinho de. (Coord.) *Código das Sociedades Comerciais em comentário*. Coimbra: Almedina, 2013, v. VI, p. 807).

270. ABREU, Jorge Manuel Coutinho de. *Governação das sociedades comerciais*. 2. ed. Coimbra: Almedina, 2010, p. 58.

271. Paulo de Tarso Domingues elucida que são duas as possibilidades quando é exigido o consentimento do Conselho Geral e de Supervisão e este não é dado: i) se o consentimento for exigido por lei, a consequência jurídica da sua prática sem o consentimento do CGS é a ineficácia do ato; ii) se o consentimento for exigido pelo contrato, o ato será, em princípio, válido e eficaz em relação à sociedade, no caso de

da sociedade, que são nulos.[272] No entanto, o autor faz uma ressalva quanto às atribuições estruturais da sociedade:

"Com efeito, o art. 442, 1, embora comece por estabelecer que o conselho geral e de supervisão não tem poderes de gestão das atividades da sociedade, também esclarece que a lei e o contrato de sociedade podem sujeitar a prática de determinadas categorias de atos ao prévio consentimento do conselho geral e de supervisão"[273] para depois concluir: "Quando esse consentimento seja exigido, a lei não considera que o conselho geral e de supervisão tenha poderes de gestão: consentir e decidir não são exatamente a mesma coisa."[274]

Sobre essa última questão, já defendemos que o estatuto pode conferir ao conselho geral e de supervisão matérias referentes à estratégia negocial, caso em que o seu consentimento pode ser exigido. Nesta proposta estrutural, o conselho de administração executivo pode ficar livre para a tomada das decisões táticas de implementação das políticas gerais relativas ao desenvolvimento do objeto da sociedade. Pensamos que, no aspecto funcionalista do direito, tal proposta é mais condizente com o que já anunciamos anteriormente como tendência no direito alemão: a maior aproximação entre os dois órgãos da administração societária.

Entretanto, concordamos com o autor quando analisa a questão da representação da sociedade. O direito português alocou essa função no conselho de administração executivo, sem deixar de considerar exceções, tais como: o poder do conselho geral e de supervisão de representação da sociedade junto aos membros do conselho de administração executivo; o poder de requerer atos registrais relativos aos seus próprios membros; e o poder dos sócios de designarem os administradores.

Colocamos aqui em causa o potencial poder conferido aos sócios nestes tipos societários e a regra de limitação de responsabilidade que os protege. Utilizaremos para esse propósito o modelo de agência elaborado por Jensen e Meckling (já trabalhado por nós): (...) "However, the existence of unlimited liability would impose incentives for each shareholder to keep track of both the liabilities of GM and the wealth of the other GM owners."[275] No entanto, logo a seguir, os autores concluem:

---

ser dado sem o consentimento do CGS. In: DOMINGUES, Paulo de Tarso. O exercício de funções de administração por parte dos órgãos fiscalizadores. *Cadernos de Direito Privado*. n. 46, 2014.

272. MARTINS, Alexandre de Soveral Martins. In: ABREU, Jorge Manuel Coutinho de (Coord.) *Código das sociedades comerciais em comentário*. Coimbra: Almedina, 2013, v. VI, p. 743.

273. MARTINS, Alexandre de Soveral Martins. In: ABREU, Jorge Manuel Coutinho de. (Coord.) *Código das Sociedades Comerciais em comentário*. Coimbra: Almedina, 2013, v. VI, p. 738.

274. MARTINS, Alexandre de Soveral Martins. In: ABREU, Jorge Manuel Coutinho de. (Coord.) *Código das Sociedades Comerciais em comentário*. Coimbra: Almedina, 2013, v. VI, p. 739.

275. JENSEN, Michael C. and MECKLING, William H., The Nature of Man (July 1, 1994). Michael C. Jensen, Foundations of Organizational Strategy, Harvard University Press, 1998; *Journal of Applied*

It is easily conceivable that the costs of so doing would, in the aggregate, be much higher than simply paying a premium in the form of higher interest rates to the creditors of GM in return for their acceptance of a contract which grants limited liability to the shareholders. The creditors would then bear the risk of any non-payment of debts in the event of GM's bankruptcy.[276]

O que pretendemos retirar desses fragmentos transcritos é que se o direito atua para entregar poderes de administração aos sócios, ele deve ser mobilizado para entregar-lhes também os correlatos deveres. Não estamos aqui a defender a retirada da regra de limitação da responsabilidade dos sócios, entretanto.

Se afirmamos, corroborando a tese defendida por Coutinho de Abreu, que nos subtipos tradicional e monístico há espaço para a ingerência dos sócios na gestão societária, abrimos flanco para a tensão sócios majoritários *versus* sócios minoritários, e para a manifestação de poder pelo majoritário, que no caso pode atuar como agente dos minoritários. E, se atuam como tal, o direito deve ser coerente com essa mobilidade e não preso a uma estrutura orgânica. E, para tanto, não é preciso retirar a regra de limitação da responsabilidade dos sócios, mas os responsabilizar ou não na medida em que observam ou não a lealdade e o cuidado em suas decisões para com a *accountability* da sociedade em que participam tornando-os, por meio da mobilidade do direito, agentes fiduciários dos interesses da companhia.

Sobre a questão da vinculação dos administradores às decisões dos sócios, entendemos que eles estão vinculados quando essas decisões não comprometerem a responsabilidade e a sustentabilidade da sociedade (*accountability*) relacionadas com a exploração do objeto da sociedade e não configurarem qualquer outro tipo de ilicitude, nos casos de estruturas orgânicas tradicional ou monística. Quando não for esse o caso, não ficam vinculados, caso em que, entendemos que os administrados devem fundamentar a decisão (mecanismo conhecido como *comply or explain*). A fundamentação será substrato para justificar uma possível destituição por justa causa e/ou a responsabilização dos administradores, ou a exclusão desta. Informamos que em Portugal a destituição dos administradores sem justa causa gera o dever para a companhia de indenizá-lo. É caso de responsabilidade civil por ato lícito.

Os limites legais de atuação dos administradores são oponíveis a terceiros, "que não podem invocar a seu favor o desconhecimento da lei." Os membros da comissão

---

Corporate Finance, v. 7, n. 2, p. 4-19, Summer 1994. Disponível em: http://ssrn.com/abstract=5471 e http://dx.doi.org/10.2139/ssrn.5471. Acesso em: 16 jun. 2016.

276. JENSEN, Michael C. and MECKLING, William H., The Nature of Man (July 1, 1994). Michael C. Jensen, Foundations of Organizational Strategy, Harvard University Press, 1998; *Journal of Applied Corporate Finance*, v. 7, n. 2, p. 4-19, Summer 1994. Disponível em: http://ssrn.com/abstract=5471 e http://dx.doi.org/10.2139/ssrn.5471. Acesso em: 16 jun. 2016.

de auditoria não possuem poderes de representação da sociedade por força de lei. Caso pratiquem ato de representação da sociedade em "matérias executivas, a sociedade não ficará vinculada perante terceiros." A norma prevista no n. 1 do art. 409 do CSC prevê, entretanto, que eventuais limitações de poderes constantes do estatuto social não impedem a vinculação da sociedade. Não são nulas. São inoponíveis a terceiros.[277] Já os atos que não condizem com a *capacidade de gozo da sociedade, são nulos.*[278]

Nas sociedades de tipo germânico, se não for solicitada deliberação dos sócios sobre matéria de gestão, os administradores não têm de acatar e implementar as instruções dos sócios. Podem fazê-lo, entretanto. Caso não acatem, duas situações podem ocorrer: i) responsabilidade jurídica interna, que somente gera efeitos entre os partícipes da sociedade; e ii) a reponsabilidade política dos administradores (no sentido de perda do poder). Podem ser destituídos sem ou com justa causa, ou não serem redesignados.

Há, portanto, três modelos orgânicos no direito societário português. O que demonstramos é que as discussões da doutrina portuguesa sobre a possibilidade de ingerência dos sócios em matéria de gestão podem variar ou não a depender da estrutura orgânica em análise. A par do posicionamento que assumimos sobre esse problema, a principal finalidade da apresentação dessa discussão neste trabalho é o de evidenciar a concentração de poderes promovida pelo direito brasileiro na figura do acionista controlador, onde pouco se discute a norma contida no art. 121 da lei das S/A brasileira.

1.5.3 Algumas considerações sobre o direito dos grupos de sociedades português – um breve diálogo com a tese do Professor Doutor Jorge Manuel Coutinho de Abreu

O direito português foi, na União Europeia, o segundo a regular especificamente os grupos de sociedades, com o CSC de 1986, depois do alemão.[279] Em relação ao Brasil, é posterior.[280] Alertamos o leitor que primeiramente apresen-

---

277. MARTINS, Alexandre de Soveral Martins. In: ABREU, Jorge Manuel Coutinho de (Coord.) *Código das Sociedades Comerciais em Comentário.* Coimbra: Almedina, 2013, v. VI, p. 465, 468 e 469.

278. MARTINS, Alexandre de Soveral Martins. In: ABREU, Jorge Manuel Coutinho de. (Coord.) *Código das sociedades comerciais em comentário.* Coimbra: Almedina, 2013, v. VI, p. 739. Sobre as questões afetas a inexistência, nulidade, anulabilidade e ineficácia das deliberações assembleares, remetemos o leitor para as páginas 489 e ss. da obra: ABREU, Jorge Manuel Coutinho de. *Curso de Direito Comercial.* 4. ed. Coimbra: Almedina, 2013. v. II.

279. ABREU, Jorge Manuel Coutinho de. *Da empresarialidade:* as empresas no direito. reimp. Coimbra: Almedina, 2013, p. 245.

280. LOUREIRO, Catarina Tavares; EREIO, Joana Torres. *A relação de domínio ou de grupo como pressuposto de facto para a aplicação das normas do código das sociedades comerciais* – O âmbito espacial em particular.

taremos uma breve descrição dos conceitos elementares do direito dos grupos de sociedades português para, após, analisarmos alguns aspectos da tese do Professor Coutinho de Abreu no que ela versa sobre grupos de sociedades no direito português.

Alguns conceitos do direito dos grupos de sociedades português reclamam atenção inicial para que compreendamos os pontos abordados por Coutinho de Abreu. Porém, afirmamos que, ao longo desse primeiro capítulo, assumimos a nomenclatura do direito brasileiro, reservando a portuguesa, obviamente, para os espaços que cuidamos de maneira mais detida desse país. Inclusive, temos que esclarecer: a solução que propomos para a internalização dos interesses das controladas no órgão estratégico da controladora é contextualizado no direito brasileiro, mais especificamente, no direito das companhias.

No Título VI do CSC, encontramos os conceitos de sociedades coligadas, as quais incluem:

I) As sociedades em relação de simples participação. O art. 483 do CSC a define como: "uma sociedade está em relação de simples participação com outra quando uma delas é titular de quotas ou acções da outra em montante igual ou superior a 10% do capital desta, mas entre ambas não existe nenhuma das outras relações previstas no artigo 482." Ou seja, desde que essa participação não caracterize uma relação de participação recíproca, ou de relação de domínio, ou de relação de grupo.

II) As sociedades em relação de participações recíprocas. O art. 485 do CSC determina que esse tipo de relação intersocietária acontece "a partir do momento em que ambas as participações atinjam 10% do capital da participada."

III) As sociedades em relação de domínio total. O art. 486 do CSC considera que "duas sociedades estão em relação de domínio quando uma delas, dita dominante, pode exercer, directamente ou por sociedades ou pessoas que preencham os requisitos indicados no artigo 483.º, n. 2, sobre a outra, dita dependente, uma influência dominante." A dependência de uma sociedade em relação a outra é caracterizada quando a dominante detém uma participação majoritária no capital da dependente; a dominante dispõe de mais de metade dos votos nos órgãos deliberativos da dominada; quando a dominante tem a possibilidade de designar mais de metade dos membros do órgão de administração ou do órgão de fiscalização da dominada.

Aqui, anotamos a diferença arquitetônica que deflui das diferentes concepções encontradas entre as soluções portuguesa e brasileira para a regulação das tensões resultantes ou da diluição da participação do fundador de uma companhia ou do problema resultante da diferenciação entre a propriedade e o controle. Como vimos, no Brasil, o poder de influenciar ou de determinar uma sociedade controlada pode ter origem numa participação acionária minoritária, fruto do protagonismo do acionista controlador no Brasil. Já em Portugal, uma das condições que caracteriza o controle por meio da relação de domínio total, exige que a dominante detenha uma participação majoritária no capital da dependente.

Essa diferença, como detalhamos, produz efeitos também sobre a maior independência dos órgãos de administração em relação ao acionista majoritário no direito das sociedades português do que aquela que identificamos no direito das sociedades anônimas brasileiro. No direito das companhias brasileiro há maior dependência dos administradores em relação ao acionista controlador ou ao bloco de controle). No primeiro caso, a tensão existe entre maioria e minoria, no segundo entre acionista controlador e minorias.

As sociedades em relação de grupo, por outro lado, apresentam três tipologias:

i) Domínio total inicial. O n. 1 do art. 488, o define como sendo formado por uma sociedade que constitui "uma sociedade anónima de cujas acções ela seja inicialmente a única titular." E domínio total superveniente. O n. 1 do art. 489 o define como sendo o resultante de uma operação societária que faça com que uma determinada sociedade, "directamente ou por outras sociedades ou pessoas que preencham os requisitos indicados no artigo 483°, n. 2, domine totalmente uma outra sociedade, por não haver outros sócios, forma um grupo com esta última, por força da lei, salvo se a assembleia geral da primeira tomar alguma das deliberações previstas nas alíneas a) e b) do número seguinte." A assembleia geral da dominante pode nos seis meses seguintes à da caracterização da situação de domínio total, deliberar pela dissolução da sociedade dependente ou a alienação das suas quotas ou ações para terceiros.

ii) Contrato de grupo paritário. O art. 492 do CSC dispõe que "duas ou mais sociedades que não sejam dependentes nem entre si nem de outras sociedades podem constituir um grupo de sociedades, mediante contrato pelo qual aceitem submeter-se a uma direcção unitária e comum." Os números 2, 3 e 4 desse dispositivo de lei impõe uma disciplina mais rigorosa que a prevista para os grupos de direito brasileiro.

iii) Contrato de subordinação. O art. 493 do CSC permite que: "uma sociedade pode, por contrato, subordinar a gestão da sua própria actividade à direcção de uma outra sociedade, quer seja sua dominante, quer não."

É, pois, uma taxionomia mais complexa do que a que verificamos no direito brasileiro, que trabalha com três tipologias: coligação, controle (grupo de fato) e grupo de direito. Consideramos, entretanto, que no direito português, o conceito de `influência dominante´ é condição jurídica para a caracterização do domínio total (grupo de fato), enquanto no Direito brasileiro, a `influência significativa´ é condição para a caracterização da coligação. Ainda, no direito português, o domínio total é análogo ao conceito de controle entre sociedades presente no direito brasileiro. Em regra, a participação recíproca é vedada no direito brasileiro, sendo os objetivos dessa vedação os de evitar a diluição do capital social e o de evitar o esvaziamento da assembleia de acionistas, o que poderia decorrer da relação promíscua entre as coligadas.[281] A ressalva à vedação consta dos parágrafos primeiro e quinto do art. 244, da Lei 6.404/76.

O CSC prevê um regime próprio para as relações de grupo oriundas de contrato de subordinação, o qual é aplicável aos grupos constituídos por domínio total (inicial e superveniente), por força da remissão constante de seu artigo 491 do CSC.

Este regime caracteriza-se, essencialmente, pelos seguintes aspectos: (i) poder de direção da sociedade mãe, incluindo a faculdade de dirigir instruções, ainda que de carácter desvantajoso, ao órgão de administração da sociedade-filha; (ii) responsabilidade da sociedade mãe para com os credores da sociedade-filha; e (iii) obrigação da sociedade mãe de compensar as perdas anuais da sociedade filha sofridas durante a vigência do contrato de subordinação ou do período de domínio.[282]

Os grupos de domínio total ou superveniente (grupos de fato) se mantêm desde que as sociedades dominantes mantenham pelo menos 90% do capital das sociedades dependentes. Os grupos paritário e de subordinação caracterizam grupos de direito, são contratuais.[283] Entendemos que no direito português, para adotarmos a classificação presente neste trabalho e que até o momento com maior vigor influencia os países que adotam um regime jurídico próprio para os grupos de sociedades, os grupos de fato, para além dos de domínio total, englobam as sociedades em relação de domínio total. Ainda que esta última não seja, pelo critério legal, tida como uma categoria das relações de grupo.

---

281. FRANCO, Vera Helena de Mello; SZTAJN, Rachel. *Direito empresarial II*: sociedade anônima, mercado de valores mobiliários. 2009. p. 304.
282. LOUREIRO, Catarina Tavares; EREIO, Joana Torres. *A relação de domínio ou de grupo como pressuposto de facto para a aplicação das normas do código das sociedades comerciais* – O âmbito espacial em particular.
283. ABREU, Jorge Manuel Coutinho de. *Da empresarialidade*: as empresas no direito. reimp. Coimbra: Almedina, 2013, p. 245.

Após a breve descrição dos conceitos elementares encontrados no direto dos grupos portugueses, passamos a comentar as aproximações e alguns distanciamentos do que defendemos nessa primeira parte do livro, em relação a tese de Jorge Manuel Coutinho de Abreu, acerca da empresarialidade e, mais propriamente, dos reflexos da sua formulação jurídica (da empresarialidade) para a compreensão dos problemas dos grupos de sociedades. Esclarecemos que foi um dos primeiros trabalhos em Portugal a cuidar de uma teoria sobre os grupos de sociedades.

A nossa intenção aqui é a de nos munirmos das construções teóricas elaboradas pelo autor com a finalidade de esclarecermos certos aspectos da nossa proposta.

Coutinho de Abreu afirma que é bastante divulgada a tese de que o grupo de sociedades é, em geral uma empresa (empresa policorporativa ou plurissubjetiva). Após tecer considerações sobre o fundamento econômico dessa abordagem em especial, afirma que não há uma, mas há várias noções econômicas para a empresa. Depois, passa a arrolar algumas normas jurídicas que conformariam a tese econômica (regras concorrenciais, tributárias e trabalhistas, por exemplo). Faz ainda alusão à chamada `marca de grupo´, instrumento que viabiliza o uso simultâneo de uma marca por vários membros de um mesmo grupo de sociedades.

Para, mais à frente, afirmar "o grupo de sociedades (em sentido amplo – "de direito" ou de "facto") não é, em geral, uma empresa (em sentido objetivo, ou subjetivo). E quer se trate de grupo horizontal, vertical, ou diversificado, e tenham as sociedades dependentes muita ou pouquíssima autonomia de gestão."[284]

Após realizar minuciosa análise dos contextos em que os termos sociedade e grupo de empresas aparecem em diversos documentos normativos de Portugal e da então Comunidade Europeia, afirma que nada do conteúdo encontrado determina a personificação dos grupos de sociedades.

Mais além, passa ao exame de alguns argumentos teóricos. Centram-se na compreensão do 'interesse do grupo'. Cita que uma das possibilidades é a de identificar o interesse do grupo com "os interesses da sociedade diretora (ou totalmente ou dominante) ou das outras sociedades do grupo justificadores do sacrifício dos interesses da sociedade subordinada (ou totalmente dominada): 503, 2, do CSC."[285] Depois, argumenta: "não nos parece legítimo

---

284. ABREU, Jorge Manuel Coutinho de. *Da empresarialidade*: as empresas no direito. reimp. Coimbra: Almedina, 2013, p. 245.

285. ABREU, Jorge Manuel Coutinho de. *Da empresarialidade*: as empresas no direito. reimp. Coimbra: Almedina, 2013, p. 269.

o seu emprego para significar um interesse comum a todas as sociedades do grupo, interesse pelo qual se deveria pautar o comportamento dos órgãos de cada uma delas.[286]

Ao final, conclui Coutinho de Abreu:

> Concluímos, portanto, que o grupo de sociedades é, em geral, não uma empresa, mas um conjunto de empresas (em sentido objectivo e subjectivo). Mas, acrescento, um conjunto de empresas encadeadas. Consoante as espécies de grupo e as circunstâncias, esse encadeamento ora reflectirá mais a ideia da multiplicidade dos elos-empresa, ora mais a da unidade do conjunto, ora mais a ideia de cadeia vertical, hierárquica, ora mais a de cadeia horizontal-paritária. Assim, de modo tendencial ou típico, a primeira ideia ajusta-se aos grupos 'de facto' subordinados, a segunda aos grupos contratuais de subordinação e aos de domínio total, a terceira aos grupos de subordinação (aumentando os vínculos hierárquicos à medida que se transita dos grupos 'de facto' para os contratuais e de domínio total), a quarta aos grupos paritários.[287]

Esse fragmento mostra a nossa divergência. Mas é uma divergência de perspectiva no sentido exato de compreendermos a empresa como modo de governança (adequado a estruturas hierarquizadas) em contraste com o modo de governança do mercado. Para nós, há maior hierarquia nos grupos de fato qualificados (nos grupos de direito há maior possibilidade de negociações, no direito brasileiro. No português, nos grupos de domínio total, nos de contrato de subordinação e na relação de domínio total há maior hierarquia).

Como dissemos, o que determina a empresa é a hierarquia. De forma que não há um interesse a ser pinçado, mas há variados interesses presentes no conjunto contratual que são equacionados via comando hierárquico. A sociedade age nesse contexto para determinar quais deles serão internalizados em sua estrutura orgânica. Não defendemos a aproximação dos interesses da controladora, nos casos de grupos de sociedades, aos do grupo. Uma solução que nos parece mais apropriada ao institucionalismo jurídico

No Brasil, o conceito de empresa pressupõe o de organização. O que defendemos é que essa organização diz respeito a uma forma especial, a de hierarquia, ou mais propriamente, a um modelo de governança. É o que a difere daquela organização presente no mercado. Esse último não deve ser um caos (há normas de e para o mercado, são instituições). O que o difere da empresa, ao final, é o conceito de *forbearance,* a ser trabalhado mais à frente. Ou de se compreender como os eventuais conflitos entre os seus setores devem ser equacionados. Não é

---

286. ABREU, Jorge Manuel Coutinho de. *Da empresarialidade*: as empresas no direito. reimp. Coimbra: Almedina, 2013, p. 269-270.
287. ABREU, Jorge Manuel Coutinho de. *Da empresarialidade*: as empresas no direito. reimp. Coimbra: Almedina, 2013, p. 272-273.

da essência do mercado (ou desse modelo de governança) internalizar um mecanismo de resolução de disputas. Já, na empresa, defendemos que há tal mecanismo e que esse provém justamente do comando hierárquico (o mecanismo não é só interno à empresa, mas é também um de seus fundamentos).

Nos grupos de fato, mais propriamente o de fato qualificado, há uma hierarquia. Há um mecanismo de resolução de conflitos que lhe é interno (papel que defendemos ser alocado no conselho de administração). Porém, esse mecanismo é falho ao não internalizar os interesses das controladas. É a disfunção que identificamos no modelo de governança (é utilizado a governança de mercado onde há governança de empresa). E como já explanamos, o conteúdo da sociedade, no caso dos grupos de fato, é que deve ser chamado a cumprir essa função.

Com isso, não afirmamos que ao Direito cabe assimilar a organização grupal, atribuindo-lhe personalidade e capacidade jurídicas próprias. Nem toda empresa, corresponde a uma pessoa jurídica. Nem toda sociedade corresponde a uma empresa. Coutinho de Abreu, ao estudar a relação entre sociedade e empresa, ilustra seu trabalho com casos em que não há uma identidade entre sociedade e empresa. Diz ser o caso em que o exercício da atividade empresarial para que se constitui a sociedade ser normalmente posterior à constituição dessa pessoa jurídica. Informa, também, que a sociedade pode sobreviver a empresa. É o caso da dissolução da sociedade, em que a personalidade jurídica da sociedade em dissolução é mantida mesmo após a extinção da empresa.[288] E isso não conflita com o que dissemos, pode e tem outros fundamentos, contudo.

Ainda pode ser argumentado que a solução que propomos conduziria à necessidade de o direito atribuir personalidade jurídica aos grupos. Acrescemos ao que dissemos no início deste livro, o que Coutinho de Abreu defende: *entes não personalizados ... sociedades comerciais antes da escritura pública e do registo ... os tem ou podem ter* (em referência a interesses coletivos).[289]

Reconhecer a existência de interesses coletivos nos grupos não nos leva a compreendê-los como estruturas que reclamam a conformação do direito via atribuição de personalidade jurídica.

---

288. ABREU, Jorge Manuel Coutinho de. *Da empresarialidade*: as empresas no direito. reimp. Coimbra: Almedina, 2013, p. 245.
289. ABREU, Jorge Manuel Coutinho de. *Da empresarialidade*: as empresas no direito. reimp. Coimbra: Almedina, 2013, p. 245.

1.5.4 Um olhar alternativo ao da teoria da agência e ao do institucionalismo econômico de Williamson – uma proposta de agenda de pesquisa a partir da *fiduciary law* aplicada no contexto dos grupos de sociedades

E quando os mecanismos de governança *ex ante* falham?

E quando os interesses presentes no conjunto de contratos (*nexus* contratual) não são suficientes para resolver os conflitos de agência?

Uma resposta pode ser dada pelo conceito de *forbearance*. Nesse caso, a solução judicial deve ser evitada de maneira a forçar as partes a encontrarem a solução ótima. Isso, na proposta de Williamson, contribui para o desenvolvimento do conceito de hierarquia, elaborado por Coase, na medida em que o judiciário não deve se prestar a ser uma instância de resolução de conflitos existentes entre divisões internas da empresa, envolvendo matéria técnica. Mais propriamente, Williamson, ao diferenciar os mercados das hierarquias, afirma "the courts will hear disputes o fone kind (relativas ao mercado) and will refuse to drown into the resolution of disputes of the other"[290] (relativas à hierarquia). Na hierarquia, questões envolvendo preços internos, qualidade de produtos ou serviços no plano interno, dentre outras, não devem ser apreciadas pelo judiciário.

A partir desse desenvolvimento, o autor faz uma defesa da *business judgment rule*.[291] Mecanismo que, em última análise, evita a chamada *second guess*, ou a revisão das decisões dos administradores pelos tribunais. A análise sobre as suas diferentes abordagens refoge à proposta deste trabalho, no entanto.

Mas outra pode ser explorada tendo em vista os incentivos produzidos pelos mecanismos sancionatórios do Estado (mecanismo *ex post*) sobre o alinhamento de interesses (mecanismo *ex ante*) presente no conjunto de contratos.

Assim, incursionamos numa trajetória alternativa por meio da questão: a *fiduciary law* poderia trazer algum *insight* para a resolução dos problemas relacionados aos grupos de fato (qualificado)?

Apesar de seu pouco desenvolvimento nos países da *civil law*, em especial no Brasil, é uma teoria especializada em identificar o detentor de autoridade sobre interesses de terceiros e de conformar as suas ações. Vimos que grande parte dos problemas manifestados pela organização das sociedades por meio dos grupos decorre do fluxo dessa autoridade que nem sempre está localizado em uma determinada sociedade ou mesmo em uma instância organizacional (vide grupo de fato), o que confere certa relevância aos conhecimentos produzidos por

---

290. WILLIAMSON, Oliver E. *The mechanisms of governance*. Oxford University Press, 1996. p. 99.
291. WILLIAMSON, Oliver E. *The mechanisms of governance*. Oxford University Press, 1996. p. 98.

essa teoria. Consideramos, então, a possibilidade de uma agenda de pesquisas a partir da *fiduciary* law.

Com isso, caminhamos para o fechamento da primeira parte do livro e relacionamos o que foi abordado até aqui com o que será elaborado à frente.

A abordagem do problema dos grupos de sociedades por intermédio da teoria jurídica da *Fiduciary Law* pode possibilitar a realocação do centro de decisão em relação aos principais/atribuidores, relativizando as barreiras da norma que limita a responsabilidade fundada na autonomia patrimonial (que podem localizar-se dentro da estrutura do grupo de sociedades).

As teorias da agência e da *Fiduciary Law* lidam com situações em que há transferência de poder[292] (ou de propriedade) de seu titular original para um terceiro que detém discricionariedade (autoridade) pelas decisões e com os conflitos que podem surgir ante uma tendência presumida de comportamento oportunístico ou mau uso do poder (usurpação) por parte do agente (ou fiduciário).

Consideramos que o estudo é complementar no que se refere aos problemas de agência em si considerados. O ponto de complementariedade é o efeito que as regras do jogo podem provocar no alinhamento de interesses. São os efeitos sobre o comportamento dos envolvidos em um problema de agência produzidos pela ciência de que estão submetidos às normas da *fiduciary law*. A teoria positiva da agência – uma das possíveis abordagens do problema de agência – é especializada em um tipo de custos (custos *ex ante*). A abordagem feita pela *fiduciary law* é especializada em normatizar o comportamento do fiduciário (agente), impondo a eles deveres mais ou menos intensos de acordo com a tipologia da relação fiduciária, em situações de conflitos de interesses entre atribuidores (principais) e fiduciários (agentes). Ou seja, o problema fundamental entre ambas as teorias é próximo. A diferença, no que diz respeito ao problema em concreto, é que a *fiduciary law* é mobilizada em momento posterior ao do conflito, enquanto que a teoria positiva da agência estuda incentivos de alinhamento anteriores ao conflito. Mas não podemos negligenciar os efeitos produzidos por normas que regulam o conflito sobre o comportamento dos indivíduos em momento anterior ao estabelecimento em concreto desse conflito de interesses.

A alteração da lógica da *Agency Theory* para a da *Fiduciary Law* permite, por exemplo, reduzir a ênfase dada aos mecanismos de *disclosure* (preocupação com o fluxo de informação para o investidor de maneira a reduzir o problema de

---

292. (...) *"power" means legally protected freedom to do or not to do what one wishes without the interference of other persons, including the ability to limit one's freedom by one's free will and actions (e.g., entering into binding obligations with respect to assets and property rights).* FRANKEL, Tamar. *Fiduciary Law*. Oxford, New York: Oxford University Press, 2011. p. 17.

assimetria de informações) para preocupações como a insuficiência das normas de mercado (a existência de custos nos mecanismos de preço, como preconiza Coase) e dos mecanismos de autoproteção na equalização dos conflitos de interesses existentes no espaço societário ou entre as sociedades integrantes do grupo.

Já assumindo esse referencial (o que não descarta as contribuições da teoria positiva da agência e as do institucionalismo econômico de Williamson), percebe-se que há uma contraposição nas abordagens contratualistas e fiduciárias na *common law*.[293] Nota-se que ante a ausência ou na presença de pequena extensão de estatutos legais na *common law*, a liberdade de contratar é muito maior do que a existente na *Civil Law* (em que há maior ocorrência de normas cogentes em seus documentos normativos legislados). A abordagem da *Fiduciary Law* traz em si um conteúdo de normas cogentes de maior densidade do que aqueles encontrados no direito dos contratos, tratando de forma diferenciada o problema da autonomia *versus* a heteronomia em matéria societária (como exemplo, citamos as diferentes soluções propostas para a regulação dos chamados deveres fiduciários dos administradores e mais especificamente a possibilidade, defendida por contratualistas, da mitigação de deveres de lealdade que a eles, os administradores, são impostos).

Um outro ponto relevante na abordagem fiduciária da problemática envolvendo a polarização entre os titulares de interesses (atribuidores) e os titulares do poder de decidir (fiduciários), diz respeito ao mecanismo sancionatório. Talvez a conclusão da análise comparativa, permita demonstrar que os pressupostos necessários para a caracterização de uma relação fiduciária podem ser mais eficientes que a caracterização do ilícito (seja o ilícito estrito sensu, seja o abuso de poder) para resolver problemas advindos das sociedades em grupo (especialmente no caso de grupo de fato qualificado). Assim, também, pode ser mais eficiente para resolver problemas advindos de corrupção (veja o caso do general da armada inglesa, em que não foi caracterizada a relação fiduciária, mas restou caracterizada a atribuição de poder, permitindo à Corte inglesa determinar a transferência dos ganhos obtidos pelo corruptor, o que não anula a eficiência da aplicação de outras sanções mais gravosas).[294]

---

293. Quanto à fórmula jurídica que faz emergir a relação fiduciária, observa-se que (...) "Most of us maintain fiduciary relationships throughout our lives. We relate to others both as fiduciaries (agents, corporate officers and directors, trustees, lawyers and physicians), and as the parties to fiduciaries (principals, investors, beneficiaries, clients and patients). These relationships can be embedded in contracts, in property transfers, in shareholding, and in other types of everyday transactions. And yet, little has been written about all these relationships as a group. Where did they come from, and where are they going in the future?" (In: FRANKEL, Tamar. *Fiduciary Law*. Oxford, New York: Oxford University Press, 2011. XIII p. das notas introdutórias).

294. (...) "If a servant, in violation of his duty of honesty and good faith, takes advantage of his service to make a profit for himself, in this sense, that the asserts of which he has control, or the facilities which he enjoys, or the position which he occupies, are the real cause of his obtaining the money, as distinct

Importante ponto de destaque, neste momento de introdução, é a recorrência social das relações fiduciárias e sua caracterização heterônoma, no sentido que independem dos termos redutivos das vontades dos envolvidos na relação, assim como do tipo jurídico que lhe serve de substrato: (...) "The general principle is that while the parties determine the terms of their relationships, by contract, behavior, or other means, the courts determine the legal classification of the relationship.[295] O que é importante dentro do sistema metódico com que trabalhamos especialmente o grupo de fato (governança por meio do modelo de empresa, que possibilita identificar a sociedade controladora como sendo a estrutura jurídica que determina a hierarquia do grupo).

Tal assertiva justifica-se porque a delegação para as partes do poder de determinar a qualificação legal das relações por elas constituídas pode gerar resultados inaceitáveis.[296] Esse argumento pode ser reforçado por um problema econômico: esse problema é evidenciado pelo contexto, quando decisões e comportamentos podem prejudicar a coletividade em geral. *The social harm caused by each individual is often unverifiable, by which we mean not provable to a third party. (...) In these circumstances, implementing the usual liability rules or externality taxes is difficult or impossible.*[297]

Uma interpretação contratualista (ancorada em normas dispositivas) poderia levar a soluções ineficientes: o sistema de remuneração dos executivos é objeto de negociação a preço de mercado, sendo que acionistas insatisfeitos sempre podem retirar-se, vendendo suas ações. Entretanto, tal consideração, fundada no mecanismo de preços (solução de mercado) não leva em conta os efeitos negativos causados para o sistema financeiro, que tem sua credibilidade abalada, levando vários investidores a retirarem seus investimentos não somente das sociedades implicadas na questão em causa, como do sistema como um todo. O mesmo raciocínio pode ser aplicado em relação aos minoritários das sociedades controladas, a solução de mercado (um dos modos de governança) pode não equacionar o problema de agência, já que as informações não fluem isentas de preços.

---

from being the mere opportunity for getting it, that is to say, if they play the predominant part in his obtaining the money, then he is accountable for it to the master.

§ It matters not that the master has not lost any profit, nor suffered any damage.

§ Nor does it matter that the master could not have done the act himself."

(Reading v. Attorney-General case brief summary Disponível em: http://www.lawschoolcasebriefs.net/2014/05/reading-v-attorney-general-case-brief.html#sthash.hnmntQDa.dpuf. Acesso em: 11 fev. 2018.

295. FRANKEL, Tamar. *Fiduciary Law*. Oxford, New York: Oxford University Press, 2011. p. 69.

296. FRANKEL, Tamar. *Fiduciary Law*. Oxford, New York: Oxford University Press, 2011. p. 71.

297. COOTER, Robert and PORAT, Ariel. Total Liability for Excessive Harm. *The Journal of Legal Studies*, v. 36, n. 1, p. 63-80, Chicago, 2013.

Então, surge a dificuldade na mensuração do prejuízo sistêmico. A solução tende a migrar dos mecanismos clássicos de responsabilidade civil para mecanismos de regulação, que impõe determinados padrões de comportamentos a certos agentes. As soluções encontradas na *Fiduciary law* não devem ser negligenciadas, entretanto. Principalmente os seus efeitos sobre a canalização do autointeresse dos indivíduos para a promoção de ganhos sociais. O ponto nevrálgico desse mecanismo é encontrar o agente (ou seja, o detentor do poder de decisão) e lhe impor um determinado comportamento.

Aqui, não podemos descuidar dos conhecimentos produzidos pelo institucionalismo econômico, que nos possibilita identificar a forma mais adequada de governança (mais ou menos hierarquizada) e de suas possibilidades para equacionar os problemas dos grupos de sociedades. Uma situação em que as partes contratam o grupo é diferente de outra em que o controle decorre do poder do voto (declaração unilateral de vontade), logo as soluções de governança devem ser diferentes. Solução que reconhece a hierarquia no segundo caso e possibilita a sua mais adequada normatização. Solução que a nosso ver, trata melhor os custos da ineficiência adaptativa decorrentes de transações que se afastam do alinhamento em relação à curva contratual (representando a situação ótima na alocação de recursos); da barganha resultante de esforços bilaterais para a correção de desalinhamentos *ex post*; dos oriundos de disputas envolvendo as estruturas de governança; e dos decorrentes de alinhamento para efetivamente assegurar os compromissos assumidos.

Aqui novamente recorremos às regras do jogo sobre o comportamento dos indivíduos e a necessidade de uma uniformização do tratamento da jurisprudência dos tribunais sobre determinado problema. Mesmo cientes dos argumentos que defendem uma solução contratual para as partes, fundados na maior liberdade e, por consequência, mais adaptáveis às necessidades do `espírito empreendedor´, entendemos que eles não invalidam a utilidade da *fiduciary law*. O dever de cuidado, por exemplo, pode se apresentar em graus diferentes de intensidade a depender da tipologia das relações fiduciárias. Isso não significa aumentar custos na burocracia interna das organizações, isso significa trabalhar com padrões jurisprudenciais bem definidos para cada tipo de problema, oriundos de relações em que há discricionariedade do agente para cuidar de interesses de terceiros. Isso significa reduzir os espaços para comportamentos oportunísticos. Isso significa trabalhar com padrões que preenchem os contratos. Enfim, isso pode reduzir custos de transação finais.

Retomando a questão da utilidade da *fiduciary law*, diante dos mecanismos da responsabilidade civil e dos da regulação. Numa solução de regulação, o Estado impõe determinados comportamentos aos agentes (o mecanismo de governança *say on pay*[298] é um exemplo), ou restringe comportamentos (proibição de listagem). Outra possibilidade, é a imposição de tributos ou a concessão de subsídios visando a estimular ou a desestimular determinados comportamentos. Ao lado dessa solução, há a responsabilidade civil.

Um dos critérios para a definição de qual mecanismo é indicado é buscar tanto pelo detentor, quanto pela qualidade das informações detidas. Se o Estado possui meios de prever a extensão do dano, é preferível as soluções de regulação (uma tributação, por exemplo). Já, se a vítima possui a informação, melhor a solução dada pela responsabilidade civil.

O problema que se apresenta é que a extensão dos danos provocados pelo comportamento da sociedade controladora é de difícil (ou impossível) mensuração para o Estado, principalmente se levarmos em consideração aqueles suportados pelos credores das sociedades controladas (é o caso, por exemplo em que os arranjos grupais são estruturados para dificultar o acesso dos credores ao patrimônio do agente). O que dificulta a utilização de soluções de regulação. Além disso, os custos sociais envolvidos na regulação, em regra, são maiores que aqueles envolvidos na responsabilização de agentes, já que estes últimos somente incidem quando o problema se manifesta (ou em sua iminência). Soma-se, ainda, o fato de que, quando os mecanismos regulatórios falham, as vítimas podem assumir as funções de prevenção ou de correção do problema, razão pela qual seu papel não deve ser descartado.[299]

Levando-se esse raciocínio à frente e quando se está diante de uma relação principal-agente, a *Fiduciary Law* pode oferecer uma solução viável (ou produzir *insights* interessantes para o estudo da responsabilidade civil na *civil law*) porque: i) não afasta os interessados da prevenção ou da correção do problema; ii) não foca na extensão do dano; e iii) somente gera custos quando ocorrem ou na iminência de ocorrer problemas.

A lógica da Fiduciary Law:

O problema colocado (de agência), como afirmado, pode ser estudado por meio do direito fiduciário: ao assumir que a disciplina reflete as tensões de uma determinada sociedade, seu papel seria o de intervir e corrigir quando há dis-

---

298. SEC. 14A. (incluída pela Dodd-Frank Act). "Not less frequently than once every 3 years, a proxy or consent or authorization for an annual or other meeting of the shareholders for which the proxy solicitation rules of the Commission require compensation disclosure shall include a separate resolution subject to shareholder vote to approve the compensation of executives, as disclosed pursuant to section 229.402 of title 17, Code of Federal Regulations, or any successor thereto." Dispositivo análogo, pode ser encontrado no direito brasileiro, mais especificamente na Instrução Normativa da CVM 481.

299. KAPLOW, Louis e SHAVELL, Steven. *Economic Analises of Law*. Elsevier Science, 2002. p. 1694-1696 p.

torções no equilíbrio entre os polos das relações fiduciárias. O desequilíbrio tem em sua base um fundamento social, segundo o qual os indivíduos se organizam em sociedade para melhorar seu bem-estar, sendo que esta melhoria decorre das diferentes expertises apresentadas pelos indivíduos no tratamento de problemas específicos. Por outro lado, essa característica leva a situação em que indivíduos têm que confiar em outros indivíduos com conhecimentos mais especializados.[300]

De uma forma mais genérica, pode-se dizer que o problema surge quando o comportamento autointeressado do especialista o leva a causar prejuízo ao que a ele se vincula. A par do que, a sociedade desenvolve mecanismos para tentar corrigir tais problemas, dentre os quais encontra-se a fiduciary-law. Em adição à motivação à confiança, há também um encorajamento à autoproteção.

A linha que separa a confiança da autoproteção é influenciada por fatores que envolvem a condição específica dos indivíduos (adultos, crianças etc.), a natureza da relação (igualdade ou desigualdade no poder de barganha entre os atores envolvidos na relação), e a fatores culturais de uma determinada sociedade (maior ou menor aversão a comportamentos antissociais, por exemplo). Sobre este último aspecto, seria interessante uma comparação com o modelo japonês, tanto o comportamental, quanto o de governança.[301]

A *fiduciary Law* parece ser um mecanismo que busca o equilíbrio entre os riscos do *entrustment* e os custos do monitoramento, da autoproteção e da interferência estatal. Quanto menor forem os custos de monitoramento, maior a capacidade de autoproteção do atribuidor (*entruster*), menor a necessidade de intervenção do Direito. É muito difícil isolar um ponto particular em que um *"slippery slope"* em direção a um abuso na relação fiduciária se inicia. É mais fácil delimitar uma escala de zonas perigosas quando o *"slippery slope"* se inicia ou está propenso a se iniciar. Nessa área, a certeza de uma regra em particular (se é que é possível atingir essa certeza) pode se esvair em sua função de manter o *trust in*, a *reliance on* e os *fiduciary services*. Em consequência, a *fiduciary law* foca nessa faixa propensa a abusos nas posições do agente e a baixos níveis de performance.[302]

---

300. FRANKEL, Tamar. *Fiduciary Law*. Oxford, New York: Oxford University Press, 2011. Notas introdutórias.

301. FRANKEL, Tamar. *Fiduciary Law*. Oxford, New York: Oxford University Press, 2011. Notas introdutórias

302. "Reliance and trust are closely related. Both trust and reliance are self-contradictory. I define trust as a reasonable belief that the other party will tell the truth and perform its promises. Volitional reliance may be viewed as active trust. Both reliance and trust are socially valuable, especially in situations involving high cost of verifying the truth of other people's statements and the reliability of their promises. The Russian proverb "Trust but verify" is self-contradictory but true. People compare the cost of trusting and relying on others with the cost of verification (or avoiding interaction)." (In: FRANKEL, Tamar. *Fiduciary Law*. Oxford, New York: Oxford University Press, 2011. XVI p. das notas introdutórias).

O que caracteriza as relações fiduciárias?

Problemas encontrados para uma definição das relações fiduciárias pela jurisprudência estadunidense: o principal problema é a amplitude das situações e dos contextos em que tais relações ocorrem na sociedade. A partir dessa dificuldade, o judiciário tem se apoiado na metodologia "de fato" ou funcional, procurando identificar situações em que determinada pessoa possui autoridade discricionária para decidir sobre matéria que afeta interesses de outra (do atribuidor ou do principal). Em adição, a questão atinente a identificação da condição de fiduciário é somente o início de uma série de verificações, que devem ser seguidas por investigações acerca de quem é protegido pelos deveres fiduciários (quem é o principal?), quais os deveres que recaem sobre o fiduciário, sobre quais aspectos recaem falhas no cumprimento de tais deveres, e, por fim, quais as consequências jurídicas de tais incumprimentos (as sanções).

Em outros sistemas jurídicos da Common Law, verifica-se a existência do mesmo problema. Na Austrália, por exemplo, constata-se que o Judiciário evita a definição do que seja a relação fiduciária, deixando essa definição em aberto para a análise casuística. Em alguns casos, o Judiciário procura nas relações contratuais pela existência de características que levariam à sua caracterização, em outros, os tribunais tendem a procurar por legislação que especificamente normatiza a relação fiduciária de forma explícita, negando a sua competência para reconhecer a existência de tais relações para além do direito legislado (sobre esse aspecto, ver o caso citado em que o tribunal nega a existência da relação fiduciária entre o presidente de uma companhia de seguros e a sociedade civil (*the public*) em virtude da inexistência de lei. O caso é interessante por duas razões: a) é matéria penal, portanto, há a questão específica da reserva legal e; b) trata-se da promiscuidade entre o agente privado e a esfera pública, mais especificamente na influência exercida pelo agente privado sobre os agentes públicos que determinou a contratação de serviços médicos. Há casos outros em que os tribunais consideram interesses sociais, como por exemplo nos casos em que hospitais negam o acesso de médico que porta uma qualificação genérica (um não especialista).[303]

Analisando o Direito Inglês, Joshua Getzler (citado por Frankel) sintetizou as características da relação fiduciária: "a fiduciary obligation is a legal requirement that a person in a fiduciary position should promote exclusively the beneficiary's

---

303. Ver casos: Frank Martinelli, Plaintiff-Appellee, v. Bridgeport Roman Catholic Diocesan Corporation, Defendant-Appellant. United States Court of Appeals, Second Circuit.; Walter P. MAKSYM, Jr., Plaintiff-Appellee, v. Dolores LOESCH, Defendant-Appellant. United States Court of Appeals, Seventh Circuit; UNITED STATES of America, Plaintiff-Appellee, v. Stephen Wayne MURPHY, Defendant-Appellant. United States Court of Appeals, Ninth Circuit. Dentre outros. (Todos os casos citados por Frankel em: FRANKEL, Tamar. *Fiduciary Law*. Oxford, New York: Oxford University Press, 2011. p. 1-4).

interests, and refrain from allowing any self-interest or rival interests to touch or affect his or her conduct." O ponto destacado neste trecho refere-se ao dever de lealdade do fiduciário ante sua posição que lhe permite discricionariedade ao decidir sobre os interesses do atribuidor.

A partir do que, dando maior substância aos padrões que devem ser edificados pela jurisprudência, quando da aplicação da *Fiduciary Law*, mencionamos a variedade de contextos em que tais relações podem ocorrer, sendo que tal fator (variabilidade de contextos) sensibiliza o direito que responde por meio de uma gradação na densidade dos chamados deveres fiduciários: "the obligation will take on variable intensities in different contexts; and selfinterest or rival interests may be permitted if clearly disclosed and allowed by the beneficiary, or perhaps allowed by accepted general practice or by approval of a court or legislature."[304]

Outro ponto caracterizador da relação fiduciária é seu aspecto relacional (característica que a aproxima da condição de incompletude contratual):

> Typically the fiduciary will have a continuing relationship with the beneficiary that resists complete specification by agreement or contract and instead bestows discretions; and the fiduciary will generally have strong powers to change the beneficiary's legal position and affect his or her interests unilaterally which make it difficult for the beneficiary to monitor the fiduciary's conduct of his or her business, hence strong remedies are accorded to the beneficiary to restore balance to the relationship.[305]

Três elementos caracterizam a relação fiduciária: a) atribuição de propriedade ou poder; b) a confiança/dependência dos beneficiários em relação aos fiduciários; c) o risco dos beneficiários imanentes à atribuição. Estes três elementos variam de intensidade a depender da relação fiduciária que se estabelece. Por exemplo, na *agency law* o principal pode controlar as ações do agente, assim como pode escolhe-lo. Tais características podem significar um menor risco advindo da atribuição. Já no caso do *Trust* (*Trust Law*), definido como uma relação em que um proprietário atribui a propriedade a um terceiro (*trustee*), impondo deveres fiduciários a esse agente, e demandando dele que faça a gestão da propriedade em prol de beneficiários especificados, nota-se que não há evidência de controle do atribuidor sobre os atos do fiduciário (*trustee*) e nenhuma menção sobre a necessidade do consentimento dos beneficiários no negócio realizado. Em realidade, os beneficiários não escolhem, nem mesmo controlam o *trustee*. O direito é sensível a estas diferenças, impondo, em geral, maiores limites ao *trustee* em relação ao *agente* (na *agency law*).

---

304. FRANKEL, Tamar. Fiduciary Law. Oxford, New York: Oxford University Press, 2011. p. 18.
305. FRANKEL, Tamar. *Fiduciary Law*. Oxford, New York: Oxford University Press, 2011. p. 19.

Atentamos para o fato de que o tipo de atribuição varia segundo seus termos e natureza. Se o atribuidor (truster) reservar para si grande poder e uso sobre a propriedade atribuída, correspondendo a um controle completo sobre as decisões do *trustee*, a relação ainda é fiduciária, mas deve ser caracterizada como uma *agency* e não como um *trust*.[306] A mutação nos termos e função da relação também é facilmente percebida quando contextualizada a atividade do agente financeiro, que pode tanto administrar ativos de seus clientes ou aconselhar seus clientes sobre a melhor forma de realizar os seus interesses. Nesta situação, similarmente, percebe-se uma diferença no nível de controle que o beneficiário dos serviços tem sobre o comportamento do agente em relação aos seus interesses, assim como o grau de poder conferido por aquele a este. Como colocado antes, essas diferenças não desnaturam a qualidade fiduciária da relação, mas implicam em um tratamento jurídico diferenciado.[307]

Ainda na sequência desta lógica que permeia a caracterização de uma relação como sendo fiduciária ou não, admite-se que uma vez caracterizada, suas diferentes nuances que devem ser apercebidas pelo direito. Tamar Frankel ilustra casos como o do engenheiro de software que desenvolve um sistema informático para um agente financeiro com o fim de monitorar as trocas nos mercados financeiros ou de um periódico especializado em investimento ou finanças que avalia ativos para investimento. O objetivo da autora é o de evidenciar que, ante a falta de atribuição de propriedade ou de poder tanto em direção ao engenheiro, quanto ao articulista, não fica caracterizada a relação fiduciária. A par do didatismo da colocação da autora, esse raciocínio tem a função de explicitar a importância da identificação dos graus ou níveis de intensidade na atribuição de propriedade ou poder a fim de determinar se há ou não, em concreto, uma relação fiduciária.[308]

No entanto, alguns aspectos que envolvem a caracterização da relação como sendo fiduciária e que merecem apontamentos:

1) A atribuição fiduciária não depende do grau de especialidade do beneficiário. O beneficiário pode ser tão especialista quanto o fiduciário. Pode, no entanto, contratá-lo por razões emotivas, por exemplo. O que pode variar é o nível de controle exercido pelo beneficiário em relação ao fiduciário. Mas, em todo caso, a relação fiduciária não se desnatura;

2) O número de beneficiários aumenta o poder do fiduciário por duas razões: a) usualmente, fiduciários que controlam ativos de muitos beneficiários, controlam uma grande riqueza. Essa riqueza, por sua vez, pode atrair interesses,

---

306. FRANKEL, Tamar. *Fiduciary Law*. Oxford, New York: Oxford University Press, 2011. p. 8.
307. FRANKEL, Tamar. *Fiduciary Law*. Oxford, New York: Oxford University Press, 2011. p. 9.
308. FRANKEL, Tamar. *Fiduciary Law*. Oxford, New York: Oxford University Press, 2011. p. 9.

como o de um banco. O problema surge quando o fator que determina a contratação desse serviço bancário, por exemplo, são os benefícios pessoais oferecidos ao fiduciário. O aspecto comportamental aqui envolvido: (...) "when treated like owners", os fiduciários "can begin to feel like the owners". b) os mecanismos de controle e monitoramento do fiduciário tornam-se mais complexos. Por tais razões, Tamar Frankel conclui: "at least in theory, agency is less risky to entrustor-principals than directorship is to entrustor-shareholders." (...) The larger the number of entrustors, the weaker the entrustors' ability is to exercise constraints and enforce accountability on the fiduciary".[309] Esse mesmo raciocínio pode ser aplicado aos grupos de sociedades.

O alargamento do conceito de poder nas relações fiduciárias: o poder pode estar relacionado à propriedade ou não. O poder de um cirurgião sobre o corpo do paciente, por exemplo, não está relacionado à atribuição de propriedade. Os serviços podem estar relacionados à propriedade ou não. Um mandatário pode vincular seu mandante a uma obrigação. Um corretor pode induzir seu cliente a compra de um ativo. Entretanto, em todos os casos, em geral (ante a ressalva feita em linhas acima) a marca característica dos serviços para efeitos de caracterização de uma relação fiduciária é a assimetria de informação, de expertise. A tônica na distinção é a caracterização da situação de poder nesses casos e a pouca comoditização desses serviços altamente especializados.

Tipos de atribuições de propriedade e de poder:

a) informação: é o caso de informações relevantes obtidas por administradores ou acionistas antes que tais informações possam ser utilizadas por qualquer outra pessoa. Caso interessante é a da caracterização de relação fiduciária entre sócios, especialmente nos casos em que são poucos os sócios, essencialmente, nas companhias de capital fechado. Tamar Frankel exemplifica a situação com a hipótese em que um determinado sócio A recebe uma oferta de aquisição de sua participação societária de um terceiro. A partir do que, dirige-se ao sócio B propondo-lhe comprar suas ações por um preço inferior, sem, contudo, informar-lhe acerca da oferta recebida do terceiro. A, nesse caso, é caracterizado como fiduciário de B, podendo ser responsabilizado pela apropriação indevida da informação. É também o caso do controlador de grandes companhias. O controle cria uma atribuição de poder sobre os interesses dos minoritários. O critério que vem sendo utilizado pela jurisprudência dos tribunais estadunidenses na definição da titularidade da informação é o do criador/autor da informação.[310]

---

309. FRANKEL, Tamar. *Fiduciary Law*. Oxford, New York: Oxford University Press, 2011. p. 10-11.
310. FRANKEL, Tamar. *Fiduciary Law*. Oxford, New York: Oxford University Press, 2011. p. 20.

> Today, corporate officers and directors are entrusted with the control of corporate assets to be exercised for the benefit of the corporation and its shareholders. The same officers are entitled to compensation in exchange for their services. Exchange and entrustment can, and often do, reside in the same relationship. Yet they should be distinguished, and be subject to different rules.[311]

O mesmo raciocínio externado neste texto pode-se aplicar à sociedade mãe numa relação de controle de fato (qualificado) com as sociedades controladas. A controladora pode ser compreendida como fiduciária das controladas.

Em relação ao último elemento caracterizador da relação fiduciária (o risco advindo da relação para o atribuidor), pondera-se que a discricionariedade do agente (fiduciário), necessária à execução de seu mister, pode levá-lo a usurpar a propriedade ou o poder atribuído, segundo as circunstâncias que evolvem a relação:

1) O primeiro risco deve-se a necessidade de que a atribuição de poder ou de propriedade ocorra antes da performance dos serviços. Antes da consolidação da relação ou durante sua negociação, o atribuidor (principal ou *entruster*) geralmente ocupa uma posição de vantagem sobre o fiduciário, que compete pela posição (caso de administradores de sociedades, por exemplo). Entretanto, a atribuição de poder ou de propriedade necessária para a performance dos serviços envolvidos retira essa vantagem inicial. Essa vantagem inicial não está presente necessariamente numa relação de grupo. Pode estar, entretanto, quando uma determinada sociedade busca por sociedades interessadas em realizar aportes de capital. Nessa específica situação, podemos considerar que no momento inicial, a controlada possui uma situação de vantagem em relação à controladora, já que conhece melhor a sua estrutura e o negócio por ela explorado.

   Há exemplos mais genéricos. O do inventor que cede todos os detalhes de seu invento para o empresário que irá produzi-lo ou comercializá-lo. Certas relações não permitem que sejam realizadas avaliações antes da atribuição da propriedade ou do poder. Por exemplo, o caso do cirurgião que toma decisões durante o procedimento cirúrgico ou do advogado que toma decisões durante uma audiência. Mais especificamente, do administrador que toma decisões cujos efeitos podem ser influenciados por fatores externos (como uma crise econômica) e que só podem ser avaliadas em um momento futuro em que as informações estão disponíveis.[312]

---

311. FRANKEL, Tamar. *Fiduciary Law*. Oxford, New York: Oxford University Press, 2011. p. 23.
312. FRANKEL, Tamar. *Fiduciary Law*. Oxford, New York: Oxford University Press, 2011. p. 26.

2) O segundo fator de risco liga-se a inviabilidade de especificação das atividades do fiduciário antecipadamente. Há contratos de longa duração (relacionais, incompletos) em que a atribuição de poder pode ser especificada e avaliada durante a execução do contrato. Um contrato de construção, por exemplo, permite que, durante a sua execução, avaliações de *compliance* do executor com as especificações contratadas possam ocorrer. Mas nas relações fiduciárias, as especificações (orientações) devem ser vagas e o risco de usurpação do poder ou da propriedade é grande porque o cumprimento de uma orientação específica não pode ser verificado à parte da avaliação do cumprimento do serviço em sua totalidade. Novamente, é citado o exemplo do advogado que toma decisão durante uma audiência, do cirurgião no momento do procedimento cirúrgico, do agente de investimentos e do administrador de uma sociedade.[313] Assim, a situação é ainda mais complexa, no âmbito societário, nos casos de grupos de sociedade de fato. Nos grupos de sociedade de direito, apesar de que certas especificações podem constar do contrato de constituição do grupo societário, a dinâmica dos negócios eleva muito os custos dessas avaliações de conformidade.

3) O terceiro fator é que o risco do atribuidor não pode ser facilmente reduzido sem a redução no valor (referente à qualidade) dos serviços prestados pelo fiduciário. Não é possível prescrever precisamente a forma em que o serviço será prestado. Isso em decorrência de dois fatores: i) falta de expertise do atribuidor (assimetrias de informação); ii) mudanças no ambiente (circunstâncias) em que o serviço será prestado. Qualquer tentativa de se produzir uma enumeração de diretivas pode prejudicar a prestação dos serviços. O instrumento da *compliance* pode ser insuficiente nestas relações. Isso não significa que alguma limitação ou diretriz possa ser imposta ao fiduciário. O nível de restrição imposta pode variar de acordo com os serviços a serem prestados. Quanto maior o nível de especificação e restrição imposto ao fiduciário, menor a densidade dos deveres jurídicos. Discricionariedade limitada presume uma menor supervisão e menores custos de monitoramento para o atribuidor. Essa lógica pode ir até um ponto em que o prestador de serviços não se encontra numa relação fiduciária. Em geral, o empregado não é um fiduciário. Quando um empregador pode se proteger contra comportamentos abusivos dos empregados sem comprometer a prestação de serviços, ele deve fazê-lo. Entretanto, quando um empregado é confiado com uma informação e

---

313. FRANKEL, Tamar. *Fiduciary Law*. Oxford, New York: Oxford University Press, 2011. p. 26.

que os custos necessários para reforçar a confiabilidade deste empregado no que se relaciona ao uso (ou abuso) dessa informação é alto (um contrato não é eficaz), o judiciário pode reconhecer a relação como sendo fiduciária.[314]

4) O quarto elemento que repercute no risco para o atribuidor é que monitoramento (verificação) da performance dos fiduciários envolve altos custos para o atribuidor. A política por trás da *fiduciary law* pode ser colocada da seguinte forma: a *fiduciary law* nasce como uma medida profilática para combater a usurpação de ganhos por parte do fiduciário precisamente porque a parte mais forte numa relação fiduciária controla todas as informações relevantes da relação, podendo facilmente camuflar seus erros em relação à parte mais fraca mesmo em relação ao Judiciário. Os custos de monitoramento são um dos elementos da relação fiduciária e influenciam a arquitetura das normas jurídicas ao levar em consideração os custos das restrições impostas aos fiduciários e os benefícios advindos da redução dos custos envolvidos no convencimento dos atribuidores acerca da confiabilidade destes fiduciários. Mesmo em relação à atribuidores com alta expertise, como no caso de investidores altamente especializados, que podem melhor escolher seus administradores e monitorá-los de forma mais efetiva, ainda há riscos de abuso por parte dos fiduciários. A exemplo, Tamar Frankel cita a crise financeira eclodida em 2008: "um monitoramento meticuloso das atividades de quem perpetrava a conduta por tantos anos foi muito caro para muitos investidores especializados. Alguns suspeitaram e evitaram o investimento, mas muitos não."[315]

Essas considerações sobre a *fiduciary law* podem em certa medida ajudar na compreensão dos problemas presentes nos grupos de direito e de fato, que estão no âmbito da licitude (à exceção do grupo de fato qualificado), muito embora as

---

314. Por exemplo, no caso Brophy v. Cities Service Co. *an executive secretary of a corporate director and officer acquired confidential information that the corporation was planning to purchase its shares on the open market, in quantities sufficient to cause a rise in the share´s market price. Before the corporation executed its purchases this secretary acquired the corporate shares for his personal account, or for the account of his nominees, and sold the shares at a profit after the price of the shares rose as a result of the corporate acquisition.* (In: FRANKEL, Tamar. *Fiduciary Law*. Oxford, New York: Oxford University Press, 2011. p. 9). O Judiciário no caso reconheceu a existência de relação fiduciária entre o empregado e a sociedade empregadora, aplicando como sanção a restituição (*disgorment*). Ponto interessante a observar é que não houve dano emergente direto à sociedade emissora das ações, vez que as ações foram adquiridas no mercado e que tal aquisição não prejudicava a estratégia da companhia (retirar ações do mercado), o que aproxima a solução de certos desenvolvimentos da responsabilidade que dispensam o dano. O caso é relativo ao direito estadunidense. No Brasil, há restrições para a manutenção de ações em tesouraria.

315. FRANKEL, Tamar. *Fiduciary Law*. Oxford, New York: Oxford University Press, 2011. p. 29.

relações mantidas entre as sociedades controladoras e controladas possam ser caracterizadas como fiduciárias.

Com isso não queremos contradizer o que será afirmado no capítulo seguinte: direção unitária (em um caso) e influência determinante (em outro) encontram justificação no Direito. Evidentemente, isso não impede que o legislador sancione as sociedades controladoras pela reparação dos danos ou compensação de prejuízos sofridos pelas filiais, pois a responsabilidade civil não requer o ato ilícito e a culpa como pressupostos obrigatórios. A obrigação de indenizar resultará do nexo causal entre o exercício do controle e os prejuízos experimentados pela subsidiária.

Ou, com relação ao grupo de fato qualificado, como um fato ilícito, permitindo deduzir efeitos jurídicos que extrapolam o setor da responsabilidade civil ou da desconsideração da personalidade jurídica porque a atividade predatória permanentemente direcionada à sociedade afilhada requer combate, independentemente da constatação da culpa, dano e nexo causal, pressupostos apenas indispensáveis à eclosão da eficácia reparatória, restituitória, ou da derrogação da autonomia jurídica de uma sociedade. Tais como a sanção autorizativa que estende o exercício do direito de recesso a acionistas minoritários das sociedades subsidiárias que pertençam a um grupo de fato (qualificado), ou mesmo a tutela inibitória que permite a nomeação de administradores judiciais nos casos extremados de inibição dos órgãos sociais das controladas pela atuação das controladoras.

Nossa pretensão aqui é a de submeter o problema dos grupos de sociedades a um olhar diferente, sob a lógica da *Fiduciary Law,* que possui seus três elementos caracterizadores, como já abordado: a) atribuição de propriedade ou poder; b) a confiança/dependência dos beneficiários em relação aos fiduciários; c) e o risco dos beneficiários imanentes da atribuição. A variação na intensidade dos deveres fiduciários, lealdade e cuidado, decorre das diferenças (em grau) desses elementos, que devem estar presentes nas relações. Compreender que a relação de grupo é complexa e que revela uma cadeia de atribuição de poderes, apresentando diferentes níveis de dependência e de riscos para os atribuidores, pode trazer luz para a compreensão dos seus problemas.

Uma hipótese que se considera, neste estágio, é a de caracterizar a controladora, no caso do grupo de fato (qualificado) como fiduciária das controladas, no Direito brasileiro (e não só os diretores ou os conselheiros da companhia controlada), em virtude do grande poder entregue a ela e cuja manifestação se dá na assembleia de acionistas da controlada (ou em reuniões prévias, nos casos de acordo de acionistas versando sobre o controle), repercutindo nos órgãos da administração, inclusive. Esse problema ganha força ante a insuficiência dos mecanismos de proteção patrimonial existentes, centrados na função externa do capital social da controlada, e no mecanismo previsto no art. 245 da lei acionária brasileira.

Em sentido parecido ao que defendemos, especialmente para grupos de gestão centralizada, recentes decisões reconheceram a existência do dever de cuidado da sociedade controladora para com empregados e outros *stakeholders* das subsidiárias. Veja a sentença de 12.02.2021 do tribunal supremo do Reino Unido, no caso *Okpabi and others v Royal Dutch Shell Plc and another*. Um pouco antes, em 29.01.2021, para um caso semelhante – *Four Nigerian Farmers and Stichting Milieudefensie v Shell* –, o tribunal de apelação de Haia havia já afirmado um *common law duty of care* da sociedade controladora (Royal Dutch Shell) perante terceiros prejudicados por uma subsidiária nigeriana.[316]

---

316. ABREU, Jorge Manuel Coutinho. Dever de diligência das empresas e responsabilidade civil (A propósito do projeto de Diretiva do Parlamento Europeu de 10.03.2021). *Direito das Sociedades em Revista*, ano 13, v. 27, 2022.

PARTE 2

Tratamos na primeira parte de um conteúdo específico, que é a elaboração da proposta estrutural que atinge a forma e o conteúdo da sociedade controladora. Mas também elaboramos um conteúdo que é comum às duas partes: o problema e o fundamento contratualista que assumimos para compreendermos as sociedades, grupadas ou não.

Entretanto, sem avançarmos sobre o que será tratado na Parte seguinte, queremos aqui anunciar ao leitor o que relaciona os desenvolvimentos da primeira parte àqueles que seguirão nessa segunda.

Sinteticamente, o que está em causa aqui são os efeitos das sanções jurídicas a serem aplicadas nos casos em que um grupo de fato qualificado é identificado sobre o comportamento dos tomadores das decisões estratégicas que conformam a empresa grupal.

O que se espera, ao final, é a produção de estímulos suficientemente fortes para canalizar os comportamentos dos agentes para que optem pelo tipo mais adequado à forma como se dá a relação entre as sociedades que compõem o grupo. Se há um comando hierárquico definido, que se adote o modo ou modelo de governança da empresa. O conteúdo da sociedade que exerce o comando sobre a empresa grupal deve-se abrir à internalização dos interesses dos minoritários e preferencialistas das controladas.

Nesse contexto, as sanções jurídicas elaboradas e propostas nesta segunda parte podem estimular a que grupos de fato qualificados assumam a forma de grupos de direito, que admitem a contratação de uma estrutura orgânica apta a acomodar os interesses presentes nas relações inter e intrasocietárias verificadas nos casos dos grupos.

Como se poderá perceber, os problemas de agência na primeira parte são tratados via solução estrutural, enquanto que na segunda parte são equacionados via produção de estímulos e desestímulos por força das sanções jurídicas. Na primeira parte, o que está em causa é a estrutura societária que viabiliza e influencia o processo de tomada de decisão que afeta os interesses dos partícipes externos das sociedades controladas. Na segunda parte, o que está em causa é a eficácia do direito posto para minorar os problemas de agência presentes nas sociedades grupadas.

2.1 O FENÔMENO DOS GRUPOS SOCIETÁRIOS

Em um panorama abrangente dos últimos duzentos anos, pode-se reservar aos grupos de sociedades um "terceiro estágio" na trajetória da mitigação dos riscos empresariais, partindo das empresas individuais, prosseguindo com as empresas societárias, até alcançarmos as empresas plurissocietárias ou policorporativas.

Paradoxalmente, a maioria dos compêndios de Direito Societário negligenciam os grupos societários quase que por completo. Por vezes, esse fenômeno é virtualmente ignorado. A doutrina da separação de personalidades não é desafiada em detrimento dos credores da subsidiária. Porém, essa doutrina não pode se converter na resposta derradeira para os grupos, sendo inevitável a introdução de um regime que responda a tamanhas questões em aberto e reflita para o fato de que a governança empresarial inclui o exercício do poder e demanda mecanismos de controle. É inequívoco que todos os setores do sistema jurídico foram de alguma forma afetados pela fenomenologia dos grupos. Um dos temas centrais concerne aos critérios para delimitar qual é o nível permitido para o exercício de uma influência. A subsidiária deve aceitar o interesse do grupo ou ser gerida exclusivamente com base em seu interesse próprio? A resposta para essa questão afeta a responsabilidade intergrupal e com terceiros, especialmente credores e sócios minoritários. Os tribunais costumam levantar o véu em grupos societários, porém surpreendentemente, o percentual de tais decisões é menor do que aquelas que perfuram o véu quando o sócio é um indivíduo.

Na qualidade de instituição econômica, social, política e mesmo cultural, o exercício da empresa pressupõe uma atividade de risco, que pode acarretar perdas significativas para proprietários (sócios), credores, trabalhadores e consumidores, ou mesmo toda uma sociedade, pois as externalidades que produz incidem nos cenários privado e público.[1] Mas quem suportará o peso desses

---

1. Enquanto iniciava esse trabalho, no Brasil se deu o maior acidente ambiental oriundo da mineração, em todos os tempos, protagonizado pela empresa Samarco. Quem é a sociedade-mãe da Samarco? Ninguém assumiu publicamente o papel de controladora do grupo. Há uma *joint venture* entre a Vale e a BHP Billiton que gerou a Samarco como filial comum. Ou seja, uma forma privilegiada de implantação internacional de grupos societários. A Vale é controlada pela Valepar, empresa criada para a compra da então Vale do Rio Doce, na privatização. A Valepar é controlada por fundos de pensão, pelo Bradesco e por acionistas do banco, pela transnacional japonesa Mitsui, pelo BNDES e sócios externos. Os fundos são os da BB, CEF e Petrobras; a Previ, do BB, lidera. Seu comando é definido por acordo entre governo, sindicalistas e funcionários. Quem manda na Valepar, enfim, é um combinado entre Bradesco e fundos-governo. Todavia, a Vale difundiu a esperada versão de que é "mera acionista" da Samarco, dona das barragens que ruíram. E que "não houve negligência" (será que foi um terremoto?). A BHP foi pelo mesmo caminho. Onde está o Estado, antes, durante e depois? A "crônica de uma morte anunciada" do maior acidente ambiental do Brasil derramou uma onda de lama de resíduos químicos que possivelmente matou 24 pessoas, solapou vilas e exterminou comunidades no trajeto que vai de

riscos? Estamos muito distantes dos tempos do direito comercial, em que predominavam as empresas individuais, desprovidas de personalidade jurídica,[2] diretamente conduzidas e exploradas por um comerciante singular que arcava pessoal e ilimitadamente com todos os débitos e responsabilidades, sendo o seu patrimônio o centro de imputação de todos os efeitos negativos da atividade.

No estágio subsequente da revolução industrial e da consequente concentração da atividade de produção em massa em grupos monopolísticos, a empresa individual foi progressivamente suplantada pela empresa societária, cuja atribuição de personalidade legal outorgou-lhe uma esfera distinta da dos proprietários ou *shareholders*, imputando ao patrimônio daquela realidade jurídica todas as consequências patrimoniais decorrentes da atividade empresarial, encorajando a difusão de investimento e acúmulo do capital por empreendedores escorados na regra da responsabilidade limitada pelos débitos societários. À medida que o risco de ruína pessoal não estimula o empreendedorismo, a preocupação de limitar o risco se torna uma constante nos regimes capitalistas.

Nos primeiros tempos, o modelo era uma sociedade comercial individual e autônoma composta por pequenos sócios singulares e gerida por administradores, objetivando a maximização dos lucros sociais. A maior parte do desenvolvimento industrial e comercial dos dois últimos séculos só foi possível pelo mecanismo societário. Além das inescapáveis exigências financeiras (obtenção de maior capital) e organizacionais (mão de obra qualificada e direção profissionalizada), o decisivo para o triunfo do novo modelo foi o dogma da autonomia societária. Ele pavimentou a edificação das complexas sociedades anônimas – de titularidade dispersa por um conjunto de acionistas impotentes com poderes limitados – governadas por autônomos gerentes, perseguindo os melhores interesses da sociedade. Se os poderes dos acionistas eram limitados, naturalmente assim seria a responsabilidade.[3]

O desenvolvimento das sociedades por ações (sociedades anônimas, *company, corporate*) no século XIX foi tributo de uma inovação legislativa que deferiu a responsabilidade limitada dos sócios pelos valores investidos, consequentemente

---

Minas Gerais ao litoral do Espírito Santo. Completadas três semanas do rompimento das barragens da Samarco, a mineradora ainda não começou a pagar auxílio financeiro para as 296 famílias de Mariana que tiveram suas casas destruídas pela lama. Belíssimo exemplo de responsabilidade ambiental, social e de governança corporativa!

2. *Unincorporate enterprise* – empresas desprovidas de personalidade jurídica. Modelo prevalente até o século XIX.

3. "Uma sociedade é um dispositivo legal para a execução de uma empresa com fins lucrativos, uma unidade jurídica com *status* e capacidade própria, separada dos acionistas ou membros que a titularizam". COX, James & HAZEN, Thomas Lee. *On Corporations*. 2. ed. Aspen: Aspen Publishers, New York, 2003, p. 1.01,

alavancando a atividade econômica pela blindagem ao patrimônio de milhares de investidores, agora infensos aos riscos naturais da empresa. Esse tipo societário admitiu a mais perfeita separação patrimonial e consequente limitação de responsabilidade dos sócios. Para alguns, a mitigação dos riscos dos pequenos investidores individuais é acrescida ao caráter democrático das sociedades que espelham o ideal republicano da institucionalização e separação de poderes, além da célebre dissociação entre propriedade dos acionistas e o controle por administradores que perseguem os interesses econômicos da empresa.[4]

Evidente que a era inaugurada pela demarcação entre a pessoa natural dos sócios e da sociedade explorada por uma pessoa coletiva ainda não está superada. Seja na forma difusa de titularidade das *publicly held corporations*, ou mesmo quando organizada e diretamente gerenciada por um sócio majoritário, a sociedade preserva a sua personalidade autônoma e os investidores se imunizam pelo princípio da responsabilidade limitada como contrapartida ao fato de ser extremamente reduzido o papel do pequeno acionista na condução da empresa. O outro lado da estória já é conhecido: à medida que os riscos da exploração econômica são externalizados, serão os credores sociais que assumirão substancialmente os efeitos de uma inadimplência ou insolvência.

Simultaneamente ao fenômeno da fragmentação do capital social nas sociedades anônimas, nelas igualmente, acentuou-se um desinteresse dos sócios pela condução dos negócios, gerando uma hipertrofia dos poderes de agir de especializados administradores, seja no funcionamento interno da sociedade, seja na gestão dos negócios e representação perante terceiros. Desmitifica-se a noção da "ilimitada soberania" da assembleia de sócios como órgão deliberativo interno, sobejando a esses apenas a residual fiscalização indireta e *a posteriori* da atuação empresarial dos administradores (verificação retrospectiva que permite a sua destituição e o exercício de pretensão de responsabilidade). Ou seja, seguindo a inexorável ânsia dos sócios de mitigação de riscos perante terceiros, admitiu-se uma crescente descentralização de funções que perpassa a tradicional bilateralidade da relação entre sócios e administradores – a cisão entre propriedade e controle encetada por Berle e Means –, sucedendo uma relação trilateral entre sócios, *managers* e os dependentes da sociedade, ou seja, auxiliares e colaboradores que exercem funções delegadas pelos administradores. Essa transferência

---

4. Adolf Berle Jr. e Gardiner Means notabilizaram a distinção entre a propriedade dispersa e desorganizada e o controle da gestão, dominada por um reduzido número de proprietários que elegem os administradores e induzem as políticas que serão levadas a efeito por eles. "Propriedade da riqueza sem controle apreciável e controle da riqueza sem propriedade apreciável parecem ser as consequências lógicas do desenvolvimento corporativo". *A Moderna Sociedade Anônima e a Propriedade Privada.* Rio de Janeiro: Nova Cultural, 1987, p. 18.

de poderes evidencia a estabilização no órgão da administração da competência geral em matéria de gestão.[5]

A conflitualidade entre *shareholders* e *managers* varia conforme o desenho de cada sociedade. Nas sociedades por cotas e nas sociedades anônimas fechadas prevalece um tipo de personalismo e proximidade com os sócios na gestão. Assim, a administração tende a ser informal, com decisões desprovidas do procedimento colegial e orientadas para o consenso, obtido na confluência de vontades com os sócios. Porém, nas sociedades anônimas abertas, prevalece a estrutura mais hierarquizada e notoriamente mais abstrata da pluralidade de sócios, dispersos e abstencionistas, exacerbando-se a separação entre a propriedade social (capital sem poder) e o controle e domínio da exploração da atividade social (gestão sem capital).[6] Mesmo no interno das sociedades anônimas, há de se diferenciar entre aquelas em que a propriedade das ações é difusa, dispersa e sem acionistas dominantes – nas quais os administradores atuarão sem suficiente controle ou fiscalização dos acionistas racionalmente apáticos –, das sociedades com acionistas dominantes (acionista controlador), em que os administradores possuem muito menor poder e liberdade, posto influenciados e fiscalizados pelos sócios dominantes.[7]

Afora tais importantes distinções, fato é que a maior parte das empresas ainda é formatada em sociedades comerciais independentes, como arquétipo

---

5. GALGANO, Francesco. *Trattato di diritto commerciale e di diritto pubblico delle economia la società per azioni*. 2. ed. Itália: Ceda-Padova, v. 7, 1988, p. 37-38. Contudo, não se pode negar uma tendência atual a uma nova democratização das sociedades, sobremaneira na valorização da posição dos sócios quanto à última palavra sobre decisões administrativas que afetem a própria estrutura econômica da empresa e incidam sobre a propriedade de suas participações societárias.

6. COSTA, Ricardo. *Os Administradores de Facto da Sociedade Comercial*. Coimbra: Almedina, 2014, p. 37. O autor assevera que "a importância e a função que as sociedades comerciais entregam hoje ao órgão administrativo, nomeadamente na sociedade anônima, em prejuízo dos sócios e do espaço e procedimento de expressão de sua vontade – a assembleia –, nem sempre se realiza como idealmente os desenhos legais pretendem... Com efeito, essa pretensa neutralidade e autoridade própria são embatidas quando vemos que os administradores e toda a restante classe de *managers* não orgânicos se acabam por ligar através de um cordão umbilical ao sócio ou ao grupo de sócios que efetivamente dominam a sociedade – que, como 'porta-vozes' ou 'protetores' da propriedade (sem estarem presentes no órgão administrativo), determinam e/ou instruem (mais ou menos) 'confidencialmente' ou 'secretamente' (fora das assembleias e dos respectivos procedimentos de deliberação sobre matérias de gestão e, assim, escapando a fiscalização das minorias) a política empresarial a ser atuada pelos administradores. Sob formas mais ou menos reconstruídas, a moderna 'empresa corporativa' continua a estar vezes demais submetida ao poder desse 'grupo intermédio' fora do esquema jurídico, pelo menos distinto da coletividade de sócios, enquanto tal.

7. ABREU, Jorge Manuel Coutinho de. Notas sobre o poder nas sociedades anônimas. In: A. Avelãs Nunes; J. Miranda Coutinho (Coord.). *O direito e o futuro. O futuro do direito*. Almedina: Coimbra, 2008, p. 343.

previsto pela lei para os mais destacados setores da atividade negocial.[8] Justamente as interconexões entre direitos e obrigações entre sócios, administradores, empregados, credores, consumidores e o Estado permitiam compreender a empresa societária individual como uma rede ou nexo de relações contratuais (em uma perspectiva puramente contratualista), que assume direitos e deveres isoladamente, suportando custos e riscos associados à sua atividade.[9]

Contudo, a globalização da economia – ou terceira revolução industrial –, converteu os diversos mercados nacionais em um único mercado mundial. Em um primeiro momento (há mais de um século, para ser exato), a monolítica empresa societária respondeu a esse processo positivamente por meio de uma expansão interna com recurso das técnicas da fusão ou do *trust* – acumulando progressivos ativos patrimoniais, sem perder a individualidade jurídica. Até então, os sistemas jurídicos encaravam o fenômeno do controle intersocietário como algo absolutamente incompatível com o arquétipo fundamental da sociedade comercial autônoma. Todavia, a expansão endógena encontra limites de gestão eficiente e intensa regulação estatal, em razão do gigantismo que converte empresas em "estados dentro do Estado". Era necessário, portanto, recorrer à estratégia de expansão externa (crescimento "para fora"), por meio da aquisição do controle de outros operadores econômicos, pela via de técnicas de coligação intersocietária. A concentração empresarial se tornou o fenômeno chave da ordem econômica. Inicialmente, de empresas atuando no mesmo segmento (agrupamentos horizontais), depois de empresas situadas acima e abaixo desse segmento (agrupamentos verticais), e, finalmente, empresas operando em países e para produtos diversos (conglomerados). Instrumento jurídico central dessa estratégia de expansão é o grupo de sociedades, pelo qual um conjunto mais ou menos vasto de sociedades comerciais, conservando formalmente a sua autonomia jurídica (sociedades-filhas, *subsidiaries*, *filiales*, filiais, *Tochtergesellschaften*) é subordinado a uma direção econômica unitária exercida por outra sociedade, de acordo com a estratégia e o interesse comum do todo (sociedade-mãe, *Muttergesellschaft*, *group headquarters*, *cappo-gruppo*, *societé-mère*). Nasce a empresa plurissocietária.[10]

---

8. Basta observar a vitalidade de empresas como *Uber* e *Airbnb* e o corrente sucesso de milhares de *startups*, cuja gestão tem a "face" de seus proprietários e lideram os setores mais dinâmicos do setor da tecnologia.

9. Apesar de que, é viva a discussão sobre a polissemia do termo sociedade, seja como contrato, negócio jurídico ou ato jurídico e, de outro lado, como entidade, coletividade, pessoa jurídica ou instituição. ABREU, Jorge Manuel Coutinho de. *Curso de Direito Comercial*. 5. ed. Coimbra: Almedina, 2015, v. 2, p. 3-5.

10. ANTUNES, José. Engrácia. *Os grupos de sociedades* – Estrutura e organização jurídica da empresa plurissocietária. 2. ed. Coimbra: Almedina, 2002, p. 42. Se não houvesse o controle, no máximo poderíamos pensar na formação de meras alianças e estratégias frágeis e instáveis assentes em laços de

Ao contrário das sociedades por ações, a hiperestrutura grupal não vicejou por força de uma inovação legislativa, mas da criatividade empreendedora e do aperfeiçoamento das potencialidades inerentes às sociedades anônimas, pois o benefício da responsabilidade limitada surge em maior extensão. A concentração de empresas não mais se viabiliza pelo desaparecimento, absorção ou separação de sociedades (fusão, incorporação ou cisão), porém preservando a integridade formal dos patrimônios e a personalidade jurídica das sociedades envolvidas. Outrossim, não se trata apenas de separar o capital da sociedade do patrimônio pessoal do sócio, mas de diversificar o risco empresarial, pois agora a responsabilidade limitada não se restringe ao âmbito de um sócio investidor, mas de uma sociedade controladora pelos débitos da outra. Assim, fracionam-se os riscos conexos aos diversos setores ou diversos mercados da empresa que a *holding* controla, no limite do capital investido em cada qual delas.[11]

A entidade econômica concentracionista, que surge das coligações e do controle de outras sociedades, encontra na *holding* o instrumento fundamental de sua organização. Tem assim a sociedade *holding* como característica diferencial e objeto principal a participação relevante em uma atividade econômica de terceiros – como controladora ou investidora –, em vez do exercício de atividade produtiva ou comercial própria.[12] De fato, são variados os motivos que impelem à formação do grupo: seja uma estratégia de descentralização e flexibilização de

---

natureza puramente informal. Acrescenta o autor: "O fenômeno concentracionista não é, porém, um fenômeno uniforme e unidimensional. Pelo contrário, tomado em sentido amplo, ele traduz-se numa série quase infindável de formas e graus de intensidade, que vão das simples relações de cooperação entre empresas – em que, via de regra, se verifica a manutenção da autonomia jurídica e econômica das entidades envolvidas (v.g. cartéis, 'joint ventures', consórcios) –, passando pelas mais elaboradas relações de coligação interempresariais – em que conservada a autonomia jurídica dos respectivos membros, desaparece a mais das vezes a respectiva autonomia econômica ('máxime', grupos de sociedades) –, até finalmente, aquelas situações-limite resultantes da união pura e simples de empresas, envolvendo a perda de todo e qualquer tipo de autonomia por parte de todas ou algumas das empresas intervenientes (v.g. fusão, transferência de activos, trespasse, 'split-off', 'Split-up')". Op. cit., p. 48.

11. Francesco Galgano ensina que os grupos de sociedades são "fruto da utilização de duas categorias gerais do ordenamento jurídico. A primeira é a autonomia contratual, por força da qual uma sociedade pode adquirir por mecanismos de Mercado ações de outra sociedade para obter o controle total ou majoritário, ou então constituir outra sociedade, subscrevendo a maioria ou a totalidade das ações; a segunda categoria é o direito de propriedade. A sociedade que adquiriu ou subscreveu as ações da sociedade possui as faculdades de fruir ou dispor que esse direito de lhe atribui e, desse modo, consegue sobre a outra sociedade uma influência dominante". *Direzione e coordinamento di società*. Bologna: Zanichelli Editores, 2005, p. 2.

12. CARVALHOSA, *Comentários a Lei de Sociedades Anônimas*. 3. ed. São Paulo: Saraiva, 2009, v. 4, p. 14-15. Complementa ainda que "em geral, essas sociedades de participação acionária não praticam operações comerciais, mas apenas a administração de seu patrimônio. Trata-se, nesse caso, de *holding* pura, ou seja, que tem como atividade única administrar a titularidade de ações emitidas por outras companhias. Quando exerce o controle, a *holding* tem uma relação de dominação com as suas controladas, que serão suas subsidiárias".

atividades, passando pelo anseio por uma blindagem patrimonial, bem como a mitigação dos riscos consequentes à diversificação patrimonial em várias pessoas jurídica de responsabilidade limitada e, pragmaticamente, o controle de uma determinada atividade empresarial com um reduzido investimento.

Os grupos também assumem diversas formas legais.[13] Isso depende das formas societárias disponíveis em cada legislação e algumas em nível internacional, como a *Societas Europaea* (SE) na União Europeia. Assim, existem grupos em sociedades anônimas, grupos em sociedades limitadas, Grupos de SE (*societas europaea*) como a empresa alemã seguradora Allianz e também grupos com parceria comercial, como sociedades controladoras e subsidiárias. A forma da escolha é mais frequentemente uma questão tributária.

No direito, o conceito de grupo depende do conceito legal de controle pela sociedade-mãe. Existem diferentes conceitos legais de controle conforme o propósito da regulação. Em algumas nações, para fins contábeis, ou por razões legais, o controle requer no mínimo 51% da participação. Para legislação antitruste e em países com leis especiais para grupos, como a Alemanha, o conceito de controle substancial leva em consideração que o controle econômico será possível com menos que 50% do capital social, dependendo da estrutura do capital, do comportamento dos acionistas nas deliberações e outros fatores econômicos.[14]

Prova dessa superioridade flagrante da irresistível força dos fatos perante a lei é que, quando a normativa germânica de 1965 (AktG) interviu pela primeira vez na temática, foi para apenas corrigir efeitos distorcidos do fenômeno econômico dos grupos, principalmente perante credores e acionistas externos, levando em conta a realidade da Europa continental de grupos societário controlados por empresas familiares (o que também ocorre no extremo oriente e em nações

---

13. A criatividade empresarial não se move apenas aos grupos. Nas redes contratuais encontramos também instrumentos de coordenação entre sociedades independentes, nos quais duas ou mais empresas se obrigam a exercitar uma ou mais atividades econômicas relativas aos seus objetos sociais com a finalidade de ampliar a recíproca capacidade de inovação e competividade no mercado.

14. Klaus J. Hopt explica que os grupos variam intensamente em estrutura, organização e propriedade. Nos EUA, grupos com 100% de controle das subsidiárias são comuns, já na Europa Continental as controladoras detêm usualmente muito menos, apenas o suficiente para preservar o controle. Alguns grupos possuem estrutura de uma holding – por exemplo, os maiores bancos americanos. Na Europa, é comum o sistema piramidal, ilustrativamente, grupos hierárquicos com várias camadas de subsidiárias e subsidiárias de subsidiárias formando complicadas redes de grupos. Grupos são dirigidos de forma distinta: alguns são firmemente dirigidos do topo, pela sociedade-mãe, enquanto outros são livremente combinados com centros lucrativos em grande parte autônomos e, às vezes, em feroz competição interna intragrupo. Se grupos cooperam, podem optar por gerir conjuntamente certas subsidiárias. Com efeito, grupos multinacionais podem possuir duas sociedades-mães de diferentes países. *Groups of companies. A comparative study on the economics, law and regulation of corporate groups*. Ch. II 26 *Groups of Companies* in Jeffrey Gordon/Georg Ringe, eds., Oxford Handbook of Corporate Law and Governance, Oxford University Press, 2015, p. 2-3.

emergentes), que difere da dispersão de titularidades entre acionistas como sói acontecer na Inglaterra e USA. De qualquer forma, em uma ou outra realidade, pessoas jurídicas se valem dessa forte participação no capital para incrementar uma atividade empresarial (seja em distintos setores de atividades, seja em distintas fases do processo produtivo, ou em distintos mercados), valendo-se do controle de sociedades até então independentes.

Para a doutrina, surge uma figura híbrida. E esse é o núcleo da questão até os dias atuais. Os grupos exibem uma singular polaridade, que advém da aparente contradição entre as noções de *autonomia* e *controle*. É a sua combinação que define estrutura e funções do modelo da empresa plurissubjetiva. O Direito Societário moderno nasceu de um dogma (da autonomia da sociedade) e hoje conhece a maturidade em um paradoxo do controle de uma sociedade autônoma por outra. Controle esse que se inicia com a admissão de pessoas jurídicas como sócias de sociedades empresárias e, posteriormente, desdobra-se em uma gama de instrumentos estatutários, contratuais e organizacionais, que deferem a uma supersociedade um estabilizado poder sobre a própria existência de outras sociedades.[15]

O grupo não é unidade (*Einheit*) nem pluralidade (*Vielheit*). Ao contrário, é simultaneamente unidade econômica e pluralidade jurídica, ou uma "unidade na diversidade". No sentido que as vantagens econômicas que derivam da organização da empresa em grupo justificam os dois atributos. É unidade, pois permite ao grupo participar dos benefícios da economia de escala. É pluralidade, porque há o fenômeno do fracionamento do risco da empresa, pois perante terceiros cada sujeito de direito se distingue das outras sociedades do mesmo agrupamento. O grupo presta consistência factual a um paradoxo jurídico. Se em um primeiro momento prevaleceu uma visão de unidade econômica do grupo, até hoje refletida no direito concorrencial e tributário,[16] em um segundo momento entra em cena o Direito Societário, defendendo a perspectiva da independência da sociedade

---

15. Sabino Fortunato aduz que "O termo controle é polissêmico e tanto pode significar o exercício de um poder diretivo (quase hierárquico) da parte de algum agente sobre outro (sócio/contraste entre maioria e minoria; sociedade controladora e etc.); ou o controle como juízo de valoração de conformidade de atos, atividades, comportamentos perante regras e modelos ideais. O problema do controle como poder de direção impacta sobretudo nas coletividades organizadas e o controle como verificação de conformidade é instrumento de solução de problemas de *agency* e de assimetria informativa que aquele poder de direção produz perante os outros componentes do grupo. Il Sistema dei Controlli e la Gestione dei Rischi. *Rivista dele Società*, Giuffrè Editore, anno 60, Marzo-Giugno 2015, p. 259.

16. A questão da tributação de um grupo de sociedades pelos Estados-Membros e a sua compatibilidade com a liberdade de estabelecimento é muito discutida no TJUE. Embora os grupos de sociedades sejam compostos por sociedades juridicamente autônomas, os Estados-Membros tendem a tratá-los, no direito fiscal, de formas mais ou menos diferenciadas, como uma única sociedade. Porém, se um grupo de sociedades é composto por sociedades sediadas em diversos Estados-Membros e está, desse modo, sujeito a diversas soberanias fiscais, então o seu tratamento como uma única sociedade repre-

afilhada (negando a realidade econômica do fenômeno), preocupando-se apenas em impedir que o controle se traduza em um abuso de poder e um sacrifício dos interesses que o ordenamento quer tutelar, mesmo que isso implique em negar a existência do domínio de uma sociedade por outra.[17]

Evidentemente, há muito se instalou a discussão acerca do enfrentamento entre os conceitos de "unidade econômica" (visão do direito concorrencial com base em uma noção institucionalista do fenômeno da empresa) e de "pluralidade jurídica" (visão clássica do Direito Societário, fundamentada na autonomia patrimonial das sociedades componentes do grupo). Mesmo nos Estados Unidos, várias leis federais consideram que sociedades afilhadas umas às outras formam uma única entidade, para propósitos regulatórios. Em uma visão ampla, isso conduz a superar os desafios impostos por grupos societários que atuam funcionalmente como um ente integrado, embora seus membros sejam formalmente distintos uns dos outros.[18] É o que colocamos em causa no capítulo primeiro desta obra, ao defendermos o modo de governança da empresa para os grupos de fato, mas sem deixar de reafirmar a preservação da personalidade jurídica de cada sociedade componente do grupo.

O problema, como se diz aqui e alhures, é que a dinâmica societária é a lebre, e o direito é a tartaruga. Os códigos ainda legislam a *company law*, enquanto a realidade predominante é a do *corporate group*. Se nos idos dos oitocentos a ordem jurídica demorou para capturar o fenômeno da conversão da empresa individual em empresa societária, o roteiro se repete na incapacidade dos ordenamentos jurídicos nacionais e comunitários oferecerem uma regulação capaz de responder aos desafios impostos por um diferenciado modelo de estruturação empresarial que subverte o dogma da autonomia societária a partir do instante em que um (ou vários) ente(s) formalmente independente(s) sob o ângulo jurídico, organizativo e econômico submete(m)-se a um controle material, ditado pelas estratégias da sociedade que encabeça o grupo para os diversos aspectos setoriais das sociedades agrupadas.[19]

---

senta um problema (v.g. *Inspecteur van de Belastingdienst Holland-Noord/kantoor Zaandam contra MSA International Holdings BV, MSA Nederland BV* (C-41/13)).

17. Roberto Pardolesi aduz que os instrumentos de tutela emprestados do Direito Societário clássico para proteção dos credores e sócios minoritários revelam-se inadequados a impedir os abusos do *capo gruppo*, tanto na fase fisiológica quanto na patológica do grupo. A impotência do sistema de direito positivo no confronto com a prepotência capitalista não é casual, ao contrário, é consciente, o legislador faz uso indevido dessa prepotência para protegê-la. I gruppi di società tra anomia e corporate governance. *Il Foro Italiano*, v. 120, n. 1, gennaio 1997, Società Editrice Il Foro Italiano, p. 12.

18. COX & HAZEN, op. cit., p. 1.04.

19. Por sinal, desde a segunda metade do século XIX, progressivamente os ordenamentos jurídicos foram eliminando as proibições à viabilidade de participação de uma sociedade em outra sociedade. Tempo

No padrão clássico do Direito Societário, é vedado ao sócio dar instruções à administração da sociedade, cabendo ao órgão da administração representar e gerir a sociedade, com observância das decisões da assembleia geral. Essa é a via institucionalizada pela qual o sócio controlador poderá exercer os seus desígnios sobre a sociedade. Contudo, como colocam os alemães, há um descompasso entre o que diz o abstrato *Gesetztypus* (tipo da lei) e o *Lebentypus* (tipo de vida) realmente assumido por uma sociedade controlada. O controle societário do grupo é vivificado por uma direção unitária em termos de políticas comercial, financeira e de gestão, sempre pautadas pela coordenação de atividades e coesão econômica, o que implica na potestade da sociedade-mãe instruir a sociedade controlada, inclusive pela via de instruções a ela desvantajosas.[20]

A situação de direito plurissocietária discrepa da situação de fato unitária, consubstanciada na dependência econômica e centralização de poder. Verifica-se uma coordenação estratégica que neutraliza a tradicional lógica de uma existência fundada na satisfação do interesse próprio, em direção a uma atuação destinada ao atendimento dos interesses superiores de uma sociedade controladora – ou de outra(s) sociedade(s) do grupo – travestido na enigmática expressão "interesse do grupo".

De fato, desviando o olhar para uma perspectiva econômica, deparamo-nos com o fenômeno da concentração secundária (ou concentração na pluralidade), caracterizada pela integração de empresas individuais em redes ou estruturas econômico-organizacionais complexas, no seio das quais, não obstante a perda da respectiva autonomia econômica resultante da sua subordinação a uma direção unitária externa, elas persistem como células dotadas de individualidade jurídica e patrimonial própria. O grupo de sociedades é uma unidade de ação econômico-empresarial onde se combinam, simultaneamente, a manutenção da personalidade jurídica das empresas societárias componentes e a respectiva sujeição a um centro de decisão comum e a um interesse econômico de conjunto.[21]

---

suficiente para que se projetassem regramentos disciplinadores do fenômeno da direção econômica unitária.

20. Alessandro di Majo aduz que "a atual realidade econômica da empresa está configurada em base do módulo organizativo do grupo, enquanto o direito comercial é ainda hoje concebido pelo legislador como direito das sociedades autônomas e isoladas". *I Gruppi di Società*. Milano: Giuffrè, 2012, p. 2.

21. Engrácia Antunes descreve as vantagens econômicas, financeiras e jurídicas da constituição dos grupos societários. Em apertada síntese, a vantagem econômica reside na satisfação de todas as necessidades concentracionísticas da empresas, ao congregar em uma unidade econômica mais vasta e subordinar a uma política comum várias sociedades que mantêm a sua autonomia (garante fontes de abastecimento, maximiza atividade produtiva, obtém economia de escala, evita riscos inerentes ao gigantismo, cria estrutura maleável e flexível e um modelo vertical de organização hierárquica); a vantagem financeira consiste na aptidão para assegurar virtualmente o controle de enorme massa de capitais e a direção de numerosas empresas societárias individuais por um investimento inicial de capital bem reduzido; a vantagem jurídica concerne a uma verdadeira divisão dos riscos da exploração empresarial, já que cada

Em uma sociedade independente, todas as funções da empresa se concentram em um mesmo sujeito de direito, tanto a função de direção estratégica e financeira, quanto as funções operativas de produção, ou de câmbio de bens e serviços. Na empresa de grupo, ao contrário, a primeira função se aparta das demais e forma o objeto da sociedade-mãe (*holding, capo gruppo*). Enquanto ela detém a direção estratégica e financeira, a direção operativa é distribuída frequentemente entre uma pluralidade de sociedades, cada uma delas exercitando um distinto setor de atividade ou uma distinta fase do processo produtivo ou uma distinta forma de utilização industrial de uma mesma matéria-prima básica, contudo, operando em um distinto mercado. A decomposição da empresa em uma pluralidade de sociedades atinge o limite extremo quando a *holding* não desenvolve qualquer atividade de produção ou de câmbio, limitando-se a administrar a própria participação acionária. Ou seja, dirige as sociedades do próprio grupo. Portanto, a sociedade-mãe é uma empresária, pelo fato de exercer atividade empresarial na sua completude, em uma fase pela via direta e, em outra fase, de modo mediato e indireto.[22]

Enfim, engana-se e estará enganado, quem discorre a respeito do fenômeno grupal sob a premissa da sua marginalidade e da sua imaturidade. Hoje, não seria absurdo dizer que os grupos representam o grosso daqueles fenômenos econômico-sociais que estão na esfera do Direito Societário, ainda que os textos legislativos se acanhem em assim se expressar.[23]

2.1.1 O controle: da influência dominante à direção unitária

Sabemos que foi o controle intrassocietário que permitiu a irrupção dos grupos e que o poder de controle é um elemento comum a todos os grupos. Mas de que forma esses conceitos se entrelaçam? A simples constatação do controle é suficiente para afirmar um grupo societário?

---

sociedade agrupada apenas responderá no limite de seu próprio patrimônio pelas respectivas dívidas. As outras sociedades se blindam no momento da crise de uma delas, especialmente a sociedade-mãe que determina controle e gestão, obtém os lucros, mas se imuniza perante a responsabilidade, externalizando os riscos empresariais para terceiros, sobremaneira os credores sociais. *Os Grupos de Sociedades – Estrutura e Organização Jurídica da Empresa Plurissocietária*. 2. ed. Coimbra: Almedina, 2002, p. 63-68.

22. GALGANO, Francesco. *Direzione e coordinamento di società*. Bologna: Zanichelli Editores, 2005, p. 24-25. Explica o autor que "o objeto da sociedade não muda, se alguma das fases não é exercitada diretamente, porém de forma indireta e mediata; igualmente, não muda o próprio objeto uma sociedade que, de sociedade operante, assume a veste de sociedade *holding*, que realiza o inalterado e originário objeto social, mas agora pelo tramite de uma ou mais sociedades controladas". Op. cit., p. 33.

23. A constatação empírica é de Danilo Borges dos Santos Gomes e Walfrido Jorge Warde Jr. Acrescem que "em nome da eficiência, o fenômeno da concentração econômica, sempre instrumentalizado por técnicas grupais, a despeito de amplamente regulado pelo direito, jamais foi refreado" Os grupos de sociedades. O estado atual da técnica. *Os grupos de sociedades*. Saraiva: São Paulo: 2012, p. 12.

No amplo espectro do direito dos grupos de sociedades (*lato sensu*), podemos sondar o fenômeno do controle de uma forma superficial – como nas simples relações de participação entre sociedades –, passando pela sua mais densa exteriorização no grupo em sentido estrito (onde há uma direção unitária), até alcançarmos a hipótese intermediária das relações de domínio ou de dependência. Será então na definição *stricto sensu* de grupos de sociedades que verdadeiramente encontraremos a dicotomia unidade econômica e pluralidade societária (jurídica) das sociedades perfilhadas. Aqui há o exercício real e efetivo do controle, mediante uma direção econômica unitária. Em contrapartida, na relação de dependência ou domínio societário, em razão de uma participação majoritária de voto ou capital (mais comum instrumento de domínio), surge a potencialidade do exercício de uma influência dominante, sem que se afirme propriamente a unidade empresarial entre dominante e dependente. A dominada se coloca no limbo: não é uma sociedade sob direção econômica unitária, nem tampouco ostenta a clássica autonomia das sociedades que apenas se guiam pelos seus interesses sociais privados.[24]

Grupo e controle são noções complementares. O grupo é uma situação jurídica dinâmica de exercício de um poder de direção unitária de um complexo de unidades jurídicas formalmente independentes enquanto o controle é uma situação jurídica de ordem privada, constituindo a principal expressão e manifestação da "estrutura proprietária" de uma determinada entidade jurídica. De forma semelhante, como sinaliza Giuseppe Ferri, é necessário estabelecer a relação entre o controle e o grupo, buscando o que há de comum: o controle ou a posição de poder sobre uma sociedade significa o momento do instrumento. É o pressuposto necessário à existência de grupos, como posição de poder essencial para o exercício da coordenação das atividades das sociedades isoladas. O grupo, por sua vez, representa a relação entre as sociedades autônomas, significa um momento final.[25]

---

24. Engrácia Antunes adverte que "a doutrina mais recente tem concentrado os seus esforços, não tanto na definição do que constitua em absoluto a direção unitária, mas antes na determinação daquilo que deve ser considerado como o seu conteúdo mínimo fundamental para se poder afirmar a respectiva existência: por outras palavras, a questão crucial consiste em identificar aquele limiar mínimo de centralização das competências decisórias empresariais, aquém do qual existirá apenas uma simples relação de domínio intersocietário, e além do qual já se poderá falar de uma direção unitária e, por conseguinte, de uma verdadeira relação de grupo". *Os grupos de sociedades* – Estrutura e organização jurídica da empresa plurissocietária. Op. cit., p. 121.

25. FERRI, Giuseppe. *Concetto di controllo e di gruppo*. Scritti giuridici. Napoli: Edizione Scientifici italiana, 1990, v. 3, p. 1337-1338. Daí afirmar o autor que a pluralidade na organização e a unidade na atuação econômica são os elementos necessários à consumação funcional dos grupos e que somente se poderá reduzir a organização à unidade se houver um pressuposto de atribuição ao sujeito do poder de fazê-lo, isto é, o controle.

Traçando um paralelo com a propriedade clássica, o controle exprime a posição formal e estática deferida ao titular do bem como uma das faculdades dominiais, mais precisamente aquela que lhe confere a prerrogativa da potencialidade do exercício de uma influência dominante (ou determinante), em razão de possuir uma determinada participação do capital da sociedade controlada. A par do controle de direito, essa prerrogativa de influência dominante também se manifesta no controle de fato, seja esse um controle fático "interno", de fundo acionário, ou "externo", cujo fundamento é contratual. Com efeito, a possibilidade de orientar, impondo a própria vontade sobre a linha de política corporativa da controlada, poderá surgir tanto da potencialidade do controle sobre a composição do órgão administrativo (na hipótese do controle interno de direito ou de fato), como pela subsistência de relações comerciais que determinem um estado de dependência econômica do controle externo contratual.[26]

Porém essa situação subjetiva de controle apenas será vertida em direção unitária quando surgir uma atividade substancial de gestão sobre a controlada, no sentido dinâmico, mediante o cumprimento efetivo de uma série concreta e indeterminada de atos, funcionalmente coligados entre si. Assim, a faculdade de nomear a maioria dos membros do órgão da administração constitui um denominador mínimo comum de diversas definições de controle. Apesar do controle ser a principal manifestação da estrutura proprietária de uma entidade jurídica – ou de entidades entre si agregadas –, ele configura tão somente uma *fattispecie* autônoma e relevante de um possível exercício de uma direção unitária. Só se poderá falar em um grupo, em sentido estrito, quando se configurar a

---

26. De acordo com o Draft de 2015 do EMCA, há uma definição de controle de direito e outra para o controle de fato: Definição de controle *de jure*: "O controle de uma subsidiária existe quando uma empresa detém, direta ou indiretamente, mais de metade dos direitos de voto desta subsidiária, a menos que, em circunstâncias excepcionais, possa ser claramente demonstrado que essa propriedade não constitui controle". A detenção da maioria dos votos também é considerada na maioria das leis societárias como um critério para a avaliação de controle sobre uma empresa (v.g., República Checa, Dinamarca, França, Alemanha, Polónia, Portugal, Eslováquia, Espanha). Em alguns países, a presunção de controle ligado a direitos de voto de maioria é irrefutável (v.g., República Checa, França, Polónia), onde em outros é refutável (v.g., Dinamarca, Alemanha, Portugal,). Já a definição de controle de fato seria a seguinte: "Se uma empresa detém metade ou menos de metade dos direitos de voto da outra empresa, existe controle se o primeiro tem: (a) o direito de exercer mais de metade dos direitos de voto em virtude de um acordo com outros investidores; (b) o direito de controlar as políticas financeiras e operacionais de uma empresa sob quaisquer artigos de associação ou acordo; (c) o direito de nomear ou destituir a maioria dos membros do órgão executivo supremo, e este corpo tem o controle do negócio; ou; (d) o direito de exercer a atual maioria de votos em assembleia geral ou de um órgão equivalente e, assim, o controle real do negócio. O controle é presumido quando a maioria dos membros de seu corpo executivo supremo tenha sido designado por outra empresa para dois exercícios sucessivos. A outra empresa é considerada como tendo efetuado tais denominações se, durante esse exercício, ele realizou uma fração dos direitos de voto superiores a 40%, e se nenhum outro acionista, direta ou indiretamente, uma fração maior do que a sua própria".

referida situação dinâmica de exercício de um poder de direção unitária sobre um complexo de unidades jurídicas formalmente independentes.[27]

Em síntese, ao titularizar o poder de controle participando do capital de outras sociedades, a sociedade controladora poderá se limitar a atuar sobre cada sociedade controlada de forma peculiar – como se fosse sócio apenas daquela única sociedade –, sem qualquer planejamento ou método que envolva uma atuação coordenada com as demais. Haverá, então, mera relação de dependência societária. Alternativamente, o controlador pretenderá agir de forma mais intensa e profissional, mediante adoção de estratégia unificada e organizada que influencie a administração do conjunto de sociedades e, finalisticamente, o direcione a um resultado global. Só nesse momento haverá relação de grupo, qualificada pela unidade econômica e intimamente relacionada com o modo holístico e acentuado pelo qual se exercita o poder de controle, no qual o resultado da atividade da *holding* transcende o resultado perseguido individualmente por cada sociedade do grupo.

O embate sobre o espectro do conceito de "direção unitária" na Alemanha confrontou, de um lado, a teoria da unidade e, de outro, a escola de Marcus Lutter. A primeira parte de uma acepção restrita de direção unitária, sob a premissa da unidade substancial das atividades comerciais das sociedades do grupo, quando reduzida a controlada a um departamento do grupo e desprovida de real autonomia. O campo principal de atuação centralizada seria a área financeira. Os adeptos da escola de Lutter, em contrapartida, admitem uma maior amplitude ao conceito de direção unitária, que pode se caracterizar em outras áreas da sociedade controlada – mesmo que incidindo em um único campo decisório (comercial, gestão, pessoal) – desde que repercuta no todo da empresa e possa, mesmo que parcialmente, fragilizar a sua independência econômica.[28] Essa disputa conceitual revela a dificuldade de apartar a conflagração do fato jurídico e econômico do grupo em contraposição a uma situação de mera dependência. Esse recorte poderá ser feito ou com base na isolada compreensão do fenômeno do controle ou do elemento ulterior da direção unitária – nas jurisdições que a ele fazem referência

---

27. Em sentido semelhante, Vincenzo Donativi assevera: "A direção unitária pressupõe algo de mais intenso que a mera influência dominante, pressupondo o exercício de uma atividade, postula o necessário desfrute concreto da dita prerrogativa, com sujeição efetiva de uma unidade controlada a influência dominante do controlador". Struttura proprietaria e disciplina dei gruppi di "imprese sociali". *Rivista delle società*, p. 1284. Giuffrè Editore, Novembre-Dicembre, 2009.

28. PRADO, Viviane Muller. *Conflito de interesses nos grupos societários*. São Paulo: Quartier Latin, 2006, p. 115-118. A autora explica que em termos de projetos de lei e diretivas da União Europeia, paulatinamente o conceito de direção unitária foi sendo abandonado como pressuposto para a configuração de grupos, sendo substituído pela enumeração de várias espécies de coligação de empresas, caracterizadas pela influência dominante de uma sobre outras, em uma tipologia hábil a capturar as diversas formas e intensidades de ligações interempresariais.

–, pois tudo dependerá de avaliar sob a ótica de qual ordenamento jurídico se pretende compreender o exercício do poder e a organização interna do grupo.

Diversamente do direito alemão, na Itália não se menciona o conceito de direção unitária. A expressão "influência dominante" se torna insuficiente para caracterizar um agrupamento societário, sendo necessária uma "direção e co-ordenação" das sociedades agrupadas, que com aquele não se confunde, pois a regulamentação do fenômeno dar-se-á setorialmente, respeitando a diversidade de suas formas. Contudo, a *corte di cassazione* adota a definição *stricto sensu* de grupo, para considerar que o controle representa uma condição necessária, mas não suficiente para formá-lo, requerendo-se que a influência dominante (que caracteriza o controle) resulte em uma direção unitária a ponto de o centro de decisão de estratégias ficar fora da sociedade subsidiária. Surge uma distinção qualitativa entre grupo e controle, pois apesar de esse ser a base estrutural da-quele e o instrumento de heterodireção da sociedade, será o binômio direção e coordenação o fator jurídico objetivo para desencadear os mecanismos de reponsabilidade civil inseridos na reforma do Código Civil da Itália de 2003.[29]

A sociedade dominante fará atuar a sua vontade social própria no quadro social da dominada. Essa vontade e interesse social, caso a participação seja majoritária, irão se sobrepor ao interesse da sociedade dominada. Quando, por exemplo, uma sociedade siderúrgica participa no capital social de uma sociedade de extração de minério, fá-lo normalmente a fim de assegurar a longo prazo o fornecimento do produto da sociedade participada a preços favoráveis e, desse modo, persegue interesses opostos ao da sociedade extratora e dos respectivos sócios minoritários que visam justamente a realizar os mais altos preços possí-veis. Isso vem expor virtualmente a sociedade a influência no seu próprio seio (interno) de uma vontade e um interesse a ela estranhos (externo).[30]

---

29. MAJO, Alessandro di, op. cit., p. 23, explica que "é possível, de fato, 'dirigir e coordenar' a atividade de uma sociedade, mesmo não dispondo da maioria de votos de uma assembleia ordinária da sociedade autônoma ou então de votos suficientes para exercitar uma 'influência dominante'. Por outro lado, a existência de uma maioria pode não ser suficiente para realizar uma atividade de 'direção e coorde-nação'".

30. ANTUNES, Engrácia, op. cit., p. 112. O autor, ilustrativamente, concebe um contrato de fornecimento em que o adquirente do bem, serviço ou matéria prima é praticamente um comprador monopolís-tico, ou um contrato de mútuo bancário em que há impossibilidade de encontrar uma alternativa de financiamento. Em ambos os casos são inseridas cláusulas que concedem aos credores direitos de intervenção e participação na vida social. Ou então, contratos de licença, transferência de tec-nologia ou de assistência técnica pela qual sociedades oferecem à licenciante, titular do *know how*, reais possibilidades de exercício de uma influência fático econômica sobre aquela. No entendimento do realçado doutrinador, não haveria influência dominante em tais situações, "por se tratar de uma influência externa, criada fora da estrutura organizativa e que se projeta a margem dos órgãos sociais. Ao contrário da influência interna ou orgânica que é exercida dentro da própria organização empre-sarial e cujos riscos merecem proteção específica do direito societário, os riscos decorrentes de uma

Com efeito, se o que avulta na relação intersocietária de domínio é o conceito jurídico indeterminado "influência dominante", conceito esse de natureza funcional, é razoável crer que a função das normas que devam preencher a vagueza do conceito é a de tutelar a sociedade dependente, os seus sócios externos e credores sociais contra prejuízos que lhes possam ser causados pela sociedade dominante. Por isso se diz que o direito português dos grupos, assim como o alemão, é fundamentalmente um direito de defesa contra abusos.

A noção de influência dominante é pressuposto constitutivo fundamental da definição legal da figura do domínio no mundo das coligações interempresariais. Segundo Engrácia Antunes, ela visa a traduzir

> a possibilidade de que uma sociedade dispõe de impor de modo estável e permanente o cunho da respectiva vontade no seio da estrutura organizativa de outra sociedade, através da determinação do sentido das decisões dos respectivos órgãos deliberativos e, mediatamente, das decisões dos respectivos órgãos de administração.[31]

Ademais, todos os instrumentos relevantes de criação de influência dominante são aceitos, seja os de natureza societária (v.g. participações de capital), contratual (v.g. acordos parassociais de voto com caráter duradouro e contratos civis e comerciais) ou de natureza puramente fática ou econômica (v.g. puras relações de dependência econômico-estratégica entre empresas).[32]

A doutrina enfatiza as características preferenciais da influência dominante.[33] Em brevíssima síntese:

a) *potencial:* a influência existe quando uma sociedade "pode" exercê-la sobre a outra, e não apenas quando efetivamente o faz;[34]

---

influência externa seriam vicissitudes inevitáveis no contexto do mercado, cabendo a proteção em face de seus efeitos desviantes outros setores, particularmente ao direito da concorrência". *Os grupos de sociedades* – Estrutura e organização jurídica da empresa plurissocietária. 2. ed. Coimbra: Almedina, 2002, p. 530.

31. ANTUNES, José Engrácia. *Os Grupos de Sociedades – Estrutura e Organização Jurídica da Empresa Plurissocietária.* 2. ed. Coimbra: Almedina, 2002, p. 498.

32. Engrácia Antunes afirma que mesmo uma participação minoritária pode originar um poder de influência dominante quando "tal participação, aliada a determinados circunstancialismos específicos de natureza vária (legais, estatutários, contratuais, fácticos) que concorram no caso concreto, permita a sociedade sócia-minoritária impor o cunho de sua vontade na conformação do governo corporativo e da gestão social da sociedade participada". *Os grupos de sociedades* – Estrutura e organização jurídica da empresa plurissocietária. Op. cit., p. 498.

33. DIAS, Rui Pereira. Sociedades em relação de domínio. In: ABREU, Jorge Manuel Coutinho de. *Código das Sociedades Comerciais em comentários.* 2. ed. Coimbra: Almedina, 2015, v. VI, p. 83-90.

34. Se é verdade que o regulamento comunitário define o controle em termos de uma "possibilidade de exercício de uma influência determinante" e não do exercício efetivo da influência, algumas recentes decisões, como do Conselho de Estado da Itália acerca da noção de controle de fato nas concentrações, sublinham que "a expressão possibilidade de exercer uma influência determinante deve ser estendida como possibilidade qualificada e efetiva, caracterizada da existência de significativo laço estrutural,

b) *estável:* dotada de relativa certeza ou segurança – a sociedade tem a possibilidade de exercer influência institucionalizada e estrutural sobre o rumo da administração da dependente, não de forma apenas fortuita, sem que essa possibilidade possa ser excluída por vontade da própria dependente;

c) *intensa:* essa intensidade reside nas presunções de domínio do art. 486 do CSC. A participação majoritária permitirá, em regra, condicionar a atuação da administração em sentido congruente com o intuito da dominante;

d) *suficientemente estável:* a influência não é meramente ocasional, fortuita, conjuntural ou casual, mas estrutural e institucionalizada;

e) *sem duração temporal mínima:* uma exigência temporal não teria base legal e ofenderia a segurança jurídica;

f) *não imediatamente exercitável:* o relevante é saber se o sócio tem ou não a possibilidade fática de influenciar o curso da administração da sociedade dependente, mesmo que ainda não disponha de uma maioria no órgão de administração da sociedade dominada;[35]

g) *não meramente setorial:* a influência dominante não precisa se propagar em todos os setores da sociedade dominada, basta que os domínios mais importantes sejam expostos ao controle, a ponto de a sociedade perder a sua autodeterminação econômica;

h) *orgânica:* em regra, no contexto dos órgãos sociais da sociedade dependente e por meio deles, porém, com a possibilidade de se reconhecer a administração de fato, ilustrativamente, por uma pessoa designada pela dominante que ostenta um estatuto diverso do administrador oficial, mas desempenha função de gestão com a autonomia que um administrador de direito teria;

i) *em princípio positiva:* não negativa ou passiva (pela possibilidade de A impedir a conclusão de um negócio de B), mas quando uma sociedade possa comissivamente determinar a gestão dos negócios de outra sociedade;[36]

---

financeiro ou familiar cuja simples presença seja, por sua força, potencialmente em grau de condicionar a operação do sujeito débil na escolha dos próprios administradores, sem possibilidade, por isso, de subtrair-se as escolhas que lhe são impostas". Decisão de 29.09.2010, n. 9554, Conselho de Estado.

35. Aqui há uma evidente demonstração de como agem os grupos de fato qualificados. Mesmo que a sua posição majoritária não corresponda ainda a uma posição institucionalmente legitimadora da gestão sobre a sociedade dominada sob o ângulo jurídico (carece de maioria no órgão social de administração), o poder de pressão que lhe é inerente, de demitir *ad nutum* os administradores ou diretores, propicia-lhe uma influência dominante, pela atuação extraorgânica na imposição de sua vontade prevalecente sobre os interesses da sociedade filha.

36. A meu ver, distinção infundada, pois independentemente de a coerção ser comissiva ou omissiva importa apenas averiguar se uma sociedade foi instrumentalizada por outra e desconsiderada na condição de centro autônomo de imputação de efeitos jurídicos.

j) *direta ou indireta*: além da sociedade dominante, a influência poderá ser exercida por terceiro que titulariza instrumentos de domínio. O caso paradigmático é o da sociedade A que detém 51% do capital da sociedade B e esta, por sua vez, titulariza 51% da sociedade C.

2.1.2 Para além do grupo: os demais autônomos centros de imputação de efeitos jurídicos

Como já apontamos na primeira parte, é consabido que existem três grandes problemas de agência enfrentados no Direito Societário, em razão da separação entre propriedade e controle: a) conflitos entre administradores e acionistas; b) conflitos entre acionistas (essencialmente entre o acionista controlador e os acionistas minoritários, problema comum na Europa continental); c) conflitos entre os acionistas como grupo e outras partes interessadas (*stakeholders*), em particular os credores societários e sua força de trabalho. Eventualmente, o conceito de *stakeholders* será ampliado, incorporando consumidores, municipalidades e países interessados em manter grupos dentro de sua área, o Estado como autoridade tributante e mesmo bem públicos coletivos como o meio ambiente, direitos fundamentais e outros. O clássico conflito de agência opõe os administradores (*agents*) aos acionistas (*principals)*, quando esses são dispersos como nos EUA ou no Reino Unido. Para acionistas controladores e para a sociedade-mãe em um grupo de sociedades, esse conflito de agência é pouco relevante porque impõe a sua vontade sobre os administradores, não apenas os que gerenciam a sociedade controladora, como também das próprias subsidiárias, seja pela influência superior no conselho de administração, seja pelo poder de voto na assembleia geral. Nos grupos de sociedades os dois relevantes conflitos entre *principal* e *agent* concernem aos acionistas minoritários e os credores e de outro lado a sociedade-mãe e os acionistas controladores.[37]

Voltando os olhos para além das fronteiras do grupo, reconhecemos que a estrutura tradicional de repartição de poder e competência entre os órgãos sociais de cada sociedade isolada será desmistificada, pois no agrupamento a vontade social se forma por fora dos órgãos societários clássicos. Essa descentralização do poder diretivo não pode ser alheia ao plano externo do grupo, vale dizer, sócios minoritários ou credores da controlada (destinatários jurídicos afetados pela

---

37. Klaus J. Hopt explica que o problema de agência se exacerba quando o controlador do grupo não tem 100%, sendo apenas titular de um bloco de ações. Na Alemanha, por exemplo, o controle pode se dar com menos de 30%, por meio da forma piramidal, exercendo-se controle de uma subsidiária por outra e por aí em diante. A participação econômica real do controlador no topo da pirâmide pode ser muito pequena, o que reduz ao mínimo o risco na parte inferior dessa pirâmide. A tentação de tirar proveito de lucros privados em algum lugar do grupo aumenta consideravelmente. Op. cit., p. 6.

transformação da sociedade em sucursal do grupo), pois as vantagens de um empreendimento de grandes dimensões só serão obtidas mediante uma contínua ação de coordenação da sociedade controladora, voltada à harmonização do funcionamento particular de cada sociedade do grupo. O grau de atividade de coordenação desenvolvida pelo controlador demonstrará a estabilidade do grupo.[38]

De uma forma mais específica, explica Engrácia Antunes, passa a existir uma permeabilidade das estruturas patrimoniais dos diferentes membros do grupo:

> A sociedade perde também a respectiva autonomia organizativa, já que, passando a existir uma direção comum exterior a sociedade, a posição da Assembleia geral da sociedade filha é esvaziada e os poderes reais dos órgãos de administração são fortemente limitados pela direção comum exterior a sociedade. No que respeita aos sócios minoritários (externos), a entrada da sociedade no grupo conduz a quebra de igualdade relativamente aos sócios controladores (internos). Finalmente, a respeito dos credores sociais, a permeabilidade do patrimônio societário esvazia a garantia dos próprios créditos.[39]

Acresça-se a afetação dos sócios da sociedade-mãe e dos seus próprios credores, personagens igualmente impactados pela integração da sociedade ao grupo.

O direito grupal ocupa-se da paradoxal atividade de concomitantemente regular e harmonizar relações intra e intersocietárias. Por conseguinte, a disciplina do funcionamento dos grupos deve considerar as relações externas. Modelos jurídicos como a proteção contra o abuso do direito, a desconsideração da personalidade jurídica, a responsabilidade pela confiança e a teoria da aparência dizem respeito à tutela de terceiros que lhes possibilite vincular o agrupamento aos atos individualmente praticados por um de seus membros. Mesmo que se recuse personalidade ao grupo, ele se coloca como unidade objetiva de imputação jurídica no tráfico externo, preservando interesses da sociedade afilhada, sócios externos e credores. Vejamos a posição de cada qual perante o grupo:

a) Quanto à sociedade-filha

A privação do poder de autodeterminação implica em: a) esvaziamento da autonomia patrimonial: esvai-se o propósito social de propiciar rentabilidade

---

38. Aduz Roberto Pardolesi que o exercício dessa função de coordenação se decompõe em duas fases: a fase da comparação dos resultados econômicos obtidos pela sociedade do grupo e aquela (sucessiva e eventual) da realocação da atividade desenvolvida por cada sociedade na ótica do melhor funcionamento e produtividade do complexo. Na prática são variados os campos de intervenção da função de coordenação. O principal entre eles é dado pela distribuição das oportunidades de desenvolvimento empresarial (*corporate opportunities*) no interno do grupo. Trata-se de atividade extremamente delicada que, para produzir resultados, requer uma ponderada avaliação das circunstâncias referentes àquela sociedade a quem a oportunidade será atribuída. Op. cit., p. 16.
39. ANTUNES, José Engrácia. Os Grupos de Sociedades – Estrutura e Organização Jurídica da Empresa Plurissocietária. Op. cit., p. 123.

individual, pois a sociedade passa a atuar como um departamento do grupo e seus ativos e lucros são canalizados para as demais sociedades coligadas;[40] b) há ainda uma privação da autonomia organizativa, pois as competências da Assembleia Geral das sociedades afilhadas são esvaziadas, já que o governo e o controle são terceirizados para uma direção geral e externa a cada uma delas. Face a esse vácuo interno, a aparente hipertrofia dos órgãos de administração é uma ilusão, pois a gestão dos negócios refletirá apenas as diretivas e instruções emanadas do centro de controle da "nave-mãe". Em suma, é dilapidado o clássico projeto democrático da tripartição de poderes dos órgãos sociais.

Como já afirmamos na primeira parte, nas diferentes jurisdições, existem distintos *standards* para avaliar transações e negócios que ocorrem no interior do grupo de sociedades. Em muitos países existem regras que apoiam os interesses dos membros do grupo em face da sociedade-mãe e compensam as subsidiárias por prejuízos sofridos em transações intragrupo. Na Alemanha, França e Itália é realizada uma avaliação global das operações de cada subsidiária e as suas transações individuais com a sociedade controladora, cada uma dessas nações com diferentes balanceamentos entre vantagens e desvantagens, para um ou outro lado, desde a vertente mais rigorosa da Alemanha, que verifica as desvantagens do ponto de vista único da filial – tal como se fosse uma sociedade independente –, passando pela moderação da Itália quanto a uma compensação pelas vantagens por ela auferidas, até se alcançar o outro extremo da Doutrina Rozenblum, que requer a averiguação do interesse do grupo e não apenas as vantagens da sociedade-filha por pertencer ao grupo. Para os que defendem essa tese de DNA francês, haveria uma tripla vantagem: concede uma estrutura estável ao grupo; permite que se implante uma política de grupo coerente por parte da sociedade controladora e, por fim, uma distribuição equitativa de custos e benefícios entre os membros do grupo.[41]

b) Quanto aos sócios minoritários

Nas sociedades independentes prevalece um princípio de igualdade entre os sócios, cuja soma de direitos individuais (à informação, voto, lucros, cessão da posição) apenas oscila conforme a fração do capital social titularizado, sem que o maior ou menor montante de participação afete em substância essa ho-

---

40. Na maioria dos grupos há um caixa central onde o dinheiro das sociedades controladas é unificado. Várias contribuições são injustificavelmente colhidas pela controladora, sob o ponto de vista da subsidiária, pois concernem a serviços que serão fruídos por outras sociedades do grupo. Eventualmente, uma delas necessitará de aporte financeiro que virá da sociedade mais saudável. A controladora também decidirá em qual das sociedades haverá cortes ou demissões ou, qual delas receberá novas oportunidades em termos de mercado ou de desenvolvimento de produtos.

41. HOPT, Klaus J., op. cit., p. 19. O Fórum Europeu de grupos de sociedade recomendou que se siga e desenvolva a doutrina francesa Rozenblum para reconhecimento legal na administração dos grupos.

mogeneidade de posições jurídicas, afinal há um projeto comum de conduzir a sociedade à satisfação de seus propósitos. Por mais que haja um controlador, ele atuará no interesse daquela "única" sociedade, o que reduz o risco de condutas oportunistas perante os minoritários.

Contudo, quando a sociedade adere ao grupo há uma intensificação do problema de agência, pois surgem dois grupos antagônicos de sócios, quais sejam: a) os sócios controladores, ou internos, promovendo o controle e a direção unitária, mormente em vistas da canalização dos resultados da afilhada em benefício do grupo ou de uma sociedade-irmã, e que podem abusar dessa posição de controle pelo oportunismo de uma autonegociação ou transações com terceiros auferindo benefícios privados do grupo; b) os sócios externos, em busca de rentabilidade individual e retorno de investimento, que serão prejudicados, seja pela transferência dos lucros para outro membro do grupo, seja pelo próprio sequestro do direito material ao voto, pois, em sede de participação e deliberação na vida social, a Assembleia Geral será tão somente um órgão de ratificação de decisões previamente tomadas pela direção da sociedade-mãe. Curioso é que apesar da nomenclatura "sócios externos", serão eles que batalharão pela defesa dos interesses internos da sociedade filial e, paradoxalmente, serão igualmente "externos" os próprios sócios minoritários da sociedade-mãe quando a direção desta, suportada pelo controlador, tome decisões de investimentos favoráveis a uma subsidiária de risco sem o consentimento dos minoritários em uma Assembleia Geral.[42]

Discute-se mesmo a possibilidade de se conferir aos sócios externos o direito potestativo de recesso, na medida em que a formação de um grupo e a consequente perda de autonomia da sociedade poderá ser compensada pela faculdade dos ditos sócios minoritários liquidarem o próprio investimento. Nada mais natural perante o escopo de justiça distributiva que mira o direito dos grupos.[43]

---

42. A proteção transcende os sócios externos da sociedade afilhada e alcança também os sócios da própria sociedade-mãe, a partir do momento em que ela passa a se organizar como diretora de uma superestrutura empresarial. As decisões fundamentais para a vida do grupo saem da Assembleia Geral e se concentram na administração materna, doravante, órgão de cúpula de todo grupo. Apesar de esvaziados de poderes decisórios sobre as decisões tomadas no âmbito de cada sociedade-filha, os sócios serão afetados pelos efeitos deletérios dessas decisões como consequência da sociedade-mãe ser alcançada por responsabilidade direta e ilimitada perante os credores da sociedade dominada, nos casos de formação de grupos de direito com domínio total (art. 491 r 501, CSC). ANTUNES, Engrácia. *Os grupos de sociedades* – Estrutura e organização jurídica da empresa plurissocietária. Op. cit., p. 146- 147.

43. Enquanto na Alemanha prevalece o modelo de "vantagens compensatórias", que caracteriza a disciplina dos grupos de fato, nos EUA e Reino Unido se desenvolveu a *takeover regulation,* particularmente pela oferta obrigatória, que concede ao acionista minoritário um mecanismo protetivo perante o novo controlador, afinal o sócio não sabe como ele irá exercer o seu poder de controle e, assim, preferirá sair a um preço justo. O direito de saída após a tomada de controle, seja por *squeeze-out* como por *sell-out,* tanto se aplica às sociedades independentes, como para as que se encontram em grupos.

c) Quanto aos *credores sociais*

Enquanto há uma certa tendência de se proteger os sócios minoritários das subsidiárias, pela mesma forma eleita para as sociedades independentes, qual seja, o *disclosure* e, em menor escala, *standards* aplicáveis aos administradores e controladores, o mesmo não sucede na tutela dos credores sociais, onde ainda predomina a máxima societária: "As reivindicações dos credores não podem ultrapassar a pessoa da sociedade devedora". Esse postulado é sagrado em nações como a Inglaterra, que possui um sistema voltado exclusivamente para o acionista, privilegiando resultados a curto prazo e a eficiência econômica, tal como se extrai da "Salomon Doctrine".[44]

Tal como os acionistas, os credores são investidores nas sociedades que financiam. Os *shareholders* que investem na sociedade preocupam-se com a forma com que o órgão de administração conduz os seus destinos. Já os credores financeiros (*debtholders*), sejam eles instituições financeiras (*private debt*) ou obrigacionistas (*public debt*), preocupam-se com a forma como o dinheiro que investiram é gerido. A distinção entre investidores internos e externos reside no fato de que as regras de *corporate governance* focam na proteção do interesse dos acionistas, sendo a eles devida lealdade por parte dos administradores. Fora de seu âmbito se situam as relações da empresa com outros *stakeholders*. Assim, à luz do Direito Societário, credores não possuem uma posição ativa relevante na organização societária, nem meios para influenciar e fiscalizar o órgão de administração. Assim, acentuam-se conflitos de interesses entre cotistas/acionistas e credores. Enquanto aqueles priorizam distribuição de dividendos e se sujeitam ao risco da atividade (participação nos ganhos e perdas), os credores primam

---

44. Paul Davies comenta o caso de Salomon V. Salomon & Co., comumente referido como o caso Salomon. É o precedente para a doutrina da personalidade societária e o guia judicial para levantar o véu da sociedade. Sr. Aron Salomon era um comerciante britânico que por muitos anos operou um negócio como proprietário único, especializado na fabricação de botas de couro. Em 1892, seu filho, também expressou interesse nos negócios. Salomon então decidiu incorporar seus negócios em sociedade anônima, que é Salomon & Co. Ltd. No entanto, houve uma exigência legal, no sentido de que uma sociedade limitada deveria possuir ao menos sete pessoas como sócios. Salomon incluiu a sua esposa, quatro filhos e filha. Curiosamente, o Sr. Salomon garantiu para si a propriedade de 20.001 das 20.007 cotas da companhia – as seis restantes foram compartilhadas individualmente entre os outros seis sócios. O Sr. Salomon vendeu seu negócio para a nova corporação para quase £39.000, dos quais £10.000 era uma dívida para com ele. Ele se tornou, simultaneamente, principal acionista da empresa e seu principal credor. Posteriormente, no momento da liquidação da sociedade, os liquidatários argumentaram que as debêntures utilizadas pelo Sr. Salomon como garantia para a dívida eram inválidas, baseadas em fraude. A Câmara dos Lordes, todavia, considerou que nada havia na lei que exigisse a independência dos acionistas perante o sócio majoritário (a *Companies Act*, de 1862, criou a regra da responsabilidade limitada da pessoa jurídica e distinta dos sócios). Assim, as obrigações dos sócios se restringiam aos lucros obtidos e ao capital empregado na constituição da sociedade. DAVIES, Paul. *Gower and Davie's Principles of Modern Company Law*. 7. ed. London: Sweet & Maxwell, 2003, p. 177.

pela solvabilidade da empresa, posto sujeitas ao risco de insolvência, sendo a sua remuneração fixa.[45]

O fato é que a permeabilidade do patrimônio social da filial esvazia não apenas a posição dos sócios minoritários, mas também o direito dos credores, alterando a distribuição dos riscos empresariais. Enquanto nas sociedades independentes a externalização parcial dos riscos para credores (em função da limitação da responsabilidade dos sócios) é contrabalanceada pela instituição de determinadas garantias a seu favor (v.g. autonomia patrimonial societária, prioridades creditórias falimentares), no contexto do grupo há uma externalização integral desses riscos, eis que desaparecem as ditas garantias que apenas um autônomo centro de imputação de efeitos jurídicos poderia oferecer, pela manipulação da forma jurídica organizacional que fragmenta o exercício da atividade em uma série de filiais, em detrimento de toda uma "comunidade".[46]

Da mesma forma que ocorre com os sócios externos, os credores se expõem ao menor interesse dos controladores em cuidar dos interesses exclusivos daquela subsidiária, em razão de sua participação nas demais partícipes do grupo, o que implica em decisões que direcionam recursos para fora de algumas filhas, com prejuízo aos seus credores. A maior evidência do "tumulto" processual causado pela estratégia de externalização de riscos é o elevado número de ações ajuizadas por credores que pretendem demonstrar – seja na justiça ou por arbitragem – a desconformidade do dogma da autonomia societária e consequente limitação da responsabilidade de seus sócios para justificar a blindagem da empresa unitária, a fim de que a sociedade-mãe responda pela conduta ou débitos das respectivas sociedades-filhas.

A multinacional ou transnacional apresenta tal estrutura veementemente. Há uma proliferação de sociedades, tantos quanto sejam os mercados externos nos quais a empresa opera, todos controlados pela sociedade nacional. Obtém-se a vantagem de separar os riscos dos mercados externos daqueles próprios do mercado nacional e, ademais, separar entre eles, os riscos relativos a cada um

---

45. SILVA, Francisco Pinto da. A influência dos credores bancários na administração das sociedades comerciais e a sua responsabilidade. *Direito das sociedades em revista*. Coimbra: Almedina, Ano 6, v. 12, Outubro 2014, p. 238-239.

46. Berle e Means, em outro contexto, já visualizam os efeitos "piramidais" no controle por meio de mecanismos legais, envolvendo a posse da maioria das ações de uma sociedade que por sua vez detém a maioria das ações de outra, em um processo que pode ser repetido muitas vezes ao ponto de uma pequena participação ser legalmente dominante. "Através desse processo, o controle legal pode divorciar-se efetivamente da propriedade legal e o poder de fato pode ser exercido sobre grandes aglomerados de riqueza com quase nenhuma participação de capital nos mesmos". Op. cit., p. 87-89. No panorama dos grupos, ela extrapola o perfil da responsabilidade limitada dos sócios, produzindo uma "limited liability within limited liability".

dos mercados estrangeiros. Consegue-se, ainda, a ulterior vantagem de poder deslocar as diversas sociedades do grupo em países oportunamente escolhidos, em razão da conveniência que cada qual oferece nos diversos aspectos de recursos materiais, custo do mão de obra, mercado de capitais ou tratamento fiscal.[47] Nos mais variados segmentos, empresas criam elaboradas ficções de sociedades individuais subcapitalizadas, para as quais são remetidas as atividades mais questionáveis sob o ponto de vista dos custos legais ("dirty business"), justamente para escapar, ou ao menos mitigar o risco inerente à atividade.

Esse *modus operandi* dificulta sobremaneira a possibilidade de os credores avaliarem criteriosamente os riscos de uma sociedade isolada no contexto de um grupo, muito maior do que o de sociedades independentes. Aliás, por vezes, sequer os credores terão o conhecimento de que a sociedade devedora integra o grupo. Tudo dependerá do grau de informação e transparência desenvolvido no interior do grupo.[48]

Problemas similares surgem para empregados e outros *stakeholders*, sejam esses problemas considerados ou não como de agência. A decisão de se contratar ou demitir não mais dependerá apenas da situação econômica da subsidiária, porém seguirá o interesse do grupo. Restruturação de grupos, em particular de grupos multinacionais, traz questões controversas para a mão de obra. Em alguns países, empregados têm assento obrigatório no conselho de administração de uma sociedade independente, mas isso não lhes auxilia se as decisões são tomadas no topo do grupo, a menos que exista uma cooperação entre a direção e trabalhadores no *board* da sociedade-mãe, como na Alemanha.[49]

Com efeito, Engrácia Antunes atualiza o conceito de credores societários, pela distinção entre credores voluntários e involuntários (ou débeis), conforme a natureza da participação do credor na relação jurídica-creditícia:

> ao passo que o banco que emprestou fundos ou o fornecedor que vendeu mercadorias a sociedade-filha tiveram obviamente uma voz activa na conformação da relação de crédito

---

47. GALGANO, Francesco, op. cit., p. 25.
48. No Brasil, a Instrução CVM 480/2009 – disciplina o registro do emissor – afirma o dever de identificação dos controladores, diretos ou indiretos, até o nível da pessoa natural. Trata-se de técnica de detecção de relação de controle e, portanto, de estruturas grupais, que se afirma como condição para que a companhia brasileira tenha os seus valores mobiliários negociados em mercado. Porém, não há norma que imponha a todos os investidores estrangeiros o dever de identificar os seus controladores. Some-se a isso a existência de regimes de sigilo societário que facultam a adoção de técnicas de simulação de dispersão acionária e ocultamento do poder de controle ou de influência significativa. Esse cenário é frustrante para a afirmação dos diretos de minoria e obstaculização de atos de abuso de poder de controle.
49. HOPT, Klaus J., op. cit., p. 7. Vários países lidam com essas questões criando normas isoladas específicas para relações trabalhistas para grupos, em outros, há um sistema completamente desenvolvido para direito trabalhista em grupos de direito, seja codificado ou jurisprudencialmente desenvolvidos.

emergente, o consumidor dum produto defeituoso ou o trabalhador vítima de um acidente de trabalho, não possuem qualquer intervenção no surgimento da relação creditícia indenizatória, não dispondo, assim, de qualquer controle real, nem sobre o seu se, nem sobre o seu como.[50]

De fato, um grande credor pode não ter interesse na existência de normas que tutelem o crédito, pois seguramente estará em posição de força para negociar excelentes garantias, imputando à sociedade-mãe a posição de responsável subsidiária.[51] O mesmo não se diga de médios e pequenos credores, cuja proteção será deficitária. E o que então dizer dos credores involuntários...

Pode-se afirmar que os desenvolvimentos tecnológicos recentes e o aperfeiçoamento do sistema judiciário nos ordenamentos democráticos colocaram a responsabilidade extracontratual em um papel de preponderância com relação à tradicional responsabilidade contratual. Essa inversão de valores é percebida principalmente nos Estados Unidos, onde os valores de condenações em ações coletivas em muito ultrapassam o valor do capital de pequenas sociedades, unicamente constituídas para blindar o patrimônio de suas controladoras. Esse cenário não é diferente na Europa e na experiência brasileira recente, mas fere a própria lógica que justificou o dogma da limitação de responsabilidade da pessoa jurídica. Isto é, quando o credor societário era quase que exclusivamente uma parte na relação contratual, poderia se justificar a eficiência de uma regra que, como contrapartida à autonomia privada das partes, previamente possibilitasse ao credor a avaliação da assunção dos riscos do contrato e da solvabilidade da sociedade. Naqueles tempos era impossível se cogitar de danos que levassem à ruína de uma empresa.

Esse discurso não mais se afirma na contemporaneidade do "direito de danos", marcado pela externalização dos riscos das "sociedades" agrupadas para a

---

50. Aduz o doutrinador: "Dum lado temos os credores débeis ('máxime', consumidores, vítimas, trabalhadores, ambiente) que suportam em pleno as consequências nefastas de tal efeito translativo sem qualquer possibilidade de o evitarem ou negociarem os seus termos: assim, por exemplo, os consumidores de um produto defeituoso distribuído pela filial de um grupo verão o seu crédito indenizatório limitado ao acervo patrimonial daquela sociedade, quando é certo que este acervo – seja já pela dilapidação patrimonial originada pelas transferências intragrupo, seja pela frequente discrepância entre os respectivos níveis de capitalização e magnitude dos riscos empresariais – poderá ser insuficiente para satisfazer tal crédito... opostamente, os credores fortes ou voluntários ('máxime', instituições de crédito, grandes fornecedores) encontram-se já em posição, por via de regra, de exigir formas suplementares ou colaterais de garantia para os respectivos créditos (por exemplo, através das difundidas 'cartas de conforto' ou 'cartas de patrocínio', pelas quais a sociedade-mãe cauciona pessoalmente determinadas dívidas das respectivas filiais)". Op. cit., p. 140-142.

51. Lembramos que na AktG da Alemanha não há necessidade do *self-help* por parte do credor, pois quando um grupo se perfilha ao estatuto de grupo contratual (de direito), a sociedade-mãe passa a se responsabilizar legalmente perante os credores das subsidiárias em troca da liberdade de gerir o grupo conforme os interesses do grupo.

sociedade em geral. O credor involuntário trava o primeiro contato com o causador do ilícito ao momento em que sofre o dano patrimonial ou à sua integridade psicofísica, individual ou metaindividual, de origem ambiental, consumerista ou outra ofensa a bens coletivos. O credor "vítima" litigará contra uma subsidiária sem ter tido a aptidão de previamente estimar a sua capacidade financeira ou saber que ela recorreu à responsabilidade limitada para exteriorizar prejuízos por danos, sendo apenas uma entre várias pequenas sociedades que escudam a inexpugnável *holding*, para tanto dotada de capitalização mínima e estrutura financeira abertamente escolhida para minimizar responsabilidade. Por isso, ao invés do recurso à responsabilidade societária que rege as relações entre as sociedades e seus credores contratuais, é legítimo que credores involuntários possam se valer da responsabilidade extracontratual, para que de forma direta e ilimitada façam valer as suas pretensões reparatórias.

2.1.3 As estratégias regulatórias para os grupos societários

A realidade e pujança dos grupos societários é indiscutível. Cabe ao direito, como qualquer filosofia ética, normatizar essa realidade socioeconômica e não puramente descrevê-la. Como ponto de partida, o fato é que, atualmente, o grupo societário não é considerado um sujeito jurídico no plano legislativo global. O paradoxo é evidente, pois os conglomerados multinacionais que dominam a economia mundial, nos mais diversos setores, estão à margem das diversas regulações globais. O sujeito econômico fático não se traduz em um titular de direitos e obrigações, pois os centros autônomos de imputação de situações jurídicas são as diversas sociedades que formalmente constituem o grupo.

Essa incongruência é inédita no campo empresarial. Desde os primórdios do Direito Comercial, a empresa individual possuía estatuto normativo típico, no qual a pessoa natural do empresário assumia ilimitadamente o risco decorrente de suas atividades. O mesmo se diga da empresa societária, que, mesmo beneficiando (ou "privilegiando") o empresário acionista ou cotista pela limitação da sua responsabilidade, sempre foi regrada pelos diversos ordenamentos jurídicos como sujeito de direito, responsável pelos seus débitos, a par do patrimônio de seus detentores. A incoerência não para por aí! A ilimitada responsabilidade do comerciante individual decorria da enorme gama de poderes que concentrava na condução da atividade empresarial. A reduzida responsabilidade do acionista se justifica por sua própria impotência, pois distante da gestão da empresa. Nada obstante, o que justifica o *venire contra factum proprium* de uma sociedade que exerce grandes poderes sobre a vida de outra sociedade (que pode estar no outro lado do mundo) e, posteriormente, pretende se eximir de qualquer responsabilidade?

Para solucionar o hiato entre a realidade e o direito, surgem cinco estratégias regulatórias para os grupos, em um grande e heterogêneo arco, que demonstra o grau de incerteza vivenciada e a necessidade de construção de um arcabouço jurídico que tutele eficazmente todos os interesses laterais ao grupo (sociedades controladas, sócios minoritários, credores sociais, sejam eles voluntários ou involuntários), pois, entusiasticamente, as sociedades controladoras dispensam qualquer regulação jurídica dos grupos. Elas estão muito bem tuteladas pela realidade econômica.

Qualquer uma dessas estratégias regulatórias terá que reconhecer a realidade multiforme grupal, cuja essência reside no paradoxal binômio autonomia/controle. Nessa congênita contradição do Direito Societário, o pêndulo oscilará para um lado ou outro, com inúmeras variações no perímetro que distancia os dois polos. As determinações do núcleo dirigente de cada grupo servirão como guia para sabermos se a centralização será intensa ou haverá uma descentralização que remeterá a sociedade controlada a uma situação de autonomia próxima à de uma sociedade independente.[52]

Em uma preparação para a temática de fundo, transpomos o fenômeno dinâmico e relacional do "grupo" para as fronteiras do Direito Civil. Na curatela, surge uma interlocução entre autonomia/controle (entendida como "cuidado" em uma leitura civilística). De um lado, o ordenamento prestigia a intrínseca liberdade da pessoa humana; de outro, compreende que, excepcionalmente, em razão de um déficit de autodeterminação, surgirá o cuidado pela pessoa do curador. Em princípio, mitigar a autonomia jurídica e patrimonial da pessoa para subordiná-la à vontade alheia representa um contrassenso ao valor básico do ser humano como protagonista de sua própria biografia. Porém, a medida do controle variará entre uma interdição total da prática independente dos atos da vida civil e, em outros casos, pequenas restrições ao exercício autônomo de negócios patrimoniais. No bojo de um projeto terapêutico individualizado, o magistrado elaborará uma estratégia que melhor atenda às especificidades daquele caso.

Então, será possível antever o seguinte paralelo: por uma enfermidade, um jovem, maior e capaz, titular de um razoável patrimônio, converte-se em uma pessoa com deficiência psíquica e sofre uma redução em sua autodeterminação. Ele ainda possui faculdades residuais de entender e compreender por si, mas necessita de auxílio para a prática dos atos jurídicos patrimoniais e existenciais. Vamos supor que a sua mãe esteja viva e detenha suficientes condições psicofísicas para auxiliar o filho nessa tarefa. Surgem duas alternativas:

---

52. ANTUNES, José Engrácia. A empresa multinacional e sua responsabilidade. *Direito das Sociedades em Revista*, ano 5, v. 9, p. 68-69. Almedina. Março, 2003.

a) submeter o filho à curatela: essa será a via adequada para a formalização da limitação da autonomia do sujeito de direito e a regular transferência de poderes decisórios para a figura do curador. Uma decisão judicial legalizará a integração da vontade do filho com a da mãe, o exercício dos poderes assistenciais da curadora sobre a pessoa com deficiência e legitimará um estatuto que discipline o exercício e a extensão do controle sobre o curatelado, sendo o referido poder de direção contrabalançado por uma série de medidas protetivas em prol do filho, sancionando o descumprimento de deveres com a responsabilização do curador. Nos diversos Códigos Civis há um regime jurídico que desenha a estratégia do controle (representação/assistência) sobre a pessoa incapaz, sem se olvidar dos interesses de terceiros alcançados pela afetação patrimonial e existencial decorrente da curatela (v.g. o filho do curatelado e o seu credor);

b) não submeter o filho à curatela: a mãe da pessoa com deficiência simplesmente assume a fragilidade psíquica do filho e toma para si o cuidado, sem estar amparada por uma sentença de curatela. Ela pode assumir duas condutas perante o filho: 1) apesar da prerrogativa de sobre ele exercitar uma influência dominante, tanto em nível de orientação, como de organização patrimonial, respeita ao máximo as potencialidades psíquicas ainda preservadas, concedendo ao filho abertura para satisfazer os seus interesses pessoais, conforme o seu estilo de vida; 2) a mãe adentra na subjetividade alheia por reputar que é a pessoa mais adequada para assumir esse poder decisório. Ela esvazia o espaço de autodeterminação do filho e assume a direção de sua vida. A relação de dependência será cimentada no cotidiano e persistente exercício do controle sobre alguém vulnerado em seu autogoverno.

Em comum a "b1" e "b2", a curatela não se oficializou. Inexiste regramento jurídico que seja chamado a atuar para normatizar o exercício da influência dominante (1) ou da direção unitária (2). Vale dizer, uma pessoa com deficiência persistirá afetada por um conjunto de normas ordinariamente deferidas a uma pessoa plenamente capaz. A insegurança jurídica é patente, seja para a pessoa com deficiência, como, extensivamente, para o seu filho ou àquelas pessoas que praticam negócios jurídicos com um indivíduo aparentemente capaz, desconhecendo as suas restrições fáticas e, assim, podendo ser prejudicadas pelas deliberações adotadas pela mãe do jovem, mesmo que no interesse do "grupo familiar".

Em contrapartida, na alternativa "a" (formalizar a curatela), nada há a ser feito, pois a opção adotada corresponde à via institucionalizada pelo ordenamento para a alterar o status da pessoa, ofertando segurança jurídica pela conformação *ex ante* dos diversos interesses em jogo, principalmente em termos de *disclosure* e *accountability*.

Todavia, os diversos sistemas jurídicos podem reagir ao cenário "b" de três formas: a) em "b1" ou "b2", pela singela constatação da vulnerabilidade psíquica, submetem o jovem com problemas psíquicos a um regime compulsório de curatela – a despeito da contrariedade materna –, convertendo a realidade fática da limitação da autonomia em uma genérica incapacitação do indivíduo para os atos da vida civil; b) apenas em "b1", percebendo que a mãe preserva os interesses pessoais do filho, simplesmente se omitem diante da escolha adotada na privacidade do grupo familiar, tal como se a lei presumisse que o rapaz não possui nenhum déficit psíquico, deixando a realidade do controle à margem da lei. Se problemas concretos surgirem, que os prejudicados provem as falhas da mãe, conforme as regras gerais do Direito Civil; c) apenas em "b2", ao invés de submeter a pessoa com deficiência à incapacitação, preservam a sua autonomia, mas reconhecem que a mãe tem legitimidade para assumir o protagonismo decisório familiar conforme o seu interesse, em detrimento das vicissitudes do filho, de seu neto e dos credores do filho. Em alguns sistemas, esse especial regime de substituição da vontade de uma pessoa capaz será compensado por regras de responsabilidade da genitora perante o filho e demais centros autônomos de interesses que com ele se relacionem. Todavia, em outros ordenamentos, poder-se-á entender que a mãe poderá conceder instruções vinculativas ao filho sem sofrer qualquer responsabilização.

Vertendo essa ilustração puramente privada e intersubjetiva para o cenário global e impessoal das relações econômicas, os dilemas jurídicos se potencializam exponencialmente. Uma sociedade em princípio autônoma (empresa unissocietária) e dotada de personalidade jurídica própria passa a integrar um grupo societário (empresa plurissocietária) na qualidade de uma das sociedades afilhadas. Coloca-se sob o controle de uma sociedade-mãe, submetida à sua vontade e interesse. Como o ordenamento jurídico recepciona esse abismo entre a realidade e o direito, já que a formal autonomia jurídica da pessoa coletiva não mais corresponde à supressão de sua autonomia patrimonial? Não estamos mais tratando de negócios jurídicos isolados e de efeitos restritos à subjetividade dos particulares, mas de sociedades dominantes com capital superior ao PIB de várias nações e cujas decisões colocam em risco mais do que a autodeterminação das sociedades-filhas: ameaçam a sua própria sobrevivência econômica, além de afetar outros centros de interesses jurídicos autônomos, como sócios minoritários, credores, consumidores, trabalhadores e a sociedade em geral (sujeita à toda sorte de danos ao sistema financeiro, ambiental e a outros valores difusos e coletivos).

Destarte, não precisamos de muito esforço para compreender que, se a existência de uma sociedade isolada e senhora de si já demanda do poder estatal uma série de regras que ordenem a sua constituição, gestão, fiscalização e disciplina das relações internas entre os diversos órgãos e relações externas com terceiros, mais premente ainda será a necessidade de regrar todos esses pormenores em uma estrutura vertical na qual uma ou mais sociedades se encontram em tripla posição de "vulnerabilidade": fática, econômica e jurídica.

Os ordenamentos jurídicos podem adotar cinco posicionamentos, ou estratégias regulatórias:

a) renovar a teoria civilista da personalidade em relação à realidade econômica dos grupos de sociedade, atribuindo ao grupo como um todo uma personalidade jurídica própria e alheia à das sociedades componentes, ou inseri-lo dentre os entes despersonalizados, tal como um patrimônio de afetação (que também é sujeito jurídico). Com isso, elimina-se o muro de contenção ao acesso ao patrimônio da sociedade-mãe, de seus sócios e administradores, tornando obsoleto o recurso à desconsideração da pessoa jurídica;

b) não personificar o grupo, não lhe atribuir subjetividade jurídica, não criar mecanismos contratuais que legalizem o grupo e nem tampouco criar normas que concedam salvaguardas às sociedades submetidas ao controle de fato. Ou seja, simplesmente fechar as portas às evidências do controle e, no máximo, remeter os problemas que inescapavelmente vão surgindo às regras e institutos clássicos do Direito Societário, excepcionalmente legislando sobre "pressão", por via da criação de normas pontuais sobre grupos para atender às prementes demandas de um certo setor do direito (v.g. concorrência, bancário, tributário, trabalhista),[53] ou pelo pioneirismo jurisprudencial;

c) não personificar o grupo, nem lhe atribuir subjetividade jurídica, mas entender que se o controle ficar demonstrado pela simples facticidade, a sociedade-mãe será automaticamente responsabilizada;

d) não personificar o grupo, nem lhe atribuir subjetividade jurídica e adotar duas medidas claras: d1) aceitar que contratualmente uma sociedade possa submeter outra aos seus desígnios e instituir um modelo regulatório que conjugue a instauração de instrumentos jurídicos de formalização do grupo com os antídotos ao exercício excessivo ou abusivo do poder de controle; d2) admitir que mesmo na ausência de uma *fattispecie* negocial

---

53. "*Desconsideração da personalidade* coletiva do empregador formal. Perante o aproveitamento da autonomia jurídica de várias sociedades para celebrar com o trabalhador uma sucessão de contratos de trabalho a termo, para, por via daquela independência, se lograr o afastamento da aplicação de normas imperativas relativas à antiguidade e aos limites temporais do contrato de trabalho a termo, há que adotar a solução de recurso da *desconsideração da personalidade* coletiva do empregador formal e da consequente unificação dos vínculos laborais estabelecidos entre aquele trabalhador e as várias entidades empregadoras". Supremo Tribunal de Justiça de Portugal, Acórdão de 19 Fev. 2013, Processo 73/08 Relator: Manuel Joaquim de Oliveira Pinto Hespanhol.

que constitua um grupo de *pleno jure*, todas as vezes que uma sociedade se apresente faticamente capaz de sujeitar uma outra sociedade a uma potencial situação de dependência, essa preservará a sua autonomia e interesse social, mas receberá o reforço de regras especiais que a definam como um sujeito vulnerável em termos de direitos e deveres, e, com base em tal assimetria, impeçam que o exercício do domínio se mostre danoso à sociedade dependente;

e) não personificar o grupo, nem lhe atribuir subjetividade jurídica, porém regulamentar a matéria, legitimando o poder de sociedade para subjugar a outra, sem que, contudo, sofra qualquer responsabilização.

Em comum às estratégias regulatórias assentadas nas opções "a", "c" ou "d", e com diferentes intensidades e consequências jurídicas, o legislador oficializará o que vem ocorrendo no mundo real há quase cem anos. Assumirá que uma sociedade submetida a um controle (seja ela de direito ou de fato) não pode se portar aos olhos de *shareholders* e *stakeholders* como um ente verdadeiramente autônomo e, por isso, a eficácia das relações internas e externas do grupo merecerá um estatuto protetivo. Curiosamente, a atitude "b" é dominante no direito comparado e, surpreendentemente, a atitude "e" é a que notórios especialistas desejam para o futuro da Europa.

a) O Posicionamento "a" – Personificação dos Grupos

Em bem-humorado comentário, Francesco Galgano tece um paralelo entre o universo religioso e os grupos societários: os *agnósticos* seriam aqueles que não se incomodam com nada, exceto as sociedades individualmente consideradas; os *crentes*, acreditam piamente na real existência jurídica de um grupo societário; e, por último, os *místicos*, que atribuem ao grupo a condição de uma entidade, elevada à dignidade de pessoa jurídica. E, nessa linha, proliferam as heresias...[54]

Há pouco, sugerimos que face à flagrante vulnerabilidade econômica e jurídica das sociedades afilhadas, uma primeira abordagem legislativa consistiria em renovar a teoria civilista da personalidade em relação à realidade econômica dos grupos de sociedade, atribuindo ao grupo uma personalidade jurídica própria e alheia à das sociedades componentes, ou, inseri-lo dentre os entes despersonalizados. Essa atitude não seria um apelo a um artificialismo, afinal, a contabilidade do mundo empresarial não confere com a da teoria geral do direito privado. Aqui existem dois personagens abstratos: pessoa física e pessoa jurídica. Porém, no espaço econômico, temos três realidades: pessoas naturais; pessoas coletivas e grupos societários.

---

54. GALGANO, Francesco. *I gruppi di società*. Torino: UTET, 2001, p. 8.

PARTE 2   **157**

Relativamente à opção pela personificação do grupo, urge destacar que pessoa coletiva hoje regrada como sociedade comercial é aquele onde havia e há dupla autonomia: jurídica e patrimonial. Na qualidade de centro coletivo de imputação de normas jurídicas, a sociedade independente faz uso de sua personalidade para perseguir os seus próprios interesses e vontade social, infensa a toda sorte de interferência externa. Porém esse arquétipo está em descompasso com a realidade do grupo de sociedades. No agrupamento remanesce a identidade jurídica de cada qual, mas, paradoxalmente, as sociedades lá imersas tornam-se instrumentos de uma ampla organização. Preservam a condição de sujeito formalmente destinatário da norma, apesar de inseridas em uma coligação cujas estratégias estão fora de seu alcance. Por outro lado, o grupo societário se afirma como sujeito econômico, dotado de finalidades que anulam os desígnios isolados de seus componentes, sem, contudo, corresponder a um autônomo centro de imputação de efeitos jurídicos. Enfim, como conciliar as noções de "sociedade autônoma" e "sociedade controlada"?

Face a esse litígio entre a norma e a realidade, sendo a posição adotada a da opção "a", em tese não haveria maior dificuldade em se assumir um diferenciado referencial normativo, seja para as pessoas coletivas inseridas em um grupo, seja para o próprio grupo, pois o direito a eles aplicável será simplesmente uma opção do legislador, desvinculada de quaisquer das questões teóricas que impactam profundamente na definição dessas categorias quando tratamos das pessoas naturais. A carga ético-axiológica que subjaz a personalidade humana não se transporta para a crueza da realidade jurídica que permeia a discricionária definição normativa da personalidade coletiva, mero produto da técnica jurídica.[55] Possivelmente, a mesma função ideológica da pessoa coletiva – que há tempos justificou a concessão da personalidade com a finalidade de legitimar a responsabilidade limitada dos sócios (caso contrário ainda seria vista como um privilégio) – oferece-se hoje como natural barreira para que uma qualquer construção teórica identifique um grupo societário como uma só pessoa jurídica ou um ente não personalizado, mas, de qualquer forma, uma subjetividade jurídica.[56]

---

55. Como pontua Ricardo Costa, "não se desdenha reafirmar que a sociedade comercial, como pessoa jurídica-coletiva, não é um ente ou sujeito dotado de existência naturalística. É um ente ou sujeito criado e reconhecido pelo ordenamento em razão do seu poder normativo. Portanto, a sua estrutura, a sua organização e as suas formas de declaração e de expressão são necessariamente o resultado de mecanismos formais predispostos pela lei, enquanto criadora que esta é da entidade personificada". Op. cit., p. 45.

56. Coutinho de Abreu pontua que "não se ignora também que a dimensão política da problemática das pessoas coletivas tem hoje que ver sobretudo com as espécies e extensão do controlo jurídico de tais entidades; nem tão pouco se ignora a função ideológica da personalidade jurídica. Mas nada disso, parece-me, põe em causa a concepção "técnico-jurídica" da personalidade colectiva, o seu conteúdo

Porém, surgem objeções de toda a monta à personificação do grupo. Podemos selecionar um argumento frágil e um forte. A justificativa que nos parece desprovida de relevância é que a subjetivação do grupo parte de uma equivocada premissa de ser o agrupamento sempre uma superestrutura que exerce controle completo sobre as sociedades afilhadas, quando na verdade os grupos formam uma realidade multiforme, com grande variedade de graus de centralização, que vão dos grupos fortemente centralizados (com domínio total sobre as filiais), até alcançar outros com perfis flexíveis, atuando as filiais com elevada autonomia decisória. A nosso viso, tal motivação é verdadeira, mas inconsistente para esse específico debate, eis que todas as categorias de pessoas definidas no ordenamento são pautadas pela heterogeneidade, sem que isso desmereça a subjetivação. Isso se aplica às pessoas jurídicas – começando pelo Estado, passando pela sociedade civil e alcançando as mais diferentes composições societárias comerciais –, e, evidentemente, às pessoas naturais, cuja inata personalidade independe das conformações psicofísicas do sujeito de direitos.

Todavia, não se pode negar que especificamente no contexto de um grupo de sociedades vertical, a ideia de personificação se torna ainda mais frágil, pois, não se tratando de agrupamento coordenado para a consecução de interesse e fins comuns – antes se baseando em relações de dependência fática ou de direito para fins unilaterais da sociedade dominante –, o grupo não paritário não poderá ser concebido como nova entidade jurídica de grau superior com socialidade própria e interesses próprios diferentes e superiores aos das entidades agrupadas, pois naturalmente uma sociedade controladora de outra tenderá a usar o poder de controle em benefício próprio.[57]

Outrossim, há um segundo e impactante argumento que recomenda prudência no intuito de personificação dos grupos. Já tivemos a oportunidade de observar que o grupo não é unidade (*einheit*) nem pluralidade (*vielheit*). Ao contrário, é simultaneamente unidade e pluralidade, ou uma "unidade na diversidade", no sentido que as vantagens econômicas que derivam da organização da empresa em grupo justificam os dois atributos. O grupo polissocietário representa uma espécie de "superempresa" sem personalidade, cuja existência só se explica pela autonomia de cada uma das sociedades. A personificação poderia acarretar a destruição da pluralidade jurídica que é pressuposto de sua noção. Se o grupo for uma pessoa coletiva, por via oblíqua a personificação de cada membro do

---

significativo essencial – nem é decisivo para ilustrar a "natureza jurídica" das pessoas colectivas". *Curso de Direito Comercial*. 5. ed. Coimbra: Almedina, 2015, v. 2, p. 165.

57. ABREU, Jorge Manuel Coutinho de. *Duas ou três coisas sobre grupos de sociedades (perspecitvas Europeias)*, p. 2. Texto Inédito, escrito especialmente para conferência proferida em Congresso Brasileiro de Direito Societário de 2017.

grupo perderá o conteúdo material, pois todos os direitos e obrigações que antes eram distribuídos por cada uma das sociedades conforme as suas respectivas titularidades seriam atraídos pela força gravitacional do grupo. Por mais que a lei garantisse a personificação societária dos componentes do agrupamento, não mais seriam centros de imputação de direitos, posto que esvaziados de substância jurídica. Ao invés de empresa polissocietária, o grupo se tornaria uma empresa unissocietária. Um grupo com personalidade jurídica, diz-se, deixaria de ser um grupo para se tornar uma espécie de fusão operada *ex lege*. Assim, personificar seria colocar o agrupamento em um verdadeiro "colete de forças".[58]-[59]

Ilustrativamente, no direito alemão a incapacidade jurídica do grupo de sociedades não impede que seja conceituado como uma empresa, nos amplos termos da GWB, em razão de sua aptidão de influenciar o mercado por meio das sociedades individualmente consideradas. Nessa linha de proteção abrangente da concorrência, o Supremo Tribunal Federal (BGH) parte do princípio de que toda a atividade comercial deve estar inserta no conceito de empresa e que a ausência de capacidade jurídica própria não se contrapõe à qualificação do grupo como empresa pela sua possibilidade de influenciar o mercado.[60]

Se há alguma abertura para o novo, sem o risco da erradicação da irresistível dialética unidade empresarial e pluralidade societária, talvez ela se encontre na identificação do grupo social com a categoria das *pessoas rudimentares ou parcelares*, como realidade a quem a lei recusaria a titularidade de direitos civis, admitindo-lhes, contudo, direitos processuais, uma personalidade judiciaria. Ou seja, lateralmente à personalidade coletiva, tendencialmente plena, haveria uma personalidade coletiva rudimentar dos grupos: operacional, apenas para

---

58. Engrácia Antunes observa que a solução pela personificação "incorreria em 'petitio principii' sempre que o grupo possuísse, ele próprio, relações de coligação intersocietária com outros grupos (v.g. filiais comuns, grupos paritários), ou fosse, por seu turno, membro de outros grupos (os chamados 'Konzern im konzern') ... desta perspectiva, personificar a empresa plurissocietária equivaleria ao seu 'homicídio legislativo' ". *Os Grupos de sociedades* – Estrutura e organização jurídica da empresa plurissocietária. Op. cit., p. 156.

59. Francesco Galgano obtempera que "As vezes, na literatura em matéria de grupos, aflora um equívoco da qual é necessário se libertar. Supõe-se que para afirmar a existência de uma única empresa de grupo é necessário superar o quadro da distinta personalidade jurídica das sociedades e reconduzir o grupo há um único sujeito de direito. Deve-se sublinhar que a unicidade da empresa não reclama de fato a unicidade do sujeito que a exercita. Mesmo fora do grupo de sociedades pode ser exercida uma única empresa com pluralidade de empresários, como nas sociedades de pessoas e se pode manifestar análogo fenômeno de decomposição de uma empresa em fases distintas, cada qual imputada a um sujeito diverso" *Direzione e coordinamento di società*. Bologna: Zanichelli Editores, 2005, p. 37.

60. BLAUROCK, Uwe. Regulação dos grupos de sociedades. *Os grupos de sociedades*. Saraiva: São Paulo: 2012, p. 399. O autor esclarece que para os fins da KWG (Lei do crédito) o grupo não é considerado uma empresa, pois isso implicaria na necessidade de supervisão de todas as sociedades do grupo, inclusive aquelas que não exercem qualquer atividade bancária ou prestam serviço financeiro, mas se inserem em um contexto grupal.

os concretos âmbitos que a lei lhe atribuir. Fora das específicas previsões legais, sai de cena o grupo (pessoa rudimentar) e ingressam os titulares efetivos dos bens em presença, vale dizer, cada pessoa jurídica autônoma (sociedade-mãe ou afilhadas de acordo com os específicos direitos e obrigações que se encontram em cena). A empresa, refere Menezes Cordeiro,

> surge, assim, como uma pessoa rudimentar em todos os casos em que seja destinatária formal de regras de Direito, sem assentar num ente personalizado (em sentido amplo). Caso a caso e regra a regra haverá que determinar o alcance da personalização.[61]

Mesmo que não se defira personalidade coletiva aos grupos organizados em caráter genérico, para os efeitos episódicos determinados pelo legislador, eles teriam subjetividade jurídica. Essa recusa em uma absoluta identidade entre os pares, "pessoa e sujeito" e "não pessoa e não sujeito", visa a estender uma autônoma subjetividade para entes não personalizados por outras técnicas de direito.[62] Ora, se há um sujeito econômico no plano fático, não seria coerente que ao grupo como um todo se atribuísse o status de sujeito jurídico, pelo menos no que concerne à imputação de responsabilidade negocial ou extranegocial, decorrente de débitos ou condutas danosas praticadas no âmbito das filiais com vistas ao "interesse do grupo"?

Nesse particular, é importante constatar que a Section 1 do Capítulo 15 do EMCA trata do grupo de sociedades como "entidade" (entity).[63] Embora sem atribuição de personalidade jurídica, o conjunto dos membros componentes do grupo parece ser visto como algo com identidade própria. Se a isto se junta a percepção do grupo como uma empresa – que o próprio EMCA define como a forma prevalente da moderna empresa –, seria plausível a afirmação de uma responsabilidade comum pelas dívidas de um membro a terceiros – a responsabilidade de todas as sociedades do grupo ou, ao menos, a responsabilidade da

---

61. Menezes Cordeiro afirma que "A personalidade econômica traduz a aptidão que determinadas entidades tenham de ser destinatárias de regras de Direito da economia, ou, mais latamente, de regras de Direito patrimonial. O problema ocorre porquanto diversa legislação de tipo econômico aponta normas dirigidas a empresas e isso independentemente de elas se identificarem – ou não – com entidades personalizadas" *Direito das sociedades*. 3. ed. Coimbra: Almedina, 2011, p. 346-347.

62. ABREU, Jorge Manuel Coutinho de. *Da empresarialidade – as empresas no direito*. Coimbra: Almedina, 1999, p. 202-203.

63. Apenas a título ilustrativo, a expressão "legal entity" no direito norte-americano, tida como "ficção", não possui a mesma acepção que "personalidade jurídica" como "realidade" em outras jurisdições. Como explica Robert Hamilton "at first blush, the basic concept that a corporation is a fictitious person or separate legal entity seems to dictate the answer that the separate existence of such a duly formed corporation should never be ignored". Citando a sempre atual lição de Maurice Wormser, "perhaps no two authorities on the law of corporations are in complete accord to the exact nature of the juristic concepts of corporate entity or corporate personality". *The law of corporations*. 5 ed. Saint Paul: West, 2000, p. 134.

sociedade-mãe pelas dívidas das subsidiárias. Porém, infelizmente essa responsabilidade não é encontrada no EMCA.[64]

b) O Posicionamento "b" – O Modelo Clássico Societário

A estratégia regulatória anteriormente descrita é apenas uma possibilidade, enquanto essa que agora será apresentada não apenas é uma realidade, porém a posição predominante e que encontra esteio na visão clássica do Direito Societário, especialmente no sistema norte americano e inglês, em que não se encontra distinção jurídica entre sociedades independentes e grupos de sociedades em termos de estratégias regulatórias e mecanismos de tutela. A figura do grupamento convencional é desconhecida. O mito da autonomia societária justifica a imunidade da sociedade-mãe perante atos jurídicos ou negociais protagonizados pelas subsidiárias, por se tratar de responsabilidades que não podem recair no patrimônio de pessoas jurídicas independentes. A doutrina da separação das personalidades é também preservada para os grupos. Muito excepcionalmente haveria o recurso à desconsideração da personalidade jurídica da sociedade afilhada para se alcançar a sócia majoritária, a sociedade-mãe. Uma visita aos ordenamentos que dela se servem demonstra uma oscilação em sua aplicação: ilustrativamente, na Inglaterra os juízes tendem a presumir fortemente a subjetividade e autonomia da sociedade devedora, só "levantando o véu" em hipóteses flagrantes de instrumentalização da sociedade para atendimento de fins demeritórios da *holding* – especialmente ao atentar contra o fisco. Em contrapartida, no direito norte-americano a desconsideração se aplica de forma corrente, na fórmula do "piercing the corporate veil".[65]

Entendeu-se que não havia razão para institucionalizar um sistema de concentração que se coloca contrariamente à tendência do livre comércio e da concorrência que sempre marcou o desenvolvimento dos países industrialmente avançados a partir do início do século XIX. As leis de países industrializados e as Diretivas da União Europeia não criam ou institucionalizam o grupo de sociedades, mas reconhecem a sua existência de fato e as possibilidades de fuga das responsabilidades de seus integrantes perante os seus concorrentes, credores e

---

64. ABREU, Jorge Manuel Coutinho de. O Direito dos grupos de sociedades segundo o European Model Company Act (EMCA). IV Congresso Direito das Sociedades em Revista. Congressos Tema: Direito Comercial. Coimbra: Almedina: 2016, p. 3.

65. Ao se referir a expressão concebida por Maurice Wormser "piercing the veil of corporate entity", Robert Hamilton enfatiza que "when the separate existence of the corporation is ignored, courts often use colored metaphors: 'piercing the corporate viel', 'alter ago' or 'mere instrumentally' to name a few. These phrases sheed little light on why the corporate existence is being ignored; they are statement of the conclusions, not reasons". *The law of corporations*. 5 ed. Saint Paul: West, 2000, p. 134.

empregados, fisco e a comunidade em que atuam, notadamente, nesse último caso, no que respeita à preservação do meio ambiente.[66]

Os ordenamentos jurídicos que persistem em se manter confortavelmente à margem do problema, não criam mecanismos contratuais que permitam a canalização dos grupos pela via jurídica, nem tampouco desenvolvem normas que concedam salvaguardas às sociedades submetidas ao controle de fato. Simplesmente fecham as portas às evidências do controle, remetem os interessados ao Direito Civil e ao Direito Societário ordinário e, no máximo, legislam sob "pressão".

Em uma perspectiva econômica, essa estratégia regulatória é fonte de importantes ineficiências no plano do funcionamento do mercado e das próprias empresas. Com efeito, o mito comumente difundido segundo o qual o princípio da responsabilidade limitada dos sócios representa a regra econômica e socialmente mais eficiente em matéria empresarial não encontra confirmação no plano da empresa plurissocietária – antes pelo contrário. Desde logo, a automática aplicação de tal princípio a esta nova forma de empresa arrasta consigo uma série de distorções que resultam inevitavelmente numa ineficiente ou artificial alocação dos recursos produtivos, tais como os conhecidos perigos de "moral hazard" – ou seja, o perigo de manipulação das formas jurídicas como expediente "self-service" de realocação dos ativos empresariais ou de "seguro" contra os riscos empresariais – e de comportamentos "free-rider" – ou seja, o incentivo assim criado aos empresários para se servirem da organização grupal como expediente de externalização do risco da exploração empresarial para a sociedade como um todo sem adequada compensação: numa palavra, dir-se-ia até que, no contexto de empresas plurissocietárias, o regime clássico da responsabilidade empresarial "convida à irresponsabilidade do empresário" ou "induz a irresponsabilidade dos gestores". Por outro lado, é também óbvio que a estratégia em análise compromete seriamente os interesses de vários atores jurídico-empresariais, mormente os credores das sociedades agrupadas – já que a típica permeabilidade patrimonial das filiais, característica da vida interna dos grupos, pode esvaziar de toda a substância a única garantia daqueles (sendo o risco particularmente sério no caso dos credores involuntários) – e os seus sócios minoritários – que assistem impotentes a uma degradação dos respectivos direitos patrimoniais e

---

66. Segundo Modesto Carvalhosa, "a razão da não regulação dos grupos no âmbito societário é também de natureza histórica, na medida em que a atividade empresarial nos demais países industrializados ocidentais não se formou através do regime militar-empresarial-feudal, típico da cultura germânica e sua tardia unificação política e do seu desenvolvimento industrial". *Comentários a Lei de Sociedades Anônimas*. 3. ed. São Paulo: Saraiva, 2009, v. 4, p. 320.

organizativos, tornando-se prisioneiros de verdadeiros "títulos dormentes" sem qualquer liquidez ou valor econômico no mercado.[67]

Face à ausência de uma estratégia global de enfrentamento da temática, os problemas que surgem na dinâmica do grupo são conduzidos às ferramentas ordinárias do Direito Societário ou do Direito Civil, o que gera óbvio descompasso, pela inaptidão de regras formuladas em um paradigma individualista serem transplantadas à complexidade dos agrupamentos. Adverte Klaus Hopt[68] que enquanto o controlador de uma sociedade independente possui o interesse no bem estar de "sua" sociedade, o que reduz o risco de oportunismo às expensas dos sócios minoritários, isso não ocorre quando ele é o controlador de um grupo, pois, além da hipótese de privilegiar o interesse da mãe, eventualmente pensará no grupo como um todo, pois o que lhe pode ser desfavorável em uma das sociedades do grupo, poderá ser benéfico em outra(s). Isso torna o conflito de agência no grupo geralmente mais complexo e agudo do que em sociedades independentes controladas.

Eventualmente, os tribunais concebem "remendos" para as fissuras abertas por esse diferenciado paradigma societário, tentando atualizar os modelos jurídicos desenhados para as clássicas sociedades autônomas (v.g., abuso da maioria, interesse social, administrador de fato). Outras vezes, buscam nos demais ramos do direito as barreiras de contenção em face das iniquidades decorrentes da direção única. Isso se vê principalmente no direito privado, com o recurso da teoria da aparência, da simulação, da confiança, vedação ao abuso do direito e desconsideração da personalidade. Essas alternativas não podem ser descartadas, mesmo porque a ductilidade das cláusulas gerais permite uma constante abertura

---

67. ANTUNES, José Engrácia Estrutura e Responsabilidade da Empresa. O Moderno Paradoxo Regulatório. *Revista Direito GV*, v. 2, São Paulo, 2005, p. 12. Aduz o doutrinador que, "Desde logo, de uma perspectiva puramente jurídica, trata-se de um modelo caracterizado por uma enorme inconsistência e insegurança jurídicas, sendo largamente casuístico nos casos presentes e imprevisível nos casos futuros. A razão fundamental para semelhante incerteza deve-se ao facto de o eixo operativo fundamental subjacente a este modelo (o citado sistema "regra-excepção") – ou seja, por outras palavras, a questão de saber onde situar com precisão a linha de fronteira entre os casos "normais", nos quais a independência jurídica das filiais deve ser reafirmada, e os casos "excepcionais", em que o juiz considera justificado ignorar ou afastar semelhante autonomia – permanece ainda hoje sem qualquer resposta consistente. Com efeito, os casos em que os tribunais, a título excepcional, "levantam o véu" da personalidade jurídica das unidades constituintes de uma empresa grupal, a fim de imputar ao respectivo vértice hierárquico os atos praticados ou o de compromissos assumidos por aquelas, são decididos de acordo com fundamentos que desafiam qualquer reconstrução racional ou sistemática, aparecendo o pensamento jurisprudencial envolto numa espécie de nebulosa de metáforas de valor puramente literário."

68. HOPT, Klaus J., op. cit., p. 5. Acrescenta que "dirigir um grupo de sociedades implica lidar com difíceis decisões negociais, que podem ser apropriadas para o grupo e desvantajosas para a subsidiária. Isso implica em um mais difícil balanceamento entre os interesses da subsidiária e da sociedade-mãe, do que os minoritários e majoritários em uma sociedade independente".

hermenêutica para o enfrentamento de novas demandas jurídicas. Todavia, o risco da incoerência sistemática pela natural oscilação dos tribunais e, principalmente, pela forma com que leis que se destinem a enfrentar pontos isolados do direito dos grupos possam interferir negativamente em pontos por elas não cobertos.

Particularmente, na desconsideração da personalidade jurídica, duas sociedades distintas serão tratadas como uma para fins de responsabilidade, imputando-se obrigação de indenizar à sociedade-mãe pelas consequências de atos fundados no controle e abuso da personalidade coletiva, que desvirtuam materialmente a autonomia formal da sociedade dominada (ficando exangue, normalmente pela mistura das esferas patrimoniais ou de subcapitalização material). Infelizmente, são conhecidas as dificuldades probatórias para a demonstração de que a sociedade serviu como um véu (*lifting the corporate veil*) para atos de esvaziamento patrimonial e causação de danos aos credores e de que os interesses da sociedade foram prejudicados para além de intervenções compensáveis.[69]

Outrossim, há uma clara evidência histórica de que os paradigmas antes adotados para a responsabilidade do sócio não funcionam adequadamente no contexto de grupos societários, que demandam uma corajosa regulação, capaz de enfrentar as estratégias utilizadas pelas controladoras para a sua blindagem.[70] A indiscriminada aplicação do arquétipo da *disregard doctrine* impede que doutrinas mais adequadas (e arejadas) sejam utilizadas em específicas áreas do direito. Ademais, esse modelo gera insegurança jurídica, na medida em que os tribunais se tornam extremamente cautelosos para excepcionar a regra da irresponsabilidade da sociedade controladora e, quando o fazem, recorrem a distintos conceitos indeterminados, sem que se abra uma porta segura para casos semelhantes.

Outrossim, abuso de direito, conflito de interesses, desconsideração da personalidade são recursos do direito desenhados para as sociedades tradicionalmente autônomas, nas quais os sócios pessoas naturais manifestam interesses

---

69. Na Inglaterra, os tribunais relutam na utilização de tal instrumento. No caso *Adams v Cape Industries*, sobre contaminação por amianto, o tribunal confirmou a responsabilidade limitada da sociedade-mãe diante das vítimas do produto distribuído pelas subsidiárias. As cortes da Alemanha também raramente levantam o véu societário e apenas com base em estreitos requisitos. É algo completamente distinto do campo da concorrência, no qual as autoridades antitrustes e os tribunais têm mais boa vontade em aplicar a teoria e atingir as controladoras por violação antitruste das filiais.

70. Com grande refinamento Phillip Blumberg discorre que "In brief, with some exceptions, the vision of the courts has been myopic. Because of concentration on the trees, consideration of the various types of forest has been neglected. In consequence, the rich variety of alternative doctrines under which American courts have recognized intragroup legal attribution in various areas of the law has gone unrecognized, and the judicial limitations arising from blunderbuss reliance on classic piercing to deal with the underlying problems have gone uncorrected". I *A. Blumberg on corporate groups*. 2nd ed. Aspen Publishers, 2005, p. 32.

PARTE 2 **165**

convergentes em prol da capitalização da sociedade – apesar de eventuais divergências quanto à gestão –, enquanto nos grupos a divergência dos interesses presentes entre sócio controlador pessoa jurídica e cada uma das sociedades dependentes é institucionalizado, posto que sistemático e estrutural (e não pontual ou conjuntural). A sociedade controladora atua de acordo com a estratégia empresarial que conta com as sociedades controladas; o sócio ou os sócios da controladora pretendem ganhar nesta o mais possível, ainda que à custa das sociedades controladas; se a sociedade controladora, pelo exercício do seu poder de influência, perde ou lucra menos na controlada é porque intenta ganhar mais nela própria ou em outra sociedade controlada.[71]

Quando ilustramos essa estratégia regulatória conservadora e minimalista frente à inegável realidade de protagonismo econômico dos grupos, temos de ser cuidadosos em não inserir todas as nações que abdicam de uma regulação global dos grupos em uma mesma prateleira. Entre o absenteísmo regulatório dos EUA e a pretensão exauriente da AktG da Alemanha (que será vista adiante), há um grande leque de sistemas regulatórios parciais, que pretendem ir além do arquétipo clássico norte-americano, mas sem ousar traduzir o fenômeno dos grupos em categorias jurídicas.

Os limites dos grupos corporativos são desfocados como resultado de sua diversidade tipológica e complexidade organizacional. Em princípio, por razões de segurança jurídica, um regulamento baseado em regras detalhadas e meticulosas parece aconselhável. No entanto, a necessidade de abranger todos os elementos substanciais dos grupos corporativos requer cláusulas gerais que não focam em assuntos que sejam muito específicos. Por isso, vários países combinam cláusulas gerais e regras. No direito das empresas se encontram ideias fundamentais, sendo que nos ramos de direito restantes se desenvolvem regras legais apropriadas e mais detalhadas. Em particular, isto é explicado pelo fato de que os grupos corporativos são estruturas empresariais legítimas cujo regime legal é insuficiente e, portanto, incapaz de garantir a segurança de seus membros e a busca de seus interesses.[72]

---

71. ABREU, Jorge Manuel Coutinho de. *Da empresarialidade* – as empresas no direito. Coimbra: Almedina, 1999, p. 275-276.

72. IRUJO, José Miguel Embid. Trends and Realities in the Law of Corporate Groups. *European Business Organization Law Review* /2005 v. 6/Issue 1, p. 5. Em sua opinião, este quadro regulamentar plural e diversificado não deve ser entendido como um fracasso, mas como outro sinal da complexidade social de hoje, em que desenvolvem e coexistem projetos humanos heterogêneos, sua integração e coordenação não são sempre fáceis. Por sua própria natureza, os grupos corporativos como objeto de regulamentação exigem uma política jurídica complexa e diversa. A compreensão desta ideia pode contribuir para a construção de uma regulamentação adequada de grupos corporativos em um futuro próximo. Op. cit., p. 12.

Com efeito, como tímida reação a esse *embate paradigmático*, é a *regulação parcial* do fenômeno do grupo societário que predomina no direito comparado. Ocorre de forma desorganizada e reativa, pois a legislação atacará aspectos setoriais da questão, por uma necessidade emergencial de enfrentar problemas concretos de um dado Estado em um dado momento. Instituem-se regras sobre grupos para atender as prementes demandas de um certo setor do direito (v.g. Direito da Concorrência,[73] Direito Tributário, Direito Trabalhista), instituindo uma antijuridicidade presumida dos conglomerados, praticamente uma personalidade grupal para fins contábeis e trabalhistas. Às vezes, essa reação surge de uma jurisprudência ativa, tal como se percebe de decisões do Tribunal de Justiça da União Europeia sobre o grupo de sociedades, reprimindo o abuso do poder econômico no âmbito de grupos.[74]

É o caso da Itália, que, na reforma do Código Civil de 2003 (arts. 2497 a 2497 *septies*), não define uma estrutura de grupos, mas avança para conceber uma disciplina de responsabilidade pelo exercício da atividade de direção e coordenação no seio dos grupos. A responsabilidade da sociedade-mãe pelos débitos das filhas (ou de uma responsabilidade fracionária ou solidária de todas as sociedades da família) é um corolário lógico do reconhecimento por parte de certa legislação da existência de um "interesse do grupo". Aqui verdadeiramente reside a gestão por parte do "capo alle società del gruppo".[75-76] Também é o caso da França, com a sua doutrina Rozenblum, que será referida adiante, como inspiração para o EMCA.

---

73. Assim, a Lei 19/2012 de Portugal, que aprovou o novo regime jurídico da concorrência, no art. 3., 2, considera "como uma única empresa o conjunto de empresas que, embora juridicamente distintas, constituem uma unidade econômica ou mantém entre si laços de interdependência decorrentes, nomeadamente: *a*) De uma participação maioritária no capital; *b*) Da detenção de mais de metade dos votos atribuídos pela detenção de participações sociais; *c*) Da possibilidade de designar mais de metade dos membros do órgão de administração ou de fiscalização; *d*) Do poder de gerir os respetivos negócios".

74. Ilustrativamente, o recente julgamento do processo C-373/14 P, em 25.06.2015, envolvendo práticas colusórias da *Toshiba Corporation*.

75. Umberto Tombari aduz que "A ideia de "direção e coordenação" não se confunde com o conceito de "controle" e se baseia em três requisitos: a) o dado factual que permeia a heterodireção; b) a sociedade dominante deve exercitar a própria atividade com um certo grau de continuidade temporal; c) a necessidade que a direção e coordenação incidam sobre a gestão da sociedade dominada". *Diritto dei gruppi di imprese*. Milano: Giuffrè, 2010, p. 28.

76. O art. 2497 do Código italiano determina que as sociedades que exerçam atividade de direção e coordenação de sociedades, atuando no interesse empresarial próprio ou alheio em violação aos princípios de uma correta gestão societária e empresarial da sociedade controlada, serão diretamente responsáveis perante os sócios da sociedade controlada e ainda perante os credores sociais. A maior conquista da reforma de 2003 é o reconhecimento da responsabilidade da *holding* perante sócios externos e credores se as exigências legais forem preenchidas. Porém, essa responsabilidade poderá ser evitada se houver compensação de prejuízos. A existência do grupo é presumida, não requer demonstração por credores e sócios minoritários.

A inércia legislativa perante o destino de sociedades (dominantes e dominadas), sócios (internos e externos) e credores sociais (da controladora e das controladas) exterioriza o permanente estupor das autoridades mediante aquilo que já não é novo e há muito requer condicionamentos. Enquanto isso não ocorre, os *group headquarters* confortavelmente prosseguirão em sua estratégia de instrumentalização de sociedades para alcançar fins a elas estranhos – não raramente a ela prejudiciais –, amparados no mote do "interesse do grupo".[77] Há uma óbvia discrepância entre sistemas societários tradicionais, formulados para regrar as sociedades independentes – desde a sua fase genética, passando por vicissitudes e etapa agônica –, invariavelmente com o foco em sua autodeterminação, e a realidade econômica das megaempresas cujo significado só se explica se justamente destruirmos toda a lógica criada para sistematizar juridicamente o dogma da autonomia jurídica.

O certo é que a "responsabilidade limitada" se generalizou em meados do século XIX. Porém, só em finais desse século foi admitida a participação de sociedades em sociedades e a constituição de sociedades *holding*. Permitir um grupo de sociedades com múltiplas camadas de responsabilidade limitada para o insular como um todo e externalizar o risco para os credores – especialmente os involuntários – é uma consequência jamais antevista quando a responsabilidade limitada foi adotada, muito antes do aparecimento dos grupos de sociedades.[78]

c) O Posicionamento "c" – O Modelo Orgânico Unitário

Tal e qual o posicionamento "a" – direcionado à personificação ou no mínimo à subjetivação do grupo –, o que temos aqui é uma possibilidade (desejada) de estratégia regulatória, mas que ainda não encontra eco no mundo real. Trata-se do modelo orgânico unitário de regulação, no qual a responsabilização da sociedade-mãe ocorrerá objetiva e ilimitadamente, independentemente de uma fonte legal que outorgue existência ao grupo societário, sendo bastante a afirmação do controle como elemento identificador de uma unidade empresarial (constatado por presunções legais, como os conceitos indeterminados direção unitária e influência dominante). Prevalece então o *princípio da facticidade*, segundo o qual a vigência do respectivo regime decorre apenas da mera existência

---

77. Mais grave, como veremos, só o projeto do EMCA, que, amparado no princípio da realidade, pretende legitimar o exercício do controle e da influência dominante sem que qualquer responsabilidade seja atribuída à sociedade-mãe. Em certas circunstâncias, os sócios minoritários também têm o direito de recesso.

78. Coutinho de Abreu se serve desse raciocínio para criticar a "vaca sagrada" da responsabilidade limitada e, via de consequência, recomendar por via legislativa, uma alargada responsabilização das sociedades controladoras. *Duas ou três coisas sobre grupos de sociedades*. Op. cit., p. 4.

do grupo, independentemente da natureza dos instrumentos constitutivos (v.g. participações de capital, contratos, uniões pessoais etc.).

Esse modelo era previsto no Projeto da 9ª Diretiva Comunitária sobre as Coligações entre Empresas e os Grupos de Sociedades. Apesar de estar praticamente "engavetado", ele representou uma reação ao modelo ortodoxo da absoluta autonomização societária (posicionamento "b"). O art. 46.º, n. 1, prevê que "a sociedade dominante de um grupo responderá por todas as dívidas das sociedades dependentes do mesmo grupo"; em seguida, dispõe o n. 2: "a ação judicial de responsabilidade apenas poderá ser interposta contra a sociedade dominante caso o credor da sociedade dependente devedora haja solicitado por escrito a esta o cumprimento do seu crédito, sem sucesso".

Vê-se aqui um giro de 180 grau relativamente à perspectiva clássica da total imunidade das sociedades controladoras pelos débitos e responsabilidades produzidas no interno de uma sociedade-filha teoricamente autônoma. Porém, como ocorre em toda guinada radical, ser uma *holding* se torna uma atividade de risco inerente, pois, de forma automática, torna-se polo gravitacional de todas as externalidades produzidas no cerne de uma das sociedades filiadas. O risco de insegurança jurídica se agrava à medida que a constatação da existência de um grupo não passará por nenhuma prévia formatação legal, sendo suficiente que um tribunal interprete conceitos jurídicos indeterminados como *controle, direção unitária* e *domínio* de uma forma mais generosa, para que qualquer mínima influência determinante seja um fato constitutivo de um grupo, com imprevisíveis consequências econômicas. Outrossim, o recurso da facticidade poderá conduzir a uma rigidez interpretativa, na qual não haverá diferença entre o exercício de uma condução centralizada ou descentralizada de um grupo, pois mesmo nos casos de uma gestão que confira ampla discricionariedade ao agir dos gestores das sociedades, a *holding* terá que assumir passivos e situações de insolvências, sobre as quais, concretamente, em nada influiu.[79]

d) O Posicionamento "d" – A especial regulação dos Grupos de Sociedades – O modelo alemão

A opção "d" caracteriza uma estratégia regulatória intermediária entre o conservadorismo do posicionamento "b" e a ousadia do modelo "c" e importa em

---

79. Natalino Irti trata da passagem do capitalismo liberal competitivo fundado na lei formal para o capitalismo monopolístico alicerçado no irracionalismo jurídico. Se antes havia a possibilidade de se calcular antecipadamente os resultados de um procedimento legal, à medida que a direção de um caso é transferida a discricionariedade do juiz, pela via de cláusulas gerais, em detrimento da lei formal, "abre-se a porta para a influência daqueles que detêm o poder na sociedade com dano ao pequeno investidor, gerando uma desigualdade perante a lei". Capitalismo e calcolabilità giuridica. *Rivista dele società*, Giuffrè Editore, Settembre-Ottobre, 2015. p. 803.

uma inovadora perspectiva dual sobre a fenomenologia do grupo e respectivas responsabilidades. Duas camadas de agrupamentos sintetizam uma constelação de empresas que se organizam dos mais diversos modos: grupos de direito e grupos de fato. A empreitada normativa é árdua, pois a todo tempo essas camadas se sobrepõem, sem que se saiba exatamente as fronteiras qualitativas e quantitativas entre essas criações normativas, inicialmente predispostas no prototípico *Aktiengesetz* de 1965, posteriormente seguido na Europa por Portugal, Hungria, República Checa e Eslovênia.

De uma certa forma a AktG se perfilha à construção do BGB, introduzindo uma parte geral com conceitos mais abstratos, seguindo-se-lhe livros da parte especial. Assim, no primeiro livro, dedicado às sociedades por ações, há uma parte introdutória, "disposições gerais", na qual se encontram conceitos fundamentais à compreensão da disciplina por grupos (§§ 15 a 19). Já na parte especial, no terceiro livro, que referencia as sociedades coligadas, encontramos nos §§ 291 a 328 AktG a disciplina específica da temática.

A Lei Societária da Alemanha, explica Wiedemann,[80] parte da premissa de que em uma sociedade independente existe um equilíbrio entre os acionistas e, então, todas as decisões básicas e condutas dos administradores são orientadas em torno desse interesse comum. Essa harmonia é posta em perigo quando um acionista ou um grupo de acionistas adquire a maioria das ações e toma partido de sua influência, que cresce desproporcionalmente e leva a sociedade a buscar os seus interesses ao custo de outros relevantes interesses. Esses riscos são reforçados se o membro controlador se encontra em uma sociedade fora daquela sociedade, ou seja, aquela obtém uma influência dominante. A atividade da sociedade dominante causa temor de que a sociedade dependente se tornará subserviente. A preservação dos interesses da sociedade dependente se tornará improvável ou impossível se a controladora usar a sua influência não apenas para afetar as decisões negociais, mas para transformar a estrutura organizacional e incorporar as operações da filial como divisões operacionais dentro de sua própria estrutura empresarial.

Instituir um grupo de direito pressupõe a recusa à personificação jurídica do grupo, conservando a autonomia jurídica de cada uma das sociedades. Se por um lado se afasta a subjetivação do grupo, por outro, afirma-se a direção unitária como a forma por excelência do exercício do poder de controle pela sociedade

---

80. WIEDEMANN, Herbert. The German Law of Affiliated Enterprises. *Groups of Companies in European Laws*. Berlin: Walter de Gruyter, 1982, p. 22. O autor comenta que "nem toda controladora é automaticamente suspeita de explorar a subsidiária: normalmente, ela está interessada em preservar e promover as filiais. A distinção ocorre quando a direção da sociedade é externamente controlada e a filial será com toda probabilidade conduzida de forma diferente de uma sociedade independente."

dominante (§ 18 AktG). Com o deslocamento do poder de direção sobre a gestão alheia para a sociedade diretora, institucionaliza-se a deslocação da responsabilidade perante a sociedade e os sócios da dominada para a sociedade dominante e seus administradores. Se na concepção clássica da separação de personalidades jurídicas a responsabilidade da controladora é excepcionalmente atingida no *piercing the corporate veil,* aqui um tribunal poderá, como regra, superar as barreiras societárias para alcançar a sociedade dominante.

Por sua ampla conformação, a direção unitária não foi conceituada legalmente, partindo-se da premissa de se tratar de um fenômeno da realidade do Konzern. Aceita-se que, contratualmente, uma sociedade possa submeter outra aos seus desígnios instituindo um modelo regulatório que conjugue a instauração de instrumentos jurídicos de formalização do grupo com os antídotos ao exercício excessivo ou abusivo do poder de controle. Preserva-se a construção jurídica da pluralidade de personalidades autônomas, sem, contudo, omitir a realidade do controle e a unidade econômica da direção da empresa plurissocietária. O legislador regrará o grupo desde a sua gênese (constituição), passando por suas vicissitudes (funcionamento) e fase terminativa (dissolução).

No grupo de direito o órgão de administração da sociedade dominada não se extingue, muito menos os administradores veem a sua posição jurídica ocupada ou substituída em termos formais. Mantém a sua configuração orgânico-jurídica e a titularidade jurídica dos gerentes, porém eles se encontram sujeitos a exercerem as suas funções de acordo com a vontade ilimitadamente heterônoma e expressa da sociedade dominante, fora dos canais deliberativos próprios do respectivo tipo de sociedade. Essa legitimação de intervenção externa alarga-se a qualquer forma declarativa, conteúdo e objeto, permitindo, no limite, dirigir e instruir por completo e sem qualquer respeito pela autonomia da dominada. Assim, os administradores das sociedades dominantes em grupos de direitos são administradores de fato *ope legis* das sociedades dominadas.[81]

Constituir um grupo de fato também pressupõe a não personificação do grupo e a admissão que, mesmo na ausência de uma *fattispecie* negocial que constitua um grupo de *pleno jure,* todas as vezes que uma sociedade se apresente faticamente capaz de sujeitar uma outra sociedade a uma potencial situação de dependência, essa preservará a sua autonomia e interesse social, mas receberá o reforço de regras especiais que a definam como um sujeito vulnerável em termos de direitos e deveres, e, com base em tal assimetria, impeçam que o exercício do domínio se mostre danoso à sociedade dependente.

---

81. COSTA, Ricardo, op. cit., p. 292-294.

Em comum aos grupos de direito e de fato há um dado subjacente que justifica a sua regulamentação em um sistema global. A sobreposição societária é incontestável no plano econômico, mas pode ser patológica no plano jurídico: verifica-se uma utilização instrumental da personalidade jurídica de uma sociedade por outra no quadro do grupo. Podemos dizer que incide um desvio na funcionalização da sociedade controlada, à medida que a sua autonomia estrutural – ou independência jurídica – não é capaz de lhe dotar dos meios para realizar de forma soberana as finalidades precípuas, que frequentemente serão submetidas às estratégias eleitas pela pessoa coletiva controladora, a quem, em razão da unidade de direção econômica, desloca-se total ou parcialmente o poder nos grupos verticais.

Isso nos remete a uma ideia mais ampla, da implementação nas leis locais e comunitárias de um "direito dos grupos", capaz de legitimar esses conjuntos de novas estruturas societárias articuladas, conglobadas em uma única gestão, de forma a tutelar, simultaneamente, os interesses do grupo como um todo, de cada uma das sociedades, sócios minoritários e credores. Essa complexa pluralidade de subjetividades e centros de imputação de direitos e deveres em nada se conforma com a romântica visão da sociedade individualmente considerada, cujo autogoverno apenas impactava na produção de consequências jurídicas internas, sem repercutir nas esferas deliberativa e econômica de outras sociedades.

Assim, grupos de direito e de fato convivem nos sistemas em que se adotou a estratégia de regulação global, vale dizer, primeiramente na Alemanha (1965 – Aktiengesetz), seguida do Brasil (1976 – Lei das Sociedades Anônimas), Portugal (1986 – Código das Sociedades Comerciais) e, posteriormente, no ordenamento de outras nações como Croácia, Eslovênia, Rússia, Hungria e etc. Em comum, essas nações adotaram regulamentos destinados a tutelar primordialmente os interesses das sociedades filhas, além de seus sócios minoritários e credores sociais. Em segundo plano se reservam as questões afetas à organização jurídica do grupo em si e do interno da sociedade-mãe (extensivamente a seus próprios sócios e credores). Nessas legislações a premissa é o explícito reconhecimento da juridicidade da facticidade do grupo de sociedade e a consequente legitimação de toda a sua organização em torno do vetor do poder de direção unitário pela sociedade-mãe sobre as afilhadas, com a *potestade* de a elas direcionar instruções vinculativas com fundamento no interesse do grupo. O contrapeso, consiste em regras protetivas dos interesses das sociedades-filhas, credores e sócios externos.[82]

---

82. Assim, no momento da constituição do grupo, preceitos criam mecanismos que disciplinam um mínimo eficacizante em termos de proteção das sociedades afilhadas, sem negar a realidade do controle (v.g. no CSC, o contrato de subordinação e o de grupo paritário). Já para a organização e funcionamento do grupo societário haverá a necessidade de se legitimar a supremacia do interesse econômico do grupo

Com a vigência da AktG, abre-se uma nova fase do direito dos grupos. Ao contrário da esmagadora maioria de legislações nacionais, que recusou disciplina sistemática para os grupos e se contentou com o recurso aos princípios gerais sobre direito das sociedades, o legislador tedesco criou uma detalhada disciplina legislativa para o grupo de empresas, a princípio apenas para sociedades por ações, jurisprudencialmente estendida para outras formas societárias. Ao regular globalmente os grupos societários, a AktG se propôs a balancear o direito da sociedade controladora de coordenar as sociedades do grupo com a imposição de mecanismos contra abusos, em prol de interesses de credores e sócios minoritários das sociedades controladas.[83]

Instituiu-se um modelo contratual. A vertente contratual significa que um agrupamento societário será conduzido a um regramento específico conforme tenha ou não se originado de um instrumento jurídico taxativamente previsto em lei em seu momento genético. Surge um modelo de natureza dualista, que reflete a realidade do controle societário em duas disciplinas: de um lado, os grupos de direito (ou contratuais), de outro, os grupos de fato. Os grupos de direito – os grupos propriamente ditos –, emanam de um ato negocial no qual a sociedade dominada explicitamente se submete a uma integração intersocietária e, consequentemente, a uma direção econômica comum no interesse do grupo. A adesão a um desses instrumentos *numerus clausus* legaliza um regime jurídico excepcional e de natureza bifronte, na qual a explícita submissão das afilhadas à supremacia da sociedade-mãe será compensada por um conjunto de mecanismos protetivos em prol das afilhadas, extensivo aos seus sócios minoritários e credores sociais (§§ 291 e segs. "Aktiengesetz"). A sociedade-mãe também se sujeita a um *dever de cobertura de todas as perdas anuais* registadas pelas respectivas filhas e, em certos casos, a uma *responsabilidade ilimitada e solidária* pelas dívidas sociais destas (§§ 302 e 322).

Por exclusão, surgirão os grupos de fato sempre que o controle e a unidade direcional não resultem daqueles instrumentos demarcados pelo legislador, porém de uma declaração unilateral de vontade. Há uma diversidade das fontes de poder. Nos grupos de fato há limites ao exercício da influência dominante.

---

sobre o interesse social das várias partes constituintes, sem que o interesse do grupo (definido nos arts. 493, 1 e 503, 2, CSC e § 308 AktG) se reduza apenas e tão somente ao interesse da sociedade-mãe. Ademais, a proeminência dos grupos no espaço econômico repercute em outros ramos do direito, como o Direito do Trabalho, Financeiro, Tributário, que criam normas em vista das peculiaridades da organização jurídica do grupo, com destaque para o direito da concorrência, que trata o grupo como empresa única para fins de determinação da existência de práticas anticoncorrenciais.

83. A história do "Konzernrecht" (direito dos grupos de sociedades) remonta aos anos vinte e trinta do século XX, como enfatiza Hans-Georg Koppensteiner. As normas sobre os grupos se encontram em vários pontos da AktG de 1965. As definições dos diversos tipos de grupo nos §§ 15-22 e um outro grupo de normas que regula os contratos de empresas (§§ 291-310), seguida pelas disposições sobre grupos de fato (§§ 311-318), a incorporação (§§ 319-327) e, finalmente, as participações recíprocas (§ 328). Os grupos no direito societário alemão. *Miscelâneas*. n. 4 do IDET. Coimbra: Almedina, 2006, p. 9-11.

A independência da filial será preservada na medida do possível, por isso a lei proíbe que os seus interesses sejam prejudicados, todavia os direcionamentos da sociedade-mãe devem ser observados, mesmo em detrimento da filial.

A situação de domínio e dependência que viabilizará – direta ou indiretamente – a possibilidade de exercício pela sociedade materna de uma influência dominante sobre as afilhadas será fruto de um domínio fático, disposições estatutárias ou participações majoritárias de voto ou capital. O regime especial dos grupos propriamente ditos é inaplicável aos grupos de fato, que serão capturados pelas regras gerais do direito comum das sociedades completamente autônomas, acrescidas de algumas disposições especificamente delineadas, cuja finalidade é a de mitigar a vulnerabilidade das sociedades dependentes e a proteção da confiança de terceiros, além de promoção de deveres de cooperação e amplo fluxo de informações no interno do grupo. Para além da necessária proteção dos sujeitos assimétricos citados, provavelmente o objetivo desses dispositivos especiais foi o de evitar que os agentes econômicos simplesmente desprezassem o regramento jurídico dos grupos de direito, pela suposição de que poderiam se valer do controle com descaso aos interesses da sociedade dependente e sem qualquer contrapartida em termos de responsabilidades. Assim, essas normas procuram "empurrar" os grupos de fato em direção à legalização, dotando os controladores de poder oficial para fazer, "em seu interesse", o que já faziam clandestinamente, porém dentro das estruturas e eficácias antevistas pelo legislador.[84]

Em suma, pode afirmar-se que o regime de responsabilidade da empresa plurissocietária resultante deste modelo dualista decorre automaticamente do acomodamento ou integração da realidade ou fauna grupal num destes dois modelos formais de grupo: ou um sistema de compensação global e automático do passivo das filiais, estabelecido "ex ante", no caso dos grupos de direito (onde a sociedade-mãe viu reconhecido um poder legal de controle sobre a condução dos negócios sociais daquelas), ou um sistema de compensação pontual e casuístico, apenas constatável "ex post", no caso das filiais dos grupos de fato (onde é suposto as sociedades-filhas permanecerem autônomas na condução dos seus negócios, pelo que a sociedade-mãe apenas poderá ser obrigada a compensar aqueles prejuízos patrimoniais que hajam concretamente resultado para as filiais em consequência do uso ilegítimo por aquela da sua influência dominante).[85]

---

84. Destaca-se o § 311, 1, que preconiza uma restrição ao exercício de Influência nos grupos de fato. Na ausência de um acordo de controle, a empresa controladora não poderá exercer a sua influência a ponto de praticar atos e transações que causem uma desvantagem a controlada e firam os seus interesses, a menos que haja compensação.

85. ANTUNES, José Engrácia *Os Grupos de Sociedades – Estrutura e Organização Jurídica da Empresa Plurissocietária*. 2. ed. Coimbra: Almedina, 2002, p. 17. Explica o autor que "quaisquer que sejam as vantagens decorrentes da legitimação do poder de direção das sociedades dominantes sobre as

2.1.4 O Código das Sociedades Comerciais de Portugal

Não obstante filiado ao modelo contratual alemão, o Código das Sociedades Comerciais de 1986 se exime de ditar uma definição geral e prévia do grupo de sociedades, com base no conceito de direção unitária. Ao invés de abrir o flanco para cláusulas gerais, a opção foi por cuidar diretamente dos quatro tipos de coligações societárias.

O legislador de Portugal reservou ao Título VI a abordagem do tema, servindo-se da designação *sociedades coligadas*.[86] Trata-se de conceito jurídico perfeitamente determinado, pois, a teor do art. 482 do CSC, são quatro as espécies de relações intersocietárias tipificadas no gênero "sociedades coligadas": sociedades em relação de simples participação; em relação de participações recíprocas;[87] relação de domínio (sociedades dominantes e dependentes, arts. 486 e segs.) e relações de grupo (divididas em sociedades diretoras e subordinadas, sociedades totalmente dominantes e dominadas). Nos arts. 481 e 482, são postas no núcleo comum as figuras tipificadas e nos arts. 483 a 508 é realizada uma abordagem específica dos quatro modelos em sequência. Em Portugal, não existem sociedades coligadas além da prescrição *numerus clausus* do CSC.

De acordo com o art. 481, 1 do CSC, a coligação de uma sociedade com outra, nos moldes do art. 482, será regulamentada quando se aplicar a uma das três formas societárias: sociedades por quotas, sociedades anônimas e sociedades

---

respectivas sociedades dependentes, a verdade é que estas não tem constituído, aos olhos da cúpula hierárquica dos grupos de facto, motivo suficiente que compense os custos da adopção dos mecanismos legais de organização grupal. As várias proibições e sanções estabelecidas, endereçadas formalmente a impossibilitar o exercício de uma direção unitária nos grupos de facto (designadamente as normas que vedam a sociedade dominante exercer o seu domínio sobre as sociedades dependentes num sentido contrário ao interesse social destas) tem-se revelado incapazes para impedir a organização e o funcionamento daqueles grupos – e de um tal modo que a esmagadora maioria dos grupos societários são, ainda hoje, 'grupos fáticos'". Op. cit., p. 177.

86. Explica Coutinho de Abreu que "a disciplina portuguesa dos grupos de sociedade deve muito a AktG. Mas os cotejos dos pertinentes preceitos do CSC e da AktG patenteia algumas diferenças. Destacam-se as seguintes. A AktG prevê- como sociedades dominadas – apenas as sociedades por ações; a lei portuguesa prevê ainda, vimo-lo já, as sociedades por quotas. A nossa lei aplica-se somente a sociedades; na lei alemã, a "empresa", (*Unternehmen* – expressão utilizada sistematicamente nesse domínio) – dominante – recobre sujeitos jurídicos societários e não societários (empresários individuais etc.). Ao contrário do AktG, o CSC não estabeleceu uma disciplina típica de 'direito dos grupos' para as 'sociedades em relação de domínio' (arts. 486 a 487)". *Da empresarialidade* – as empresas no direito. Coimbra: Almedina, 1999, p. 248.

87. O art. 483 do CSC sintetiza as *sociedades em relação de simples participação*, forma mais singela de coligação societária, caracterizando-se por um elemento positivo (uma das sociedades deter 10% ou mais do capital da outra) e por um elemento negativo (não existir entre as sociedades outra relação (mais forte) de coligação societária. Já as sociedades em *relação de participações recíprocas* surgem nas situações em que cada sociedade detenha 10% do capital da outra, mesmo que uma das sociedades detenha 10% do capital da outra e a outra detenha 50% do capital da primeira.

em comandita por ações, invariavelmente com a exigência autolimitativa das sedes em Portugal (art. 481, 2).[88] Exclui-se do regramento legal qualquer sujeito, seja ele pessoa singular ou coletiva, não referido na citada norma. Assim, tal e qual adotado nas legislações de um direito de grupos da Alemanha e do Brasil, o sócio-sociedade – e não o sócio individual – exerce controle intersocietário, como expediente técnico para integração de uma corporação na vasta unidade econômica liderada por uma outra sociedade, visando ao normal funcionamento de uma lógica interna do grupo, que maximize as virtualidades de uma forma alternativa de organização da empresa.[89]

Dentre os grupos de sociedade, será nas sociedades em relação de grupo – ou grupos em sentido estrito – que haverá a mais veemente vinculação intrassocietária, em virtude de uma hierarquização vertical entre a sociedade totalmente dominante e a sociedade totalmente dominada, conduzindo o controle da subsidiária ao nível extremo de uma direção econômica única. A partir do art. 488 do CSC (Capítulo III, Título VI) o legislador enumera taxativamente os dois instrumentos jurídicos de sua constituição: grupos constituídos por domínio total e contratos de subordinação. O reconhecimento dessa organização legitima o poder de direção no interno dos grupos de sociedade, por meio do direito de a sociedade-mãe emitir instruções vinculantes à sociedade-filha – mesmo que desvantajosas a ela. Essa inflexão de uma sociedade a outra é compensada por um regime tutelar de proteção à sociedade-filha, sócios externos e credores (arts. 497, 499 e 500 a 502).

---

88. DIAS, Rui Pereira. Sociedades em relação de domínio. In: ABREU, Jorge Manuel Coutinho de. *Código das Sociedades Comerciais em Comentários*. 2. ed. Coimbra: Almedina, 2015, v. VI, p. 24 e p. 37. O autor realiza três observações sobre a autocontenção espacial da norma: a) a sede relevante será a sede efetiva da sociedade, sem que se exclua eventual atendibilidade da sede estatutária, quando justificada pela teoria da aparência. De qualquer forma, exclui-se do regime de grupos as relações intersocietárias plurilocalizadas; b) qual é a lei aplicável quando a sociedade dominante e a dependente estão submetidas a leis diferentes? Nas relações de domínio intersocietário transnacionais o problema se resolve pelo apelo ao estatuto pessoal da sociedade dependente, conforme a regra do art. 481, 2; c) o regime do CSC se estende às sociedades intraeuropeias, em razão da liberdade de estabelecimento (art. 49, 54 TFUE), sem discriminação quanto a nacionalidade (art. 18, TFUE). Assim, podem se servir dos poderes e instrumentos da coligação deferidos pelo CSC, mas se submetem evidentemente as responsabilidades ali preconizadas.

89. ANTUNES, José Engrácia. *Os grupos de sociedades* – Estrutura e organização jurídica da empresa plurissocietária. 2. ed. Coimbra: Almedina, 2002, p. 152. Frisa o autor que o regime previsto nos arts. 481 e seguintes é fundamentalmente um direito protetor da sociedade filhas (participada, dependente, subordinada ou totalmente dominada), bem como assim dos respectivos sócios minoritários e credores sociais que possam ser afetados pela criação ou manutenção de uma coligação intersocietária. A esmagadora maioria das consequências jurídicas que o legislador associou à coligação "consubstancia mecanismos, obrigações e ônus de natureza vária precipuamente vocacionados a proteger as sociedades que ocupam o lado passivo dessas relações, bem assim como os demais destinatários jurídico-societários que gravitam em seu torno". Op. cit., p. 286.

O grupo de direito requer a existência de um instrumento jurídico constitutivo, que formalmente crie uma direção unitária e, consequentemente, discipline um regime jurídico, legitimando o exercício do controle da sociedade-mãe e submetendo os interesses sociais de cada sociedade afilhada ao interesse do grupo. Na estrutura do CSC, um grupo de sociedades *stricto sensu* só se afirmará nas sociedades em relação de grupo (grupo de direito), mas não nas sociedades em relação de domínio (grupo de fato). A subordinação nos grupos de direito emanará por meio de um dos instrumentos negociais preconizados em lei. No CSC, será ele o contrato de subordinação[90] ou o domínio total (inicial ou superveniente).[91] Em consequência, estabelece-se regime jurídico específico, disciplinador do binômio poder/responsabilidade,[92] pelo qual as sociedades-filhas expressamente aceitam a supressão da autonomia para se conduzir de acordo com os seus fins, recebendo como compensação um regime jurídico de exceção, que beneficie a si, sócios minoritários e credores por danos.

Na prática, a situação recorrente é aquela em que já há um grupo de fato constituído e operativo – com fundamento em um domínio decorrente de um poder majoritário de voto –, e a sociedade-mãe delibera por centralizar o controle por uma via institucionalizada. O contrato de subordinação será o canal normativo de transmudação de uma influência dominante em uma direção unitária.[93]

---

90. Assevera Orlando Vogler Guiné que o objeto da subordinação é a gestão social em termos universais da sociedade dirigida, que deverá resultar inequívoco do contrato, tendo como elemento essencial o direito de instruir vinculativamente a sociedade. "Trata-se de um dos subtipos da coligação intersocietária de maior intensidade: a relação de grupo, neste caso, trata-se de uma situação grupal, de base contratual (a mesma base das relações de grupo paritário), em contraponto com as situações de grupos participativas (assentes no domínio total inicial ou superveniente). Por outro lado, trata-se de grupo vertical (de supra/infra ordenação) como sucede nas situações de grupo participativas e diversamente do que sucede nos grupos paritários". *Código das Sociedades Comerciais em comentários.* In: ABREU, Jorge Manuel Coutinho de (Coord.). 2. ed. Coimbra: Almedina, 2015, v. VI, p. 192.

91. Apesar da menor relevância do contrato de subordinação comparativamente as relações de grupo constituídas pelo domínio total, foi em torno das particularidades da primeira que o CSC optou por excepcionalmente regulamentar a disciplina, com extensão aos agrupamentos constituídos por domínio total, pela remissão ao art. 491. Por isso, o legislador estabelece a dicotomia sociedade diretora e subordinada, que em algumas situações abrangerá o par dominante/dominada.

92. Com Coutinho de Abreu, "Porque os grupos constituídos por domínio total (arts. 488 e 489) e os constituídos por contratos de subordinação (art. 493, s) têm um regime em parte comum, e para evitar escusadas repetições, o art. 491 manda aplicar àqueles a estatuição de normas (arts. 501 a 504) diretamente aplicáveis aos segundos. A remissão não é evidentemente, ampla ou para todos os artigos aplicáveis aos grupos constituídos por contrato de subordinação. É limitada as normas respeitantes ao poder de direção da sociedade dominante (art. 503) e as contrapartidas que a lei relaciona com esse poder: arts. 501 (responsabilidade da sociedade dominante para com os credores da sociedade dominada), 502 (responsabilidade da dominante por perdas da dominada) e 504 (deveres e responsabilidades dos membros do órgão de administração da dominante). *Da empresarialidade* – as empresas no direito. op. cit., p. 181.

93. Engrácia Antunes questiona "se ainda aí se poderá falar de contrato de subordinação como um verdadeiro contrato, ou seja, um verdadeiro mecanismo de autorregulação dos interesses das duas sociedades

Nos grupos de direito, o protagonismo incumbe aos grupos de domínio total. Ao contrário do contrato de subordinação – cuja base é negocial – a estrutura do domínio total sempre repousara em uma base societária, despontando de duas formas: a) inicial ou originário: assenta na titularidade exclusiva das participações de uma sociedade anônima – sujeito passivo de relação de domínio – por uma sociedade que a constitui "ab ovo" e titulariza diretamente todas as participações da sociedade dominada, como sua única sócia (sociedade dominada unipessoal) e estabelece relação de grupo por força de lei;[94] b) superveniente (art. 489): verifica-se o *domínio total superveniente direto* de uma sociedade sobre outra já existente, quando aquela adquire ou fica com a totalidade das quotas ou ações destas, a sociedade dominada – antes pluripessoal ou unipessoal – fica com a sociedade dominante como único sócio. Já o domínio total superveniente indireto requer que uma sociedade controle outra por intermédio de uma sociedade dependente já completamente dominada.

Em comum aos contratos de subordinação e relações de domínio total, a sociedade-mãe detém a discricionariedade de dar instruções vinculantes à administração da sociedade-filha, mesmo que, eventualmente, as aludidas instruções sejam deletérias para a dominada. O "interesse do grupo" não será a soma dos interesses de todas as sociedades que o compõem, mas os lícitos interesses próprios da dominante (arts. 491 e 503), pois a subordinação – e não a coordenação – é da essência da unilateralidade do grupo. Isso legitima a sociedade-mãe, até mesmo a conceder instruções desvantajosas à sociedade dominada – art. 503, n. 2, CSC – exceto se colocar em risco a própria sobrevivência econômica dessa. Como contrapartida pelo fato de ser alijada desses interesses, a dominada – além de seus sócios minoritários e credores – poderá responsabilizar a dominante por danos, também obrigada a compensar as perdas anuais da sociedade sacrificada (arts. 501 e 502).

Para terminar, a quarta espécie de coligação societária é a *relação de domínio*. Na literalidade do art. 486 do CSC, *duas sociedades estão em relação de domínio quando uma delas, dita dominante, pode exercer, diretamente ou por sociedades*

---

e uma manifestação da sua autonomia privada: pois não é evidente que, sempre que a futura sociedade subordinada seja já contemporaneamente também sociedade dependente, lhe faltar a liberdade de celebração que é característica do instituto contratual – a ponto de, em tais casos, se dever falar, com maior propriedade, de uma "subordinação ao contrato" antes que de um "contrato de subordinação". *Os grupos de sociedades* – Estrutura e organização jurídica da empresa plurissocietária. Op. cit., p. 679.

94. COSTA, Ricardo. Domínio total inicial. In: ABREU, Jorge Manuel Coutinho de (Coord.). *Código das Sociedades Comerciais em comentários.* 2. ed. Coimbra: Almedina, 2015, v. VI, p. 110-111. O autor traz a baila acirrada discussão sobre a possibilidade de inserirmos nas relações de grupo, uma sociedade por quotas unipessoal constituída por outra sociedade. Ele nega essa possibilidade, cingindo a constituição inicial de domínio as sociedades anônimas unipessoais.

ou pessoas que preencham os requisitos indicados no art. 383, n. 2, sobre a outra, dita dependente, uma influência dominante.

Ao contrário do que ocorre nas relações de grupo em sentido estrito, o fundamental no conceito do domínio não é um controle atual e efetivo de uma sociedade por outra, mas a possibilidade de uma sociedade vir a controlar a gestão de outra sociedade. O elemento decisivo é a *possibilidade de exercício* de uma influência dominante. Esse conceito jurídico indeterminado é, na sequência, submetido a três presunções legais de domínio: a sociedade dominante detém uma participação majoritária no capital, dispõe de mais da metade dos votos ou tem a possibilidade de designar mais de metade dos membros do órgão da administração ou do órgão de fiscalização.[95] Frequentemente, as três alíneas do art. 486, n. 2, serão cumulativamente verificadas, de forma que a empresa controladora da maioria do capital terá a disponibilidade da maioria dos votos e, consequentemente, escolha a composição majoritária do órgãos sociais, precipuamente da administração.[96]

O legislador também preservou aqui a estrutura dualista e dispositiva da AkgT.[97] Dualista, pois o setor das sociedades em relação de participação (simples e recíproca) e em relação de domínio se abre para receber todos os agrupamentos intersocietários cuja direção unitária não se amolde aos modelos contratuais exaustivos de regulação do art. 488 e ss. (relação de grupo). Isso significa que quando houver domínio-dependência por uma "influência dominante", diverso das situações catalogadas na lei, o controle dará lugar ao *grupo de fato*. O poder

---

95. Engrácia Antunes explica que essas presunções não são taxativas e correspondem exemplificativamente a alguns dos instrumentos de domínio em que se poderá alicerçar a influência. A função das presunções é mera função jurídico-processual de inversão do ônus probatório, não se reconduzindo o conceito material de influência dominante do art. 486, n. I, apenas aos instrumentos a que a lei faz associar uma presunção, porém a outros de natureza contratual, societária ou fática. *Os grupos de sociedades* – Estrutura e organização jurídica da empresa plurissocietária, op. cit., p. 483-484.

96. Observa Orlando Vogler Guiné que nem sempre haverá uma conjunção entre as três presunções legais, "A. pode enquanto detentor de ações ordinárias e preferenciais deter mais de 50% do capital da sociedade, mais ainda estar em minoria quanto aos direitos de voto. B. pode deter apenas uma pequena participação social, mas parassocialmente ter a possibilidade de designar efetivamente a maioria dos membros dos órgãos sociais. Por outro lado, pode haver situações em que existe um controle de facto da sociedade (p.e., com 49% ou menos do direito de voto, tendo em conta o habitual absentismo de um número importante de outros sócios)". Op. cit., p. 190.

97. Aliás, enquanto o âmbito de aplicação das normas do CSC se limita ao campo das sociedades de capital, tornando irrelevante o conceito de "empresa", na AktG a aplicabilidade do direito dos grupos depende de o fato da entidade dominante ser uma empresa. A lógica desenvolvida na Alemanha, segundo Koppensteiner, parte da premissa que a empresa é normalmente desenvolvida como conjunto (organização) de coisas e pessoas a fim de realizar um objetivo económico, "por isso distinguimos entre empresa e o seu detentor (o empresário). Só este último tem capacidade jurídica. Ora, as normas relacionadas com os grupos pressupõem esta capacidade. 'Empresa' neste contexto designa em verdade o detentor da empresa".

de direção não nascerá dos instrumentos taxativamente previstos em lei, porém, reside em outras formas, como a titularidade de participações majoritárias, acordos parassociais, contratos interempresariais, uniões pessoais e relações econômico-fáticas de dependência. Esse tipo de relação intersocietária é atraído ao Capítulo II, do Título VI ("sociedades em relação de simples participação, de participações recíprocas e de domínio).[98]

Aqui entra o traço dispositivo do direito dos grupos do CSC. A sociedade--mãe que queira legitimar o seu poder de controle, sujeitando outra a sua direção unitária terá que perfilhar um dos modelos que se seguem aos art. 488. Assume o poder de determinar o que será doravante o "interesse do grupo". Porém, curva-se ao sistema de freios e contrapesos que lhe impõe deveres e responsabilidades perante sociedades-filhas, sócios minoritários e credores sociais. Ao contrário, se a sua discricionariedade lhe recomendar a exclusão dos grupos de direito (relações de grupo em sentido estrito), exercerá então o poder de fato, para o qual o CSC minimizou a regulação da eficácia jurídica protetiva da sociedade dependente e demais centros autônomos de interesse atingidos. Mas aqui cabe uma crítica: apesar de ter autonomizado a relação de domínio como um tipo de coligação societária (no que bem fez!), ao contrário do previsto no AkgT, o CSC não previu um regime especial para as relações de domínio apto a sancionar o controlador pelo exercício da influência dominante de forma deletéria aos interesses da sociedade dominada e demais destinatários jurídicos. Em favor deles subsistirão as regras gerais do direito das sociedades completamente autônomas, acrescidas apenas de escassas disposições especiais dos arts. 483 a 487 do CSC. As sociedades-filhas e os demais destinatários jurídicos dos efeitos do grupo terão que se valer das regras ordinárias aplicáveis às sociedades independentes com o acréscimo de dois dispositivos especiais: a) proibição da sociedade dependente adquirir frações no capital da sociedade dominante (art. 487); b) um dever de declaração da existência dos instrumentos constitutivos da relação de domínio (art. 486, n. 3).

---

98. Anote-se, por necessário, que a opção legislativa do CSC conduziu a um divórcio entre o estrito conceito jurídico de coligação societária e a amplitude do conceito econômico. Qualquer uma das quatro coligações societárias tipificadas em lei será um grupo econômico. A recíproca não é válida, pois há agrupamentos societários infensos à moldura normativa. Tão evidente é a repercussão socioeconômica dos grupos de fato que a Lei do Regime Jurídico de Concorrência de Portugal fixou no art. 2º, 2, que "Considera-se como uma única empresa o conjunto de empresas que, embora juridicamente distintas, constituem uma unidade econômica ou que mantêm entre si laços de interdependência ou subordinação decorrentes dos direitos ou poderes enumerados no n. 1 do art. 10º". A mencionada "unidade econômica" não é aqui restrita aos grupos de direito (domínio total, contratual de subordinação e grupo contratual paritário), ela transcende as sociedades em que se configure relação de grupo, abarcando também as relações de domínio, em que a dominante influa decisivamente na gestão da dominada – orgânica ou extra organicamente – privando-a de efetiva autodeterminação material, não obstante a preservação de sua autonomia formal.

Apesar do recorte normativo e das essenciais distinções entre as sociedades em relações de domínio e as sociedades em relação de grupo, ambas se conduzem à classificação dos "grupos de subordinação", que se caracteriza pelo fato de que várias sociedades integrantes de um agrupamento se encontram em uma relação hierárquica de dependência, existindo uma direção econômica unitária e, simultaneamente, uma relação de domínio intersocietário. A natureza do grupo é hierárquico-vertical, pois as diversas sociedades se submetem a uma gestão comum, unilateralmente definida e exercida pela sociedade-mãe. Mas, como vimos, no domínio a sociedade-mãe "poderá" exercer uma influência dominante sobre as filhas (a direção é potencial), já nos grupos de direito há o uso efetivo do poder de influência.

O modelo contratual brasileiro

No Brasil, a regulação sistemática das sociedades coligadas, controladoras e controladas e dos grupos de direito deu-se por força da Lei de Sociedade por Ações de 1976. Na sequência da Alemanha (1965), a Lei 6.404 foi a segunda a normatizar os grupos de sociedades pela via contratual, porém sem a complexidade da lei germânica e mesmo a sua abrangência, ao disciplinar os grupos de empresas. Com efeito, o direito brasileiro trata dos grupos societários de fato a partir de um poder de controle de uma sociedade sobre outras, sem, contudo, mencionar um elemento ulterior que demonstre a unidade econômica entre elas. Outra peculiaridade do direito nacional é que a LSA apenas permite direção unitária quando for firmada convenção grupal.[99]

Enquanto o Capítulo XX da LSA estipula regras próprias para as sociedades coligadas, controladas e controladoras, disciplinando as relações intersocietárias (arts. 243 a 264), o Capítulo XXI consagra a bipartição das espécies de relacionamento entre as sociedades, regulamentando os grupos de direito, constituídos mediante convenção grupal. Apenas para os grupos de direito haverá uma disciplina específica, no qual se mitiga a independência da sociedade, com o reconhecimento da unidade econômica e da legítima influência externa que subordina uma sociedade a outra. A lei acionária assume três formas de ligações societárias: coligação, controle e controle total.

Em sua redação originária, somente eram consideradas coligadas as sociedades nas quais uma participava do capital da outra em 10% ou mais, sem, contudo, controlá-la. Com a vigência da Lei 11.941/09, houve alteração, pois o § 1º do art.

---

99. PRADO, Viviane Muller. *Conflito de interesses nos grupos societários*. São Paulo: Quartier Latin, 2006, p. 154-155. A autora enfatiza que a lei brasileira disciplina os grupos de sociedades, não regrando as situações em que o controle é detido por fundação, pessoa física ou empresa pública. Já no conceito de empresas coligadas da AktG, para configurar a ligação consideram-se tanto as formas societárias como não societárias. A empresa dominante pode ser uma pessoa física ou até o Estado. Op. cit., p. 56.

243, passou a dispor que "São coligadas as sociedades nas quais a investidora tenha influência significativa", dando-se relevância a um critério qualitativo para o conceito de coligação – independente da titularidade de ações – que acentue elementos fáticos capazes de demonstrar o nível de influência e a efetiva força persuasiva de uma sociedade com participação relevante em outra exerce sobre esta. Isto se corrobora pela redação conferida pela referida norma de 2009 ao § 4º do mesmo artigo: "Considera-se que há influência significativa quando a investidora detém ou exerce o poder de participar nas decisões das políticas financeira ou operacional da investida, sem controlá-la". Se a amplitude desse dispositivo acarreta dúvidas, em contrapartida o § 5º cria uma presunção de influência se a investidora for titular de 20% (vinte por cento) ou mais do capital votante da investida, sem controlá-la.

Como sinais evidentes de influência significativa, pode-se ilustrar com a representação no conselho de administração ou na diretoria da investida; a participação nos processos de elaboração de políticas, inclusive em decisões sobre dividendos e outras distribuições; as operações materiais entre o investidor e a investida; o intercâmbio de diretores ou gerentes e o fornecimento de informação técnica essencial.[100]

Ainda que a influência, em razão do tipo e do grau, não caracterize o controle societário, pode manifestar-se de modo intenso, a ponto de sujeitar uma dada sociedade a uma direção econômica unitária. Esse estado de coisas denuncia, potencialmente, um fenômeno de natureza grupal. A relação de coligação, deflagra, de um lado, uma influência significativa e, de outro, correspondente submissão, presumidas ambas quando uma sociedade for titular – direta ou indiretamente – de 20% ou mais do capital votante de outra – a influenciada –, sem, contudo, controlá-la. A coligação, portanto, situa-se no momento em que a mera participação, no extremo oposto do controle societário, transmuda-se – quantitativa e qualitativamente – a revelar um fenômeno de natureza grupal.[101]

Em sentido análogo, o Código Civil de 2002 também disciplina as sociedades coligadas (arts. 1.097 a 1.101), porém de uma forma mais ampla, definindo-as como "as sociedades que, em suas relações de capital, são controladas, filiadas, ou de simples participação" (art. 1.097, CC). O CC/02 cuidou de uma espécie

---

100. CARVALHOSA, Modesto, op. cit., p. 36. Explica o autor que "Na captação dos fenômenos concentracionais a nossa lei, portanto, reconhece a existência de uma relação horizontal entre sociedades coligadas (coligada investidora e coligada investida) e vertical entre controladoras e controladas, sendo o controle geralmente exercido por holdings. Dessa forma, no regime vertical há sociedade controladora e no horizontal não existe esse predicado. Há um regime de coordenação entre as sociedades coligadas e de comando entre a controladora e as controladas".

101. WARDE JR, Walfrido Jorge. O fracasso do direito grupal brasileiro. *Os grupos de sociedade*. São Paulo: Saraiva, 2012, p. 120.

de relacionamento intersocietário, qual seja, aquele derivado da hipótese de uma sociedade personalizada ostentar a qualidade de sócia e ser titular de uma participação de capital de outra sociedade personalizada, criando uma situação jurídica em que entes imateriais serão utilizados para concentração de riquezas. Seguindo a orientação do Código das Sociedades Comerciais de Portugal, o legislador brasileiro partiu do gênero sociedades coligadas para reportar as suas espécies: a) sociedades coligadas em sentido estrito ou sociedades filiadas (art. 1.099, CC); b) sociedades controladoras e controladas (art. 1.098, CC); c) sociedades de simples participação (art. 1.097, CC), quando uma possua menos de 10% do capital com direito a voto da outra (art. 1.100, CC). De qualquer forma, deu-se uma acepção ao conceito de sociedades coligadas que não coincide com aquele fornecido pela Lei 11.941/09.[102]

A melhor forma de apartar os dois diplomas legais é considerar que os conceitos de coligação e controle da Lei 6.404/76 se aplicarão apenas às sociedades anônimas, quando forem sociedades controladoras ou investidoras nas sociedades coligadas. Portanto, quando o referido art. 1.097 alude às "sociedades", não segrega a aplicação das regras subsequentes em prol de tipos societários específicos, contudo, daí se retiram as sociedades anônimas, conforme se extrai do art. 1.089 do Código Civil: "A sociedade anônima rege-se por lei especial, aplicando-se, nos casos omissos, as disposições deste Código".

O regramento do Código Civil é singelo, olvidando-se de disciplinar o fenômeno dos grupos societários, seja pelo exercício do controle detido por umas sociedades (grupo de subordinação), seja pelo simples ajuste contratual (grupo de coordenação). Ao conceituar a sociedade controlada, o art. 1.098 do CC/02[103] se valeu de dois critérios: a) subordinação direta: a controladora detém a maioria dos votos e potencialmente poderá eleger a maioria dos administradores; b) subordinação indireta: alcançada por intermédio de outras sociedades personificadas, formando um sistema superposto de transmissão de poder de

---

102. Marcelo Fortes Barbosa Filho explica que no Código Civil "a coligação caracteriza-se pura e simplesmente quando uma sociedade personalizada é titular, em qualquer proporção, de parcela do capital de outra. Foram estabelecidas três espécies de coligações, em conformidade com a relação concreta mantida entre as duas pessoas jurídicas. Discriminam-se, assim, as relações mantidas entre a sociedade controlada e a controladora; as relações estabelecidas entre duas sociedades filiadas; e as relações decorrentes da manutenção de uma simples participação. Frise-se, por fim, que a coligação, como fenômeno jurídico, é muito mais comum entre as sociedades empresárias, mas pode se estabelecer também entre as sociedades simples, não fazendo o CC/2002 qualquer restrição a esse propósito". *Código Civil comentado*. In: PELUSO, Cezar (Coord.). 11. ed. São Paulo: Manole, 2017, p. 1022.

103. Art. 1.098. É controlada: I – a sociedade de cujo capital outra sociedade possua a maioria dos votos nas deliberações dos quotistas ou da assembleia geral e o poder de eleger a maioria dos administradores; II – a sociedade cujo controle, referido no inciso antecedente, esteja em poder de outra, mediante ações ou quotas possuídas por sociedades ou sociedades por esta já controladas.

controle. Em comum a ambas as formas de subordinação, não se exige o efetivo uso do poder, sendo suficiente que em caráter estrutural e permanente os desígnios da controladora sejam decisivos para as deliberações da sociedade controlada. Diga-se, de passagem, que critério de "maioria de votos" (art. 1.098, I, CC) como definidor da subordinação direta não foi a melhor escolha, pois desmerece as amplas emanações do fenômeno do controle.

Nada obstante, o perfil da responsabilidade das sociedades coligadas perante um grupo de sociedades é aferido na Lei de Sociedade por Ações. Tal e qual o direito alemão e o português, perfilhamos a corrente contratual alicerçada na dicotomia entre os grupos de direito e os grupos de fato, sem, contudo, disciplinar os grupos de fato, porém apenas indicando a situação em que o controle será exercido. No âmbito dos grupos de direito, conforme o art. 265 da Lei 6.404/76, a sociedade controladora e suas controladas podem constituir "grupo de sociedades, mediante convenção pela qual se obriguem a combinar recursos ou esforços para a realização dos respectivos objetos, ou a participar de atividades ou empreendimentos comuns". As relações entre as sociedades, a estrutura administrativa do grupo e a coordenação ou subordinação dos administradores das sociedades filiadas serão estabelecidas na convenção do grupo, mas cada sociedade conservará personalidade e patrimônios distintos (art. 266).

Para além da constatação fenomenológica da realidade econômica do grupo, exige a lei o elemento jurídico da convenção grupal (art. 269), como fato gerador de um grupo de direito, no qual o controle de uma sociedade por outra é validado por modelos e estruturas normativas, seja esse grupo formado por sociedades de ações ou sociedades não previstas na Lei de Sociedade por Ações, visto que o Código Civil optou por não ferir o tema.

Tal como se deu no precedente germânico, o grupo não constitui uma pessoa jurídica de segundo grau. As sociedades que compõem o grupo de direito formam uma verdadeira 'unidade' econômica em que, por meio da convenção e com o objetivo de viabilizar a consecução do interesse geral, abrem mão de sua individualidade estratégica e administrativa, submetendo-se à direção centralizada do grupo. O contrato que valida o grupo formaliza uma delegação do poder de direção societária, com distribuição das competências próprias para o grupo como um todo. Diante do rompimento da estrutura originariamente isolada e autônoma, a lei societária admite que a administração do grupo de direito legitimamente adote medidas contrárias aos interesses específicos de cada companhia que a integra, favorecendo, em prol do interesse geral, determinadas associadas em prejuízo de outras.[104]

---

104. EIZIRIK, Nelson. *Estudos de direito empresarial.* São Paulo: Saraiva, 2010, p. 371.

Evidentemente, tratamos aqui dos grupos de subordinação, pautados pela relação de dependência que poderá redundar em sacrifício dos interesses societários em prol do interesse grupal, pois a gestão societária não mais será livre e autônoma.

Um detalhe: pouquíssimos grupos de direito foram registrados no Brasil. Eis o divórcio entre a disposição do legislador e a realidade social.[105] À medida que a esmagadora maioria das empresas parassocietárias excluem o regime legal do grupo e deliberam pelo regramento das sociedades isoladas, acrescidas de normas que regulam as relações entre sociedades controladoras, controladas e coligadas, esvaziam-se os arts. 265 a 277 da LSA, que dispõem sobre a forma de constituição, organização e atuação dos grupos de direito. Como possíveis razões para a não adoção do grupo convencional do modelo importado temos a facultatividade de formação de grupos convencionais, a oneração com o direito de recesso dos minoritários e com a estrutura administrativa. Essas limitações impedem que no Brasil haja uma fértil discussão em termos de validade e eficácia sobre os limites de conteúdo da convenção grupal e da condução dos negócios sociais de forma unitária.[106]

Em contrapartida, os grupos de fato – regulados nos arts. 243 e seguintes da LSA – emanam das relações entre a sociedade controladora e as controladas, sem que, contudo, ocorra a celebração da convenção grupal.[107] A sociedade isolada é o paradigma regulatório dos grupos de fato, o que conduz a sociedade controlada a perseguir exclusivamente os seus próprios interesses sociais.[108] A detecção de um grupo de fato é consequente à identificação de uma estrutura organizada de exercício do controle sobre todas as sociedades afilhadas, materializada pela influência em cada uma das administrações. Com base em seus direitos políticos, o controlador determina as deliberações e ações sociais de forma holística. Infere-se a existência de sociedade controlada pelo § 2º do art. 243 da Lei 6404/76, ao se considerar como tal aquela sociedade na qual a controladora, diretamente ou

---

105. Não ultrapassando o número de trinta segundo dados do Departamento Nacional de Registro do Comércio – DNRC.

106. PRADO, Viviane Muller, op. cit., p. 71, esclarece ainda que "deve ser levada em conta a interpretação do regime jurídico dos grupos de direito na legislação brasileira. Por ser um fenômeno quase inexistente, são poucos os estudos nacionais sobre essa forma de organização da empresa e não foi encontrada nenhuma jurisprudência sobre o tema."

107. Fábio Bellote Gomes aduz que é muito comum a união fática de duas ou mais sociedades coligadas ou sob controle comum, "entretanto, sem qualquer observância às formalidades legais e que chegam a utilizar, inclusive, a expressão 'grupo' em sua publicidade, em total desrespeito à lei, opondo-se dessa forma aos grupos de direito legalmente previstos". *Manual de direito empresarial*. 6. ed. Juspodivm: Salvador, 2017, p. 205.

108. As sociedades que formam o grupo de fato observarão o regramento aplicado às sociedades isoladas, exceto no que concerne à responsabilidade dos administradores (art. 245), relatório da administração e demonstrações financeiras (art. 243, caput e 247 a 250), participações recíprocas (art. 244), obrigação de reparação de danos pela controladora à controlada (arts. 246), subsidiária integral (art. 251/2) e incorporação (art. 264).

por meio de outras controladas, é titular de direitos de sócio que lhe assegurem, de modo permanente, preponderância nas deliberações sociais (definição semelhante a do art. 1.098, CC) e o poder de eleger a maioria dos administradores.

Da leitura do mencionado dispositivo vê-se que a controladora preencherá três requisitos: a) ser sócia direta ou indiretamente da controlada: ao exigir a participação no capital social, a LSA desconsidera o fenômeno do controle externo para a determinação do poder de controle societário, sendo necessário que tenha o poder de determinar as deliberações sociais e influenciar a gestão da sociedade, até mesmo pela estrutura piramidal própria de grupos societários em cascata ou em cadeia; b) deter a maioria dos votos na assembleia, de forma permanente: o poder de controle se manifesta de forma cativa nas assembleias gerais, sendo determinado pelo critério qualitativo da titularidade do poder de decisão em detrimento do critério quantitativo do percentual de participação no capital social; c) o poder potencial de eleger a maioria dos administradores em razão da maioria dos votos nas deliberações da assembleia geral.[109]

O relacionamento intersocietário é disciplinado na LSA pelas vias da coligação e controle, mediante gradação quantitativa e percentual do vínculo societário, culminando nas hipóteses de dominação de 100% – tal e qual se estabelece em Portugal – entre a sociedade totalmente dominante e a sociedade totalmente dominada. Será na figura da subsidiária integral (arts. 251 a 253 da LSA) que surgirá a mais veemente vinculação intrassocietária, em virtude de uma hierarquização vertical, conduzindo o controle da subsidiária ao nível extremo de uma direção econômica única. Na subsidiária integral o único acionista será uma sociedade brasileira, que poderá adquirir essa qualidade originariamente – constituindo sem concorrência a companhia mediante escritura pública – ou de forma derivada – pela aquisição de todas as ações representativas do capital social da companhia. Na falta de uma convenção grupal, as subsidiárias integrais e suas controladoras formam um grupo de fato e, portanto, a controladora não pode afastar a controlada da prossecução de seu particular interesse social, mesmo diante da unipessoalidade societária.[110]

---

109. PRADO, Viviane Muller, op. cit., p. 96-98.
110. CASTELÕES, Leonardo de Gouvea. *Grupos de Sociedades*. Curitiba: Juruá, 2008, p. 195. Explica ainda que "no Brasil, ao contrário de Portugal, a constituição de uma subsidiária integral não importa, automaticamente, a constituição de um grupo de direito entre ela (subsidiária integral) e sua sociedade constituinte como ocorre relativamente à sociedade totalmente dominada e sua dominante, no direito luso. No direito brasileiro a figura do domínio total de uma sociedade por outra não levanta, particularmente no que se refere às aquisições tendentes ao domínio total, as sérias dúvidas anotadas relativamente ao direito português. Ao contrário do que ocorre em Portugal, à sociedade controladora não é conferido o direito potestativo de adquirir as ações ou quotas correspondentes ao restante da participação societária, mediante contrapartida, nem mesmo através de OPA. Op. cit., p. 198.

Pelo exposto, vê-se que a legislação brasileira caracterizou a coligação e o controle como modalidades fenomenológicas de concentração empresarial em que as sociedades envolvidas mantêm a sua identidade, personalidade jurídica e patrimônio individualizado, formando, pela participação relevante no capital das sociedades envolvidas, um grupo societário de fato ou não convencional, que não demanda a reorganização das sociedades envolvidas (arts. 223 a 234). Diferencia-se, portanto, do grupo convencional (arts. 265 a 277) na medida em que neste há vínculo obrigacional e um substrato convencional que lhe outorga caráter formal e autoriza o sacrifício dos interesses da sociedade controlada, diante de um exercício não abusivo e nos limites da convenção (art. 273, LSA), sendo certo que caberá à convenção grupal determinar os mecanismos compensatórios decorrentes das perdas sofridas pela sociedade e minoritários (art. 276, LSA).

A sociedades dos grupos de fato mantêm íntegra a individualidade de seus objetos operacionais e a controladora não terá ingerência direta sobre a política de prioridades da controlada, restringindo-se a *holding*[111] de controle à posição receptiva de resultados patrimoniais, sem impor aos seus administradores qualquer política empresarial. Conforme o estabelecido no art. 154 da LSA: "O administrador deve exercer as atribuições que a lei e o estatuto lhe conferem para lograr os fins e no interesse da companhia, satisfeitas as exigências do bem público e da função social da empresa". Por conseguinte, na ausência de vínculo obrigacional, prevalece a isonomia, não podendo a controladora se aproveitar dos recursos e esforços da controlada em prol dos interesses grupais. Em contraparti-da, nos grupos convencionais de direito a convenção permite o estabelecimento de uma política comum, envolvendo todas as sociedades do grupo, que perdem a sua individualidade estratégica e administrativa (art. 266), subordinando-se à política grupal, não obstante conservarem a personalidade jurídica.[112]

Há de se questionar se o conceito de "controle", para a caracterização dos grupos de fato brasileiros, demanda o exercício efetivo do poder de direção ou apenas a potencialidade do controle. Certamente, a constatação de responsabili-dade civil requer o fato ilícito do abuso no exercício efetivo do poder de controle, conforme informa o art. 117 da LSA. Diversamente do que ocorre nos grupos de direito, as decisões do controlador do grupo de fato não poderão orientar a companhia para fim estranho ao objeto social ou lesivo ao interesse nacional, ou levá-la a favorecer outra sociedade, brasileira ou estrangeira, em prejuízo da participação dos acionistas minoritários nos lucros ou no acervo da companhia,

---

111. Há no Brasil um conceito de *Holding* no art. 3º da Lei 6.404/76: "A companhia pode ter por objeto participar de outras sociedades; ainda que não prevista no estatuto, a participação é facultada como meio de realizar o objeto social, ou para beneficiar-se de incentivos fiscais".

112. CARVALHOSA, Modesto Carvalhosa, op. cit., p. 12.

ou da economia nacional (art. 117, § 1º, "a", LSA). Assim, com relação à sanção reparatória, a LSA exige a constatação do exercício efetivo do poder de controle como causa adequada para o dano à sociedade controlada, tendo o controlador, utilizado "efetivamente seu poder para dirigir as atividades sociais e orientar o funcionamento dos órgãos da companhia" (art. 116, "b").

Porém, o exercício efetivo é requisito da condição de controlador pessoa física (art. 116 "b", LSA),[113] não do controle em si. A potencialidade do poder de controle é condição suficiente à sua afirmação, mesmo sem a sua eficacização atual (mesmo que na prática seja difícil alguém deter participação societária que lhe defira o controle, mas não exercê-lo). Com efeito, o § 2º do art. 243 não requer o exercício efetivo do poder de controle para que se afirme o controle intrassocietário. Conforme o aludido dispositivo: "Considera-se controlada a sociedade na qual a controladora, diretamente ou através de outras controladas, é titular de direitos de sócio que lhe assegurem, de modo permanente, preponderância nas deliberações sociais e o poder de eleger a maioria dos administradores". Haveria aí algum descompasso normativo no cotejo com o art. 117? A resposta nos parece negativa. O objetivo presente no Capítulo XX não é o revisitar o controle externo pela via judicial da responsabilidade civil da sociedade controladora perante a controlada – tema já é versado na Seção IV que cuida dos deveres do acionista controlador e de sua responsabilidade. Pelo contrário, ao se contentar com a mera "potencialidade do controle" para a caracterização de sociedades controladoras e controladas, a LSA evidenciou que, muito mais do que responsabilizar a *holding* por eventuais danos, tenciona regulamentar o controle interno, inibindo a prática de ilícitos no interno dos grupos de fato quando houver imposição de diretrizes sem que se levem em consideração os interesses próprios de cada uma das sociedades.

Enfim, deixando-se ao livre arbítrio das partes a decisão sobre a conveniência da adoção da opção pela celebração da convenção grupal e, mantendo-se complacente com a figura da participação de sociedade em sociedade, teria se mostrado a Lei 6.404/76 extremamente infeliz se não tivesse edificado uma teia de mecanismos inibitórios de comportamentos ilícitos no contexto das relações intersocietárias. Daí, prevalece como fato constitutivo do grupo de fato a relação cuja natureza seja tal que proporcione a sociedade participante o poder de determinar de modo decisivo a condução dos negócios sociais da sociedade participada.[114] Isso demonstra a necessidade de se identificar quem realmente tem o poder dentro da estrutura societária.

---

113. Art. 116, LSA: "Entende-se por acionista controlador a pessoa, natural ou jurídica, ou o grupo de pessoas vinculadas por acordo de voto, ou sob controle comum".

114. CASTELLÕES, Leonardo de Gouvea Castellões, op. cit., p. 181-182. No tocante a potencialidade do controle, esclarece que "a lei pretendeu deixar claro que não condiciona a possibilidade de exercício

Em hipótese alguma a existência de um grupo de sociedade de fato altera os deveres e responsabilidades dos administradores da controlada. Identifica-se o abuso do direito quando os administradores atuam em desfavor da sociedade que administram e favorecem os objetivos exclusivos da controladora, por meio das vias orgânicas. Os direitos de sócios são detidos em sua maioria por uma pessoa jurídica que a conduz conforme a sua vontade, porém com o desiderato de prosseguir os interesses específicos da controlada. O acionista controlador pode, em assembleia geral da controlada, eleger os membros do conselho, que em seguida nomeiam diretores, mas, a teor do art. 245: "Os administradores não podem, em prejuízo da companhia, favorecer sociedade coligada, controladora ou controlada, cumprindo-lhes zelar para que as operações entre as sociedades, se houver, observem condições estritamente comutativas, ou com pagamento compensatório adequado; e respondem perante a companhia pelas perdas e danos resultantes de atos praticados com infração ao disposto neste artigo".[115]

Quando a norma se refere à responsabilização pessoal dos administradores, tenha-se em mente que ela se dará perante a sociedade atingida, não sendo bastante o simples fato de uma contratação desvantajosa com a controladora ou uma outra sociedade do grupo. Por não se tratar de obrigação de resultado (mesmo atos cautelosos podem acarretar inesperados prejuízos), o importante é que se verifique uma quebra do dever de diligência, evidenciada pelo divórcio entre o procedimento e os padrões de comportamento usualmente aferidos naquele modo de proceder.

A distinção entre a responsabilidade da sociedade e a dos administradores não sócios deve ser marcada, também em termos de reparação de danos a credores. A transferência dos riscos do empreendimento aos administradores criaria um forte incentivo para investimento excessivo em medidas de segurança ou pedidos de desligamento, mesmo pela inviabilidade de obtenção de um seguro para determinadas atividades ou pela própria modicidade do patrimônio do

---

de poder de controle à detenção, pela controladora, de ações com direito à voto, aptas a lhe conferir preponderância nas deliberações sociais, seja por efeito de um controle majoritário, seja em razão de um controle minoritário. Mais do que assegurar simplesmente que a sociedade controladora deve ser assim considerada ainda que exerça (ou tenha possibilidade de exercer) o seu poder de controle por interposta pessoa (nomeadamente através de outra sociedade por ele controlada) a lei admite que a situação de controle pode se aperfeiçoar ainda que ela (sociedade controladora) não detenha em nome próprio ou através de suas controladas, participação societária que lhe proporcione de modo permanente a preponderância nas deliberações sociais e o poder de eleger a maioria dos administradores de determinada sociedade, preponderância e poder estes que poderão, portanto, ser obtidos por mecanismos outros, como v.g. o acordo de acionistas".

115. Especialmente em relação ao controlador, veda-se a possibilidade de atuar contra o interesse social da controlada, sob pena de configuração de abuso de poder de controle e conflito de interesses (arts. 115, 116 e 117 LSA).

administrador não sócio frente ao vulto de certas indenizações, que fatalmente o levaria a insolvência. Daí a repulsa à redação do art. 50 do Código Civil ao dilatar a desconsideração da personalidade jurídica não apenas ao patrimônio dos sócios, como também dos administradores! Cria-se uma responsabilidade ilimitada dos gestores por via oblíqua.

Em complemento, ao cogitarmos da responsabilização do "administrador" pela "sociedade", cabe analisar se é legítimo expandirmos a hermenêutica do art. 245 da LSA para inserirmos aqui a pessoa jurídica controladora como "administradora de fato" e, em sentido inverso, se a responsabilização do administrador pode ser também pleiteada por credores, pela via da desconsideração da personalidade, tal como expressamente referencia o art. 50 do Código Civil, a fim de que os "efeitos de certas e determinadas relações de obrigações sejam estendidos aos bens particulares dos administradores ou sócios da pessoa jurídica". Mais a frente, responderemos positivamente à primeira indagação[116] e, desde já, respondemos "depende" à segunda. A resposta será, em regra, negativa pelo simples fato de que o administrador que não é sócio da pessoa jurídica não se beneficiará da atribuição da personalidade jurídica que lhe é dada, sendo inoportuno alcançar os seus bens como consequência do afastamento da personalidade da sociedade controlada. Contudo, novos horizontes surgem se entendermos o art. 50 do Código Civil brasileiro como legitimador da desconsideração para se alcançar o "administrador de fato", que por vezes poderá ser pessoa distinta da sociedade controladora, mas alguém que, por mecanismos extraorgânicos (v.g. um banco, um fornecedor em monopólio), determinou completamente o modo de agir da sociedade, em inteira dissonância aos seus próprios fins.

E com relação à responsabilidade civil da sociedade controladora pelo exercício disfuncional e danoso do controle? Claramente a lei brasileira foi tímida no tocante à responsabilização da *holding*.[117] Até mesmo nos grupos de direito, só surge a responsabilidade face a atos contrários à convenção, sem que se conceda

---

116. Coutinho de Abreu enfatiza para o direito português que o administrador de fato possa integrar tal definição, por se caracterizar como quem "sem título bastante, exerce, directa ou indirectamente e de modo autônomo (não subordinado) funções próprias de administrador de direito da sociedade". *Responsabilidade Civil dos Administradores de Sociedades*, 2. ed. Coimbra: Almedina, 2010, p. 43.

117. Em exame seminal sobre a Lei 6404/76, Fabio Konder Comparato aduz que "Do estudo da lei alemã de 1965, constatamos que os arts. 300 a 303 criaram minuciosas normas jurídicas para garantia dos credores, exigindo a formação de uma reserva legal (art. 300), fixando o limite máximo de transferência de lucros (art. 301), tornando o contratante responsável pela reparação das perdas anuais, na hipótese de insuficiência das reservas constituídas (art. 302), determinando que se crie quando da celebração de um critério de dominação ou transferência de lucros, garantia aos credores da sociedade filiada (art. 303). A nossa Lei 6.404/76, não se ocupou da matéria. Na hipótese de conflito de interesses envolvendo terceiros de boa-fé prejudicados por atos praticados com fundamento na existência do grupo, os tribunais serão obrigados a recorrer ao disposto no art. 117 – responsabilidade do acionista controlador por atos praticados com abuso do poder – no art. 153 – dever de diligência dos administradores – no

garantias a terceiros prejudicados com base na existência do grupo. Em adendo, o art. 246 da Lei 6404/76 proclama que "A sociedade controladora será obrigada a reparar os danos que causar à companhia". E em favor das partes relacionadas e terceiros?

Parece-nos que o art. 246 se limitou a proclamar a responsabilidade da controladora perante a controlada em decorrência do abuso do direito no exercício do poder de controle nos grupos de fato, pois em sua parte derradeira frisa que a reparação de danos terá como fundamento "atos praticados com infração ao disposto nos arts. 116 e 117" (art. 117. "O acionista controlador responde pelos danos causados por atos praticados com abuso de poder"). Não poderia ser diferente, pois a tônica dos grupos de fato no Brasil é o exercício de uma "influência significativa" por parte da controladora, porém, com acato ao interesse social autônomo da sociedade dominada, tal como se fosse uma sociedade autônoma. Aliás, é peremptório o parágrafo único do art. 116 da LSA: "O acionista controlador deve usar o poder com o fim de fazer a companhia realizar o seu objeto e cumprir sua função social". Assim, diferentemente da direção unitária inerente aos grupos de direito, a influência significativa se edificará mediante intervenções orgânicas pela controladora no seio dos órgãos das controladas – com o aproveitamento de uma posição majoritária na composição dessa sociedade – mas sem jamais subjugar os desígnios próprios da controlada, mesmo que conflitem com os da controladora. Haverá abuso do direito em grupos de fatos e a consequente responsabilização, naquelas situações em que a controladora exercita a sua influência dominante com base em uma posição majoritária em deliberação de assembleia da sociedade controlada, porém, sendo esse direcionamento manifestamente contrário aos interesses da subsidiária.[118]

Evidentemente, pode-se entender que a LSA enfrentou apenas a responsabilidade contratual intrassocietária, deferindo o legislador aos sócios minoritários a legitimidade para promover a pretensão reparatória de danos – pois dificilmente os administradores eleitos pela controladora o fariam –, sempre em nome da sociedade, pois o quantum condenatório a ela será direcionado (§ 1º, art. 246 LSA).

Contudo, transcendendo a litigiosidade intrassocietária, há de se perquirir acerca da proteção do interesse dos credores sociais, propositalmente negligen-

---

art. 154 – finalidade das atribuições dos administradores e desvio de poder – entre outras". *Ensaios e pareceres de direito empresarial*. Rio de Janeiro: Forense, 1978, p. 348-354.

118. Por mais que o art. 117 tenha elencado nove hipóteses de abuso de poder pela controladora, parece-nos determinante a letra "a": "§ 1º São modalidades de exercício abusivo de poder: a) orientar a companhia para fim estranho ao objeto social ou lesivo ao interesse nacional, ou levá-la a favorecer outra sociedade, brasileira ou estrangeira, em prejuízo da participação dos acionistas minoritários nos lucros ou no acervo da companhia, ou da economia nacional".

ciados pela Lei 6.404/76.[119] Uma resposta imediata seria a de lhes direcionar à via da desconsideração da personalidade jurídica das sociedades integrantes do grupo, já que a LSA não lhes legitimou para ajuizamento de ação direta em face da controladora e/ou dos administradores da controlada. A desconsideração decorre do flagrante desrespeito à autonomia da sociedade controlada em benefício da dominante, pelo escudo das separações de personalidades jurídicas. Os tribunais superiores brasileiros, assumindo uma visão unitária dos grupos de fato, admitem a desconsideração episódica nos casos em que a estrutura societária é meramente formal e a legislação societária não dispõe de meios para que sejam atingidos os bens daqueles que causaram danos injustos a terceiros, sejam os credores negociais ou os credores involuntários – que sofreram os efeitos de ilícitos extranegociais praticados pela sociedade controladora ao instrumentalizar a controlada a seus fins.[120]

Para que possamos avançar é necessário frisar que em qualquer ordenamento jurídico o alcance do conceito de "grupo societário" flutuará conforme os objetivos práticos de sua regulação e os efeitos jurídicos que o ordenamento pretende alcançar na ponderação entre o exercício da atividade econômica e outros interesses jurídicos merecedores de tutela. Quando o art. 170 da Constituição Federal de 1988 proclama que "A ordem econômica, fundada na valorização do trabalho humano e na livre iniciativa, tem por fim assegurar a todos existência digna, conforme os ditames da justiça social, observados os seguintes princípios: III – função social da propriedade; IV – livre concorrência; V – defesa do consumidor; VI – defesa do meio ambiente", fica evidente que cada setor do Direito deverá adequar a realidade econômica dos grupos às finalidades específicas da tutela de cada qual dos direitos fundamentais acima alinhavados. Assim, as perspectivas contratualista dos grupos no Direito Societário não coincidirão com abertura institucionalista

---

119. A própria exposição de motivos da LSA introduz a disciplina de grupos esclarecendo que "o projeto se absteve de criar a responsabilidade solidária presumida das sociedades do mesmo grupo, que continuam a ser patrimônios distintos, como unidades diversas de responsabilidade e risco, pois a experiência mostra que o credor, em geral, obtém a proteção de seus direitos pela via contratual, e exigirá solidariedade quando o desejar. Ademais, tal solidariedade, se estabelecida em lei, transformaria as sociedades grupadas em departamentos da mesma sociedade, descaracterizando o grupo em sua natureza de associação de sociedades com personalidades distintas".

120. STJ Informativo 513 de 06.03.2013. Quarta turma direito empresarial e processual civil. Desconsideração da personalidade jurídica. Extensão, no âmbito de procedimento incidental, dos efeitos da falência à sociedade do mesmo grupo. É possível, no âmbito de procedimento incidental, a extensão dos efeitos da falência às sociedades do mesmo grupo, sempre que houver evidências de utilização da personalidade jurídica da falida com abuso de direito, para fraudar a lei ou prejudicar terceiros, e desde que, demonstrada a existência de vínculo societário no âmbito do grupo econômico, seja oportunizado o contraditório à sociedade empresária a ser afetada. Nessa hipótese, a extensão dos efeitos da falência às sociedades integrantes do mesmo grupo da falida encontra respaldo na teoria da desconsideração da personalidade jurídica, sendo admitida pela jurisprudência firmada no STJ. Resp. 1.229.579-MG, Rel. Min. Raul Araújo, julgado em 18.12.2012.

do legislador constitucional que tutelam interesses externos ao grupo, tais como no Direito Concorrencial, Ambiental, Consumerista e Trabalhista.

Em sede de desconsideração, a peculiaridade brasileira é que esse sensível tema é ferido pela doutrina e tribunais de forma assistemática, em um constante embate entre as teorias subjetiva e objetiva,[121] alimentado pela busca de uma adequada exegese ao art. 50 do Código Civil[122] e do Código de Processo Civil de 2015, que agrega à ação autônoma de desconsideração um "incidente de desconsideração", cabível em qualquer tipo de processo e a qualquer momento de seu andamento.[123] Não se olvide que nos microssistemas há importante câmbio na compreensão da temática. O Código de Defesa do Consumidor regula a questão no âmbito das relações de consumo (art. 28, CDC),[124] com requisitos distintos e simplificados, comparativamente àqueles preconizados pelo Código Civil,[125] estabelecendo que poderá ser desconsiderada a pessoa jurídica sempre que sua personalidade for, de alguma forma, obstáculo ao ressarcimento de prejuízos causados aos consumidores (§ 5º), além da responsabilidade subsidiária das sociedades integrantes dos grupos societários e sociedades controladas (§ 2º). A "teoria menor" da desconsideração também é aplicada na legislação ambiental, precisamente no art. 4º da Lei 9.605/98.[126]

Percebe-se um giro de 180 graus na comparação entre a parcimônia da LSA no tratamento dos credores sociais (inexiste mecanismo de tutela especial aos credores das sociedades filiadas) e a prodigalidade do CDC, que praticamente intuiu como regra a desconsideração da personalidade jurídica, sendo bastante

---

121. Embate no Brasil que colocou, de um lado, a percursora doutrina de Rubens Requião, cimentada na viabilidade de se superar a autonomia patrimonial da pessoa jurídica quando for utilizada para a prática de fraude (teoria subjetiva) e, de outro lado, a teoria objetiva defendida por Fabio Konder Comparato, em uma perspectiva funcional da separação patrimonial como "causa" do negócio jurídico e não mero efeito da personalização, o que revela a inadequação da pessoa jurídica para os fins para os quais a lei lhe concebeu, independentemente da aferição de um vício subjetivo por parte das pessoas dos sócios.

122. "Art. 50. Em caso de abuso da personalidade jurídica, caracterizado pelo desvio de finalidade, ou pela confusão patrimonial, pode o juiz decidir, a requerimento da parte, ou do Ministério Público quando lhe couber intervir no processo, que os efeitos de certas e determinadas relações de obrigações sejam estendidos aos bens particulares dos administradores ou sócios da pessoa jurídica".

123. Art. 133 CPC/15: "O incidente de desconsideração da personalidade jurídica será instaurado a pedido da parte ou do Ministério Público, quando lhe couber intervir no processo".

124. Art. 28 CDC: "O juiz poderá desconsiderar a personalidade jurídica da sociedade quando, em detrimento do consumidor, houver abuso de direito, excesso de poder, infração da lei, fato ou ato ilícito ou violação dos estatutos ou contrato social. A desconsideração também será efetivada quando houver falência, estado de insolvência, encerramento ou inatividade da pessoa jurídica provocados por má administração".

125. Enunciado 146 do Conselho Nacional de Justiça: "Nas relações civis, interpretam-se restritivamente os parâmetros de desconsideração da personalidade jurídica previstos no art. 50 (desvio de finalidade social ou confusão patrimonial)".

126. Art. 4º da Lei 9.605/98: "Poderá ser desconsiderada a pessoa jurídica sempre que sua personalidade for obstáculo ao ressarcimento de prejuízos causados à qualidade do meio ambiente."

que o credor tenha a qualidade de consumidor. O raciocínio que permeia a LSA é que os grupos de sociedades não possuem personalidade jurídica, não existindo solidariedade entre as sociedades integrantes do grupo para fins de responsabilidade patrimonial.

Poder-se-ia fundar tal ampliação do clássico perfil da desconsideração com base na legítima expectativa de confiança do consumidor, incidindo com a mera prova da insolvência da pessoa jurídica para o pagamento de suas obrigações, independentemente da existência de desvio de finalidade ou confusão patrimonial. Assim, a "teoria menor" parte da premissa de que o risco empresarial normal às atividades econômicas não pode ser suportado por terceiro que contratou com a pessoa jurídica, mas pelos sócios desta, ainda que demonstrem conduta administrativa proba.[127]

Em verdade, o levantamento "liberalizado" da personalidade jurídica, quaisquer que sejam as circunstâncias, é simplesmente uma forma de se alcançar a responsabilidade ilimitada por vias oblíquas. Mantém-se as estruturas formais da sociedade, porém sancionam-se os sócios pessoalmente. Se é esse o objetivo que se pretende alcançar, talvez bastasse advogar a adoção de princípios gerais de responsabilidade extracontratual em face da sociedade controladora pela prática de um ilícito contra credores involuntários (v.g. vítimas de um dano ambiental) – com base no art. 186 do Código Civil,[128] ou mesmo a atuação de cláusula geral que produza um alargamento da dita responsabilidade extranegocial pela interpretação da cláusula geral da função social do contrato (art. 421 do CC),[129] capaz de permitir ao terceiro ofendido (credor involuntário) uma ação direta por danos contra o controlador, apesar de ter sido vítima de um dano causado pela controlada, com fundamento no controle que emana do vínculo intersocietário.[130]

---

127. Segundo Antônio Herman Benjamin, Cláudia Lima Marques e Leonardo Roscoe Bessa, "esse valor de proteção efetiva dos consumidores é tão grande que o CDC permite mesmo a quebra do dogma da separação patrimonial entre a pessoa jurídica e seus sócios. É que o art. 28 do CDC, o qual prevê desconsideração da personalidade jurídica em prol dos interesses dos consumidores, mesmo em casos em que não há abuso". *Manual de Direito do Consumidor*. 4. ed. São Paulo: Ed. RT, 2012, p. 76.

128. Art. 186, CC: "Aquele que, por ação ou omissão voluntária, negligência ou imprudência, violar direito e causar dano a outrem, ainda que exclusivamente moral, comete ato ilícito".

129. Art. 421, CC: "A liberdade de contratar será exercida em razão e nos limites da função social do contrato".

130. Uma interessante abordagem da cláusula geral da função social do contrato reside na tutela externa do crédito. Cuida-se da eficácia transubjetiva do contrato. Constatada a insuficiência da classificação dos contratos como *res inter alios acta* – que não beneficia ou prejudica terceiros –, cumpre-nos ferir aquele grupo de situações em que determinado ato de autonomia negocial é positivo para as partes, sem prejudicar interesses metaindividuais, mas acaba por vitimar um terceiro, completamente estranho à operação econômica. Há uma saudável aproximação entre a perspectiva funcional e a teoria das redes contratuais, que busca reconhecer que entre relações jurídicas aparentemente diversas pode haver um determinado vínculo capaz de gerar consequências jurídicas autônomas em relação aos efeitos tradicionais dessas relações. Em outras palavras: reconhece-se que dois ou mais vínculos jurídicos ou

De fato, como já se aventou, ao contrário dos credores contratuais, as vítimas por danos não podem avaliar a solvibilidade potencial de uma sociedade antes de serem prejudicadas, muito menos insistir em compensação por assumir o risco de sofrer danos futuros que excedam os ativos da sociedade. Consequentemente, a responsabilidade limitada por danos permite que os controladores determinem unilateralmente o valor do patrimônio exposto a possíveis pretensões por danos, incentivando, assim, o oportunismo e a ineficiência. Em suma, para credores involuntários a determinação da alocação adequada de custos entre os atores deve ser regida pela responsabilidade extracontratual e não societária, e claramente a responsabilidade limitada impede que a responsabilidade extracontratual cumpra essa função.[131]

Em complemento, por meio do Código de Defesa do Consumidor, expande-se o âmbito da contratualidade estrita entre consumidor *stricto sensu* (adquirente do bem e serviço) e fornecedor imediato (vendedor), com suporte no amplo conceito de fornecedor de produtos e serviços, do art. 3, da Lei 8.078/90,[132] para se alcançar a sociedade controladora – não mais como responsável subsidiária e sim solidária – em hipóteses de acidente de consumo, mediante ação direta de responsabilidade civil (dispensando-se a desconsideração), mesmo não tendo a *holding* celebrado um negócio jurídico diretamente com o consumidor.[133] Em sentido inverso e complementar, é plausível que possamos adotar um conceito lato sensu de consumidor, como *bystander,* vale dizer, abrangendo não apenas o destinatário final do bem ou serviço (art. 2, CDC),[134] como também qualquer

---

fáticos estruturalmente diferenciados (entre partes diferentes e com objeto diverso) podem estar unidos, formando um sistema destinado a cumprir uma função prático-social diversa daquela pertinente às relações singulares individualmente considerados.

131. HANSMANN, Henry; KRAAKMAN, Reinier. Pela responsabilidade ilimitada do acionista por danos societários. *Os grupos de sociedade.* São Paulo: Saraiva, 2012, p. 309. Explicam os autores que, com relação aos credores contratuais, inversamente, "há fortes motivos para manter a responsabilidade limitada como regra de fundo...simplesmente permite que os donos e credores de uma empresa aloquem os riscos do empreendimento entre si de maneira que considerem mais eficientes. E analisando os ativos líquidos da sociedade, os credores podem determinar facilmente qual será o seu risco ao financiar a empresa". Op. cit., p. 308.

132. Art. 3º CDC: "Fornecedor é toda pessoa física ou jurídica, pública ou privada, nacional ou estrangeira, bem como os entes despersonalizados, que desenvolvem atividade de produção, montagem, criação, construção, transformação, importação, exportação, distribuição ou comercialização de produtos ou prestação de serviços".

133. Art. 12 CDC: "O fabricante, o produtor, o construtor, nacional ou estrangeiro, e o importador respondem, independentemente da existência de culpa, pela reparação dos danos causados aos consumidores por defeitos decorrentes de projeto, fabricação, construção, montagem, fórmulas, manipulação, apresentação ou acondicionamento de seus produtos, bem como por informações insuficientes ou inadequadas sobre sua utilização e riscos". Em complemento, o parágrafo único do art. 7º, do CDC, aduz que: "Tendo mais de um autor a ofensa, todos responderão solidariamente pela reparação dos danos previstos nas normas de consumo".

134. Art. 2º CDC: "Consumidor é toda pessoa física ou jurídica que adquire ou utiliza produto ou serviço como destinatário final".

vítima de um acidente de consumo causado por uma sociedade controlada (art. 17, CDC).[135]

As referidas regras do CDC evidenciam que o diploma consumerista brasileiro apagou a dicotomia entre responsabilidade contratual e extracontratual para fins de legitimidade ativa para pretensões reparatórias em face de acidentes de consumo. Ilustrativamente, tanto o motorista do veículo que perdeu o controle do carro novo, avariado em função de defeito de fabricação de sistema de frenagem, quanto o transeunte atingido pelo dito veículo, poderão se dirigir aos fabricantes do veículo e do freio (atividade de montagem) e, também, ao controlador de qualquer das sociedades, como fornecedor equiparado, na função de organizador da cadeia de fornecimento, tendo em vista a coordenação financeira e de planejamento estratégico que a *holding* exerce sobre o grupo.[136]

Em outros sistemas que não possuem regra semelhante, seria sensato estabelecer uma distinção entre a vítima que manteve prévia relação contratual com o fornecedor (motorista do veículo) daquela vítima que estabeleceu a relação obrigacional com o fornecedor em decorrência do dano (transeunte), tendo em vista que aquele teve a oportunidade de avaliar os riscos de assumir uma relação com a empresa ao celebrar o negócio jurídico e, assim, ser justificada a limitação da responsabilidade ao patrimônio da sociedade controlada. Porém, diante da regulação posta, cabe ao intérprete duas saídas: a) concede tratamento idêntico aos credores voluntários e involuntários para que ambos alcancem o fornecedor por equiparação; b) mantém o tratamento paritário, porém defere interpretação restrita ao art. 3º do CDC, de modo a não atrair a responsabilidade direta e solidária do sócio controlador, limitando o acesso a ele pela via da desconsideração da personalidade, a teor do art. 28 do CDC.

Apesar do CDC ter excluído do seu raio de aplicação as leis trabalhistas,[137] com relação aos empregados da sociedade controlada vê-se que a CLT enfrentou a matéria de forma heterodoxa. A lei laboral brasileira não apenas concebeu um conceito amplo de empregador, englobando a "empresa, individual ou coletiva, que, assumindo os riscos da atividade econômica, admite, assalaria e dirige a

---

135. Art. 17 CDC: "Para os efeitos desta Seção, equiparam-se aos consumidores todas as vítimas do evento".

136. Não de forma textual, porém bastante incisiva, Antonio Herman Benjamin, Claudia Lima Marques e Leonardo Roscoe Bessa conceituam "a figura do fornecedor equiparado, aquele que não é fornecedor do contrato principal de consumo... hoje é o "dono" da relação conexa (e principal) de consumo, por deter uma posição de poder na relação outra com o consumidor. É realmente uma interessante teoria, que será muito usada no futuro, ampliando – e com justiça – o campo de aplicação do CDC. *Manual de Direito do Consumidor*. 4. ed. São Paulo: Ed. RT, 2012, p. 112.

137. Art. 3º, § 2º: "Serviço é qualquer atividade fornecida no mercado de consumo, mediante remuneração, inclusive as de natureza bancária, financeira, de crédito e securitária, salvo as decorrentes das relações de caráter trabalhista".

prestação pessoal de serviço" (art. 2º), como determinou, no mesmo dispositivo, que "sempre que uma ou mais empresas, tendo, embora, cada uma delas, personalidade jurídica própria, estiverem sob a direção, controle ou administração de outra, constituindo grupo industrial, comercial ou de qualquer outra atividade econômica, serão, para os efeitos da relação de emprego, solidariamente responsáveis a empresa principal e cada uma das subordinadas"(§ 2º). Não temos dúvida que essa será a tônica nos grupos de direito, em que a solidariedade será demarcada pela relação contratual entre controlador e controlada. A dúvida se afirma na coligação, na qual prevalece o conceito legal de "influência significativa", o que significa uma potencialidade de controle (art. 243, §§ 1º e 4º).

Mesmo no interno da LSA, no tocante à tutela reparatória de credores e minoritários, será possível encontrar regras gerais de responsabilização de sociedades controladoras. De fato, há um dado relevante relacionado à realidade societária tipicamente brasileira, marcada pelo controle extremamente concentrado. Em detrimento das estruturas societárias, o sistema societário foi elaborado em função da característica funcional da figura do acionista controlador, como centro decisório – fazendo-se onipresente no conselho de Administração –, com total influência sobre a esfera administrativa.[138] Em virtude dessa disfunção, o seu poder é amplo, enquanto o dos administradores profissionais é limitado. Como contrapartida a essa concentração de poderes, ao controlador (e não à sociedade) são imediatamente direcionados os deveres fiduciários, notadamente a cláusula geral do art. 116, parágrafo único da lei societária: "O acionista controlador deve usar o poder com o fim de fazer a companhia realizar o seu objeto e cumprir sua função social, e tem deveres e responsabilidades para com os demais acionistas da empresa, os que nela trabalham e para com a comunidade em que atua, cujos direitos e interesses deve lealmente respeitar e atender".

No caso do acionista controlador (segundo o art. 116, pessoa natural ou jurídica, ou o grupo de pessoas vinculadas por acordo de voto, ou sob controle comum), o especial poder a ele conferido como verdadeiro centro parassocietário de poder imputa-lhe deveres institucionais amplos, não sujeitos a enumeração exaustiva. Pelo rol de *stakeholders* alocados na *fattispecie* geral acima referida, vê-se que o controlador assume deveres fiduciários (ordinariamente aplicáveis ao administrador) em favor de vários centros de interesse, em um modelo renano. Isso não decorre apenas da lei, mas também da pura lógica. Imagine-se a proibição de aproveitamento em benefício próprio de oportunidades negociais

---

138. A inexistência de barreiras para que o controlador imponha a sua vontade é ilustrado pela faculdade de organizar o poder por meio de acordo de acionistas. A teor do Art. 118: "Os acordos de acionistas, sobre a compra e venda de suas ações, preferência para adquiri-las, exercício do direito a voto, ou do poder de controle deverão ser observados pela companhia quando arquivados na sua sede".

da sociedade (art. 155, Lei 6404/76). Muito incongruente seria que a lei vedasse o conflito e aproveitamento de oportunidades pelo administrador, mas não pelo controlador, sobretudo em uma realidade societária de tal concentração de poderes, com pouco dispêndio de capital – o que torna a separação entre propriedade e controle, na nomenclatura de Berle e Means, mais marcante e, portanto, a possibilidade de conflito mais acentuada.[139]

2.1.5 O modelo contratual em oposição ao modelo orgânico

Ressalte-se que apesar do modelo contratual impor o sistema dualista de grupos, não há na atividade negocial desenvolvida nos mercados um recorte absoluto entre os grupos de direito e os de fato. É evidente que o elogiável trabalho desempenhado na Alemanha é tributário da herança pandectística do século XIX, forjado pela incessante necessidade de criar categorias jurídicas que exprimam a realidade da vida, tal como se fez ao se conceber toda uma teoria do negócio jurídico. Porém, a vida é multifacetada, existem várias tonalidades entre o preto e o branco e, frequentemente, determinadas manifestações do mundo real não se adaptam exatamente a uma ou outra categoria forjada em laboratórios de Direito.

A realidade econômica evidencia que a situação de domínio fática é normalmente uma etapa intermediária entre a sociedade independente (administrada por órgãos autônomos e visando aos próprios fins) e a sociedade de grupo propriamente dito, cuja atividade se subordina às diretivas emanadas da cúpula grupal e se orienta pelo interesse do grupo, enquanto unidade econômica. Provavelmente em atenção a essa constatação empírica, ao modelo contratual se opõe o modelo orgânico unitário de regulação, no qual a responsabilização da sociedade-mãe ocorrerá objetiva e ilimitadamente, independentemente de uma fonte legal que outorgue existência ao grupo societário, sendo bastante a afirmação do controle como elemento identificador de uma unidade empresarial (constatado por presunções legais, como os conceitos indeterminados direção unitária e a influência dominante). Prevalece então o *princípio da facticidade*.[140]

---

139. SALOMÃO FILHO, Calixto. *O novo direito societário*. 3. ed. São Paulo: Malheiros, 2006, p. 174. Contudo, o autor critica a incongruência da Lei 6404/76. Se por um lado, estendem-se os deveres fiduciários em prol de trabalhadores e da comunidade (art. 116, parágrafo único), de outro, dispositivos específicos que em tese deveriam conceder aplicação a esse princípio geral (v.g. o art. 115), só se referem a tutela do patrimônio da sociedade e acionistas minoritários. "Assim, limitados na prática, os deveres fiduciários poderão servir de garantia patrimonial para a companhia e para os acionistas não controladores. As esperanças de aplicação de um princípio institucional mais amplo e mais inclusivo de outros interesses (como os dos trabalhadores ou da comunidade) permanecem ainda, nas mentes dos aplicadores bem-intencionados e de homens de empresa capazes de ver adiante de seu tempo". Op. cit., p. 177.

140. Engrácia Antunes assevera que além de ser um modelo de natureza dualista, o modelo contratual de regulação também possui natureza dispositiva e flexível, pois "a sociedade dominante não está obrigada a legalizar o seu poder fático de direcçao sobre a sociedade dependente, mediante a conclusão de um

Conforme recentes posicionamentos do Tribunal de Justiça da União Europeia, a sociedade-mãe será responsabilizada pelos débitos da subsidiária pelo fato de criar uma aparência de unidade econômica de grupo. Esse conceito se baseia na confiança dos credores e na responsabilidade dos controladores decorrente dessa confiança.[141]

Se há uma tensão entre a unidade empresarial e a pluralidade societária, ou melhor dizendo, entre autonomia e controle, tal e qual em qualquer ponderação de bens será necessário constituir pressupostos objetivos para regular o grupo, seja ele um agrupamento de direito ou de fato. A lei conformará as suas escolhas abstratas com inclinações para o controle (unidade do conjunto) ou para a autonomia (pluralidade das sociedades conjugadas) para definir os regimes jurídicos aplicáveis aos grupos.

No mundo ideal, o modelo contratual se mostra superior ao modelo orgânico, por preservar a liberdade essencial da sociedade controladora de optar pela "legalização" do poder de controle, legitimando a direção unitária e se submetendo às indispensáveis contrapartidas. Caso a opção seja a de abdicar do "carimbo legal" que avaliza o comando, elide a obrigação de se adaptar a um catálogo de obrigações, mas em troca renuncia à direção unitária, franqueando um maior espaço de autonomia para as sociedades dominadas, com a preservação dos seus interesses, por mais que esses não comunguem com os interesses da sociedade-mãe.

A inegável vantagem de se oferecer uma organização jurídica ao grupo é que, no plano interno, assumindo a condição legal de "ente cuidador", a sociedade-mãe será sancionada por toda a sorte de comportamentos antijurídicos que coloquem em risco a saúde patrimonial da sociedade dominada. "Grandes poderes, grandes responsabilidades". Esse arcabouço jurídico requer não apenas

---

ato de integração ou de um contrato de domínio... o que significa que, caso as sociedades dominantes não se pretendam ver sujeitas aos encargos e responsabilidades que para si decorrem daquele regime jurídico (regime protector da sociedade dependente, dos respectivos sócios e credores sociais), então, muito embora privadas da legitimação do seu poder de direção, para tal apenas dependerão de si próprias, já que a aplicação desse regime releva da livre e exclusiva decisão dessas mesmas sociedades". *Os Grupos de Sociedades – Estrutura e Organização Jurídica da Empresa Plurissocietária*. Op. cit., p. 340.

141. Ilustramos com acórdão C-508/11, de 8/5/2013: "resulta de jurisprudência assente que o comportamento de uma filial pode ser imputado, para efeitos de aplicação do art. 101 da TFUE, à sociedade-mãe, designadamente quando, apesar de ter uma personalidade jurídica distinta, essa filial não determinar de modo autônomo o seu comportamento no mercado, mas aplicar no essencial as instruções que lhe são dadas pela sociedade-mãe, atendendo em particular aos vínculos econômicos, organizacionais e jurídicos que unem essas duas entidades jurídicas. Resulta igualmente de jurisprudência assente que, no caso especial em que uma sociedade-mãe detém (direta ou indiretamente) a totalidade ou a quase totalidade do capital de uma filial que tenha cometido uma infração às regras de concorrência da União, existe uma presunção ilidível, segundo a qual essa sociedade-mãe exerce efetivamente uma influência dominante na sua filial".

um renovado olhar sobre o déficit decisório da sociedade dominada, porém uma revisitação da estrutura da sociedade-mãe. Normas imperativas terão que funcionalizar a sua situação jurídica a fim de que os seus órgãos de administração, gestão e fiscalização sejam orientados por uma atividade promocional das finalidades sociais das filiais e subsidiárias, mediante a imposição de deveres de cooperação, proteção e informação que balizarão a confiança intrassocietária.

O que se vê, claramente, é a criação de uma estratégia sistêmica de indução das sociedades que queiram compor grupos ao modelo contratual. No modelo de regulação global, o legislador crê que ao interditar aos grupos de fato o exercício da influência dominante em trajetória oposta aos interesses das sociedades controladas, direcionará os agrupamentos para o regime legal dos grupos contratuais (somando-se a isso benefícios tributários). Só que essa estratégia não corresponde à natureza das coisas. Grupos de direito na Alemanha são raros. Uma sociedade já agrupada (ou em vias de se agrupar) percebe na opção jurídica tão somente a vedação à possibilidade de externalizar as consequências deletérias de sua administração na sociedade filha, credores e sócios minoritários (já que as normas tutelares tradicionais são insuficientes). A controladora não desistirá de exprimir o "interesse do grupo" como o seu interesse pessoal, mesmo que atue nas sombras, como administrador de fato.

A incongruência legislativa é visível no CSC de Portugal. A única contrapartida a uma voluntária "desresponsabilização" pela opção por se manter como um grupo de fato, é a formal contrariedade legal ao exercício do poder de direção da sociedade materna sobre as sociedades-filhas. Contudo, a lei descurou em criar medidas inibitórias e repressivas que reforcem a observância da norma, pois a tática de enviar o grupo de fato para as normas gerais demanda uma penosa adaptação de regras formatadas para sociedades independentes para a complexidade de um agrupamento. Para um agente econômico que avaliará se é producente legalizar um grupo baseado em Portugal, a opção por se manter como grupo de fato (aos olhos da lei) significa que apenas poderá utilizar a influência dominante na estrita medida em que tal direção se mostre compatível com o respeito da autonomia da gestão e do interesse próprio de cada uma dessas sociedades. Porém, nada o constrange a deliberar de forma contrária ao preconizado pelo legislador. Consequentemente, o CSC obscurece o sistema das relações de grupo, eis que a omissão regulatória das relações de domínio (grupos de fato), suprime a mais-valia jurídico-organizativa do modelo de direito e, consequentemente, qualquer estímulo indutivo à sua espontânea filiação.[142]

---

142. Engrácia Antunes observa que "só os grupos societários que se hajam constituído com base num desses instrumentos específicos se podem qualificar com propriedade 'grupos de direito', por isso mesmo que só então é que aquele regime jurídico excepcional entra em ação, designadamente investindo a

De forma pragmática, reproduzindo Coutinho de Abreu, essa constatação não surpreende.

> Os grupos de sociedades (melhor, as sociedades e sócios dominantes), que comandam o mundo, não pretendem qualquer regulamentação geral dos grupos (com traços similares aos que têm sido desenhados). Não querem ficar sujeitos a ter de garantir interesses das sociedades dominadas, seus credores e sócios minoritários. Perdem com isso o direito de instruir as dominadas? Que importa, se o poder de facto existe?...[143]

Nos Estados Unidos há a visão canônica de que relações fiduciárias societárias se dão entre administradores e sociedades, entendidos os seus interesses como os dos acionistas. O dever de lealdade seria entendido como fidelidade aos *shareholders*. Em algumas jurisdições da Europa continental esses deveres são compreendidos de forma mais ampla, pois a obrigação dos administradores de atuar em prol dos melhores interesses da sociedade alcançaria os *stakeholders*. Porém, a questão que se abre é: sobre qual base de autoridade os administradores de uma subsidiária atuam?

Ora, não existe um conceito substantivo de interesse de grupo (a lei societária também não o fornece),[144] ou do que signifique trabalhar em benefício dele, que imponha aos membros do conselho de administração um comportamento dirigido por deveres fiduciários uniformes. Mesmo em sociedades autônomas, nas quais os referidos deveres existem para proteger os acionistas em face de sujeitos que queiram se prevalecer da corporação, e onde naturalmente deveriam existir

---

sociedade-mãe num verdadeiro e legitimo poder de direção perante as sociedades agrupadas: todas as restantes situações de agrupamento intersocietário que tenham a sua origem noutros instrumentos ('máxime' participações maioritárias de capital), não despoletam a aplicação de tal regime excepcional, ficando por conseguinte, a disciplina das relações entre as sociedades componentes sob a alçada dos princípios jurídicos-societários gerais, o que significa que a condução dos negócios sociais das sociedades-filhas não poderá deixar de se fazer de acordo com a respectiva vontade e interesses sociais próprios. Do mesmo modo que o poder de direção da sociedade-mãe, não tendo tido a sua fonte no molde jurídico-organizativo expressamente desenhado pela lei para a respectiva legitimação, constitui um puro poder de facto e não legal, assim também o grupo societário se dirá grupo de facto e não de direito". *Os grupos de sociedades* – Estrutura e organização jurídica da empresa plurissocietária. Op. cit., p. 75-76.

143. ABREU, Jorge Manuel Coutinho de. *Responsabilidade civil nas sociedades em relação de domínio*, Scientia Iuridica t. LXI, n. 329, Editora Universidade do Minho: Braga, 2012, p. 223. Complementa o doutrinador: "Pois, apesar dos graves riscos, nas relações de domínio, para as sociedades dependentes, seus sócios minoritários e credores, *o CSC não estabeleceu disciplina típica de 'direito dos grupos' para as 'sociedades em relação de domínio'*. Não estabeleceu uma disciplina que 'legalize' aquilo que as sociedades dominantes vão fazendo, mas (segundo o direito societário geral) não têm o direito de fazer (nomeadamente dar à administração das sociedades dominadas instruções desvantajosas para as mesmas), e proteja os interesses dos sócios minoritários e dos credores das sociedades dominadas".

144. Sob o impulso do "Report of the Reflection Group on the Future of Company Law" (Brussels, 5 April 2011), a Comissão Europeia prometeu apresentar até 2014 uma proposta para o reconhecimento do conceito de "interesse de grupo". Isso nunca ocorreu.

standards uniformes que beneficiassem os *shareholders* como uma só classe, acaba prevalecendo o pragmatismo dos atores corporativos. Cada administrador tende a se relacionar com a sociedade, mediatizando a promoção dos interesses do seu constituinte, sendo que o resultado de suas deliberações será determinado pela forma com que foi escolhido. A situação se agrava em um grupo de sociedades, com conflito de interesses entre controladores e minoritários. Na direção das sociedades-filhas prevalecerão os interesses do grupo dominante, a despeito de outros administradores, que representem interesses de sócios externos e *stakeholders*. Mesmo em uma perspectiva behaviorista, dentro de um *board*, o processo decisório tende a ser influenciado pelo posicionamento dos membros que exercem maior poder dentro do grupo. Assim, o que de fato existe é um interesse *procedimental* do grupo, que emerge dos objetivos de cada controlador, materializados em decisões do conselho, que acabam por determinar o conteúdo dos deveres de lealdade dos administradores.[145]

2.1.6 O modelo regulatório orgânico do EMCA

Da constatação há pouco referida sobre a inexistência de um interesse substancial de grupos é possível legislar sobre a base de um princípio da facticidade para imputar ao controlador a responsabilidade objetiva e ilimitada sobre os prejuízos produzidos no âmbito de qualquer das filiais. Todavia, se o objetivo do regulador for o de, pura e simplesmente se render à realidade, bastará admitir que o interesse do grupo coincide com o interesse da sociedade-mãe e a melhor estratégia consistirá em deixá-la seguir os "melhores propósitos" para implementar os fins do grupo, sem que seja afetada por normas que lhe imputem responsabilidade pelas externalidades derivadas no âmbito das sociedades subsidiárias.

Pois bem: da leitura do mais recente *draft* do *European Model Company Act*, de 2015, resulta um panorama europeu atual e consensual (ou quase consensual) sobre aquilo que se quer para o futuro do "direito dos grupos". Destacamos alguns segmentos dessa lei-modelo não vinculativa, mas que se oferece como modelo regulatório alternativo, ou seja, base voluntária de harmonização e convergência entre as diversas leis nacionais societárias das nações da UE, no tratamento de

---

145. Martin Gelter e Genevieve Hellering partem da perspectiva de uma sociedade como um contrato incompleto – em razão de informações assimétricas, oportunismo e racionalidade limitada –, para defenderem que a heterogeneidade do perfil dos conselheiros gera impacto positivo nas corporações. Investidores não se sentirão protegidos em uma relação de longo prazo se não houver garantias de que serão representados nesse processo que deverá trazer resultados *ex post* em circunstâncias que não foram explicitamente estipuladas *ex ante*. *Constituency Directors and Corporate Fiduciary Duties, In Philosophical Foundations of Fiduciary Law*. Oxford: Oxford University Press, 2014, p. 313-314.

sociedades anônimas e por quotas.[146] O objetivo do *European Model Companies Act* é, portanto, estabelecer, com uma base científica sólida, um novo caminho a seguir em direito das sociedades europeu, inspirado no *Business Corporation Act US Model* (MBCA).[147]-[148]

Lidando com as diferenças nacionais na regulação da empresa e tradições jurídicas, o exame tem uma abordagem funcional do Capítulo 15 do EMCA, o que significa que o ponto de partida para a análise são problemas da empresa, independentemente de serem ou não tratados nas leis nacionais,[149] prevalecendo os princípios de simplificação, flexibilidade e redução de custos de agência.[150]

---

146. A implementação do projeto é coordenada pelo grupo oficialmente formado em uma reunião na Universidade de Aarhus, em setembro de 2007. Desde então membros adicionais se juntaram, e o Grupo é atualmente constituído por estudiosos do direito das sociedades de 22 Estados-Membros. O Grupo é independente das organizações empresariais, bem como dos governos dos Estados-Membros e da Comissão Europeia. O EMCA não tem – nem é destinado a ter – a autoridade política. O seu impacto dependerá, em última instância, sobre a sua qualidade e utilidade. A Comissão Europeia expressou o seu apoio ao projeto, e a Comissão é convidada a reuniões do grupo na qualidade de observador e parceiro na discussão. Uma decisão clara foi tomada no início, porém, que a EMCA não seria restringida pela regulação existente da UE. Assim que o Grupo considerou que as disposições do direito da UE em vigor não são apropriadas ou eficiente, o EMCA reflete a alternativa preferida. No seu Plano de Ação, a Comissão Europeia apela a "ferramentas alternativas para a regulação", em outras palavras alternativas para as diretivas da UE implementadas nas leis nacionais.

147. A versão originária do MBCA data de 1946. Ela foi adotada pela quase integralidade dos estados norte-americanos. Desde 1984 vem sendo atualizada anualmente sob a nomenclatura *Revised Model Business Corporation Act* (RMBCA). Apesar de eleger como modelo fundamental a *Corporation* (sociedade de capital), na forma da sociedade anônima aberta – *publicly held Corporation* –, nos últimos anos houve grande estímulo a adoção concorrente das *Limited Liability Company* (LLC).

148. A Lei-modelo Europeia seria uma quarta ferramenta, suplementar aos três instrumentos tradicionais de intervenção regulatória concebidos pelo então Tratado da Comunidade Europeia, cada qual com os seus próprios requisitos de aplicação. A saber: a) harmonização de legislações societárias nacionais por meio de um conjunto de diretivas, de transposição obrigatória aos diversos Estados membros (técnica minimalista de uniformização legislativa para salvaguarda da existência de um mercado interno); b) criação de novas formas organizativas supranacionais, subsistindo lateralmente às congêneres nacionais (v.g. Sociedade Anônima Europeia e Sociedade Cooperativa Europeia); c) controle judicial das leis societárias nacionais realizado pelo Tribunal de Justiça Europeu. Essa fiscalização visa a expurgar normas ofensivas ao princípio fundamental da liberdade de estabelecimento, sem criar, contudo, novos modelos regulatórios. BAUMS, Theodor; ANDERSEN, Paul Kruger, ANTUNES, José Engrácia. A Lei-Modelo Europeia das Sociedades: um Projecto Inovador. In: TELLES, Inocencio Galvão (Director). *O Direito*, Ano 140, V – 2008 p. 988-990.

149. O projeto do EMCA se dirige às sociedades anônimas ("public companies limited by shares", "Aktiengesellschaften", "sociétés anonymes", "societa per azioni" etc.), incluindo as sociedades anônimas fechadas e abertas, bem assim como as sociedades por quotas ("private limited companies", "Gesellschaften mit beschrankter haftunf", "societés à responsabilité limite", "società a responsabilita limitata" etc.).

150. O próprio cenário econômico influenciou decisivamente a revisão de opções metodológicas do EMCA, na escolha entre disposições obrigatórias e não obrigatórias (padrão); uso de regras de divulgação vs. regras substantivas; escolha entre os códigos, autorregulação e normas substantivas (Lei Modelo). Em geral, antes da crise financeira, Recomendações não vinculativas, e autorregulação foram consideradas preferíveis, mas o Grupo analisou em detalhe, se e como estes princípios gerais devem ser usados na EMCA. Além disso, ele levou em consideração a maneira pela qual a crise financeira alterou esse ponto de vista geral. Considerou-se a necessidade de mais espaço para regras padronizadas aplicáveis

Cumpre advertir que apesar das relevantes distinções entre as sociedades em relação de grupo (grupo de direito por domínio total e subordinação) e as sociedades em relação de domínio (grupo de fato), o EMCA neutraliza as distinções em nível de controle, valendo-se de uma abordagem *lato sensu* do grupo de sociedades. Sob o pálio do "interesse do grupo", considerando que "onde há controle, haverá grupo". De acordo com o projeto, "controle é o poder de governar, sozinho ou com outros acionistas, as políticas financeiras e operacionais de uma subsidiária. Pode ser *de jure* ou *de facto*".

Atualmente, não há regulação de direito dos grupos na União Europeia como um todo e nem há sinal de que isso acontecerá.[151] Como tivemos oportunidade de demonstrar, no continente europeu vigem três estratégias regulatórias para a empresa plurissocietária: a) regulação global com a finalidade de equilibrar os polos da autonomia/controle (Alemanha/Portugal); b) parcial: a Itália reconhece o interesse do grupo de uma forma mais flexível. Na França há uma jurisprudência reconhecendo o direito de grupos – *Rozenblum decision*. Na regulação parcial há uma sistematização do direito dos grupos, menos articulada em comparação com a regulação global, porém já desponta o reconhecimento das particularidades dessa forma de organização empresarial; c) nenhum tratamento sistematizado para os grupos (exceto o que exigido pelas diretivas), com o nítido objetivo de dar preferência à autonomia de cada sociedade, como é o caso da Inglaterra, eventualmente complementada por decisões de tribunais. Não havendo um conceito unificado de grupo, prevalecem tantos conceitos quantos são as normas setoriais aplicáveis, daí por que os diversos ramos jurídicos enfrentam o tema com referência aos seus problemas específicos, pode acontecer que uma sociedade seja ao mesmo tempo considerada pertencente a um grupo segundo um determinado ramo do direito e independente segundo outros ramos.

É evidente que, como realidade econômica tratada em muitos outros ramos do direito, os grupos societários devem ser reconhecidos e regulados pela lei societária. No entanto, diversamente do modelo alemão do *Konzernrecht*, o EMCA não desenvolveu uma regulação jurídica global e sistemática para grupos, com base em uma concepção rígida da autonomia de cada sociedade do grupo e visando basicamente à proteção de subsidiárias, seus acionistas minoritários e credores. Em vez disso, conforme ressai de seu *general comments* (p. 465), estabeleceu um

---

a empresas privadas. Escândalos corporativos e crise financeira nem justificam uma desregulação radical nem uma aprovação às pressas das formalidades onerosas e não testadas.

151. Ana Perestrelo de Oliveira assume que a atuação "da União Europeia na matéria dos grupos societários assume-se claramente incipiente ainda hoje, encontrando-nos muito longe de podermos falar na construção – ou mesmo num projeto de construção – de um Direito Europeu dos grupos". *A Responsabilidade Civil dos Administradores nas Sociedades em Relação de Grupo*. Coimbra: Almedina, 2007, p. 50.

conjunto de regras destinadas a facilitar e aumentar a flexibilidade da formação, organização e funcionamento desta forma líder de organização de negócios nos dias de hoje. Vale dizer, o capítulo sobre grupos no EMCA é focado no centro da realidade grupo: *a gestão do grupo*. Proteção das subsidiárias e interesses de *shareholders* não são ignorados, mas não serão alcançados por intermédio de regras excessivamente onerosas. Além disso, o capítulo também dá uma atenção especial ao nível da empresa-mãe. Ela complementa a abordagem tradicional "bottom--up" (de baixo para cima) dos grupos de sociedades (exclusivamente focadas na subsidiária ou empresas dependentes) por uma perspectiva "top-down", que leva também em conta os efeitos do grupo ao nível da sua empresa-mãe.[152] Da mesma forma, o regulamento distingue entre subsidiárias integrais e não integrais, cuja proteção é menos necessária no primeiro caso, e ao funcionamento do grupo, devendo ser o mais flexível possível.

Em suma, pretende-se *conciliar o direito e a realidade,* tratando subsidiárias de uma maneira diferente das sociedades autônomas, afastando-se o projeto europeu de algumas ordens jurídicas nacionais (v.g., Alemanha), que reconhecem um poder legal de direção à sociedade-mãe, apenas na condição de que um "grupo legal" seja formado, ou seja, aquela assume antecipadamente direitos e responsabilidades especiais perante a subsidiária (por exemplo, o dever de cobrir as perdas anuais), seus credores (por exemplo, a responsabilidade ilimitada em caso de subsidiárias integrais na Alemanha), ou de seus acionistas minoritários (v.g., remuneração e direitos de *sell-out*). Ao contrário, com inegável crueza, a abordagem escolhida pelo EMCA é a de considerar o critério do controle para delimitar os grupos verticais de sociedades, considerando-se o poder de direção da empresa-mãe sobre subsidiárias como uma realidade que não tem de ser formalmente "legalizada" ou "declarada" por critérios como "direção unitária" emanados de contratos de subordinação ou de domínio total. Para o EMCA, por que a empresa-mãe formaria um "grupo jurídico" com suas controladas, se o preço para a obtenção de uma legitimação do seu poder de direção é tão alto? Por que as controladoras entrariam em uma "declaração unilateral" tal, que, na verdade, elas já podem instruir a filial, e enfrentar o aumento do risco de responsabilidade?[153]

---

152. Klaus J. Hopt explica que dois são os objetivos da regulação dos grupos. O primeiro é a proteção dos acionistas minoritários e credores das subsidiárias do grupo. Nesse objetivo a regulação segue o *bottom up model*. Um segundo objetivo, que aparece frequentemente em muitos países – incluindo países europeus e a Austrália – concerne as disposições da lei societária que objetivam auxiliar os negócios e a economia, reconhecendo os grupos corporativos, como formas organizacionais, de forma a facilitar a sua gestão. Aqui a perspectiva regulatória é *top-down*. Op. cit., p. 3.

153. Comentários à seção 9: "The approach chosen in EMCA is to consider groups and the power of direction of parent companies over subsidiaries as a reality which has not to be formally 'legalized' or 'declared'. Why would the parent company form a 'legal group' with their subsidiaries, if the price for obtaining a legitimation of its power of direction is so high? Why would the parent enter into such a 'unilateral

A principal diretriz do capítulo consiste em reconhecer o direito de uma sociedade-mãe dar instruções para uma subsidiária, sem se criar uma responsabilidade ou encargo específico sobre a controladora, como este poder corresponde à realidade. Para o EMCA, normas que autorizam a sociedade-mãe a um poder legal de direção sobre controladas somente com a condição de que uma proteção mais abrangente será concedida aos credores, acionistas minoritários e da própria subsidiária, proporcionam um regime jurídico que é considerado demasiado rígido e com uma relativamente escassa eficácia prática.[154]

Lamentavelmente, o caminho europeu sinaliza para a desregulação. Diferentemente da estratégia regulatória norte americana e inglesa, não se cuida de uma implícita preferência pela "autonomia", porém de uma explícita opção pelo "controle" agravada pela insegurança jurídica proporcionada por um obscuro "interesse do grupo". Como noticia Coutinho de Abreu, os prognósticos soam pessimistas:

> segundo o EMCA, em um grupo de sociedades, definido como entidade que compreende uma sociedade que controla outra ou outras sociedades, direta ou indiretamente, *de jure* (quando possua a maioria dos direitos de voto) ou *de facto*, a sociedade dominante/controladora tem o direito de dar instruções aos órgãos de administração das dominadas/controladas, podendo embora estes recusar o cumprimento das instruções se, entre outras condições, não forem do 'interesse do grupo como um todo'; e este direito de dar instruções é reconhecido sem que se imponha qualquer responsabilidade específica ou ônus à sociedade controladora, pois aquele poder corresponde à realidade. Perante a proposta do *reflection group* tive ocasião de escrever 'se este interesse do grupo avançar os grupos/sócios de comando, confortavelmente albergados em cavalo de Troia, entrarão descontraidamente nas muralhas do direito societário desgastadas pelos ventos neoliberais. Gozam só do poder de facto? Fiquem também com o poder de direito! Perante a proposta do EMCA, não posso mais falar em cavalo de Troia. Agora as portas são abertas de par em par para que o cavalo/poder econômico entre ultraliberal e triunfalmente. É o poder dos fatos, da 'realidade' dos mercados, a impor-se, sem mais, ao direito.[155]

---

declaration', whereas as a matter of fact, it can already instruct the subsidiary, and face increased risk of liability".

154. Assim se normatiza a questão (4) Interesse do grupo "(1) Se a administração de uma filial, especialmente como resultado de uma instrução emitida pela empresa-mãe, tomar uma decisão que é contrária aos interesses da sua própria empresa, não deve ser considerado como tendo agido em violação dos seus deveres fiduciários se a:(a) A decisão é do interesse do grupo como um todo, e (b) a gestão pode razoavelmente assumir que a perda/dano /desvantagem irá, dentro de um prazo razoável, ser equilibrado pelo benefício/lucro/vantagem e, (c) a perda/ dano/desvantagem, referida na primeira frase deste artigo, não coloca a continuação da existência da empresa em risco.(2) Se a filial é totalmente detida, parágrafo (1) (b) não se aplica. (3) A gestão da subsidiária pode recusar-se a cumprir as instruções da empresa-mãe no caso as condições previstas no parágrafo (1) não estão satisfeitas.

155. ABREU, Jorge Manuel Coutinho de. *Responsabilidade da sociedade dominante nas relações de grupo*, p. 10. O autor complementa em outro escrito: "Aí está a 'realidade', os factos, a realidade dos factos a impor-se, sem mais, ao direito. Como se aquela realidade fosse natural ou espontânea, sem cobertura ou tolerância do jurídico; como se uma dada realidade empresarial não pudesse ou devesse ser con-

Ao confessar como equivocada no plano econômico a formalização de uma estratégia regulatória consistente para os "grupos de fato" – pelo fato de desestimular o exercício do controle sobre as filiais –, o EMCA desiste de procurar respostas concretas para essa complexa realidade do mundo atual. Opta por "normalizar" a realidade econômica ao invés de "normatizar" o fato jurídico do controle.

No contexto de um grupo de sociedades vertical (ou não paritário), deferir-se a uma sociedade controladora a prerrogativa de dar instruções à controlada, mesmo que a ela sejam desfavoráveis, sem que se lhe imputem responsabilidades é algo sequer imaginável no interior de uma sociedade independente, na qual é vedado ao sócio majoritário atuar de forma extraorgânica, fora dos procedimentos e dos órgãos sociais daquela pessoa coletiva. Ademais, as sociedades filiais ficam sem parâmetros para uma compensação, quando for sacrificada em nome do interesse do grupo. Como veremos adiante, o EMCA propõe transformar os grupos de fatos qualificados em entes dignos de tutela, convertendo condutas antijurídicas de esvaziamento da autonomia jurídica em atos lícitos justificados pelo controle, em nome do sacrossanto "interesse do grupo".[156]

Prevalece a mensagem subliminar. Legitima-se o poder de direção da sociedade controladora ao custo do sacrifício de todos os interesses subordinados, que não coincidam com os da sociedade-mãe. Cria-se a regra "grandes poderes, nenhuma responsabilidade". Leia-se, nenhuma contrapartida em termos de responsabilidade tanto dos administradores da sociedade controladora por eventuais instruções desvantajosas, como dos próprios administradores de uma sociedade controlada, quando agirem contra os interesses da própria sociedade em nome do "interesse do grupo".

Com efeito, "conciliar o direito e a realidade" importa em normatizar o que ocorria nas sombras fora do cenário dos grupos de direito (ou contratuais). A invasão da autonomia e a desconsideração da personalidade de subsidiárias e filiais deixa de ser um dado da realidade e se converte em um fenômeno jurídico. Administradores de fato se tornam administradores *de jure*, a partir do instante em que a constatação do elemento da "direção unitária" torna dignos de proteção quaisquer interesses da sociedade controladora, sem o receio de ser responsa-

---

formada- alterada político juridicamente...é certo que o político jurídico vem revelando forte 'facto-dependência' ou 'factoservilismo', vem normalizando a 'realidade' do poder econômico-empresarial (financeiro em especial). Mas será que não lhe resta fazer nada mais? 'não há alternativa'? ".*O Direito dos Grupos de Sociedades Segundo o European Model Company Act (EMCA). Op. cit.,* p. 2.

156. Segundo a lei alemã, no caso de um grupo contratual (Vertragskonzern, Seção 302 AktG), os gestores da controlada "podem" recusar-se a cumprir as instruções da empresa-mãe, em caso de manifesta ("offensichtlich") violação dos interesses da empresa-mãe ou das empresas participadas com ele (Seção 308 (2) AktG).

bilizada perante a sociedade dominada, credores e sócios minoritários, posto atendido o sacro "interesse do grupo".

A expressão "interesse do grupo" não deveria ser consagrada em ordenamentos locais, o que não se dizer, então, dos riscos de sua introdução em uma proposta de âmbito continental. Ao invés de um agrupamento coordenado e devotado ao interesse comum a todos os membros do agrupamento – que condicionaria o agir de cada uma das sociedades –, deve-se considerar que o verdadeiro *interesse do grupo* é a satisfação unilateral da necessidade da sociedade-mãe por meio da obtenção de utilidades fornecidas pelas filiais, por fatos e abstenções. Esse é o interesse que difere do de cada uma das subsidiárias e se posta acima delas. Aliás, é patente que as sociedades controladas – em posição de dependência de direito ou fática – não possuem o menor conhecimento sobre o interesse do grupo, dinâmico e contingencial, restrito ao âmbito das estratégias construídas nos muros da sociedade controladora.

A abordagem do EMCA quanto ao interesse do grupo como um interesse comum a todas as sociedades do grupo, a ponto de prevalecer sobre o interesse de qualquer delas individualmente, com fundamento em uma unidade empresarial que legitima o interesse de uma "entidade" superior, é influenciada pela doutrina *Rozenblum*,[157] originariamente fruto de um caso criminal na França.[158] Nesse

---

157. Tribunais franceses criaram um porto seguro (*safe harbour*) especial em caso de abuso de bens sociais dentro dos grupos (a chamada "doutrina Rozenblum"). Esta doutrina admite uma "defesa de grupo" sob certas condições. Em primeiro lugar, deve haver um grupo caracterizado por ligações de capital entre as sociedades. Em segundo lugar, deve haver a integração de negócios forte, eficaz entre as sociedades do grupo. Em terceiro lugar, o apoio financeiro de uma sociedade para outra sociedade deve ter um *quid pro quo* (contrapartida) econômica e não pode quebrar o equilíbrio de compromissos mútuos entre as sociedades em causa. Em quarto lugar, o apoio da sociedade não deve exceder as suas possibilidades. Em outras palavras, ele não deve criar um risco de falência. Esta abordagem também é adotada no código penal alemão.

158. O Sr. Rozenblum ostentava uma ampla participação em diversas sociedades de capital, dedicadas a atividades heterogêneas, nelas atuando como *dirigeant de fait*: nessa condição, decidiu operar intragrupo a transferência de ativos importantes, em detrimento das sociedades de construção e promoção imobiliárias e em favor de outras sociedades que se dedicavam a atividades diversas. O caso Rozenblum, explica Danilo Borges dos Santos Gomes de Araújo, "indica que, particularmente no campo financeiro, há no que se refere às relações internas, uma notável mistura de independência e interdependência entre as sociedades entre si e com o próprio grupo. Pode de fato acontecer que uma das sociedades do grupo esteja bem-dotada financeiramente, enquanto outra sociedade do mesmo grupo esteja com necessidade de caixa. Se se aderisse ao princípio da estrita independência jurídica mesmo entre sociedades de grupo, chegar-se-ia à conclusão de que a primeira sociedade só poderia emprestar dinheiro para a segunda segundo condições normais do mercado e, se a sociedade emprestadora do dinheiro estivesse *de jure* ou *de facto* na administração da sociedade tomadora do empréstimo, qualquer ajuda financeira poderia ser considerada um abuso dos ativos da sociedade. Se se observasse esse entendimento, todas as operações financeiras dentro de um grupo seriam inúteis ou perigosas. Com o enunciado da doutrina Rozenblum, a administração da sociedade-mãe não terá cometido o crime de abuso dos ativos sociais quando usa os recursos financeiros da sua subsidiária em

país, o principal instrumento do direito penal contra *self-dealing* (negociação dentro do mesmo grupo) é a provisão contra o *abuso de bens sociais* (*abus de biens sociaux/corporate assets*). Ele pune, entre outros, os presidentes do conselho, diretores ou diretores-gerentes de uma sociedade anônima ou uma sociedade de responsabilidade limitada que usam a propriedade da empresa ou o seu crédito, de má-fé, de uma forma que eles sabem que é contrária aos "interesses da empresa", para fins pessoais ou para favorecer outra sociedade ou empresa em que eles têm um interesse direto ou indireto. A pena é de prisão de até cinco anos (sem o mínimo). A doutrina *Rozenblum* é considerada às vezes, dentro e fora da França, obscura e sua aplicação dificilmente previsível devido ao número de condições a preencher.[159]

No entanto, no caso de uma instrução violar interesses da controlada, a questão a saber é se o órgão de administração das subsidiárias "deve" obedecer ou "pode" recusar-se a obedecer. Em princípio, o parágrafo (2) da seção 9 (que remete para a seção 16) sinaliza que o órgão da administração só se obrigará a cumprir as instruções da sociedade-mãe se elas forem conformes ao "interesse do grupo". O curioso é que se os administradores da sociedade controlada decidirem contra os interesses da própria sociedade, não estarão violando deveres fiduciários se a decisão for reputada no interesse do grupo como um todo (seção 16, parágrafo (1) (a)). Fica claro que o interesse da sociedade controladora sobrepuja ao da própria sociedade perante a qual o administrador atua e ele terá um salvo-conduto para deliberar contra esta, mesmo que não tenha recebido instruções da sociedade controladora![160]

A nosso sentir, nenhum administrador de subsidiária tem o dever de se curvar às instruções extraorgânicas da controladora. Esse parâmetro de leal-

---

benefício de uma outra subsidiária, desde que aquelas três condições estejam presentes. A doutrina Rozenblum do direito francês. (*Os grupos de sociedades.* Saraiva: São Paulo: 2012, p. 100-101).

159. Muitos países europeus têm abordagens semelhantes a "doutrina Rozenblum". Este é o caso nos Países Baixos ("doutrina Nimox"), na Itália ("Teoria dei Vantaggi compensative"). No Reino Unido, os diretores são capazes de levar em conta os interesses do grupo em chegar a uma decisão sobre o que irá promover o sucesso da empresa para o benefício de seus membros. Se houver dúvida de que algo está nos interesses da empresa (por exemplo, dando uma garantia para o benefício do grupo), qualquer dúvida sobre se este envolve uma violação dos deveres do diretor pode ser tratada pelos acionistas passando uma resolução para aprovar a ação proposta. No entanto, porque os diretores podem incorrer em responsabilidade pessoal para o comércio ilegal pela sociedade, se a sociedade entra em liquidação insolvente e o diretor sabia ou devia ter concluído que não havia nenhuma perspectiva razoável de evitar isso e não tomar todas as medidas para minimizar a perda potencial para os credores, diretores serão cuidadosos para não preferirem os interesses do grupo em detrimento dos interesses dos credores da sociedade, se a sociedade pode tornar-se insolvente.

160. De fato, a norma da seção 16, parágrafo (1), (a) disciplina que "If the management of a subsidiary, *especially as a result of an instruction* issued by the parent company, takes a decision which is contrary to the interest of its own company, it shall not be deemed to have acted in breach of their fiduciary duties: a) the decision is in the interest of the group as a whole, and..." (grifos nossos)

dade à sociedade que administra se intensifica, notadamente, quando sequer foi previamente informado sobre o conteúdo desejado para uma determinada atuação. Ora, se não recebeu "instruções" verticais, os deveres emanados da boa-fé objetiva remetem o bom administrador para o cuidado perante a sociedade que gerencia e representa, o que indiretamente redundará no benefício da sociedade-mãe. Em adendo, é da "natureza das coisas" que um administrador conheça perfeitamente os interesses objetivos da sociedade que integra, mas não ter nenhuma "bola de cristal" que o faça adivinhar os interesses superiores – e não comunicados – da sociedade controladora e/ou das demais sociedades que compõem o grupo societário.

Mesmo quando o EMCA concebe dispositivos capazes de tutelar parcialmente as sociedades controladas e seus credores e sócios minoritários, a aparente correção das regras se submete a questionamentos. Senão vejamos: a seção 13 (1) estabelece que as oportunidades de negócios da sociedade filha não podem ser aproveitadas pela mãe, diretamente ou por via de outra subsidiária, exceto havendo autorização dos administradores "desinteressados" da subsidiária e, caso não existam, dos sócios minoritários desta. Ora, se a oportunidade negocial concerne ao campo de atividade local da subsidiária, tendo ela recebido proposta de terceiro ou se colocando em objetiva possibilidade de negociar um contrato, como conciliar o acato a esse espaço de liberdade com o direito potestativo da sociedade-mãe determinar instruções que coincidam com o interesse do grupo? Qual, portanto, será a sanção da controladora se violar a seção 13?[161]

Não termina por aí. Além da escusa do "interesse do grupo", os administradores poderão adotar decisões contrárias à sua sociedade, por considerar que eventuais perdas ou desvantagens econômicas serão compensadas em um período razoável por vantagens e benefícios financeiros ou que as referidas perdas e desvantagens não colocarão em risco a sobrevivência da sociedade (respectivamente, letras (b) e (c) do parágrafo (1) da seção 16). Ambos os dispositivos demonstram a tônica da discricionariedade deferida à atuação dos administradores, pois pela vagueza dos conceitos abertos, qualquer justificativa *a posteriori* será plausível para acobertar a irresponsabilidade das deliberações do órgão de administração ao sacrificar o interesse da sociedade controlada por meio de um padrão comportamental (e não de um ato isolado desvantajoso) a ela deletério.

---

161. Coutinho de Abreu invoca o seguinte exemplo: "Imagine-se que a sociedade subsidiária A, sediada no país X, recebe uma muito vantajosa proposta negocial de um terceiro domiciliado no país Y (contíguo de X) onde está sediada a subsidiária B. Estará a sociedade-mãe C, com sede no país Z, proibida de aproveitar a oportunidade negocial por intermédio de B no caso e não haver aprovação dos administradores "desinteressados" ou dos sócios minoritários de A, quando é sabido, por exemplo, que o país Y é mais permissível em matéria de impostos ou legislação laboral *O direito dos grupos de sociedades segundo o European Model Company Act (EMCA)*. Op. cit., p. 7.

Resta evidenciado que para o EMCA a administração da controlada se curvará à realidade do controle. Ao fim e ao cabo, isso se torna um alívio para os diretores, pois eles se isentarão de responsabilidade por decisões que impactem negativamente na sociedade controlada, utilizando o argumento do ganho em eficiência para o funcionamento do grupo, pela via do acato às instruções sempre vinculativas. Todavia, inegavelmente essa subserviência implica em um menor nível de proteção dos credores e acionistas minoritários, já que os diretores não agirão como um escudo em um caso onde eles pensam que as instruções violem o interesse da subsidiária, mesmo tendo em conta o interesse do grupo. Esse estado de coisas aprisiona a administração da filial à opção de cumprir (ou demitir-se).[162] Ambas as alternativas não são favoráveis aos acionistas minoritários, no exato momento em que eles mais precisam de proteção.

Como saída para os minoritários, a seção 15 (parágrafo 1) cuida do direito potestativo de *sell-out*, deferindo-lhes a faculdade de submeter a sociedade controladora à aquisição de suas participações sociais e direito de voto, sempre que essa detiver mais de 90% das referidas participações. Naturalmente, sócios que ostentem titularidades inferiores a 10% em sociedades-filhas sofrerão restrições no exercício das faculdades dominiais abstratamente propiciadas pelas suas cotas ou ações, sobremaneira à luz das regras do EMCA que legitimam o poder de controle "às claras". Justamente por isso, cremos que o *draft* poderia ter avançado e abolido esse mínimo de 90%, para outorgar o exercício da faculdade de alienação de participações em qualquer situação fática em que o controle possa se exprimir por meio da materialização do poder de instrução. Outrossim, se o *sell-out* é o reverso do *squeeze-out* – direito potestativo de aquisição compulsória por parte da controladora de 90% –, observa-se que o EMCA incentiva a formação de grupos completamente integrados na figura de um único sócio.

Por último, em matéria de responsabilidade por *wrongful trading*, a sociedade controladora que exerceu efetivamente o poder de instruir a sociedade controlada conforme os "interesses do grupo" deverá efetuar uma restruturação da subsidiária ou iniciar a sua liquidação quando não exista possibilidade de evitar a insolvência da sociedade-filha (seção 17). Caso a sociedade-mãe

---

162. Para o EMCA, "Do ponto de vista de uma gestão eficaz do grupo, esta abordagem apresenta o inconveniente de permitir que os diretores da filial, em determinadas circunstâncias, possam bloquear o poder de direção da empresa-mãe. No entanto, tais situações em que a subsidiária se recusa a executar uma instrução vinculativa da empresa-mãe também deve permanecer excepcional. No caso de os diretores recusarem a execução, mas não se demitirem, o problema poderia ser resolvido rapidamente pela remoção dos administradores em causa na próxima reunião geral de acionistas, possivelmente na sequência de um pedido judicial da empresa-mãe. A oposição pela gestão da filial também poderia levar a empresa-mãe a reconsiderar a sua decisão, eventualmente, após uma discussão com a Administração da controlada ou por causa de reclamações de acionistas minoritários".

se omita em adotar uma ou outra medida ou então fique evidente que geriu a subsidiária em prejuízo de sua própria saúde financeira, aquela responderá pelos débitos dessa. Apesar da exegese do artigo prestigiar a irresponsabilidade da controladora que promova a reestruturação ou a liquidação, parece-nos irrecusável que os credores poderão se dirigir a um tribunal para obrigar a sociedade-mãe que tiver participado na direção da sociedade a contribuir para o seu patrimônio, tendo em vista a sua atuação como administrador de fato. E mais, ao contrário do que pretende o EMCA, não é possível condicionar tal responsabilidade ao fato jurídico da insolvência, sobremaneira em vista à tutela de credores involuntários.[163]

2.1.7 Os grupos de fato qualificados

Conforme já examinado, estabeleceu-se uma dicotomia nos sistemas de regulação contratual dos grupos: de um lado, os *grupos de direito*, nos quais a sociedade-mãe é legalmente autorizada a atuar uma direção unitária sobre as sociedades-filhas, mesmo em detrimento da clássica autonomização de sua sub-jetividade; de outro lado, os *grupos de fato*, nos quais, à margem dos instrumentos negociais facultados pelo legislador, uma sociedade exerce uma influência domi-nante sobre outra, porém, respeitando o interesse social autônomo da sociedade dominada, como se fosse uma sociedade independente.

Por conseguinte, todas as tentativas de enfrentamento da temática da em-presa de grupo em nível de estratégia de regulação global partem da premissa da intrínseca tensão entre a unidade empresarial e a pluralidade (diversidade) societária, ou seja, da dialética entre autonomia e controle. Tal e qual um camaleão que usa o seu tato para alterar a coloração diante de um cenário hostil, cada em-presa agrupada programa as suas estratégias conforme os desafios que se propõe a enfrentar, desde uma intensa centralização (controle), passando por uma direção

---

163. No dia 5 de novembro de 2015, a cidade histórica de Mariana, que fez parte da Estrada Real criada ainda no século XVII, foi o cenário principal do maior desastre ambiental da História do Brasil, de acordo com o Ibama. Por volta das 16h, a barragem de Fundão, da mineradora Samarco, se rompeu, provocando o vazamento de 62 milhões de metros cúbicos de lama de rejeitos de minério, matando 19 pessoas (entre moradores e funcionários da empresa), destruindo centenas de imóveis e deixando milhares de pessoas desabrigadas. O vazamento, considerado o maior de todos os tempos em volume de material despejado por barragens de rejeitos de mineração – provocou também a poluição do Rio Doce e danos ambientais que se estenderam aos estados do Espírito Santo e da Bahia. Apesar dos impressionantes lucros líquidos amealhados no Brasil, o acervo patrimonial da causadora dos danos, a Samarco – seja pela dilapidação patrimonial originada pelas transferências intergrupo (só em 2014 repassou US$ 400m em dividendos para a Vale), seja pela frequente discrepância entre os respectivos níveis de capitalização e magnitude dos riscos empresariais – poderá ser insuficiente para cobrir os créditos decorrentes do vergonhoso acontecimento. Será lícito eximir a sociedade controladora de qualquer responsabilidade pelo fato de a Samarco ser solvente?

descentralizada na qual a controladora se limita a traçar diretrizes fundamentais, até uma ampla descentralização, que preserva a autonomia substancial das filhas.

Com o intuito de aprisionar essas multifacetadas formas de controle societário, o ponto de partida das regulações contratuais foi o de ficticiamente bipartir as plurais manifestações de coligações societárias em dois entes: os grupos de direito e os grupos de fato. Em cada qual, uma ponderação abstrata de sopesamento da dicotomia unidade/pluralidade. A base contratual tipificada dos grupos de direito remete à lei a legitimação do controle (unidade empresarial), contrabalanceada por um sistema tutelar excepcional em prol das sociedades-filhas e demais destinatários jurídicos desse controle. Se há uma deslocação de competência do poder de direção sobre a gestão alheia para a sociedade dominante, o corolário natural será a deslocação da responsabilidade para essa sociedade e os seus administradores.

No grupo de direito o exercício de uma intervenção extrassocietária por parte da sociedade dominante em relação à gestão da dominada não configura um fato ilícito. Antes, é consentida pelo ordenamento como uma atuação unilateral, mediante subordinação legitimamente forte e incondicionada por parte de conduta externa dos administradores da dominante, cobrada por intermédio de um poder, em princípio, ilimitado de direção vinculante que determina o irrecusável acatamento por parte dos administradores da sociedade dominada. O órgão de administração da sociedade diretora se coloca na posição superior de administrador norteado pelo "interesse do grupo". Exerce, assim, o direito de emitir instruções vinculantes à administração da sociedade-filha – sob qualquer forma declarativa, conteúdo e objeto – que se encontra a elas adstrita, mesmo para conteúdos prejudiciais e desvantajosos ao seu interesse social, desde que sirvam aos interesses da dominante ou de outra sociedade do respectivo grupo. Apesar da manutenção da configuração orgânica da dominada, preservando os administradores os seus direitos e deveres, eles exercerão as suas funções de acordo com a vontade heterônoma e expressa, fora dos canais deliberativos próprios.[164] O cérebro do grupo se localiza na assembleia geral da controladora e em seus órgãos administrativos.

Contudo, nos grupos de fato a conformação pende para a proteção da autonomia das sociedades filiadas (pluralidade societária), pois o controle não se dará em nível de direção unitária, mas de influência dominante por meio de

---

164. COSTA, Ricardo, *Os administradores de facto da sociedade comercial*. Coimbra: Almedina, 2014, p. 290-291. Arremata o doutrinador: "Propendo a ver nos administradores das sociedades dominantes em 'grupos de direito' a qualidade de administradores de facto das sociedades subordinadas ou dominadas por expresso reconhecimento da lei, sem qualquer outro requisito extra para o ser e, assim, adquirir relação administrativa orgânica com as sociedades que também gerem a título legítimo nos termos da lei". Op. cit., p. 295.

intervenções orgânicas pela sociedade dominante no seio dos órgãos das subsidiárias, com o aproveitamento de uma posição majoritária na composição dessa sociedade. Em tais casos, a preferência abstrata da lei pela proteção dos interesses próprios das filiais inevitavelmente amortece a necessidade de contrapartidas em termos de responsabilidade, tal como soí acontecer nos grupos de direito.

O problema é que no perímetro que separa a autonomia do controle, seja em grupos centralizados ou descentralizados, não há uma polarização tipo *all or nothing*, em que a autonomia será absoluta ou o controle será incontrolável. Trata-se de uma questão de proporção. Em verdade, existirão variadas alternativas organizacionais de direito ou de fato, que remeterão mais a um polo concentrado e hierárquico (grupos constituídos por subsidiárias integrais, cuja vida é completamente gerida pela sociedade-mãe) ou ao outro, mais flexível e disperso, no qual a intervenção da sociedade-mãe será restrita unicamente aos aspectos estratégicos para a sobrevivência, liquidez e maximização lucrativa do grupo. Caberá ao direito traduzir essa realidade em proposições normativas variadas, tendo como base parâmetros objetivos que conformem os conceitos indeterminados do *controle, direção unitária, influência dominante, interesse do grupo*.[165]

Embora o fenômeno dos grupos de sociedades seja um "velho conhecido", seria ingênuo afirmar que o intérprete tenha se desvencilhado exitosamente do esforço à sua caracterização. Esse exercício de qualificação é condição essencial à adoção de um regime que tanto poderá optar por especialização unitária, por oposição ao regime geral do direito unitário, quanto por uma especialização multifária, calcada na identificação de distintos regimes jurídicos atinentes as múltiplas variantes do fenômeno grupal.[166]

Quando estabelecemos uma linha e colocamos em seus vértices, de um lado, a autonomia absoluta e, de outro, o controle absoluto, temos em conta que em nenhum desses extremos haverá uma empresa agrupada, pois ela vive justamente da oposição latente entre os dois polos. Uma autonomia absoluta, tal como ocorre verdadeiramente em sociedades independentes – na qual reine o interesse social da sociedade controlada – é algo fantasioso no contexto econômico de um

---

165. Coutinho de Abreu caminha no mesmo sentido: "Consoante as espécies de grupo e as circunstâncias, esse encadeamento ora refletirá mais a ideia da multiplicidade dos elos-empresas, ora mais a da unidade do conjunto, ora mais a ideia de cadeia vertical hierárquica, ora mais a de cadeia horizontal-paritária. Assim, de modo tendencial ou típico, a primeira ideia ajusta-se aos grupos "de facto" subordinados, a segunda aos grupos contratuais de subordinação e aos de domínio total, a terceira aos grupos de subordinação (aumentando os vínculos hierárquicos à medida que se transita dos grupos 'de facto' para os contratuais e de domínio total), a quarta aos grupos paritários". *Da empresarialidade* – as empresas no direito. Coimbra: Almedina, 1999, p. 271-272.

166. ARAÚJO, Danilo Borges dos Santos Gomes; WARDE JR, Walfrido Jorge. *Os grupos de sociedades*. O estado atual da técnica. Saraiva: São Paulo: 2012, p. 17.

grupo. Por outro lado, mesmo no limite de um contrato de subordinação, na qual uma sociedade observará a vontade soberana de outra, há um balizamento do direito de a controladora emitir instruções diretas e vinculantes, sendo vedadas aquelas que não dizem respeito à gestão da sociedade subordinada (art. 493, n. 1, CSC), relativas à prática de atos ilegais (art. 503, n. 2, CSC) ou à prática de atos prejudiciais para a sociedade subordinada (art. 503, n. 2, CSC).

Frise-se, por indispensável, que mesmo no exercício da direção unitária, pela via de instruções vinculantes, não ocorre uma transferência de plano das atribuições legais de gestão e representação do Conselho de Administração, direção ou gerência da sociedade subordinada para o órgão congênere da sociedade-mãe, que supostamente exerceria tais funções como se de competências próprias se tratassem. Mas isso não ocorre: tudo o que aquele contrato legitima, no plano do direito, é a possibilidade de uma sociedade dirigir ou comandar "de fora" o sentido de atuação dos órgãos de administração de uma outra sociedade.[167]

Portanto, o razoável é que se promova o interesse geral do grupo, cuja definição é árdua, mas que exclua de antemão a ficção do interesse social próprio das subsidiárias (autonomia absoluta) e o interesse único da sociedade-mãe, com desprezo à sorte de suas filiais (controle incontrolável!).[168]

Na realidade dos grupos de fato há a inevitável tensão entre a afirmação da política de grupo com base no interesse do controlador e a muralha da China cimentada na clássica noção do "conflito de interesses" que determina uma atuação dos sócios preservando unicamente o interesse próprio da sociedade. A solução consiste em aceitar a existência de uma pessoa jurídica dependente, sujeita a

---

167. ANTUNES, Engrácia, op. cit., p. 646-647. "Esta direção unitária não significa que os órgãos administrativos da sociedade-mãe controlem de modo absoluto o sentido da gestão das sociedades filhas e a estes se substituam pura e simplesmente no plano da respectiva estrutura organizacional: tal direcção, balançando incessantemente entre a autonomia das partes e controlo do todo, opera e tramita antes através de uma rede hierárquica de comando intersocietário que justamente é tornada possível pela manutenção da estrutura organizativo formal das várias sociedades agrupadas". *Os grupos de sociedades* – Estrutura e organização jurídica da empresa plurissocietária. Op. cit., p. 647.

168. Como percebe Ricardo Costa, o poder de influência dominante reflete a disposição de "princípios transversais relativos às políticas económicas, financeiras, contabilísticas e organizativas solicitadas pela 'unidade de direção' do grupo. Essa disponibilidade justifica que se possa afastar a sociedade controlada da dinâmica que corresponde às sociedades sem vínculo de dependência, em nome de interesses não exclusivamente próprios – de tal forma que se adaptem e se equilibrem os processos de determinação do seu interesse social àquela outra dinâmica singular de uma sociedade em grupo e de uma política de coordenação e agregação económica, mais ou menos unificadas entre sociedades do mesmo grupo. Claro que depois, cabe aos administradores das sociedades dependentes, no seio da permeabilidade a interesses alheios a que a sua autonomia se vê submetida, filtrar o conteúdo das deliberações instrutórias e abster-se de realizar ações que possam traduzir um predomínio desses interesses alheios ao interesse próprio de sua sociedade e sujeita-los à responsabilidade própria da gestão da dependente". *Os Administradores de Facto da Sociedade Comercial*. Op. cit., p. 272-273.

regras específicas em vista de suas características e diferenças, o que demanda o estabelecimento de mecanismos que aceitem a alteração no processo de construção da vontade do ente coletivo, a fim de assegurar a integridade patrimonial da pessoa jurídica à proteção de interesses relacionados e criar limites no exercício do poder e na autonomia da vontade da organização interna.[169]

Evidentemente, tal afirmação considera a fisiologia do grupo e não a sua patologia. Assim, tudo muda no delicado balanceamento entre autonomia e controle, no contexto de um grupo de fato qualificado. Uma simples influência dominante (grupo de fato) se transforma em direção unitária intensamente centralizada (grupo de direito), à margem de uma fonte contratual, na qual o direito potestativo do controle intersocietário é exercido sem qualquer razoabilidade, a ponto de esvaziar permanentemente a estrutura organizacional da sociedade dominada.

Dissolve-se, consequentemente, a dicotomia criada no laboratório da regulação global do direito dos grupos. A fratura entre a ficção jurídica e a realidade paulatinamente evidenciou que os grupos não se estruturam nos moldes da estreita demarcação legal entre duas organizações de coligações. A eficácia produzida pela condução de um grupo independe da forma jurídica constitutiva. Em tese, a direção unitária dos grupos de direito será pertinente onde há um forte entrelaçamento organizacional, ou seja, em grupos centralizados. Em sentido oposto, em estruturas gerenciais descentralizadas – nas quais a sociedade-mãe confia às filhas uma grande autoridade decisória para conduzir os seus próprios negócios – haverá sentido em se falar de grupos de fato, compensando-se a preservação da autonomia das sociedades dominadas com um regime mais brando de responsabilidade (ou até com a inexistência de qualquer regime, como em Portugal).[170]

---

169. PRADO, Viviane Muller, op. cit., p. 172-173. Arremata a autora: "aceitar a subordinação da vontade significa possibilitar que o grupo empresarial cumpra a sua função social dentro da economia. A visão formal do direito, com o fim de estabelecer um centro de imputações e permitir que uma coletividade atue na vida de negócios e seja sujeito de direito, não pode ser impedimento à construção de estruturas utilizadas no mundo dos negócios que de forma alguma são criticadas em seus princípios e objetivos".

170. Com Engrácia Antunes: "Em nosso entender, a razão central de tal fracasso reside na vã tentativa do legislador em reconduzir toda a fenomenologia prática da empresa plurissocietária a um quadro legal construído sobre uma separação tangente entre dois modelos jurídico organizativos altamente formais: dum lado, os grupos de facto, cuja disciplina visa juridicamente a preservação da autonomia da sociedade-filha em observância dos mandamentos do direito societário clássico e organizativamente um modelo apenas adequado, na melhor das hipótese, a grupos dotados de uma estrutura extremamente descentralizada; e, doutro lado, os grupos de direito, cuja disciplina visa legitimar em toda a sua plenitude o controlo da sociedade-mãe, em derrogação daqueles mandamentos clássicos, apresentando-se como o único modelo organizativo admissível para os grupos societários centralizados. Dito de outro modo. Ao passo que a estratégia tradicional, vigente nos EUA, tende ver o grupo societário exclusivamente da perspectiva do princípio da autonomia societária, e a estratégia revolucionária, proposta pela UE, se

A prática evidencia que o "controle" ocorre mesmo quando nenhum contrato tenha sido celebrado. Por isso o número de grupos de fato excede largamente o número de grupos de direito. Nos grupos contratuais, a sociedade-mãe se responsabiliza objetivamente, tendo o dever de compensar prejuízos pelas perdas da subsidiária e assumir responsabilidade direta pelos seus débitos. Daí que o exercício generalizado do poder fático de direção acaba se concretizando em detrimento do poder contratual, com prejuízos para a sociedade dependente, além de seus sócios externos e credores. Por isso falhou a tentativa da lei de induzir o controlador de fato ao controle de direito. Como lembra Portale, a estória do direito ensina que institutos jurídicos, mesmo importantes, podem se tornar obsoletos pelo exaurimento de sua função ou por "tre parole di un legislatore".[171] Para que se submeter ao severo regime de responsabilidade dos grupos de direito pela simples formalidade de um contrato de domínio, se, mantida a aparência de um grupo de fato, será possível transformar a influência dominante em uma direção unitária, sem a carga sancionatória legal?

Conforme o sabido, o direito alemão adotou uma perspectiva estática em relação à regulação dos grupos. As regras específicas que compõem a Konzernrecht focam nos grupos corporativos estabelecidos e pouco se referem ao processo e aos problemas relacionados à sua formação. Grupos se constituem e se organizam em diferentes estágios, a sua modalidade mais característica resulta de um processo que geralmente começa com uma determinada empresa que assume o controle de outras. Uma vez que esta dependência é estabelecida, o exercício de uma gestão única (com ou sem um contrato de controle) nos permite falar sobre um grupo corporativo em sentido estrito. Porém, ao longo deste complexo processo econômico, são realizados inúmeros atos que afetam interesses ligados às empresas do grupo envolvidas. Esse fenômeno é digno da atenção da lei e explica o sucesso na compreensão da dinâmica de grupo. A regulação dos grupos corporativos não deve, portanto, concentrar-se exclusivamente no resultado – o grupo como uma mera "situação" – mas também no processo pelo qual eles são estabelecidos. Compreender o grupo como um processo nos permite regulá-lo como se fosse mera situação jurídica. A diferença com o critério "estático" é, portanto, que os processos econômicos e legais que levam a tal situação também estão incluídos.[172]

---

propõe perspectivá-lo opostamente à luz do princípio concorrente do controlo societário, a estratégia regulatória agora em análise, procurando encontrar uma via intermédia entre ambos tais extremos, acabou por discipliná-lo na base de uma "summo divisio" que separa de um modo formal e artificial tais princípios". *Os grupos de sociedades* – Estrutura e organização jurídica da empresa plurissocietária. 2. ed. Coimbra: Almedina, 2002, p. 18.

171. PORTALE, Giuseppe. La parabola del capitale sociale nella s.r.l. *Rivista delle società*, p. 815. Giuffrè Editore, settembre-ottobre, 2015.

172. IRUJO, José Miguel Embid. Trends and Realities in the Law of Corporate Groups. *European Business Organization Law Review* /2005, v. 6/Issue 1, p. 8.

Portanto, só haverá possibilidade de compreensão do fenômeno dos grupos qualificados como uma disfunção na perspectiva dinâmica dos grupos como processo polarizado para a realização de uma atividade empresarial benéfica a todos os seus membros. Essa atividade corporifica deveres jurídicos, pré-negociais, negociais e pós-negociais. Assim, a compreensão da relação em sua complexidade evidencia, ao lado dos deveres de prestação, deveres de proteção, laterais, anexos ou instrumentais. Quando o processo é fisiológico, o conjunto de situações jurídicas subjetivas (direitos, deveres, ônus, faculdades, poderes) é incensado pela via de uma atividade colaborativa, na qual diversas sociedades se auxiliam em um viés organizacional.

Ou seja, o caminho desejável para uma estrutura grupal consiste no estabelecimento de padrões, processos e mecanismos de governança corporativa que assegurem consistência e flexibilidade para permitir que as subsidiárias atendam aos seus fins e particularidades. Esse "processo" incluirá princípios que delineiam o escopo e os detalhes do regime de governança subsidiária do grupo (incluindo categorização de entidades grupais, processos de aprovação de mudanças estruturais, composição do conselho da controladora e das subsidiárias, política de reunião do conselho, definições e alocações de responsabilidade, delegações e limites de autoridade etc.), bem como sistemas e procedimentos para monitorar e testar a adesão à política ou princípios de governança subsidiária do grupo em uma base contínua. À medida que o grupo se desenvolve dinamicamente, acompanhando as mudanças nas operações empresariais, ambiente regulatório e expectativas dos *stakeholders*, um quadro abrangente para a governança subsidiária pode ser considerado um "documento vivo", evoluindo em alinhamento contínuo com a estratégia do grupo, auxiliando a controladora a governar e administrar suas subsidiárias, gerenciando o seu ciclo de vida e encontrando o equilíbrio certo entre perspectivas potencialmente divergentes dentro do grupo.[173]

---

173. HAUSMANN, Yannick. Corporate Governance of Groups in an Era of Regulatory Nationalism: A Focused Analysis of Financial Services Regulation. *European Company and Financial Law Review*, v. 12/Issue 3, 1 October, p. 12-15. "In the area of corporate governance, host supervisors increasingly focus on the legal integrity and independence of subsidiaries and subsidiary boards. In response to recent bankruptcies and bailouts of major financial institutions, host supervisors seek to empower subsidiary boards vis a vis the group by imposing a stricter governance regime. These actions may involve requiring an increasing number of outside (independent) directors, tightening fit and proper requirements for board members, requiring the separation of the roles of Chairman of the Board and CEO, and calling for enhanced board diversity in terms of gender, race, culture, and professional expertise. Best practice guidelines highlight the need for objective and independent decision-making at the subsidiary board level, and emphasize the importance of appropriately balancing the (potentially) diverging interests between a group and its constituent entities. While both host supervisors and international standard setters pursue the same overarching goal of enhanced corporate governance practice, international guidelines and principles provide for more flexibility as to how sound subsidiary governance can be achieved. For multinational *groups*, such flexibility of organizational design is crucial as it is at the core of effective corporate governance".

Contudo, esse "processo" será alijado de sua funcionalidade, caso o controle seja desvirtuado no transcurso de uma atividade de substancial esvaziamento dos centros decisórios de uma das subsidiárias, agora localizados na controladora e em sua gestão sem legitimidade formal. O sistema compensatório dos grupos de fato não funcionará quando a sociedade-mãe toma por completo o controle das finanças, políticas e práticas da subsidiária, a ponto de ela perder a direção sobre si própria.

A compreensão dos grupos de fato qualificados radica no paradoxo entre autonomia e controle em dois níveis. Primeiro: gera uma fratura entre a lei e os modelos praticados no mercado; segundo (e decisivo): independentemente do que diga a lei, essa contradição interna do sistema explica a essência das grandes corporações atuais e faz com que esse ramo do direito seja sujeito às mais amplas potencialidades criativas.

No final da década de 1970, desenvolveu-se no Supremo Tribunal da Alemanha uma distinção entre os grupos de fato simples e os grupos de fato qualificados (*qualifizierter faktischer Konzern*)[174] para aqueles casos em que a intensidade do domínio exercido é de tal ordem que conduz à permanente sujeição da sociedade dependente às instruções da sociedade diretora. Essa noção designa uma situação em que a sociedade dependente, por iniciativa da dominante, encontra-se em posição em que os instrumentos capazes de assegurar o seu patrimônio já não mais atuam eficazmente. Filiais são tratadas como sucursais e o centro de decisão se resume a uma única sociedade.[175] A Suprema Corte considerou o grupo de fato qualificado como a situação jurídica pela qual a sociedade-mãe exerce um duradouro e penetrante poder de controle (*andauernde und umfassende Leitungsmacht*) sobre os negócios da subsidiária. Essa permanente e extensiva direção da subsidiária gera uma presunção legal de que a sociedade-mãe não demonstrou consideração e respeito pela independência dos interesses comerciais da subsidiária. Se a *holding* não é capaz de elidir tal presunção será pessoalmente responsável perante os credores da subsidiária, em todas as suas obrigações.

A figura do grupo de fato qualificado representa uma modalidade híbrida de organização empresarial plurissocietária que veio justamente questionar a

---

174. Traduzida para o inglês como *factual centralises groups*. A jurisprudência correntemente trata de uma subsidiária dependente de uma sociedade por cotas de responsabilidade limitada GmbH (Gesellschaft mit beschränkter Haftung) ao invés de uma controlada AG (Aktiengesellschaft), regulada pela German Stock Corporation Act. A decisão da Corte Suprema de 1979 no caso *Gervais* (05 de fevereiro de 1979 – II ZR 210/76) – Neue Juristische Wochenschrift [NJW], 33 (1980), 231 – é frequentemente vista como o precedente do BGH na análise dos grupos de fato qualificados.

175. KOPPENSTEINER, Hans-Georg, op. cit., p. 17. "É o caso, por exemplo, de a direção única ser de tal modo intensa que a avaliação de atos isolados se torna impossível no que toca as suas consequências. Trata-se de casos em que o critério da diligência adequada do gerente de uma sociedade independente já não é operável".

artificialidade da *summa divisio* regulatória dualista. Pode ser conceituado como o agrupamento de sociedade comercial que, não tendo sido criado e organizado com base em um dos taxativos instrumentos legais que legitimam o poder de direção da sociedade-mãe, encontram-se submetidos a uma direção econômica unitária "fática", altamente centralizada. Aqui, a sociedade dominante exerce um controle de tal modo abrangente e permanente sobre a administração da sociedade dependente que o interesse social dessa última resulta permanentemente prejudicado.[176] A sociedade dominante exercerá uma contínua e eficaz influência sobre a administração da filial. As circunstâncias que indicam a perda de independência da subsidiária seriam: criação de uma unidade econômica (consolidação de investimentos, finanças e políticas de pessoal e produção); prejuízo constante aos interesses da sociedade dependente; elevada concentração, com alto percentual de ações nas mãos de uma pessoa ou grupo.[177]

A jurisprudência alemã refletiu sobre a forte situação de dependência entre empresas sem o fundamento em um contrato de domínio, tendo em vista a inadequação das regras sobre grupos de fato para a proteção dos minoritários e credores.[178] Para tanto, estabeleceram-se três tipos de dependência: a) a simples relação de dependência, como o exercício do poder de controle, não havendo necessidade de falar de subordinação da sociedade a um grupo; b) um grupo

---

176. ANTUNES, José Engrácia, *Os grupos de sociedades* – Estrutura e organização jurídica da empresa plurissocietária. Op. cit., p. 600-601. O doutrinador explica que o conceito de influência dominante juridicamente relevante só pode ser compreendido em caráter orgânico: "Em princípio, apenas os órgãos internos, sociais, legais e estatutariamente instituídos, constituem legítimos responsáveis pela formação da vontade imputável à sociedade comercial e seus legítimos representantes no tráfico jurídico (órgãos externos). Somente a eles poderão ser imputados os atos e omissões relativos ao seu governo. Ora, se apenas aos órgãos sociais instituídos cabe o exclusivo e soberano poder de governo da coletividade social, e se apenas a tais órgãos poderá ser imputada jurídico-societariamente a condução dos respectivos destinos, então lógico é concluir que à afirmação do exercício de um domínio de uma sociedade sobre outra se pressupõe necessariamente que o mesmo tramite ou seja carreado através da estrutura organizativa responsável pelo governo da sociedade que se pretende justamente dominar". Op. cit., p. 470.
177. WIEDEMANN, Herbert, op. cit., p. 37.
178. Aponta-se na jurisprudência alemã a decisão de 1985 da Suprema Corte no caso Autokran, como marco para a caracterização das premissas jurídicas envolvendo os grupos de fato qualificados. Primeiro, ela impôs à sociedade controladora o ônus da prova quanto à demonstração de que a contínua interferência nos negócios da subsidiária não operava em seu detrimento. Segundo e igualmente importante, a doutrina dos grupos de fato qualificados misturou conceitos de responsabilidade que se aplicavam isoladamente a grupos de fato e grupos de direito na lei comercial, estabelecendo responsabilidade ilimitada para a sociedade-mãe por todos os débitos da subsidiária. E o mais importante, o "permanente e extensivo" envolvimento da controladora nos negócios da sociedade controlada era o elemento suficiente para a caracterização desse híbrido modelo jurídico sem qualquer necessidade de os tribunais efetuarem um exame de nexo de causalidade com relação aos reais prejuízos sofridos pela subsidiária para estabelecerem uma ilimitada responsabilidade da *parent company* em relação a todos os débitos da sociedade "desrespeitada", tutelando os seus credores pela via de uma ação direta contra a *holding*.

de fato simples, com subordinação de interesses de uma sociedade, desde que haja a devida compensação, utilizando-se o critério da sociedade isolada para estabelecer a referida compensação; c) a dependência concernente aos grupos de fato qualificados, nos quais há direção unitária, mesmo sem a existência de um contrato de domínio, para as quais deve se aplicar as regras do grupo de direito, para a tutela de credores e minoritários.[179]

Quando a possibilidade de exercício de influência dominante pela controladora é colocada no terreno da direção econômica unitária e concertada dos órgãos de administração da sociedade dependente, há o risco de um controle "demasiado musculado" nos grupos de fato, descambando para uma emanação sistemática e estável de instruções e diretivas externas por parte da *holding*, frequentemente acompanhada do colapso da independência volitiva dos administradores da controlada. A autonomia de juízo – assentada no respeito, com título de prevalência pelo interesse social próprio da controlada – é o critério inultrapassável que serve para aferir a legitimidade das manifestações de influência dominante. No exercício do domínio, a heterodireção qualificada ocorre sem recurso ao órgão próprio deliberativo da dominada, com permanente subordinação de seus interesses aos da controladora e de outras sociedades do agrupamento, transformando aquela em simples translatora de vontades alheias e veículo detrator do seu interesse próprio.[180]

Indiscutivelmente, uma coisa é o que a lei deseja, outra é a realidade nua e crua. Enquanto que nos grupos de direito se escancaram as portas que permitem a sociedade-mãe transformar o formal espaço de autonomia das controladas em seu próprio *playground* – com contrapartidas em termos de responsabilidade – nos grupos de fato a lei simula uma aparência jurídica de imunidade das sociedades dominadas ao controle externo que dificilmente refletirá a realidade, ignorando assim uma conflitualidade latente, pois uma sociedade que exerce participação majoritária em outra, evidentemente perseguirá o seu próprio interesse, em detrimento da vontade da sociedade dominada, gerando conflitos permanentes.

---

179. PRADO, Viviane Muller, op. cit., p. 121-122. A autora aduz que os grupos de empresas, que exigem a unidade de direção, são apenas a espécie mais abrangente do gênero denominado empresas ligadas (*verbundene Unternehmen*), que tem a dependência e a influência dominante como principais conceitos. Assim, "o conceito central da lei alemã sobre relações entre empresas refere-se à dependência e não à direção unitária". Op. cit., p. 124.

180. COSTA, Ricardo Costa, op. cit., p. 276-277. O autor divide a administração de fato em direta e indireta. Na primeira, "decidem fora do limite de validade da interferência permitida em lei e executam interna e externamente atos de gestão; indirectos, se instigam, condicionam e orientam a actuação directa dos administradores (e se servem deles) com ordens específicas e instruções mais ou menos genéricas, as mais das vezes emitidas informalmente e sem recurso a expressão da sua própria vontade através dos processos deliberativos ou conjugando deliberações lícitas com actos extra orgânicos de influência". Op. cit., p. 257.

Com a criação jurisprudencial dos grupos de fato qualificados, prepondera em termos de responsabilidade o exame concreto da substância de um determinado grupo, independentemente da forma adotada.

Coutinho de Abreu insere os grupos de fato qualificados em uma cisão entre o poder de influência dominante "de direito" e "de facto". O *primeiro* se exerce organicamente, na assembleia geral (*rectius*, no órgão deliberativo-interno) da sociedade dominada, onde aquela possui poder de voto majoritário.[181] A seu turno, o *"poder de facto"* é exercido extraorganicamente. A sociedade dominante (por intermédio dos seus administradores) determina por fora (fora das assembleias e dos procedimentos deliberativos, e fora do controle das minorias) o comportamento dos administradores da sociedade dominada, instrui ou concerta-se com estes de modo (mais ou menos) confidencial.[182]

Ilustra Coutinho de Abreu:

> Figure-se a sociedade dominante X intervindo, extraorganicamente, de modo contínuo, extenso e intenso na administração da sociedade dominada Z, determinando a subordinação dos interesses desta aos seus próprios interesses e consequentes desequilíbrios econômico-financeiros de Z. Estamos perante relação de domínio "qualificado". Ora, uma sociedade que exerce (pelos administradores respectivos, normalmente) domínio qualificado sobre outra é administradora de facto, mais precisamente administradora "na sombra". Ela exerce (extraorganicamente) tal domínio, não como sócia, mas como administradora indireta.[183]

Em adendo, a evidência contumaz da consolidação de grupos qualificados resulta da coincidência da identidade dos administradores da controladora e das filiais.

---

181. Rui Pereira Dias acresce que: "Quando pensamos em modos endógenos de se obter um poder dominante da sociedade, não é somente o poder de voto (correspondente a uma participação maioritária) o único meio apto a fazê-lo: é também configurável a situação em que os estatutos da sociedade moldam as relações entre o órgão deliberativo-interno e o órgão de administração ou fiscalização de tal modo que se estabeleça uma dependência em face de um sócio, apesar ou independentemente de seu poder de voto". Op. cit., p. 97.

182. ABREU, Jorge Manuel Coutinho de. *Responsabilidade civil dos administradores...*, p.12. Prossegue o autor, "Porque a sociedade dominante tem o poder de fazer (re)eleger ou destituir os administradores da sociedade dominada, assim como o de determinar em boa medida o estatuto dos mesmos, aquele "poder de facto" aparece como natural (da "natureza das coisas"). Mas esta naturalidade ou factualidade *não tem (ainda) o respaldo do direito*. Nenhum sócio (seja sociedade ou pessoa humana) tem o poder jurídico de exigir ou pretender de sociedade por si dominada, fora dos procedimentos e orgânica societários, determinado comportamento; nenhum administrador de sociedade dominada tem o dever jurídico de cumprir instruções de sócio extraorganicamente dadas.

183. Ilustra Coutinho de Abreu: Ora, é facilmente imaginável uma sociedade dominante utilizar o poder de influência, causando danos em dominada, por exemplo fazendo cessar atividade rentável por parte de sociedade dependente a fim de transferi-la a para a dominante ou para outra sociedade dependente ou do grupo, impondo preços não compensador para aquela em transações intragrupo; determinando concessão de crédito a título gratuito ou com taxa de juro baixa, ou com risco irrazoável (v.g. a favor da dominante ou sua outra dependente em situação de pré-insolvência; aproveitando oportunidade de negócio da dominada". *Responsabilidade da sociedade dominante*, p. 5.

Nos *interlocking boards of directors,* administradores duplos ou comuns transitam entre as várias sociedades, de forma que os órgãos da controlada se tornam meras aparências para o exercício de uma forte centralização ditada pela sociedade-mãe.[184] A caracterização de um *shadow director* também se dá por via de instrumentalização das instruções externas para além do razoável, como, v.g. na determinação da política de produção da filial que resvale em uma situação de dependência econômica que impossibilite a sobrevivência da sociedade fora do grupo.[185]

Esse *tertium genus* da fenomenologia dos grupos aproxima-se dos grupos de direito, na constatação de que, mais do que uma influência dominante (que é sempre *de jure*, orgânica e localizada em atos perfeitamente demarcados), já se deu a própria transferência do "núcleo pensante" da sociedade dominada para o interno da sociedade-mãe, porém de uma forma dissimulada, posto dispensado o apelo às ferramentas contratuais fornecidas pelo legislador. Nesse momento não é mais adequada a referência à expressão "influência dominante", pois ela pressupõe que os interesses da sociedade-filha ainda estejam no comando, mesmo que a sua estrutura orgânica tenha sido "colonizada" pela prevalência dos interesses da sociedade matriarca. A peculiaridade dos grupos de fato qualificados reside em que a influência dominante se transmudará em uma direção unitária "fática", sem base jurídica, com dois pressupostos: a) a gestão será exercida de "fora para dentro", independentemente da estrutura jurídico-organizativa da sociedade dominada, que será desprezada em sua substância; b) a influência não será pontuada por atos deliberativos isolados, documentados e setorizados (v.g. decisões da assembleia geral), mas por uma atividade, que deslocará o controle, de forma alargada e duradoura, para a esfera de outra sociedade, sem que esta precise justificar os seus comportamentos ou mesmo, participar direta ou indiretamente de órgãos meramente decorativos das sociedades dominadas.

O inconteste é que nos grupos de fato qualificados é inapropriado cogitar de um "interesse do grupo", seja na acepção de um interesse comum a todas as sociedades que dele fazem parte e prevalecendo sobre o interesse de cada uma delas, seja na acepção do interesse prevalente da sociedade dominante que justifique o sacrifício do interesse da sociedade dependente. Nem as sociedades dominantes têm o direito de sacrificar o interesse das dependentes, nem estas têm o direito (ou o dever) de se guiarem por finalidades extrassociais (das dominantes ou de outrem).[186]

---

184. OLIVEIRA, Ana Perestrelo Oliveira. Anotação aos artigos 481.º a 508.º do Código das Sociedades Comerciais. In CORDEIRO, Menezes. *Código das Sociedades Comerciais anotado.* Coimbra: Almedina, 2009, p. 1233.

185. GUINÉ, Orlando Vogler, op. cit., p. 313.

186. ABREU, Jorge Manuel Coutinho de. *Curso de Direito Comercial.* Op. cit.,, p. 205. O autor trabalha o tema para interpretar o n. 3. do art. 6. da CSC ao permitir que uma sociedade preste garantias gratuitas a dívidas de outra sociedade que com aquela esteja em relação de domínio ou grupo. Explica que nas

A par da natural diversidade dos interesses individuais concretos dos vários sócios e destinatários jurídicos de uma sociedade, a premissa do desenho societário clássico sempre foi a da convergência do interesse de sócios, administradores e credores em uma máxima rentabilidade da sociedade. O compartilhamento do ideal da prosperidade, independentemente da lógica censitária que resulta das diferentes visões de cada interessado. Nessa conta também se inclui o sócio majoritário pessoa natural (não empresário). Porém, quando uma pessoa coletiva passa a participar de uma outra, de forma dominante, há a intromissão de um interesse estanho ao corpo social. Só isso já é suficiente para que os ordenamentos nacionais e comunitários regulem as consequências de uma influência dominante orgânica, em prol do respeito dos interesses das sociedades dominadas. O que dizer, então, da emergência de uma legislação para inibir e remediar as situações em que uma vontade extrassocial e externa permanentemente instrumentaliza uma subjetividade legalmente soberana e pretensamente imunizada por uma personalidade jurídica autônoma.

É correto acreditar em uma perspectiva de sociedades idealmente independentes, em que a realidade jurídica de cada personalidade coletiva já nasce funcionalizada ao atendimento dos prioritários e lícitos interesses de seus proprietários. Consequentemente, o patrimônio da pessoa jurídica será direcionado ao atendimento das prerrogativas de seus membros. Em uma perspectiva substancialista da personalidade da sociedade, evidencia-se que a fronteira intransponível dos dois centros autônomos de imputação apenas será preservada enquanto a pessoa coletiva satisfaz os interesses de que ela é instrumento, mas não quando vilipendiada a personalidade coletiva, utilizada a sociedade em detrimento de seus sócios minoritários e credores.[187]

2.1.8 Os grupos de fato qualificados como fatos ilícitos qualificados por uma ilegalidade

Exposta a essência dos grupos de fato qualificados, temos que indagar qual será a estratégia regulatória para enfrentar os seus efeitos no cenário econômico. Mas essa tarefa requer uma premissa. Prioritariamente, será necessário compreender qual é o lugar reservado a esse *tertium genus* na teoria geral dos atos jurídicos. Surge a necessidade de refletir fora da estratégia dualista forjada

---

relações de domínio essa regra vale "para a sociedade dominante, não para a dependente. Em maior ou menor medida, a dominante, enquanto sócia da dependente, tem sempre interesse no bom andamento da segunda; é lícito, pois, que ela garanta dívidas desta. Não assim com respeito a sociedade dependente. O interesse desta e de seus credores não se compaginam necessariamente com o da dominante". Op. cit., p, 206.

187. ABREU, Jorge Manuel Coutinho de. *Curso de Direito Comercial*. Op. cit., p. 179-181.

inicialmente pelo AktG, para conformar os grupos de fato qualificados no interior de uma das espécies de fato jurídico que a ele ofereça sustentação, para que, então seja possível definir a melhor maneira de lhe conferir consequências jurídicas. Certo é que não estamos diante de um contrato, nem tampouco de um negócio unilateral, ou sequer de um ato jurídico em sentido estrito.

No grupo de direito, tanto a aquisição da prerrogativa do controle como a efetiva atividade de direção unitária resultam de uma fonte contratual ou negócio unilateral (domínio total). Por força de um instrumento tipificado em lei, uma sociedade (filial) expressamente cede parcela de sua liberdade para outra (controladora) em prol do "interesse do grupo". Todas as consequências jurídicas descritas na lei decorrem automaticamente da validade do negócio jurídico. Em contraste, no grupo de fato há um hiato entre o controle e a influência determinante. O controle decorre usualmente de um contrato de aquisição de cotas ou ações. É negócio jurídico bilateral. Porém, a eficácia do grupo demandará algo a mais, precisamente uma declaração unilateral de vontade, materializada por comportamentos orgânicos de efetivo exercício da dita influência, basicamente a atuação majoritária do poder de voto assemblear, sempre com respeito aos interesses da sociedade dominada.

Em comum aos grupos de direito e de fato, estamos no âmbito da licitude. A atuação empresarial na forma plurissocietária representa exteriorização fisiológica da liberdade econômica do controlador. Direção unitária (em um caso) e influência determinante (em outro) encontram justificação no Direito. Evidentemente, isso não impede que o legislador sancione as sociedades controladoras pela reparação dos danos ou compensação de prejuízos sofridos pelas filiais, pois a responsabilidade civil não requer o ato ilícito e a culpa como pressupostos obrigatórios. A obrigação de indenizar resultará do nexo causal entre o exercício do controle e os prejuízos experimentados pela subsidiária.

Porém, não é esse o cenário projetado para os grupos de fato qualificados. Aqui se manifesta a ilicitude, em seu perfil clássico. Trata-se de verdadeiro ilícito frontal, por ilegalidade manifesta do comportamento do controlador que se substitui aos órgãos competentes da sociedade-filha. O exercício de funções com a inobservância da distribuição de competências no interno de uma sociedade é um comportamento antijurídico, seja pela ilicitude do objeto, como pela forma empregada pela sociedade-mãe para se sobrepor à administração da filial. Afinal, a relação orgânica dos administradores é referível à sociedade em si, mas não ao sócio majoritário. A Suprema Corte da Alemanha desenvolveu uma teoria cujos fundamentos não se confundem com as bases do *piercing the corporate veil*. Na lógica da lei alemã esse conceito só se aplica por exceção para casos de confusão de ativos ou em claros episódios de abuso no recurso à personalidade. Diversamente, no modelo dos grupos de fato qualificados houve recurso aos princípios da legislação sobre grupos para se entender que a ilicitude é o resultado inequívoco de um "permanente e extensivo" envolvimento da controladora nos negócios da sociedade controlada.

É importante apontar que em 2001 a Suprema Corte da Alemanha de uma certa forma golpeou a aplicação da teoria dos grupos de fato qualificados no caso *Bremer Vulkan*.[188] Aqui, ao invés de entender que a simples e direta constatação da falta de consideração e respeito pela autonomia dos interesses negociais próprios da subsidiária já seria suficiente para atrair a responsabilidade ilimitada da *holding*, o Tribunal Superior considerou que esse resultado só poderia ser alcançado em hipóteses nas quais uma *interferência devastadora* aniquila a existência da subsidiária (*existenzvernichtender Eingriff*) seja por acarretar a sua insolvência ou por promover um estado financeiro de iminente colapso. Essa oscilação jurisprudencial indica uma tensão entre dois modelos: de um lado, o "Verhaltenshaftung" (responsabilidade pela conduta), exigindo que o grupo de fato qualificado seja demonstrado não apenas pela permanência e profundidade do controle, mas também pela prova de que houve um específico comportamento de quebra de diligência por parte da *holding* que culminou em uma lesão à sociedade controlada, o que requer uma hermética análise de causa e efeito de cada comportamento da sociedade-mãe; de outro lado, o chamado "Zustandshaftung" (responsabilidade pelo status), que percebe como suficiente à responsabilização da *holding* a constatação material do grupo de fato qualificado. O seu foco é no status organizacional do controle, sem qualquer ênfase em particular ou específica na conduta da controladora. O giro da Suprema Corte da Alemanha pós 2001 indica uma preferência pelo primeiro modelo.[189]

O fato é que a Suprema Corte admitiu a existência de um direito da sociedade a "continuar a existir", o que requer que o controlador preste a devida atenção aos interesses da sociedade quando interfira em seus ativos ou oportunidades negociais. Essa consideração devida faltará se a sociedade se tornar inapta a cumprir as suas obrigações em razão da excessiva interferência que destrua em absoluto

---

188. BGH (Sept. 17, 2001 – II ZR 178/99).
189. Em um comentário sobre a evolução da jurisprudência alemã posterior ao caso Bremer Vulkan de 2001, René Reich-Graefe considerou que a Suprema Corte reconheceu que ao contrário do que ocorre nas jurisdições da common law, os tribunais germânicos devem prestar obediência às leis e se limitar à interpretação da norma, evitando a tarefa de criação do direito, pois se presume que a hermenêutica da norma deve compreender todos os potenciais casos que não se adequem exatamente as suas originais previsões. Assim, ao adotar a teoria dos grupos de fato qualificados a corte teria se aventurado "on fairly thin ice". Em contrapartida, a aceitação da *existenzvernichtender Eingriff* seria uma alternativa alemã semelhante ao esquema da desconsideração da personalidade jurídica no viés norte-americano. *Changing Paradigms: The Liability of Corporate Groups in Germany. Western New England University School of Law Digital Commons* @ Western New England University School of Law, 2005, p. 803.

a existência legal da subsidiária, o que acarretará responsabilidade, tendo como sujeitos passivos as pessoas físicas que controlavam o grupo como acionistas e diretores. O BGH tratava-os como "empresa de controle" com o propósito de uma aplicação análoga do § 302 da AktG. Portanto, a teoria da *existenzvernichtender Eingriff* pode servir como um nível máximo de interferência capaz de gerar responsabilidade. Porém, devemos indagar: qual seria um nível mínimo necessário para disparar a responsabilidade? Em termos mais precisos, qual é o limiar entre a separação patrimonial e a ativação da responsabilidade patrimonial da sociedade controladora? Parece-nos que não há necessidade de chegarmos ao ponto da destruição da sociedade afilhada pela insolvência (onde bastaria fazer uso da *disregard doctrine*). Em verdade, podemos simplesmente descer alguns passos para encontrarmos padrões em que a existência da sociedade ainda não foi colocada em xeque, mas já houve uma instrumentalização por via de instruções externas ao direito a "continuar a existir". Ilustrativamente, uma interferência que não conduz a empresa à insolvência, mas amplia significativamente esse risco. O mesmo se aplica em casos de subcapitalização da subsidiária, quando os ativos se tornam inadequados para fazer frente às previsíveis despesas operacionais e necessidades financeiras da sociedade.

Aliás, quando o direito alemão legalizou o benefício da responsabilidade dos sócios nas sociedades independentes previu um instrumento de tutela *ex ante*, com a fixação de um capital mínimo para mitigar o risco dos credores sociais.[190] Porém, houve uma lacuna *ex post*, que hoje é sentida especialmente no direito dos grupos em face ao fenômeno do *existenzvernichtende Eingriffe*, literalmente "intervenções devastadoras na existência" de uma sociedade, quando a sociedade-mãe agrava a insolvência da sociedade em contraste com as regras que vinculam o seu patrimônio social à satisfação preferencial dos credores sociais.

A partir do caso Trihotel de 2007[191] surge uma espécie de Terceira Fase na evolução jurisprudencial alemã do enfrentamento da responsabilidade dos grupos. O nível de integridade doutrinária da nova abordagem é superior ao anterior vago conceito de *company destruction liability*. Vislumbrando a intervenção na

---

190. Diversa é a situação de outros ordenamentos europeus para os quais não se exige requisitos mínimos de capitalização e para os quais são aplicadas outras formas de responsabilidade *ex post*.

191. A partir da decisão do caso *Trihotel* do BGH em 2007 esse fenômeno foi reconduzido ao 826 BGB. Assim, o acertamento da responsabilidade reclama a demonstração de três pressupostos fundamentais: a) uma conduta contrária aos bons costumes; b) uma relação de causalidade entre a conduta e um dano especificamente produzido; c) um elemento subjetivo intencional. Em três categorias de casos essa responsabilidade se manifesta: a) apropriação da liquidez da sociedade por parte de um sócio; b) concessão de garantias da sociedade a benefício de terceiros; c) dispersão de recursos sociais ou oportunidade de negócios por efeito de um comportamento que torna a sociedade insolvente ou agrava a sua insolvência.

sociedade-filha como um ato ilícito por ofensa a cláusula geral dos "bons costumes", com base no § 826 BGB (provisão residual para todos os ilícitos que não encontrem tipicidade), o Tribunal permite que a própria sociedade controlada possa se proteger contra os comportamentos predadores dos controladores, sem a necessidade de desconsiderar a personalidade da sociedade. Trata-se de sanção ao sócio controlador pela quebra do dever de respeito à destinação funcional do patrimônio social. A conduta de interferir nos ativos sociais sem levar em conta a sua capacidade de cumprir as próprias obrigações de dívida equivale a uma manipulação da forma legal da sociedade. A particularidade é que só a sociedade controlada teria legitimidade para demandar contra a *holding*, pelo fato de ter personalidade jurídica distinta de seus sócios. Destaca-se nessa decisão a apreciação sobre a importância de se evitar a aplicação do *lifting the corporate veil,* que funcionará apenas como um "last resort", quando todas as outras possibilidades forem exauridas.[192]

Tomando como base o sistema alemão, o tratamento dos grupos de fato teve o objetivo de colocar a sociedade dependente na mesma situação econômica de uma sociedade independente, ou seja, assegurando-se a integridade de seu patrimônio e de sua potencialidade empresarial, com sustentáculo na garantia constitucional da propriedade (art. 14, GG)[193] – representada pela participação

---

192. QU, Charles Zhen & AHL Björn. Lowering the Corporate Veil in Germany: a case note on BGH 16 July 2007 (Trihotel). In *Oxford University Comparative Law Forum 4*, 2008. Embora o BGH tenha abandonado a sua abordagem prévia sobre a responsabilidade pela *existenzvernichtende Eingriffe*, a corte decidiu manter a terminologia, porém em novas bases, desenvolvendo uma nova fundamentação em nível teórico e prático. Sob o ponto de vista teórico, a intervenção devastadora, ou destruição da sociedade não é mais tratada como uma responsabilidade independente, porém uma categoria especial de ilícito contra os bons costumes, conforme o § 826 BGB. O outro importante efeito prático é que o credor não pode invocar o referido § 826 BGB, pois o ilícito praticado foi uma interferência contra os ativos da sociedade e não propriamente contra ele. Todavia, é possível entender que o credor é uma vítima secundária do ilícito. Contudo, permitir ações diretas por parte do credor societário contra a controladora seria uma forma de infringir a doutrina da separação de personalidades do § 13 GmbHG. Assim, essa interferência não mais importará em superação da personalidade jurídica para alcançar o acionista. Na nova abordagem o credor primeiramente estabelecerá o litígio contra a sociedade controlada e subsidiariamente pleiteará a condenação em face do acionista controlador.

193. De acordo com o art. 14 da Lei Fundamental (GG), "Uma expropriação é admissível somente pelo bem da coletividade. E esta pode ocorrer somente através da lei ou baseado em uma lei que regule o modo e a forma da indenização. A indenização deve ser estabelecida mediante um consenso entre os interesses da coletividade e os interesses das partes". Para assegurar uma adequada tutela aos investidores, desde o leading case do BGH de 25.11.2002 (II ZR 133/01 "Macroton") utiliza-se a garantia institucional do direito de propriedade como fundamento para se conceder a um sócio minoritário a faculdade de se retirar da sociedade pela aquisição da sua participação pelo sócio majoritário por um preço de liquidação, sujeito a avaliação judicial segundo o procedimento previsto para análogas operações societárias. Uma exceção legal a esse princípio, encontra-se no 327 AktG que reconhece ao controlador que detenha no mínimo 95% do capital social o direito de adquirir, a qualquer momento, os restantes 5%, por meio de um equivalente em pecúnia. Esse direito potestativo de *squeeze-out* não requer qualquer motivação, fundando-se na redução de custos de *agency* conexos à presença de uma

social – que retira licitude de qualquer conduta que admita a expropriação de uma parte dos acionistas pela maioria, assegurando-se uma tutela substancial ao perfil patrimonial incorporado por essa titularidade.[194]

Essas fissuras demonstram que há ainda um longo debate pela frente sobre a temática. Cremos que o mais instigante desafio será o de estabelecer hipóteses jurisprudenciais análogas à da *existenzvernichtender Eingriff* – servindo esta apenas como *ultima ratio* – a fim de se alcançar o mesmo resultado jurídico de responsabilização da *holding*, porém com base em parâmetros objetivos e previsíveis. Isso é o que se pede também para Brasil e Portugal: uma jurisprudência capaz de compreender os vários arquétipos de controle e interferência que caracterizam a viva complexidade dos modernos grupos empresariais e que se funde em critérios sob medida para que em uma perspectiva *ex ante* sejam demarcados os limites de uma potencial responsabilidade da *holding*.

Por conseguinte, não será correto acomodar o grupo de fato qualificado na categoria do abuso do direito. O abuso é um ilícito qualificado pela ilegitimidade da conduta daquele que formalmente atua de acordo com o ordenamento jurídico, mas substancialmente extrapola os limites para o exercício do ato. O comportamento abusivo se contenta com a contradição material entre a titularidade de um direito (seja ele subjetivo ou potestativo), aparentemente em conformidade com regras, porém substancialmente violador das exigências éticas do sistema como um todo, ofendendo princípios e direitos fundamentais. Há abuso do direito em grupos de fato, ilustrativamente, naquelas situações em que a sociedade-mãe exercita a sua influência dominante com base em uma posição majoritária em deliberação de assembleia da sociedade-filha, auferindo vantagem para si em detrimento dos interesses da subsidiária. Cabe ao Judiciário concretizar os limites e pressupostos para a legitimidade da sujeição das sociedades-filhas à direção unitária.

Servimo-nos de Berle e Means, e a clássica tripartição entre propriedade/administração/controle – aqui adaptados ao fenômeno específico dos grupos de fato qualificados da Europa continental[195] – para compreender que esse controle

---

minoria potencialmente conflituosa, concedendo-se ao acionista "quase-totalitário" a faculdade de obter as ações residuais e suprimir os riscos de ações emulativas da parte da pequena minoria.

194. KOPPENSTEINER, Hans-Georg, op. cit., p. 17-18. Por isso, explica o doutrinador, "a AktG contém proibição de exercício de uma influência desvantajosa, salvo se houver compensação da desvantagem durante o ano fiscal. A desvantagem ("Nachteil") compreende-se como resultado de um comportamento que o administrador de uma SA independente não teria tido, se tivesse agido com a diligência apropriada. Contudo, o regime legal de 1965 é deficiente em transpor as dificuldades que a noção de desvantagem transporta, como a sua materialização e consequente quantificação em casos como o da reorientação da produção ou renúncia do mercado em troca de outro".

195. Na Europa continental a propriedade acionária nas SA é bem concentrada, notabilizando-se a figura do acionista controlador que atua fortemente na dinâmica societária, o que reduz sobremaneira o poder dos administradores. Enquanto isso nos USA, seguido do UK, a propriedade das ações de grandes

não está sendo exercido de forma direta pelo exercício de algum mecanismo legal, mas de forma extralegal, por meio de imposição à sociedade dominada, como quando um banco determina a política de uma sociedade seriamente endividada com ele. Esse controle é menos claramente definido do que as formas legais, é mais sujeito à causalidade e à mudança, mas em nada é menos efetivo. Pode ser mantido por um período de muitos anos e tende a uma posição tão inexpugnável quanto a do controle legal, uma posição da qual só se pode ser desalojado por uma revolução.[196]

Em Portugal, o inadmissível – porém incontrolável – exercício dessa direção unitária nos grupos de fato qualificados não é compensado com a previsão de mecanismos de responsabilidade civil. Mesmo existindo um direito especial dos grupos no CSC, as sanções reparatórias dos arts. 501, 502 e 504 são reservadas aos grupos de direito, consubstanciados em contratos de subordinação e relações de grupos constituídos por domínio total. Em termos sancionatórios, nos grupos de direito inexiste possibilidade de avançarmos além da responsabilidade civil por danos às sociedades controladas, pois estamos no reino da licitude. De fato, trata-se do exercício de direito potestativo oriundo de negócio jurídico, sujeitando a sociedade controlada à direção unitária da sociedade-mãe, mesmo que as instruções se mostrem desvantajosas. Em tal caso, somente a lei poderá determinar sanções quando as relações entre mãe e filha se tornem disfuncionais.

Na ausência de disciplina típica para os grupos de fato qualificados, o que resta aos interesses da sociedade dominada, de seus credores e aos sócios minoritários? Primeiramente, sequer será factível o recurso à analogia para estender às relações de domínio qualificado o regime jurídico especial de responsabilidade civil dos grupos de direito (arts. 501/502 CSC). Com efeito, esses mecanismos reparatórios pressupõem uma via institucionalizada de mão dupla, pela qual a controladora concederá instruções vinculantes à subordinada, mesmo que desvantajosas (art. 503, CSC) – o que se insere no campo da licitude –, sendo que eventual obrigação de indenizar decorrerá do prejuízo que a controlada sofre (seja no domínio total ou no contrato de subordinação) pela prática do ato lícito. Aliás, esse raciocínio vale para outros países que disciplinaram os grupos de direito, pelo

---

sociedades é difusamente distribuída e negociadas na bolsa, detendo os administradores o controle factual das sociedades. Por conseguinte, a dicotomia propriedade/controle e os respectivos deveres e responsabilidades são aferidos de forma diferenciada, sobremaneira pelos conflitos de agência entre os *agents* (administradores) e os *principals* (acionistas).

196. BERLE, Adolf; MEANS, Gardiner, op. cit., p. 85. A obra foi produzida tendo em vista a estruturação de uma sociedade anônima independente, mas pode ser pensada para o direito dos grupos, considerando-se que no grupo de direito a propriedade e o controle estão nas mesmas mãos. Já nos grupos de fato há uma separação entre a propriedade e controle, pois a posição majoritária do dominante lhe concede poderes que neutralizam a propriedade dos sócios minoritários da dominada.

simples fato de não ser aconselhável se servir da analogia para transpor regras de um regime baseado em um negócio jurídico, para outro fundado na ilicitude.

Residualmente, sobejará o recurso às normas gerais do CSC – tal como em qualquer outro ordenamento –, aplicável às sociedades independentes. Contudo, essa extensão é de difícil manejo quando o ilícito não é efetuado por atos esporádicos e perfeitamente demarcados pela via interorgânica, porém pela incessante atividade de esvaziamento da substância da subsidiária no interno de um grupo de fato qualificado.[197] Ora, seja para fins de invalidade, tanto em sede de nulidade (art. 56º, CSC), como de anulabilidade (art. 58º, CSC), há de ser perfeitamente identificável o ato que se ostente a ilicitude de determinada deliberação, seja ela uma ilicitude formal, seja por abuso do direito.

Nas hipóteses acima aventadas, mesmo que de forma contrária ao Direito, a sociedade dominante deliberou na qualidade de sócia. Nada obstante, tudo muda quando a sociedade dominante opta por invadir as funções próprias do administrador de direito da sociedade dominada, convertendo-se em administrador de fato. Ou seja, ao invés de influir determinantemente, porém por vias institucionalizadas e precisamente documentadas, a sociedade-mãe, de forma duradoura e ininterrupta, assume as rédeas da sociedade-filha e lhe impinge a permanente privação da autonomia, convertendo substancialmente a filial em sucursal ou seção, em um contexto de total instrumentalização da sua organização corporativa, com sistemático condicionamento de sua gestão. Basta cogitarmos de um administrador da controladora que, simultaneamente, exerce as mesmas funções na(s) controlada(s). Ele simplesmente irá transpor as instruções e decisões referendadas no seio do centro de controle para o interior de cada subsidiária, a despeito de consulta ou ratificação no interior dos órgãos de cada afilhada. Aqui, de nada valem as normas que sancionam a invalidade de comportamentos antijurídicos, reservada a censura de atuações interorgânicas.

Em princípio, só as pessoas regularmente nomeadas ou eleitas apresentam a qualidade de administradores ou gerentes: são os administradores de direito. Em contrapartida, na administração de fato há uma translação das funções de administração, do órgão desenhado pela lei para pessoas e centros de poder estranhos a estrutura formal do ente – desprovido de investidura legal –, com a consequente alteração dos modelos fisiológicos de desenvolvimento da atuação coletiva. A gestão tocará a alguém privado da titularidade formal de poderes diretivos e organizativos, porém com a subsistência funcional do desenvolvimento

---

197. Quando a sociedade dominante se vale de sua maioria em assembleia geral para exercer influência determinante, a sanção da invalidade da deliberação pode ser manejada em face do art. 58, n. 1, alínea b do CSC, independentemente da existência de um dano concreto. Essa técnica não poderá ser utilizada quando a influência dominante se dá de forma extraorgânica, por via de um comportamento reiterado.

efetivo da atuação própria dos administradores. Vale dizer, o administrador de fato carece de uma investidura formal e, por conseguinte, de legitimidade oficial para o exercício das funções, porém, o que o aproxima do administrador de direito é a substância, pois a atuação funcional do administrador de fato é equivalente à do administrador desenhado pelo legislador.[198]

Diante da antijuridicidade formal da atuação do administrador de fato, há de se conservar os atos jurídicos no plano eficacial, relativamente a terceiros que, no plano da aparência, entraram em contato com a relação de fato e acreditaram na legitimidade dos atos originados da pessoa jurídica, mesmo que pela iniciativa dos que atuaram como se administradores formais fossem. Afinal, mesmo sem forma jurídica, porém pela via da confiança, o elemento substancial da autonomia privada vivificado no exercício de funções administrativas cria situações jurídicas relevantes que, mesmo não assumidas pela lei e, portanto, inexistentes ou inválidas, tornam-se oponíveis a credores, sócios e às próprias sociedades.

Ora, o que então resta em prol da tutela da sociedade dominada, dos sócios externos e dos credores sociais face a essa assimilação do administrador de fato ao administrador de direito? Resta o recurso da responsabilidade civil, em razão dos danos decorrentes da atuação extraorgânica por parte do sujeito com poder efetivo de gestão na sociedade controlada. Isso não é pouca coisa, pois denota a prevalência do aspecto funcional do controle, em detrimento da vertente formal da "ausência de investidura". O regime da responsabilidade da empresa plurissocietária é uma enorme "ferida aberta", tanto na *civil law*, como no regime *common law*. Seja em sociedades independentes, seja naquelas que se converteram em subsidiárias de grupos, as formas ordinárias de tutela ressarcitória dos credores sociais são a indenização e a desconsideração da personalidade jurídica da sociedade dominada.

A outro lado, a superação da personalidade parte da premissa de que a sociedade afilhada é um ente autônomo, que terá o seu véu levantado em hipóteses extremas. Na desconsideração da personalidade coletiva, o ato ilícito do abuso do direito é tão somente um dos quatro pressupostos que autorizam a derrogação da autonomia patrimonial da sociedade em face dos sócios. Com efeito, a descapitalização provocada da sociedade e o aniquilamento de sua existência

---

198. COSTA, Ricardo, op. cit., p. 49 a 69. O autor assevera que "A aptidão para esta situação de facto ser juridicizada globalmente terá duas virtudes primárias. Por um lado, pode socorrer interesses da sociedade, de terceiros e de algum dos sócios, do próprio sujeito envolvido no 'facto', e mesmo da salubridade do comércio jurídico. Digamos que, por este prisma se faz um recurso de caráter positivo a figura do administrador de facto. Por outro lado, arvora-se como instrumento negativo contra os que se colocaram voluntariamente numa posição irregular e merecem ser sancionados pela não conformidade com o direito". Os administradores...Op. cit., 76-77.

configuram o comportamento antijurídico que revela o exercício ilegítimo dos fins para os quais a pessoa jurídica fora constituída. Mas, para que a responsabilidade limitada que beneficia os sócios seja quebrada, para além do abuso institucional, será necessária a verificação conjunta do elemento subjetivo da culpa dos sócios, bem como do dano sofrido pelos credores e nexo causal entre os prejuízos e a conduta ilícita e culposa.

Outrossim, centrar o foco na desconsideração da personalidade jurídica significa perseverar em uma visão externa da pessoa jurídica, baseada no relacionamento do ente coletivo com terceiros – acionistas, credores e trabalhadores – discutindo-se apenas a separação dos patrimônios e a limitação de responsabilidades de seus sócios. Contudo, para tratarmos dos grupos de fato qualificados precisamos inverter o ângulo e mirar na organização interna da pessoa jurídica e no processo de formação da sua vontade e de tomada de decisões.

Parte-se da premissa da capacidade de ação do sujeito de direito que surge da estrutura organizacional autônoma constituída por órgãos corporativos com hierarquia e competências legais. A pessoa jurídica depende, direta e indiretamente, da vontade e da ação de pessoas físicas que compõem os seus órgãos sociais e concretizam a vontade geral. Seria *naive* crer que a pessoa jurídica se mostre impermeável à dependência de outras pessoas, sejam físicas ou jurídicas, à determinação da sua vontade social. Assim, verificar a função da pessoa jurídica para a formação de grupos societários, implica encontrar outras funções societárias – que não apenas a tradicional limitação de responsabilidade – tais como uma série de vantagens em termos de eficiência e redução de custos de transação, que justifiquem a conjugação entre a autonomia jurídica e a dependência econômica. Nessa visão funcionalizada do fenômeno societário é perfeitamente legítimo que se aceite a subordinação no interno de um grupo de fato, mesmo que para tanto se mitigue o modelo de conflito de interesses, criado para reger a autonomia das sociedades isoladas. O importante é que esse concerto de interesses entre o controlador e as controladas viabilize o funcionamento regular das estruturas orgânicas das sociedades-filhas, o que definitivamente não ocorre nos grupos de fato qualificados.[199]

Em sede indenizatória, pode-se transcender as dificuldades da desconsideração da personalidade jurídica da dominada, identificando a responsabilidade

---

199. PRADO, Viviane Muller, op. cit., p. 167-172. Ao tratar do tema escreve: "esse caráter organizacional da pessoa jurídica não é estranho a certas teorias sobre a natureza jurídica do instituto. Na teoria de Gierke deu-se ênfase a visão interna da pessoa jurídica e importância à realidade estrutural das sociedades e, portanto, aos seus órgãos e competências. Na teoria institucionalista, defendida por Hariou ressalta-se a separação da pessoa jurídica em uma visão interna e outra externa. É a partir da organização que existe no ente que surge a vontade coletiva que dará origem às elações jurídicas". Op. cit., p. 168.

da sociedade dominante enquanto *administradora de fato* (indireta), como *ratio* da aplicação de regras gerais de responsabilidade civil do Capítulo VII do CSC, diante da caracterização de um exercício ilegítimo e ilícito de funções próprias do administrador de direito da sociedade dominada, porém de forma persistentemente prejudicial para essa, com desrespeito pelas regras exigíveis aos administradores.[200]

O raciocínio é legítimo. No âmbito dos grupos de fatos qualificados, a sociedade-sócio dominante poderá costumeiramente impor a forma de atuação dos administradores de direito da sociedade dominada. Será o "administrador na sombra", pois mesmo não exercendo diretamente as funções de gestão, e desprovido de qualquer função de representação, em uma perspectiva funcional (e independente de sua qualificação formal) exercitará, em última instância, o controle, comando e planejamento próprios aos administradores *de jure*. E, tal como esses, cumprirá as regras da correta administração, sob pena de responsabilização.[201]-[202]

O *shadow director* é um distribuidor de diretivas que exerce real influência sobre a sociedade, independentemente da duração ou da intensidade. A ele não se aplica evidentemente um integral estatuto de administrador, mas incidem as disposições que expressamente preveem responsabilidade.[203] Essa extensão funcional do conceito de administrador é utilizada em diferentes níveis em vários países, desde os mais reticentes, como a Inglaterra – onde uma sociedade

---

200. ABREU, Jorge Manuel Coutinho de. Responsabilidade nas sociedades em relação de domínio. *Scientia Ivridica*, t. LXI, n. 329 – Universidade do Minho, Maio/Agosto – 2012, p. 239-240. O autor alcança três vias complementares de reparação de danos, conforme os legitimados: a) Responsabilidade da sociedade dominante para com a sociedade dominada, *ex vi* do art. 72º do CSC com viabilidade de atuação sub-rogatória dos credores (art. 78º, 2); b) responsabilidade direta perante os credores da dominada (art. 78º, 1); c) responsabilidade perante sócios e (outros) terceiros, consoante art. 79º.

201. Para efeitos de responsabilidade civil os "administradores na sombra" estariam inseridos em uma categoria *lato sensu* de "administradores de fato", mas em sentido estrito esses seriam pessoas que atuam notoriamente como se fossem administradores de direito, porém desprovidos de título, ou então pessoas que desempenham função de gestão com a autonomia própria dos administradores de direito. ABREU, Manuel José Coutinho de. *Responsabilidade Civil dos Administradores de Sociedades*. 2. ed. Coimbra: Almedina, 2010, p. 99-101.

202. Dispõe nesse sentido o art. 82, III, "a" do Código de Insolvência e Recuperação de Empresas de Portugal: "3 – Durante a pendência do processo de insolvência, o administrador da insolvência tem exclusiva legitimidade para propor e fazer seguir: a) As acções de responsabilidade que legalmente couberem, em favor do próprio devedor, contra os fundadores, administradores de direito e de facto, membros do órgão de fiscalização do devedor e sócios, associados ou membros, independentemente do acordo do devedor ou dos seus órgãos sociais, sócios, associados ou membros".

203. No direito inglês de fonte legislativa (*Companies Act*, 2006), a figura de *director* é definida de forma ampla para permitir substancial equiparação entre *de jure director* e *de facto director*, para invalidar atos jurídicos praticados por pessoa física ou jurídica que desenvolva atividade própria de um *director*. Na Seção 214, do *insolvency act*, de 1986, qualifica-se a sociedade controladora como *shadow diretor* no contexto do *wrongful trading*.

não poderá ser sociedade de fato porque só os diretores de uma filial podem agir sob as instruções da sociedade-mãe –, enquanto os tribunais franceses tratam acionistas controladores e sociedades-mães como dirigentes de fato, quando eles continuamente se misturam na gerência e controle da sociedade-mãe e da subsidiária. Mesmo em Portugal, o reconhecimento da controladora como administrador de fato é importante instrumento para suprir a lacuna das relações intersocietárias dos arts. 486 e 487, com tutela de sócios minoritários e credores sociais lesados pela danosa interferência da sociedade-mãe na gestão da filial.

A condição de administrador de fato será atribuída solidariamente à sociedade dominante e aos seus administradores de direito. A sociedade-mãe é sócia, portanto naturalmente será responsabilizada pelos prejuízos resultantes da atuação de seus representantes, que agem no círculo de funções organicamente realizadas no seio de suas sociedades, pois o exercício da "direção unitária" é mais um ato de gestão e representação a serviço da dominante. É a sociedade dominante que age por meio de seus administradores. Em acréscimo, há o caráter pessoal do administrador de fato, relacionado às suas condições particulares. Mesmo que o administrador da dominante não possua uma designação formal da sociedade dominante para atuar sobre a dominada, será ele que pessoalmente exercerá o poder de decisão e influência no raio das competências do órgão de administração da sociedade controlada. Ou seja, ele materializa a atuação fática da sociedade de que é membro no perímetro das sociedades subordinadas, o que justifica que se lhe imputem direitos e deveres típicos da posição de administrador. Apenas não haverá responsabilidade solidária quando os administradores atuarem por sua própria conta e interesse – a despeito da vontade da sociedade controladora –, assumindo exclusivamente a qualidade de administradores de fato.[204]

Mas em toda essa abordagem há um limite, que estreita a margem de atuação do Direito. Quando se instaura um litígio indenizatório no entorno de um grupo, tenha o processo a finalidade de alcançar a controladora com escólio na desconsideração da personalidade jurídica, ou com apelo à figura do administrador de fato, o que se pretende é responsabilizar a sociedade-mãe e/ou seus administradores, por danos causados aos sujeitos que representam centros de interesses autônomos aos da controladora. Por si só, esses modelos jurídicos se mostram louváveis, tanto é que a esmagadora maioria dos conflitos intersubjetivos (judiciais ou pela arbitragem) questionam a incapacidade de ordenamentos concebidos para sociedades individuais fazerem frente à complexidade dos grupos.

Se uma sociedade, porque tem o poder de dirigir os seus próprios negócios, assume a responsabilidade pelas obrigações decorrentes desses negócios, uma

---

204. COSTA, Ricardo Costa, op. cit., p. 302-303.

sociedade que domina a outra e tem o poder de dirigir os negócios desta deve também assumir responsabilidade pelas obrigações correlativas. Quando a autonomia jurídico-subjetiva de uma sociedade (controlada) é meramente formal, há que responsabilizar quem detém o poder materialmente derrogador dessa subjetividade.[205]

Razoável mesmo que, em uma percepção funcionalizada do conflito de interesses, eventual dano oriundo do abuso do poder de controle seja sancionado mediante a compensação econômica da desvantagem sofrida pela sociedade controlada, se cogitarmos tão somente de uma política grupal que gere prejuízos a uma sociedade afilhada e a acionistas minoritários. Ilustrativamente, assim disciplina o art. 245 da LSA.[206] Contudo, esse raciocínio jamais poderá se aplicar na patologia grupal de um exercício de poder de controle que atente contra a própria preservação da sociedade e desenvolvimento de sua atividade.

Realmente, a emergência do grupo de fato qualificado atrai um aspecto que extrapola a eficácia reparatória dos danos injustos. Deve-se sobrepor mais uma camada à questão indenizatória, pois agora estamos a tratar de um fato ilícito qualificado por uma ilegalidade cuja resposta normativa deve ser remetida a outros confins, mais amplos que os da responsabilidade civil.

O dano injusto é o fato jurídico constitutivo da responsabilidade civil. Nada obstante, o grupo de fato qualificado é um ato ilícito de *per se*, independentemente da verificação ou da prova quanto à existência de danos impingidos à sociedade filial. O direito deve prevenir e sancionar o comportamento antijurídico de comandar uma sociedade "por fora", a par da materialização de prejuízos para credores ou sócios minoritários. Em outros termos, o que se requer aqui é a existência de mecanismos *ex ante*, para prevenir a prática da conduta de asfixia de uma sociedade por outra e, caso essa atividade deletéria seja posta em prática, o recurso a instrumentos *ex post* que sejam capazes de inibir a sua continuação ou reiteração, antes mesmo que produzam danos.

Em uma rápida passagem pelo Direito Societário brasileiro, a LSA evidencia em vários dispositivos que o dano à sociedade é pressuposto para contenções ao poder de controle. Assim o é diante de um conflito de interesses (art. 115)[207]

---

205. ABREU, Jorge Manuel Coutinho de. *Duas ou três coisas sobre grupos de sociedades (perspectivas Europeias)*, p. 3.

206. Art. 245, LSA "Os administradores não podem, em prejuízo da companhia, favorecer sociedade coligada, controladora ou controlada, cumprindo-lhes zelar para que as operações entre as sociedades, se houver, observem condições estritamente comutativas, ou com pagamento compensatório adequado; e respondem perante a companhia pelas perdas e danos resultantes de atos praticados com infração ao disposto neste artigo".

207. Art. 115 LSA. "O acionista deve exercer o direito a voto no interesse da companhia; considerar-se-á abusivo o voto exercido com o fim de causar dano à companhia ou a outros acionistas, ou de obter, para si ou para outrem, vantagem a que não faz jus e de que resulte, ou possa resultar, prejuízo para a companhia ou para outros acionistas".

e abuso do poder de controle (art. 117).[208] Na realidade brasileira, isso é pouco diante da potencialidade expansiva do parágrafo único do art. 116 da mesma LSA: "O acionista controlador deve usar o poder com o fim de fazer a companhia realizar o seu objeto e cumprir sua função social, e tem deveres e responsabilidades para com os demais acionistas da empresa, os que nela trabalham e para com a comunidade em que atua, cujos direitos e interesses deve lealmente respeitar e atender". Em uma leitura reversa da primeira parte do referido preceito, surge a seguinte provocação: a compensação de danos é tudo que se oferece como sanção em face de uma atividade do controlador que continuamente frustra o objeto da sociedade controlada e suprime a sua função social?

A insuficiência de uma condenação pecuniária, por todas as alternativas fornecidas pelo sistema, é agravada pela realidade que se impõe de forma soberana. Mudanças na tecnologia, nas regras de responsabilidade e procedimentos para grandes litígios por danos levantam perspectivas de indenizações que excedem o valor líquido até mesmo de grandes sociedades anônimas. Já existe forte evidência empírica indicando que a crescente exposição à responsabilidade por danos conduz a uma reorganização generalizada nas empresas para explorar a "responsabilidade limitada" como meio de evadir pretensões por danos. Ilustrativamente, separar atividades perigosas em diversas subsidiárias parece ser o método dominante de isolamento de ativos nas indústrias de tabaco e de resíduos perigosos. Outrossim, a desagregação ou redução de empresas é a principal estratégia para evitar a responsabilidade na indústria química. Nos últimos 25 anos uma grande proporção de pequenas empresas que ingressaram em todas as indústrias de produtos perigosos nos Estados Unidos tinha como motivação principal evitar a responsabilidade frente a consumidores, funcionários e danos ao meio ambiente.[209]

Como já se disse, o desafio quimérico e não superado do direito de grupos de sociedades não é o enquadramento da responsabilidade grupal. É, sim, estabelecer adequadamente normas e mecanismos de concreção de que dependem disciplinas essenciais à fiabilidade do mercado de capitais, a exemplo da disciplina jurídica do controle societário. É por certo, da eficácia das relações intrassocietárias, no particular, dos direitos de sócio, que se engendra toda a hierarquia grupal e dela a determinação das deliberações e de todas as ações do grupo.[210]

A disfuncionalidade do grupo de fato qualificado remete o estudioso do Direito Societário à própria distinção básica que efetuamos no início de um

---

208. Art. 117 LSA: "O acionista controlador responde pelos danos causados por atos praticados com abuso de poder".
209. HANSMANN, Henry; KRAAKMAN, Reinier, op. cit., p. 257-258.
210. WARDE JR, Walfrido Jorge, op. cit., p. 117-118.

trabalho. A personalidade da pessoa natural é um atributo existencial da pessoa humana e que antecede o ordenamento jurídico. Como um valor, a personalidade do ser humano não se curva à plenitude de sua capacidade de exercício ou a sua aptidão de autonomamente perseguir os próprios fins. A pessoa simplesmente "é", em uma dimensão axiológica. Nada obstante, a personalidade da pessoa jurídica é posta em uma realidade jurídica diversa. Ela existe para que sejam perseguidos os seus próprios e autônomos fins institucionais, que correspondem aos desígnios de seus sócios. Com exceção da contratualização de um grupo de direito e da dependência de uma pessoa jurídica no grupo de fato dentro de suas competências orgânicas, fere a própria essência da sociedade o fato de um sócio controlador pessoa jurídica se atribuir o papel de "curador" da controlada para extraorganicamente lhe revogar a autodeterminação e impingir-lhe objetivos dissonantes daqueles que justificaram a sua constituição.

Tal despersonificação estrutural não pode ser reduzida a um episódico abuso funcional decorrente de um desvio de finalidade da sociedade controladora ao ditar os seus rumos sobre a controlada pelas vias institucionalizadas. Não se trata aqui de criar um critério substancial para o conflito de interesses, adaptável ao funcionamento dos grupos, no qual cada deliberação será avaliada considerando-se o grupo como um todo (que é legítima para o abuso do controle nos grupos de fato). Consequentemente, insistir na tutela reparatória no grupo de fato qualificado (seja diretamente contra o controlador, seja pela desconsideração da personalidade da controlada) não significará somente a aplicação de um remédio improdutivo, porém juridicamente contraproducente, pois não estaremos mais no plano da ineficácia de atos jurídicos decorrentes de uma influência dominante, mas no puro plano da inexistência substancial de uma pessoa jurídica que apenas subsiste como aparência formal e *alter ego* de outro ente personificado que exercita a ventriloquia.

Admitimos como um passo importante sancionar a invalidade de deliberação – seja em assembleia geral ou reunião social – baseada na avaliação substancial e casuísta do exercício de voto com conflito de interesses, independentemente da existência de dano, pelo mero reconhecimento intrínseco do abuso do direito decorrente do sacrifício ao interesse da sociedade controlada. Em um grupo de fato, e, portanto, fora dos termos de uma convenção grupal, não há possibilidade de uma sociedade se subordinar a outra.[211] Contudo, é necessário dar um segundo e audacioso passo para deixarmos de lado os conceitos de abuso do

---

211. José Alexandre Tavares Guerreiro aduz que "a deliberação tomada com o voto conflitante pode ser anulada mesmo que não ocorra dano à companhia. A invalidade, nesse ponto, é autônoma em relação à ocorrência do prejuízo. Anula-se a deliberação não por sua lesividade material ou atual à companhia, mas em função de um vício intrínseco, que consiste exatamente no conflito de interesses". Conflito de

direito, conflito de interesses e invalidade para qualificarmos a atividade ilícita da instrumentalização extraorgânica promovida nos grupos de fato qualificados e, assim, encontrarmos a melhor forma de sancionarmos esse fenômeno patológico. Ademais, a influência dominante raramente se formaliza em atos deliberativos ou deixa traços documentais.

As sístoles e diástoles não são propriedades únicas do organismo humano. Em seus primórdios os grupos de direito também eram vistos como aberrações jurídicas. Louis Brandeis, em sua *dissenting opinion*, considerava esse fenômeno expressão da reprovável "*race of laxity*" das legislações societárias. Porém, o passar do tempo fez com que ninguém mais contestasse a licitude da participação de uma sociedade em outra. Pelo contrário, criaram-se mecanismos de indução ao controle, como verdadeiro *modus vivendi* das sociedades. Nada obstante, o que vemos agora é que em certas circunstâncias, o fato jurídico constitutivo do grupo societário pode não ser um negócio jurídico ou um ato jurídico *stricto sensu*, mas um fato ilícito. Cumpre ao direito sancioná-lo eficazmente.

Todo o aparato jurídico concebido para a disciplina do grupo de sociedades e para a contenção de seus efeitos indesejáveis será inócuo se formos incapazes de detectar a irrupção do fenômeno grupal no caso concreto, em suas vicissitudes. Via do exposto, no plano preventivo, urge evidenciar mecanismos colaborativos capazes de, simultaneamente, reforçar a eficiência da atividade desenvolvida pelo grupo e impedir que os interesses de minoritários, credores e da própria sociedade subordinada sejam simplesmente desconsiderados. O primeiro passo necessariamente compreende a função de coordenação desenvolvida pela sociedade-mãe, apta a absorver eventuais disfunções financeiras das sociedades afilhadas, por causas contingentes ao funcionamento do mercado, conforme a capacidade daquela de controlar custos, receitas e a distribuição das oportunidades comerciais entre os membros do grupo. Isso envolve uma abordagem expansiva dos deveres de conduta de modo que a sociedade dominante se conduza lealmente perante a dominada, pois nela exerce a posição de sócia.[212]

É sabido que a aplicação da Aktiengesetz (e nos países que seguiram o modelo dual) investe na tutela daqueles que são negativamente afetados pela criação e operação do grupo. Este critério exige o estabelecimento de uma série de medidas

---

interesses entre sociedade controladora e controlada no exercício do direito de voto, em assembleias gerais e reuniões sociais. *Revista de direito mercantil*, ano 22, n. 51, p. 30, São Paulo, jul.-set. 1983.

212. No livro *A responsabilidade civil dos administradores de sociedades*, p. 35, Coutinho de Abreu enfatiza que "nas sociedades em relação de domínio, tanto os administradores das sociedades dominantes como os das sociedades dependentes devem, fundamentalmente, cuidado e lealdade às suas próprias sociedades. Designadamente, os administradores de sociedade dependente não podem actuar de modo a favorecerem a sociedade".

de proteção direcionadas aos acionistas externos e credores das subsidiárias do grupo. No entanto, há necessidade de aperfeiçoar a modalidade grupal, quando o seu significado prático está em causa. Assim, além da orientação e dos conteúdos da visão protetiva, há de se prestigiar a inclusão de aspectos organizacionais na regulação corporativa, visando à implementação de diferentes processos para tomar decisões específicas que definitivamente escapam à regulação das empresas independentes. A perspectiva "organizacional" foi basicamente fomentada pela doutrina, mais acentuadamente pelo chamado Lutter Schule. Tanto a perspectiva de proteção quanto a abordagem organizacional apresentam características específicas e baseiam-se em padrões diferentes. Enquanto a primeira se baseia em uma visão do grupo como uma instituição "arriscada", a última considera os grupos corporativos como uma realidade empresarial, tentando fornecer diretrizes seguras para o seu funcionamento e para a interação contínua entre as entidades membros e, em particular, entre seus órgãos. Talvez, como a abordagem tradicional destacou o contraste entre o interesse do grupo e o interesse dos membros do grupo, isso requer subsequentemente medidas a serem implementadas para os acionistas e credores externos.[213]

Nesse sentido, publicidade (*disclosure*) e auditoria (*accounting*) são os instrumentos comumente utilizados para proteger credores e sócios minoritários, tanto em sociedades independentes como em grupos, tornando transparentes os conflitos de agência. A publicidade será obrigatória, sob pena de déficit informativo. Fundamental será o conhecimento da informação sobre o controle, relações e transações entre a sociedade-mãe e as subsidiárias e a formação do grupo desde o estágio inicial.[214]

Podemos encontrar pistas no campo da governança corporativa. A governança das sociedades "designa o complexo de regras (legais, estatutárias, jurisprudenciais, deontológicas), instrumentos e questões respeitantes à

---

213. IRUJO, José Miguel Embid, op. cit., p. 5. Segundo o autor, "Na nossa opinião, um erro seria feito se as duas abordagens fossem consideradas opostas umas às outras. A regulação atual dos grupos corporativos exige urgentemente ambos. A ausência ou subestimação de qualquer um deles deve ser evitada pela lei. Hoje em dia, chegou-se a um acordo substancial sobre a compreensão de que os grupos em si não são necessariamente prejudiciais aos interesses das empresas membros ou, em outras palavras, que não há oposição fatal entre os interesses do grupo e as empresas membros. Além disso, a melhor maneira de cumprir os interesses particulares de uma determinada empresa às vezes é incluí-la em um grupo". Op. cit., p. 9.

214. Klaus j. Hopt assevera que a informação nos grupos pode ser obrigatória, mas a sua efetividade depende de sua execução, e essa coercibilidade varia bastante conforme as jurisdições. Auditoria de grupos é uma área especial do direito dos grupos e um procedimento de investigação especial é um mecanismo muito promissor a disposição dos sócios para solicitar que tribunais indiquem *experts* que investiguem transações suspeitas e possíveis abusos em grupos de sociedades. Op. cit., p. 17.

administração e ao controlo (ou fiscalização) das sociedades".[215] A sua aproximação com os grupos possibilita conciliar o objetivo primário de maximizar a eficiência do exercício da atividade empresarial (a clássica redução dos custos de transação intragrupo) com a defesa dos interesses fragilizados dos sócios minoritários e dos credores da sociedade submetida ao controle (que não deixa de ser uma redução de custos decorrente do correto exercício dos poderes diretivos), com otimização do funcionamento da empresa e do grupo. Dessa forma não se nega a atávica antinomia entre *controle* e *autonomia*. O grupo se comporta efetivamente no mercado como se de uma única empresa se tratasse, uma unidade econômica, porém preservado o figurino jurídico da pluralidade societária. Reconhece-se que nessa antinomia genética reside o interesse prático pelas coligações societárias, o que deve ser levado em conta ao se detalhar essa disciplina.[216]

No Brasil, tem-se difundido o movimento de *corporate governance* de forma dissociada da perspectiva norte-americana dos conflitos de agência (cuja nota é o elevadíssimo grau de dispersão acionário e o controle gerencial), porém com respeito aos direitos dos acionistas minoritários, a partir da noção de que o controlador não pode mais considerar a sociedade controlada algo de sua "propriedade". O poder de controle deve ser exercido, respeitando-se constantemente o preceito de que em torno da empresa outros interesses também gravitam, em especial os dos acionistas minoritários. A rígida e saudável separação entre "gestão" e "propriedade" é um dos conceitos básicos de *corporate governance*, principalmente quando há exploração de empresas total ou parcialmente concorrentes.[217]

Nessa toada, partindo-se da premissa fundamental de que os agentes econômicos se comportam de forma racional, visando a maximizar suas utilidades, a análise de custos e benefícios, presente desde o momento em que o empreendedor decide pela organização da empresa ao redor não apenas de uma, mas de diversas sociedades sob o seu controle, é o que norteará a opção pela permanência como grupo de fato ou eventual migração para o regime jurídico dos grupos de direito. Se para os sócios minoritários a migração do grupo de fato para o grupo

---

215. ABREU, Jorge Manuel Coutinho de. *Governação das Sociedades Comerciais*. 2. ed. Coleção Monografias. Tema Direito Comercial. Coimbra: Almedina, 2010, p. 7. Na temática jurídico-societária o autor descarta uma perspectiva contratualista de desregulação, porém, sem impedir a atuação dos mercados, defende que a disciplina de matérias relacionadas com a exigível tutela dos sócios ou de terceiros deverá se dar pela via legal-imperativa e não pela liberdade estatutária. Op. cit., p. 33.

216. Um primeiro passo normativo nesse sentido ocorreu em 1994 com a publicação pelo *American Law Institute* dos princípios de *corporate governance*, reformulando e conferindo sistematicidade aos princípios de uma secular jurisprudência sobre os deveres fiduciários (*fiduciary duty*) no confronto com os acionistas externos e credores sociais.

217. COELHO, Fabio Ulhoa. O poder de controle sobre companhias abertas concorrentes no direito brasileiro. *Direito das sociedades em revista*. Outubro 2012, Ano 4, Volume 8, p. 60.

de direito é positiva, permitindo-lhes que conheçam os limites à atuação dos administradores na condução da sociedade (mediante acesso a informações públicas) e desestimulem por meio de sanções variadas o descompasso entre o interesse da sociedade e a atuação dos administradores, percebe-se, inversamente, que a redução dos custos de agência não induz os controladores aos grupos de direito, tanto pelo receio de um *trade off* entre os ganhos com redução de custos de agência e perdas competitivas decorrentes de divulgação de informações estratégicas, como também pela perda de flexibilidade – necessidade constante de se alterar a convenção quando houver mudança administrativa – e custos inseridos na burocracia societária.[218]

O *standard* de lealdade originariamente se aplicou aos administradores, como um dever equitativo, flexível e concretizado *ex post* e ao longo do tempo pelos tribunais. Nos grupos de sociedades é mais difícil encontrar *standards* para os administradores, pois os conflitos não ocorrem dentro da sociedade, mas para além, seja entre as diferentes sociedades do grupo, seja entre os seus sócios. Os específicos deveres e responsabilidades do grupo são múltiplos, incluindo limites de concessão de empréstimos para administradores das sociedades, proibição de concorrência no grupo e limites de transmissão de informações para outros membros do grupo. Os tribunais demoraram a aceitar que existem deveres de lealdade não apenas entre o controlador e a sociedade, mas entre aquele e os acionistas minoritários.[219] Por tais razões, ao invés de se recorrer ao sombrio "interesse do grupo", melhor seria a perspectiva principiológica da OCDE sobre o governo das sociedades: "Embora uma empresa possa ser controlada por outra

---

218. Em uma perspectiva brasileira, Luis André de Moura Azevedo desenvolveu uma análise econômica das normas da Lei 6404/76, sob a ótica da teoria dos custos de transação para justificar a fratura entre os grupos de direito e a realidade empresarial, identificando caminhos para indução dos grupos ao formato contratual: "um ponto de partida consiste no aprimoramento ou eventual supressão de normas que levam ao aumento desses custos nos grupos de direito, especialmente aqueles relacionados com a formalização de decisões e com a burocracia societária, sem abdicar das vantagens oferecidas pela possibilidade de subordinação de interesses e administradores no que se refere a custos de agência, dentro dos limites estabelecidos na convenção, garantindo o direito de informação e a proteção dos acionistas minoritários nas diversas sociedades. Com isso, os grupos de direito poderão tornar-se um instrumento efetivo de organização da empresa plurissocietária, em benefício dos diversos participantes da atividade negocial, do desenvolvimento econômico e da sociedade como um todo". O paradoxo da disciplina legal dos grupos de direito no Brasil sob uma perspectiva de direito e economia. *Os grupos de sociedade*. São Paulo: Saraiva, 2012, p. 192-193.

219. HOPT, Klaus J., op. cit., p. 18, expõe que o dever de lealdade se aplica a conflitos negociais genéricos como aquisição, alocações e distribuição de decisões feitas no interior do grupo. Em contrapartida, nos conflitos de agência envolvendo transações com partes relacionadas (*related party transactions*), surgem outras regras de publicidade obrigatória para esses negócios, a fim de se averiguar se foram realizados de forma imparcial (*at arm's lenght*) ou fora das condições normais do mercado, gerando benefícios privados.

empresa, o dever de lealdade de um membro do órgão da administração aplica-se à empresa e todos os acionistas, não à empresa que controla o grupo".[220]

O dever de dirigir os negócios sociais, enfatiza Fábio Ulhoa,[221] não pode ser cumprido dissociado das cauteladas exigidas na circunstância muito especial de controle simultâneo de companhias abertas e concorrentes. Nessas situações, o controlador deve adotar providências que imunizem as sociedades envolvidas do fluxo indevido de informações estratégicas, confidenciais ou sigilosas. Essa cautela envolve, principalmente, não criar instâncias diversas das legalmente previstas nas estruturas societárias das companhias envolvidas. O controlador deve restringir o seu acesso às referidas informações apenas nos órgãos societários legalmente previstos. Deve ser principalmente dele a iniciativa de segregar as empresas (erguendo um *chinese wall*), ao exercer o seu dever de dirigir os negócios sociais, respeitando assim as vantagens competitivas de cada sociedade, impedindo o fluxo despropositado de informação entre elas, comprometendo estratégias empresariais específicas.

Nos negócios celebrados entre uma sociedade e parte (com ela) relacionada é muito frequente a existência de conflito de interesses: divergência de princípio entre o objetivo interesse da parte relacionada e objetivo interesse da sociedade, convindo, portanto, à parte relacionada um negócio em certos termos e à sociedade um negócio em termos diversos. Para além dos administradores ou dos sócios, os negócios entre uma sociedade e a sociedade que figura como sócia controladora estão entre os mais relevantes negócios com partes relacionadas. Infelizmente, não há disciplina sistemática sobre esse tema na maior parte das leis societárias e tão pouco se mostram suficientes os mecanismos gerais de controle reativo e preventivo.[222]

Especialmente no Brasil, o maior problema enfrentado pelo Direito Societário não é de forma, porém de função. Há uma evidente disfuncionalidade na grande concentração de poderes na figura do controlador. O que é realmente preciso é uma redefinição funcional corajosa, com claro estabelecimento dos

---

220. HOPT, Klaus J., op. cit., p. 18.
221. COELHO, Fábio Ulhoa, op. cit., p. 63.
222. ABREU, Jorge Manuel Coutinho de. *Duas ou três coisas sobre grupos de sociedades*, op. cit., p, 4. No tocante as partes relacionadas (*related parties*) o doutrinador sugeriu medidas concretas para regrar o regime de transações entre controladoras e controladas, com ênfase em divulgação de documentos de prestações de contas que excedam determinados montantes; necessidade de autorização prévia para a prática de negócios acima de certo valor – em alguns casos ao órgão de administração em, em outros, à Assembleia geral. Lembra ainda o autor que há Proposta de Diretiva Comunitária Europeia (COM (2014) 213 FINAL) que altera a Diretiva 2007/36/CE com interessantes regras sobre transações com partes relacionadas (art. 9.- C, proposto), de modo a oferecer um contrapeso a ideia do "interesse do grupo". Op. cit., p. 5.

objetivos a serem perseguidos pelas estruturas societárias. Para tanto, será necessário que a lei claramente interfira de modo a minar a concentração de poder societário por meio de regras que permitam a autodeterminação social com controles exercidos pelos vários centros de interesses envolvidos.[223] Na grande maioria dos grupos brasileiros, a prevalência de um poder de controle calcado na maioria do capital votante em caráter estável e permanente não apenas é fator de redução da autonomia de administradores, como indução a conflitos de interesses, pois a sanção implícita da destituição imediata – caso adotem decisões que não atendam aos interesses dos controladores – faz com que os administradores olvidem a persecução dos interesses próprios da sociedade controlada.[224]

Sem a menor pretensão de retirar o mérito das soluções jurídicas em nível preventivo, sobremaneira um reforço à transparência dos grupos – questões que escapam aos objetivos desse trabalho –, será que diante de uma lacuna legal no campo premente dos grupos de fato qualificados, o máximo que a doutrina é capaz de construir para combater a instrumentalização da sociedade dominada pelo exercício de uma administração de fato em caráter *ex post* resume-se à responsabilização da sociedade dominante na condição de administradora indireta para aplicar as regras tradicionais relativas à empresa independente?

Em termos de um modelo de responsabilidade nos grupos societários é possível cogitar da responsabilidade dos órgãos societários e, ainda que reduzida, dos próprios acionistas controladores. No primeiro caso, isso incluiria a responsabilidade da diretoria, do conselho fiscal. Quanto aos acionistas controladores, isso nada teria a ver com a responsabilidade da pessoa jurídica – justamente a forma habitual pela qual o instituto tem sido internalizado nos diferentes ordenamentos jurídicos. Nessa linha, podemos encontrar no direito americano semelhanças ao direito grupal, com a diferença de que as consequências jurídicas não estão ligadas à existência de um vínculo com um grupo societário.[225]

Mesmo com a perspectiva de ampliação subjetiva de responsabilidade, isso não significaria persistir em negar a peculiaridade jurídica desse grupo como um fato ilícito? A persistente atividade antijurídica da sociedade controladora merece reprimenda jurídica antes e independentemente da constatação de danos.

---

223. SALOMÃO FILHO, Calixto, op. cit., p. 88-89.
224. Luis André de Moura Azevedo constata que "a opção pelo grupo de direito em substituição ao grupo de fato não afeta o grau de subordinação dos administradores das diversas sociedades ao controlador final, porém permite melhor monitoramento da atuação dos administradores pelos diversos interessados na atividade empresarial, reduzindo a assimetria informacional entre controladores e minoritários e tornando menos provável a apresentação de eventuais questionamentos baseados no favorecimento de terceiras sociedades". Op. cit., p. 188.
225. HOPT, Klaus. Direito de grupos societários – uma perspectiva europeia. *Os grupos de sociedade*. São Paulo: Saraiva, 2012, p. 452-453.

Diante da prática reiterada de comportamentos contrários ao Direito, o direito privado deve se servir de técnicas de controle social mais incisivas que a tutela *a posteriori* do ressarcimento e que tenham o objetivo cirúrgico de impedir o esvaziamento da sociedade controlada por vias externas aos órgãos deliberativos e administrativos da filial.

A compreensão de um grupo de fato qualificado como um fato ilícito permite deduzir efeitos jurídicos que extrapolam o setor da responsabilidade civil ou da desconsideração da personalidade jurídica, a atividade predatória permanentemente direcionada à sociedade afilhada requer combate, independentemente da constatação da culpa, dano e nexo causal, pressupostos apenas indispensáveis à eclosão da eficácia reparatória, restitutória, ou da derrogação da autonomia jurídica de uma sociedade. Por outro lado, na impossibilidade de se sancionar os fatos ilícitos extraorgânicos pela via da invalidade – em comum, nulidade e anulabilidade têm como objetivo a desconstituição de atos antijurídicos individualizados no perímetro orgânico da sociedade controlada –, a tutela inibitória da atividade ilícita será uma eficiente sanção civil para a contenção do fenômeno do grupo de fato qualificado, por sua aptidão para pedagogicamente neutralizar procedimentos intoleráveis da sociedade controladora, quiçá direcionando-a à fisiológica escolha entre os grupos de direito ou de fato.

Com efeito, nas relações de grupo qualificado, o recurso à tutela inibitória de comportamentos antijurídicos que comprometam a autonomia substancial da sociedade dominada será um remédio manifestamente legítimo para frear o reiterado comportamento de subordinação dos interesses da dominada à dominante. Podemos ilustrar com a simples atribuição de riscos a uma sociedade filial sem a contrapartida de obtenção de lucros, ou, uma ordem de redução, realocação ou extinção de produção, em atendimento às necessidades de uma sociedade irmã. A sociedade dominante não tem o direito de extraorganicamente instruir a administração da sociedade dominada quanto à assunção de tais comportamentos prejudiciais a ela. Será que somente quando surgem os danos poderão credores, sócios minoritários e a própria sociedade dominada se insurgir contra a sociedade dominante e os administradores da sociedade dominada que se curvaram às finalidades extrassociais da dominante? É chegada a hora de suprimir o monopólio da contenção de danos e permitir que o Direito Societário experimente a contenção de comportamentos ilícitos.

Se o perigo de ilícitos causáveis pela sociedade controladora em sociedade controlada é um perigo de ilícitos (indireto) para os sócios minoritários desta, é também para os credores da mesma e outros terceiros: se o patrimônio líquido da controlada diminui, diminuída fica a garantia patrimonial dos credores atuais e potenciais. E o perigo agrava-se quando a multiplicação das sociedades componentes do grupo se traduz na fragmentação de um empreendimento homogêneo em unidades subcapitalizadas de responsabilidade limitada.[226]

Negar a ilicitude da atividade praticada no interior de grupos de fato qualificados seria possível se aderíssemos à tese de Galgano[227] que compreende o árduo conceito de "interesse de grupo" não como um interesse comum, porém em um viés pelo qual, além de seu objeto social imediato, a sociedade controlada teria, simultaneamente, um objeto mediato implícito, relacionado às finalidades da *holding*, o que fatalmente neutralizaria qualquer forma de tutela de um interesse próprio da sociedade controlada. A referida construção teórica legitima a atuação extraorgânica da controladora, como *alter ego* da controlada. Nos grupos de fato isso seria um aceno para que as sociedades dominantes sacrificassem o interesse das dependentes, pela conversão de finalidades extrassociais ditadas fora das controladas em autênticas finalidades sociais.

Em conclusão, é certo que a investigação dos grupos de fato qualificados como fato ilícito somente faz sentido em sistemas jurídicos como os da Alemanha, Portugal e Brasil, que elegeram uma estratégia regulatória de índole contratual fundada na dicotomia grupos de direito e grupos de fato. Os grupos de fato qualificados ingressam aqui como um patológico e disfuncional *tertium genus*, cuja definição e elementos caracterizadores demandam ampla atividade. Diga-se isso, pois, se a estratégia regulatória perfilhada fosse a de sancionar a sociedade-mãe com fundamento na realidade do controle (e independente de seu figurino), a *holding* seria alcançada em seu patrimônio pela singela razão de que determina os rumos de suas sociedades-filhas, sendo absolutamente despiciendo o recurso ao fato ilícito.

Já tivemos a oportunidade de manifestar nossas críticas a esse modelo, sob o ponto de vista da insegurança jurídica de uma concepção generalizada e abstrata de responsabilização objetiva e ilimitada de sociedades que ocupem o vértice hierárquico de um grupo, com relação a qualquer débito reclamado de uma subsidiária, por fundamento em uma facticidade concretizada por um tribunal com esteio em interpretação de cláusulas indeterminadas.[228] Cria-se um

---

226. ABREU, Jorge Manuel Coutinho de. *O direito dos grupos de sociedades segundo o European Model Company Act (EMCA)*. Op. cit., p. 1. Acerca dessa estrutural divergência de interesses Leciona Coutinho de Abreu que: "as sociedades controladoras impõem preços não compensadores para uma ou outra controlada nas transações intragrupo ou nas licenças de direitos de propriedade industrial; determinam financiamentos a título gratuito ou com taxas de juros baixas ou com risco irrazoável; deslocam atividades de uma sociedade controlada para outra constituída noutro país ou região, aproveitam direta ou indiretamente oportunidades de negócios de controladas".

227. GALGANO, Francesco. *Il nuovo diritto societário*. Padova: Cedam, 2003, p. 171.

228. Em adendo, adiro as objeções de Engrácia Antunes sob o angulo econômico: "tal modelo regulatório pode forçar as empresas a adoptar estruturas de governo ou gestão economicamente ineficientes: ao

segurador universal, inclusive nas situações em que prejuízos e débitos não sejam imputáveis, direta ou indiretamente, ao exercício efetivo do controle pela *holding*.

Lado outro, ao se conectar os grupos de fato a um regime suave de responsabilidade – pela simples voluntariedade da sociedade-mãe em não aderir a uma tipicidade legal – levamos o problema a um outro extremo. A sociedade-mãe se coloca de forma extremamente confortável ao realizar tudo o que um grupo de direito realiza em termos de direção unitária, sem que se conceda adequada proteção, às sociedades-filhas, credores sociais e sócios minoritários. Preferimos uma estratégia regulatória que leve em consideração parâmetros objetivos previamente definidos pela lei em termos de licitude dos grupos de direito e de fato, para então encontramos espaços para uma terceira via, em que a diferença das anteriores será prefixada como um ato ilícito.

2.2 A TUTELA INIBITÓRIA DO ATO ILÍCITO

2.2.1 Desmistificando a simbiose entre o fato ilícito e a responsabilidade civil

Embora exista, em doutrina, certa tendência a unificar tais fenômenos – ilícito civil e responsabilidade civil –, na verdade eles não se confundem, sendo realidades distintas. Não há fundamento teórico para tratar, de forma indistinta, ilícitos e responsabilidade civil. Seria o mesmo, mal comparando, que confundir uma fábrica, produtora de um largo espectro de produtos, com apenas uma de suas produções. A nosso sentir, tal postura empobrece, inexplicavelmente, o contexto dos ilícitos, *reduzindo o gênero ao estudo dos efeitos de uma de suas espécies.*

É necessária a superação de mais um dos diversos dogmas do direito privado: aquele que reduz o ato ilícito a mero fato gerador da responsabilidade civil, quando, em verdade, a obrigação de indenizar é somente uma das eventuais

---

expor a sociedade-mãe à responsabilidade jurídica pelo risco empresarial correspondente à totalidade das actividades económicas desenvolvidas no seio do grupo, tal solução induziria certamente os núcleos dirigentes dos grupos societários a perfilhar estruturas organizativas altamente hierárquicas e centralizadas como única forma de monitorizar tal risco e de se proteger contra as suas nefastas consequências. Além disso, tal modelo, visando colmatar a situação de desprotecção a que o sistema tradicional votava os credores e os sócios minoritários das sociedades-filhas (pecando por defeito), arrisca-se paradoxalmente a criar em favor destes uma protecção excessiva e desproporcionada (pecando agora por excesso): na verdade, actuando como uma espécie de seguro contra o risco de insolvência da filial ("default risk"), semelhante regime de responsabilidade ilimitada acaba por brindar os sócios minoritários e individuais desta última com uma protecção suplementar ao investimento realizado pela qual aqueles não pagaram ("windfall") e acaba por conferir aos credores de sociedades dependentes um tratamento mais favorável do que aquela que a lei reserva aos credores de sociedades independentes". Estrutura e Responsabilidade da Empresa. O Moderno Paradoxo Regulatório. *Revista Direito GV*, v. 2, p. 15. São Paulo, 2005.

consequências de um ilícito civil. De saída, sobreleva evidenciar a existência de uma gama infinita de efeitos jurídicos potenciais decorrentes da ilicitude. Se o fato ilícito é um acontecimento contrário ao ordenamento jurídico, certamente o próprio sistema jurídico poderá reconhecer diferentes consequências à prática desse comportamento desconforme a ordem jurídica.

Em uma perspectiva histórica, tem-se que os motivos que conduziram a unificação entre o ilícito civil, o fato danoso e o ressarcimento em dinheiro se encontram no direito liberal clássico. A jurisdição não tinha como meta primária a tutela dos direitos. A sanção do faltoso pressupunha a intangibilidade da sua vontade a evidenciar a liberdade individual. O bem objeto de litígio era visto como uma "coisa" dotada de valor de troca. Há um claro nexo entre o princípio da abstração das pessoas e dos bens e a tutela pelo equivalente. A tutela ressarcitória pelo equivalente não se importa com qualquer programa de proteção de posições sociais mais frágeis. Se os bens são equivalentes e, assim, não merecem tratamento diversificado, a transformação do bem em dinheiro está de acordo com a lógica do sistema, cujo objetivo é apenas sancionar o faltoso, repristinando os mecanismos de mercado. Portanto, as perdas e danos seriam necessárias só para conservar o dogma da "neutralidade" do juiz, como para manter a engrenagem do mercado em funcionamento.[229]

Contudo, o espectro de incidência da ilicitude é mais amplo e aberto, não se satisfazendo com soluções aprioristicas, que implicariam em menoscabo de sua própria conceituação. Bem por isso, é necessário perceber a multiplicidade de espécies de fatos ilícitos a partir de sua eficácia, embora esse critério não seja único. Talvez a dificuldade de se compreender o ilícito resida naquilo que Giuseppe Monateri[230] nomeou como a sua "função residual" perante o contrato e a propriedade. Enquanto o ordenamento jurídico se dedicava a explorar os seus grandes institutos, o ilícito se colocava residualmente, em uma estrutura minimalista, sendo chamado apenas para atender à atividade casuística do intérprete nas hipóteses em que excepcionalmente se verificava a responsabilidade civil como consequência dos danos decorrentes de ilícitos culposos.

Todavia, a responsabilidade civil é apenas a parte visível do ilícito. Como em um iceberg, existe uma porção muito mais ampla da ilicitude civil que se encontra submersa. Infelizmente, igualmente submersa se manteve nos estudos jurídicos.

---

229. MARINONI, Luiz Guilherme. *Tutela contra o ilícito*. São Paulo: Ed. RT, 2015, p. 15-18. Complementa o autor: "recorde-se que os direitos fundamentais, no constitucionalismo liberal-burguês, eram vistos somente como direitos de defesa contra o Estado. O direito liberal se importava com a defesa da liberdade contra as eventuais agressões da autoridade estatal e não com as diferentes necessidades sociais do grupo".

230. MONATERI, Giuseppe Pier. *La responsabilità civile*. Torino: Utet Giuridica, 2006, p. 84.

Já em 1966, Giorgio Cian[231] acusava a doutrina italiana de apenas se preocupar em estabelecer quais seriam as fattispecies geradoras de responsabilidade, ao invés de estudar o ilícito como noção geral e autônoma.

A ideia de ilícito jurídico, em sua acepção comum, refere-se a qualquer fato que constitui transgressão a uma norma, tornando-se assim objeto de reprovação e, correlativamente, de uma reação adequada. Há uma desconformidade entre um fato e o direito, tida como antijuridicidade: seja esta uma antijuridicidade formal, pela contrariedade entre um comportamento e uma regra, seja uma antijuridicidade material, quando há um contraste entre certa conduta e o próprio ordenamento jurídico. Some-se a isso a imputabilidade do agente, portador de discernimento, com aptidão para a compreensão do caráter antijurídico da norma.

O ilícito pode ser definido como um ato contrário a uma norma que disciplina um comando. Em outras palavras, uma ação em sentido lato, isto é, uma conduta ativa ou omissiva, suscetível de ser qualificada como obrigatória ou proibitiva. Essa ação ilícita se opõe a uma norma que prevê um comando, pois somente normas que proíbem ou obrigam definem ações ilícitas. O fato ilícito nada mais é do que o fato antijurídico, isto é, aquele acontecimento cujos potenciais efeitos jurídicos são contrários ao ordenamento jurídico.

Singelamente, é o exemplo do motorista que dirige acima da velocidade permitida, abalroando um automóvel de terceiro, ou o pai que aplica a um filho um castigo imoderado (atentando, assim, contra o art. 1.634 do Código Civil). Em ambos os casos, haverá um fato ilícito. Rompe-se, portanto com a perspectiva estritamente civilista de oposição ao direito penal, único local em que a "tentativa" teria uma relevância, pois em sede privada o ordenamento jurídico apenas seria capaz de intervir depois que a norma fosse violada para remover as consequências danosas da lesão por meio da medida ressarcitória.

Essa especificação é particularmente significativa, pois esclarece que a noção de ilícito conserva um núcleo conceitual unitário mínimo, tendendo a se decompor em algumas categorias fundamentais de ilícito, que muitas vezes se destacarão do ilícito civil, como é o caso do ilícito penal e do ilícito administrativo.

Ilícito e culpa são conceitos que não se confundem. Com efeito, a conhecida sobreposição entre os conceitos de ilícito e culpa é fruto de uma construção histórica que hipervalorizou o valor da culpa. Na teoria subjetiva da responsabilidade

---

231. CIAN, Giorgio. *Antigiuridicità e colpevolezza*. Padova: Cedam, 1966, p. 24. O autor debita esse descaso com o tema pelo fato de o sistema italiano, tal qual o francês, valer-se de uma cláusula geral do ilícito, o que faz com que o intérprete se ocupe de individualizar as *fattispecies* que nela estão incluídas. O contrário ocorre no direito alemão que, por perfilhar um sistema casuístico, desenvolveu uma teoria geral do ato ilícito.

civil teremos um momento especial, em que ilícito e culpa se encontram. Sob o influxo da doutrina francesa que adotava o conceito omnicompreensivo de "faute" como praticamente um sinônimo de ato ilícito, não foi possível distinguir entre antijuridicidade e culpabilidade. A outro lado, parte da doutrina defendia que, lateralmente à antijuridicidade (elemento objetivo), a culpa deveria se inserir como elemento subjetivo do ato ilícito. Em verdade, o fato de o comportamento antijurídico do agente ser qualificado como "voluntário" não guarda qualquer relação com um processo psicológico que oriente a atividade humana. Um ato é qualificado como antijurídico por objetivamente divergir da conduta exterior que a norma indicava como correta. Destarte, mesmo na falta de um evento danoso, por vezes o ordenamento jurídico não renunciará à possibilidade de aplicar uma sanção a um ato ilícito.

O conceito de ilícito jurídico é estreitamente conexo com o de sanção. A qualificação formal do ilícito é operada pelo direito positivo de acordo com a natureza e o regime jurídico da sanção. Essa conexão, acentua Gavazzi,[232] pode ser interpretada em senso meramente funcional, pois a sanção é o meio de prevenir ilícitos e de reparar aqueles que já se verificaram. Nesse ponto de vista, o ilícito é um prius que deriva da prescrição e da possibilidade de ela ser violada; apesar de conexo com a sanção, ele conserva a sua autonomia, pois existem ilícitos não sancionados ou não sancionáveis. Não mais se aceita a visão de Kelsen, de uma conexão em senso lógico entre ilícito e sanção, o que demandaria considerar a interdependência dos dois conceitos e, assim, a impossibilidade de se cogitar de um comportamento ilícito se não for prevista uma sanção.

À esfera do ilícito se contrapõe aquela do ato lícito, que pode ser considerada de dois pontos de vista diversos: (a) ou como atividade meramente indiferente (não considerada nem útil nem inútil para a sociedade); (b) ou como atividade encorajada (tida como útil, mas não imposta como obrigatória), mediante uma variedade de técnicas de estímulo, tais como as sanções positivas pela via de prêmios e incentivos.

O contraste entre a vontade do particular e a vontade da norma imperativa evidencia o ilícito. Todavia, a doutrina tradicional se limita a tangenciar o ilícito tão somente para caracterizar a responsabilidade civil e o efeito desfavorável da reparação de danos, desconhecendo a recorrência de um ilícito não danoso. Substitui-se uma noção ampla e indiscriminada de ilícito por conceito restrito de ilícito danoso, que descuida da decisiva consideração de que a intervenção do direito se realiza no sentido de tornar possível uma reação a uma situação de contraste entre aquilo que foi estatuído e um dado comportamento, prescindindo

---

232. GAVAZZI, Giacomo. *Elementi di teoria dell diritto*. Torino: G. Giappichelli, 1986, p. 52.

da causa que determinou o ilícito. Portanto, a noção de ilícito se estende a uma série de fattispecies, nos quais a proibição de determinados atos gera a aplicação de uma sanção em sentido amplo, de forma a infligir um mal ao transgressor.

No Brasil, Pontes de Miranda[233] já havia se debruçado sobre essa temática, advertindo que o "delito civil pode importar, não indenização, mas outra sanção; de forma que não há perfeita coincidência entre o conceito de delito civil e o de prestação de perdas e danos". É interessante, portanto, sob o prisma teórico, mostrar que não existe uma relação necessária entre os ilícitos civis e o dever de indenizar. Parece-nos inadequada a leitura tradicional, que vincula, de modo absoluto, aos ilícitos civis uma eficácia monolítica, ofuscando as demais espécies, menos frequentes, por certo, mas nem por isso inexistentes.

A relação entre o ilícito e a responsabilidade civil é de gênero e espécie. A obrigação de reparar danos patrimoniais ou morais é uma das possíveis eficácias do ato ilícito. Em sua estrutura, o ilícito demanda, como elementos nucleares, a antijuridicidade (elemento objetivo) e a imputabilidade (elemento subjetivo) do agente. O dano não é elemento categórico do ilícito, mas a ele se acresce como fato gerador de responsabilidade civil (art. 927, CC).

Quando indagados sobre as espécies de mamíferos aquáticos, imediatamente nos lembramos da baleia. A resposta é correta, porém insuficiente, pois existem outras espécies de mamíferos aquáticos, como o leão-marinho e o golfinho. Essa analogia remete à associação entre o ilícito como gênero e a responsabilidade civil como a sua espécie mais refinada, mas jamais a única. Felipe Peixoto Braga Netto[234] frisou que os ilícitos civis produzem outros efeitos, além da responsabilidade civil. A responsabilidade civil é um dos efeitos possíveis do ilícito civil; outras eficácias, além dela, existem (autorizações, perda de direitos, neutralização dos efeitos do negócio etc.).

O mais comum é a existência de um ilícito civil culposo cujo efeito é a responsabilidade civil. Digamos que alguém, por negligência (míope, resolveu dirigir mesmo tendo esquecido os óculos em casa), provoca dano (colide com

---

233. MIRANDA, Francisco Cavalcante Pontes de. *Tratado de direito privado*. Rio de Janeiro: Borsoi, 1954, t. II, p. 201. Pontes de Miranda – escrevendo em meados do século passado – ensina que "o direito não só reage contra o ilícito; também reage contra atos e estados dos quais resulta ser possível ou provável a contrariedade a direito". E continua: "Sempre que o direito reputa evitável o perigo grave, permite preveni-lo. Preveni-lo quer dizer *prae-venire*, vir antes do fato lesivo; naturalmente, com algum ato que concorra para afastar o perigo, ou, pelo menos, precisar as consequências da contrariedade a direito. A tutela jurídica preventiva pode ser expediente de *técnica legislativa*, ou expediente de *técnica judiciária*". Lembra ainda o genial jurista que há espécies em que se previne a lesão futura após lesão já ocorrida. E argutamente pondera ser erro, e grave, ter-se a tutela judiciária preventiva como espécie de reparação de danos.

234. BRAGA NETTO, Felipe Peixoto. *Teoria dos ilícitos civis*. Belo Horizonte. Del Rey, 2003.

veículo alheio). Como consequência, o autor do dano deverá indenizar os prejuízos causados e haverá, no caso, um ilícito (CC, art. 186), cuja consequência será a responsabilidade civil (CC, art. 927).

Nada impede, entretanto, que outras hipóteses surjam, igualmente ilícitas, cujos efeitos, apesar do silêncio normativo (o art. 927 apenas prevê como efeito de ato ilícito a obrigação de reparar), não se traduzem pelo dever de indenizar. Com efeito, sendo o ilícito privado um comportamento assumido pelo direito como reprovável, e assim submetido a uma reação, mesmo sem a constatação de danos o ilícito se submete a um processo de fragmentação, produzindo outras eficácias, tais como:

(a) Invalidante: em face de uma nulidade (art. 166, CC) ou anulabilidade (art. 171, CC). Em qualquer dos casos, a eficácia será a declaração de não produção de efeitos (na nulidade) ou a desconstituição dos efeitos provisórios (na anulabilidade). Seguindo a trilha, será ilícito o contrato tendente ao transporte de substância entorpecente. Considerando que, no caso, o transportador tenha cumprido a sua obrigação, não será possível a execução do contrato porque o seu objeto é ilícito, gerando a invalidade do negócio jurídico, como reza o art. 166 do Código Civil. Aqui, tem-se um ilícito invalidante, sem qualquer efeito indenizatório;

(b) Caducificante: os ilícitos civis também podem dar ensejo à perda de direitos ou outras categorias de eficácia. Apenas para exemplificar, o herdeiro que sonegar bens, não os levando à colação, perde o direito que sobre eles pudesse ter (CC, art. 1.992). Quer dizer, a perda de um direito como efeito de um ato ilícito. As situações em que o ato ilícito acarreta a perda de uma situação jurídica para o ofensor são variadas. Dessa forma, o pai que aplica castigos desproporcionais em seu filho será privado do poder de família (art. 1.638, I, CC). Ao possuidor de má-fé será interditada a indenização por frutos e benfeitorias úteis, bem como o direito de retenção sobre estas (art. 1.216, CC);

(c) Autorizante: trata-se do ilícito que autoriza a parte inocente a exercitar um direito potestativo em face de quem pratica comportamento antijurídico. Portanto, como reação ao inadimplemento do devedor, o credor poderá pleitear a resolução contratual, desconstituindo o negócio jurídico mediante a sanção da ineficácia superveniente (art. 475, CC), assim como o doador poderá demandar a revogação da doação em razão da ingratidão do donatário. De fato, a ingratidão do donatário (CC, art. 557) é um ilícito civil cujo efeito consiste, justamente, em outorgar um direito potestativo ao doador. Uma autorização, portanto, como efeito de um ato ilícito.

Podemos encontrar no art. 1.142 do Código Napoleônico ("toda obrigação se resolve em perdas e danos") a regra da incoercibilidade das obrigações, emanação óbvia de um profundo desejo da classe ascendente de se afastar de qualquer ingerência estatal, exceto no momento patológico do dano. Em paralelo, no iluminismo inglês, floresce o utilitarismo de John Stuart Mill e o seu "princípio do dano": o Estado só deve interferir na liberdade de alguém se houver dano para terceiros. Daí que a definição do ressarcimento como a única sanção decorrente do ilícito guarda profundas raízes no processo histórico que originou a moderna responsabilidade civil. Ou seja, o ressarcimento pelo equivalente seria a única forma geral de tutela civil. Porém, o quadro de tutelas civis é bem mais complexo, sendo certo que o par dano-indenização serve apenas para diferenciar a tutela ressarcitória das outras formas de tutela postas pelo ordenamento para a proteção dos interesses dos particulares.

O ato ilícito, explica Bianca,[235] não é a mera ocorrência de danos, mas um fato humano lesivo a interesses tutelados. Uma coisa é a relevância jurídica do fato como ilícito, outra, a injustiça do dano, que se coloca no plano da eficácia do ato ilícito, isto é, sob o plano de consequências que a norma remete a este e que se exprimem no juízo de responsabilidade. O ilícito se insere no plano da antijuridicidade, pois consiste pela sua natureza em um ato humano contrário ao direito. Portanto, a ilicitude de um comportamento é suscetível de ser inibida considerando que os interesses juridicamente tutelados na vida de relação são protegidos enquanto suscetíveis de serem lesivos a comportamentos alheios.[236]

Deve-se ainda fazer referência à distinção entre ilícitos típicos e atípicos. Segundo Atienza e Manero,[237] os ilícitos típicos são comportamentos contrários

---

235. BIANCA, Massimo. L'Inibitoria come rimedio di prevenzione dell' illecito. *Studi in onore di Nicolò Lipari*. Milano: Giuffrè, 2008, t. I, p. 136-137.

236. Nessa ampla acepção do ilícito, não se perca de vista ser o inadimplemento obrigacional, no âmbito de um negócio jurídico, um "ilícito relativo" – ao contrário do "ilícito absoluto", consubstanciado pela violação do *neminem laedere* –, no sentido de que há uma transgressão a um preceito concebido pela autonomia privada. A despeito da consideração sobre a natureza reparatória do inadimplemento pela via das perdas e danos (art. 402, CC), quando nos referimos à cláusula penal compensatória e às arras compensatórias, aludimos a dois modelos jurídicos em que se convencionam consequências patrimoniais a uma violação prestacional, independentemente da configuração de danos. Destarte, o ilícito civil pode decorrer da transgressão de um dever jurídico originado de duas diferentes fontes: (*i*) pode resultar de um dever proveniente diretamente do sistema jurídico, seja de normas-regras ou de normas-princípios; (*ii*) pode, ainda, resultar de um dever emanado da própria vontade individual manifestada em negócio jurídico. Fixando: embora produza, fundamentalmente, os mesmos efeitos, o ilícito civil extracontratual deflui da violação a um dever jurídico imposto pela lei, enquanto o ilícito civil contratual decorre da afronta a uma obrigação estipulada em sede negocial (contratual). Por isso, no ilícito contratual a culpa do agente é presumida, enquanto no ilícito aquiliano tem de ser provada pela vítima.

237. ATIENZA, Manuel; MANERO, Juan Ruiz. *Illeciti atipici*. Bologna: Mulino Ricerca, 2004, p. 8: "Enquanto os princípios exprimem diretamente os valores que fazem parte do sistema jurídico e as diretivas que

a regras, enquanto os ilícitos atípicos são condutas que ferem princípios. Nos ilícitos típicos, há um comando explícito em uma regra, proibindo ou obrigando alguém a um ato comissivo ou omissivo. O agente ofende diretamente o comando. Nos ilícitos atípicos, esse sentido é invertido: prima facie, há uma regra que permite um comportamento, porém o ato se converte em ilícito pelo fato de essa regra contrariar princípios. Segundo os autores, é o que ocorre com o abuso do direito, a fraude à lei e o desvio de poderes, hipóteses em que um ou mais princípios modificam o status deôntico de um comportamento, em razão da ofensa à justificação substantiva da regra.[238]

Em termos prospectivos, de uma responsabilidade monolítica, unicamente voltada ao evento, o direito privado passará a agasalhar uma responsabilidade afirmada pela própria conduta: a antijuridicidade será expressa em função de um comportamento, por si só, e não mais em função dos efeitos dele decorrentes. Lateralmente a um ilícito "neutralizador de danos" coloca-se um ilícito estranho ao direito penal, porém igualmente sancionável. Em última análise, surge uma concepção articulada de ilícito civil, tanto em termos estruturais como finalísticos, nos quais o momento ressarcitório, ou aquele marcadamente dissuasivo, poderá representar alternativamente os seus momentos constitutivos.

Dessa forma, objetivando a formulação de um conceito para a responsabilidade civil, que supere a singela previsão ressarcitória do Código Civil (art. 927, CC), sendo capaz de absorver variados critérios ideológicos, parece-nos relevante aquele proposto por Scognamiglio,[239] no sentido de "submissão do agente às consequências desfavoráveis da própria conduta". Esse conceito releva a possi-

---

prima facie dele derivam, as regras consistem em concretizações relativas às circunstâncias genéricas que representam as suas condições de aplicação, derivadas do balanceamento entre princípios relevantes do sistema e as suas circunstâncias. Estas concretizações constitutivas de regras pretendem ser concludentes e excluir, como base para a adoção de uma conduta, a deliberação do destinatário de seu balanceamento das razões aplicáveis ao caso. Esta pretensão, todavia, poderá eventualmente se frustrar quando o resultado da aplicação da regra resultar inaceitável a luz de princípios do sistema que determinam a justificação e o âmbito desta mesma regra".

238. Com efeito, transportando o conceito de ilícito atípico para o direito brasileiro, especificamente para o modelo jurídico do abuso do direito (art. 187, CC), percebemos que o Código Civil o considerou como ato ilícito justamente por sua contradição aos princípios da boa-fé objetiva, função socioeconômica do direito e bons costumes. Ilustrativamente, se A obtém empréstimo de 11% ao mês em uma instituição financeira, o negócio jurídico de mútuo é válido. Em princípio, um ato jurídico perfeito em conformidade ao art. 104 do Código Civil, pois a Lei de Usura não determina a sanção de nulidade aos empréstimos efetuados por tais instituições acima do limite de 12% anuais. Nesse mesmo sentido, a Súmula 596 do Supremo Tribunal Federal. Contudo, à licitude de origem se contrapõe uma ilicitude de resultado, na medida em que o ato jurídico porta uma finalidade contrária ao princípio da boa-fé objetiva, pelo fato de o mutuante ter exercido seu direito subjetivo de forma desproporcional, ou seja, manifestamente excessiva. O negócio jurídico detém apenas uma capa de licitude, afinal é formalmente acorde a uma regra, porém materialmente violador aos limites éticos do ordenamento jurídico.

239. SCOGNAMIGLIO, Renato. *Responsabilità civile e danno*. Torino: G. Giappichelli, 2010, p. 39.

bilidade de a responsabilidade civil assumir diversos sentidos, conformando-se às exigências de uma ordem constitucional pluralista.

2.2.2 O fato ilícito *stricto sensu* (cláusula geral de ilicitude)

O ilícito é um conceito fundamental. Conceito fundamental é aquele sem o qual não há condição de possibilidade de um sistema jurídico. Sem ilícitos não se constrói um ordenamento jurídico.[240] Não existe, tampouco, ramo jurídico que possa prescindir dos ilícitos. Convém afirmar ainda (embora pisando na lama da obviedade): todo sistema jurídico tem de lidar com a violação de suas normas. Estabelecer padrões de conduta (juridicamente) importa em prever, naturalmente, modelos de comportamento que se distanciem desses padrões. O ilícito, nesse sentido, é uma reação, juridicamente organizada, contra a conduta que viola valores, princípios ou regras do sistema jurídico. São as reações (por meio da eficácia jurídica) que os ilícitos projetam que preservam a eficácia valorativa do sistema jurídico. A experiência jurídica atua prescrevendo reações contra ações ou omissões que transgridam as referências normativas adotadas. Nesse contexto, o ilícito reforça as pautas de valor situadas no vértice do sistema, ao *agir* contra os padrões de conduta destoantes do sistema jurídico.

O Código Civil de 2002, no seu art. 186, apresentou uma concepção stricto sensu de ilicitude, como se pode notar: "Aquele que, por ação ou omissão voluntária, negligência ou imprudência, violar direito e causar dano a outrem, ainda que exclusivamente moral, comete ato ilícito".

Cuida-se de uma cláusula geral de ilicitude culposa, dotada até mesmo de certo caráter pedagógico, pois enfatiza que, ao contrário do que ocorre no direito penal – no qual a antijuridicidade é sempre acrescida da tipicidade –, no direito privado os fatos ilícitos não são previamente subsumidos na moldura legal, sendo o ilícito um fenômeno cultural e contingente, por abranger quaisquer comportamentos que violem não apenas as regras, mas também os princípios e direitos fundamentais. Sendo o art. 186 uma norma vaga e imprecisa, o Poder Judiciário poderá renovar as hipóteses de ilicitude conforme a dinâmica social.

O art. 186 do Código Civil exorbita a conceituação do ilícito. Em verdade, ele descreve apenas uma das espécies de ato ilícito – o ilícito clássico –, que é o ilícito subjetivo indenizatório. Vale dizer, o legislador civil foca a sua investigação em

---

240. Sobre o tema consultar: KELSEN, Hans. *Teoria Pura do Direito*. São Paulo: Martins Fontes, 1994; VILANOVA, Lourival. *Estruturas Lógicas e o Sistema do Direito Positivo*. São Paulo: Ed. RT, 1977, p. 54; MELLO, Marcos Bernardes de. *Teoria do Fato Jurídico*. São Paulo: Saraiva, 1991, p. 27; BORGES, Souto Maior. *Ciência feliz*: sobre o mundo jurídico e outros mundos. Recife: Fundação de Cultura Cidade do Recife, 1994.

uma das espécies do gênero da ilicitude. Em sentido amplo, o fenômeno do ilícito se concentra na soma dos seguintes elementos: antijuridicidade + imputabilidade. Esse é o cerne do suporte fático da ilicitude, pois faltando qualquer desses dois elementos, inexiste o fato ilícito, em qualquer circunstância.

Porém, o art. 186 não se contenta com essa combinação, acrescendo ao aludido binômio também os elementos integrantes da culpa, dano e nexo causal. Como se extrai do mencionado dispositivo, o ilícito indenizatório – ou ilícito civil stricto sensu – refere-se a toda e qualquer conduta (comissiva ou omissiva), culposa, praticada por pessoa imputável que, violando um dever jurídico (imposto pelo ordenamento jurídico ou por uma relação negocial), cause prejuízo a outrem, implicando em efeitos jurídicos. Sendo esse o objetivo, para que o leitor entenda aonde o Código Civil pretendeu chegar, basta substituir a expressão comete ato ilícito que se encontra ao final do texto por incide em responsabilidade civil ou fica obrigado a indenizar.

A identificação entre ato ilícito e obrigação de reparar danos sempre ocorreu. Conforme frisado neste capítulo, costuma-se associar a prática do ilícito civil à indenização. Estaria correta tal proposta? Em que medida ela representaria a opção do sistema jurídico brasileiro?

Em termos sistemáticos, no direito italiano, Francesco Busnelli[241] defende uma autonomização entre a ampla categoria do fato ilícito, individuado como fonte de obrigações (art. 1.173, CCI), do fato ilícito situado no Título IX, do Livro Quarto, do Direito das Obrigações (art. 2.043: "qualquer fato doloso ou culposo que ocasione a outrem um dano injusto, obriga ao ressarcimento do dano"), exclusivamente dedicado à indenização por fato ilícito. Não há uma sobreposição no âmbito de relevância do fato ilícito com a disciplina específica do perfil reparatório da responsabilidade civil. Na verdade, é possível desancorar as normas, sendo possível ao legislador valer-se simplesmente do conceito do fato ilícito para criar obrigações sem caráter restituitório, porém puramente sancionatório. Apesar da eventual confusão terminológica, perceba-se o mérito do legislador italiano de inserir o fato ilícito como gênero e espécie, pelo menos no que tange à obrigação de reparar danos.

Ao nosso entendimento, melhor ainda andou o Código Civil Brasileiro de 2002 ao inserir o ato ilícito como gênero, na parte geral, no art. 186. De certo modo, a redação da norma deixou a desejar, pois impropriamente vincula o ilícito com a reparação de danos, como se aquele não possuísse significado nas hipóteses de ausência de repercussão patrimonial ou extrapatrimonial na esfera

---

241. BUSNELLI, Francesco. Deterrenza, responsabilità civile, fatto illecito, danni punitivi. *Europa e Diritto Privato*, n. 4, 2009, p. 940.

subjetiva de terceiros. Todavia, é relevante, sob o prisma dogmático, o fato de a lei civil discriminar o ato ilícito, em sua pureza, de uma espécie de ato ilícito, tida como pressuposto da obrigação de indenizar na imputação subjetiva da responsabilidade civil (art. 927, CC). Assinala o legislador: "Aquele que, por ato ilícito (arts. 186 e 187), causa dano a outrem, fica obrigado a repará-lo". O referido dispositivo não sanciona a conduta em si, mas sobretudo o seu eventual efeito, consistente na concreta causação do fato material do dano.

Outra importante razão de distinção: a responsabilidade civil nem sempre resulta de ilícitos. A responsabilidade civil pode resultar – e em muitos casos assim ocorre – de *atos lícitos*. Na responsabilidade civil do Estado, por exemplo, é pacífico que é irrelevante a licitude ou ilicitude da atividade estatal para a definição do dever de indenizar. Em outras palavras, mesmos *atos lícitos* do Estado podem ensejar a responsabilidade civil. No Direito Civil ocorre do mesmo modo. Nem todos os casos de indenização decorrem de ilícitos. Trata-se de ponderação já tradicional em nosso direito.[242]

Portanto, não é possível vincular, de forma absoluta, a ilicitude à reparação, seja porque existe, no atual sistema civil-material, uma tutela preventiva, seja porque existe, na própria tutela repressiva clássica, ilícitos cujos efeitos não se esgotam na reparação. A ilicitude civil, se vista com olhos de hoje, apresenta-se multiforme, aberta e plural, sendo inadequadas as tentativas, muito comuns no passado, de restringi-la a aspectos estáticos e estanques.

2.2.3   A tutela preventiva do ato ilícito

A prevenção é o cerne da responsabilidade civil contemporânea. O que se deu à reparação de danos em termos de protagonismo nos últimos dois séculos, necessariamente, se concederá à prevenção daqui por diante. Nos últimos 300 anos, o homem assumiu a gestão da natureza para que esta obedecesse às necessidades da civilização. Não obstante todos os benefícios obtidos, essa fase se exauriu, pois alcançamos o limite de suportabilidade do planeta. Por outro

---

242. Ainda outra observação relevante, que (também) independe das anteriores. Não se deve confundir excludentes de ilicitude (estado de necessidade, legítima defesa e exercício regular de direito) com as excludentes de responsabilidade civil (caso fortuito, força maior e culpa exclusiva da vítima). As excludentes de ilicitude retiram a contrariedade ao direito da conduta, mas não isentam, de modo absoluto, o responsável pela reparação dos danos – no estado de necessidade ato, apesar de lícito, é indenizável (Código Civil, art. 188, II; art. 929). Na legítima defesa com erro na execução (*aberratio ictus*), embora lícita, gera o dever de indenizar os terceiros atingidos (Código Civil, art. 188, I; art. 930, parágrafo único). Já as excludentes de responsabilidade civil, por romperem o nexo de causalidade, afastam o próprio dever de reparar os danos (durante a viagem de ônibus, o assalto à mão armada, que causa danos aos passageiros, é, segundo sólida jurisprudência – em relação a qual guardamos reserva – caso fortuito externo, e não gera responsabilidade da empresa de transporte).

lado, o Estado-nação é incapaz de manter as promessas da modernidade, mesmo porque pouco poder detém, de fato, para oferecer segurança e bem-estar. Aliás, o Estado é apenas um entre vários polos irradiadores de poder, capaz de agir no plano decisório de nossas vidas. Longínquo o tempo em que todos os perigos provinham da esfera pública. Hoje, nossos receios provêm da esfera do controle pelos grupos privados.

Alterum non laedere, avisavam os romanos! Evitar e mitigar um dano se converte em questão central e maior desafio para a responsabilidade civil do século XXI. A prevenção como antonomásia da responsabilidade civil contemporânea. Ao invés de agir reativamente ao dano consumado (direito remediador) – pela via da indenização ou da compensação –, devemos conservar e proteger bens existenciais e patrimoniais (direito proativo). Toda pessoa ostenta um dever ex ante de evitar causar um dano injusto, agindo conforme a boa-fé e adotando comportamentos prudentes para impedir que o dano se produza ou que se reduza a sua magnitude. Ademais, caso o dano já tenha sido produzido, que se evite o seu agravamento (duty to mitigate the own loss).

Importantes pensadores do direito compartilham esse pensamento mais amplo, persistindo em retomar uma vocação originária para a responsabilidade, em sua aptidão de sancionar a violação de numerosas regras de comportamento e, assim, prevenir pela dissuasão a prática de atos prejudiciais, sem que esses objetivos se confundam com a tradicional função de reequilíbrio patrimonial. Para estes autores, a responsabilidade ainda é uma ferramenta poderosa de direcionamento de condutas humanas e garantia de coesão social. As sociedades democráticas não podem funcionar se aos direitos concedidos aos indivíduos não correspondam certos deveres. As prerrogativas dos outros são iguais às suas, portanto, devem se comportar de forma a não prejudicar essas relações. Se essas regras fundamentais de convivência são derrogadas, é indispensável que se sancione aquele que fere as prescrições impostas em prol do interesse geral. A responsabilidade civil é vocacionada a esse mister.[243]

O modelo jurídico da responsabilidade civil é por essência cambiante, extremamente sensível aos influxos econômicos e sociais. A sua trajetória não é linear, um caminho sem volta. A doutrina e a jurisprudência admitem revisitação de pontos de vistas contingencialmente superados quando os dados do mercado, dos avanços tecnológicos e, sobretudo, das aspirações éticas de uma determinada coletividade determinem uma reelaboração de determinada função da responsabilidade civil, porventura em estado letárgico. Na sociedade de riscos, um altivo papel do ordenamento jurídico consiste em induzir, de forma generalizada,

---

243. CARVAL, Suzanne. *La responsabilité civile dans sa fonction de peine privée.* Paris: LGDJ, 1995, p. 2.

comportamentos virtuosos, orientando potenciais ofensores a adotar medidas de segurança a evitar condutas danosas. Uma ode à virtude da "previdência" (olhar antes). A tutela inibitória se propaga no Direito Civil com uma série de instrumentos que permitem prevenir o ilícito antes que ele se produza, sinalizando o compromisso do direito com o desestímulo a comportamentos antijurídicos.

A eliminação prévia dos riscos de dano encontra o seu principal instrumento na instituição de deveres de comportamento prévios, quase sempre por normas legais ou regulamentares. Inteiros setores econômicos passam, assim, a sofrer uma regulação intensa, que, voltada às especificidades do seu ramo de produção, pretende administrar satisfatoriamente os riscos de acidente. Adicionalmente, impõe-se a fiscalização eficiente por parte do poder público no que tange ao cumprimento dessas normas, sobretudo pelos agentes econômicos de maior potencial lesivo, sem a qual todo o esforço regulador se torna inútil.[244]

Vivemos na era pós-industrial, na sociedade dos serviços e da desmaterialização dos bens físicos em produtos financeiros. Francesco Galgano[245] observa que nessa sociedade a tecnologia industrial é substituída pela técnica contratual. Esse novo tempo reclama profundas reformas legislativas, pois em muitos setores o contrato se substituiu à própria lei no papel de organização da sociedade civil. Esta tende a auto-organizar-se por meio de técnicas financeiras. Com isso, a tutela do interesse geral se transforma em um componente do lucro e qualquer proteção ao consumidor se justifica unicamente para o incremento das vendas. A nova lex mercatoria consiste em um direito criado por empreendedores sem a mediação do Poder Legislativo do Estado. Assim, ao aspirar pela universalidade, tendemos a superar particularismos políticos.

Destarte, os dados do mercado são valiosos elementos, mas não devem fornecer, sem mediações, a solução jurídica. O ordenamento não tem que obedecer cegamente a determinantes "externas", às chamadas "leis do mercado", limitando-se a traduzi-las na sua linguagem própria. O que se quer é assegurar, de forma equilibrada, o espaço de liberdade do indivíduo, acrescida de uma eficiente tutela do "sujeito deficitário", predispondo adequadamente mecanismos de contenção e de compensação contra poderes e riscos a que ele está exposto. Esse será o sentido ideal de realização simultânea do livre, do útil e do justo.[246]

---

244. SCHREIBER, Anderson. *Novos paradigmas da responsabilidade civil*. São Paulo: Atlas, 2007, p. 229. O autor enaltece o modelo das agências reguladoras nas áreas vinculadas à prestação de serviços públicos, de forma a combinar o interesse na prestação da atividade com a proteção dos interesses da coletividade beneficiária daquele serviço.

245. GALGANO, Francesco. *Lex mercatoria*. 5. ed. Bologna: Il Mulino, 2010, p. 239-250.

246. RIBEIRO, Joaquim de Souza. *Direito dos Contratos*. Coimbra: Almedina, 2007, p. 55-56.

Por conseguinte, a responsabilidade civil pode se prestar a um papel preventivo de grande importância, sem qualquer demérito à técnica compensatória. Na dinâmica da sociedade contemporânea, não mais é possível aguardar, em berço esplêndido, a frustração ou violação de um direito, para, somente depois, pleitear uma providência jurisdicional. Na pós-modernidade, urge a obtenção de respostas efetivas e concretas, práticas e céleres, contra a ilicitude. A par de rígidos esquemas formais na base do all or nothing, em determinadas circunstâncias particularizadas, haverá a necessidade de o ordenamento jurídico agir de forma pragmática e flexível para mensurar bases de ponderação entre o acolhimento de interesses merecedores de tutela de credores e vítimas, com a consciência de que os critérios distributivos de danos para outros sujeitos, em sede de imputação objetiva, eventualmente não poderão desprezar a importância do desestímulo ao agente causador do dano.

Em um horizonte mais amplo, a elevação da prevenção ao posto de princípio da responsabilidade civil indica uma quebra de paradigmas mais ampla do que aquela produzida quando da paulatina ascensão da teoria objetiva da responsabilidade civil, ao longo do século XX. A festejada ampliação do espectro da imputação objetiva de danos – por mais que corresponda aos anseios de equanimidade social – ainda é tributária de uma teoria da justiça que prioriza a liberdade e a neutralidade do sistema jurídico perante as escolhas dos cidadãos. A teoria objetiva apenas revela uma tendência mais igualitária e interventiva sobre o mercado, a fim de resguardar aqueles que estejam expostos a danos. Contudo, o princípio da prevenção nos remete a uma concepção de justiça aristotélica, pautada na virtude e na necessidade de o ordenamento introduzir parâmetros de comportamento desejáveis que devam ser observados generalizadamente. As decisões individuais tomadas hoje não mais se encontram nos estágios Caio × Tício, no qual a intersubjetividade se localiza no tempo e no espaço. Na hipermodernidade, as atividades potencialmente lesivas afetam milhares de pessoas, em dimensão global, podendo mesmo os efeitos danosos alcançarem as gerações futuras. Nesse contexto, somente uma concepção de justiça voltada à indução da virtude – leia-se, aqui, prevenção – será capaz de convidar os atores sociais à adoção de uma justificativa moral para que todos possam ansiar pelo ideal de uma "vida boa".

O sistema de responsabilidade civil não pode manter uma neutralidade perante valores juridicamente relevantes em um dado momento histórico e social.[247] Vale dizer, todas as perspectivas de proteção efetiva de direitos merecem

---

247. Nesse sentido, Claudio Scongnamiglio assevera que "o ordenamento não pode se mostrar indiferente a respeito da violação de direitos e ao fenômeno de fatos que acarretam graves prejuízos de ordem

destaque, seja pela via material, seja pela processual, em um sincretismo jurídico capaz de realizar um balanceamento de interesses, por meio da combinação das funções basilares da responsabilidade civil: punição, precaução e compensação.

Repensar hoje a responsabilidade civil significa compreender as exigências econômicas e sociais de um determinado ambiente. "Responsabilizar" já significou punir, reprimir, culpar; com o advento da teoria do risco, "responsabilizar" se converteu em reparação de danos. Agora, some-se à finalidade compensatória a ideia de responsabilidade como prevenção de ilícitos.

Muito se comenta sobre a responsabilidade civil, mas pouco se estuda o importante modelo jurídico do fato ilícito. A responsabilidade civil é uma tutela nitidamente repressiva. Por tutela repressiva, em Direito Civil, entendemos aquela que é posterior ao dano. Ela aguarda a ocorrência da lesão, para só então agir, objetivando a restauração do estado anterior, seja pela via da indenização de danos patrimoniais ou pela compensação de danos morais. Função satisfativa e função preventiva são aspectos distintos, se bem que eventualmente complementares, em um processo de responsabilidade civil. O primeiro mira a contenção do dano em si. O segundo, o desenvolvimento de mecanismos de contenção do comportamento do ofensor, prescindindo das consequências que concretamente essa conduta possa determinar. Os confins da compensação de danos são evidentemente aqueles dados pelas circunstâncias da vítima, sejam esses danos patrimoniais ou extrapatrimoniais. Danos emergentes, lucros cessantes, perda de uma chance, dano moral ou à imagem, em comum, todos eles se abstêm de ingressar na esfera do ofensor a fim de avaliar a reprovabilidade de seu comportamento ou a repercussão em seu patrimônio da ofensa. A compensação de danos nem sempre demandará o ato ilícito, como sói acontecer na obrigação objetiva de indenizar. Uma coisa é dissuasão, outra é satisfação.

Ademais, a tríade de tutelas – satisfativa-restitutória-ressarcitória – é um dado de partida de qualquer discurso sobre tutela civil e particularmente relevante na seara da responsabilidade civil. Todavia, um espaço que ainda está por ser definido, dentre as necessidades diferenciadas de tutela, é o da inibitória, que opera para a prevenção de futuros danos a direitos, com base na mera ameaça de violação do neminem laedere, ou ao perigo de reiteração de violação de deveres genéricos.[248] A tutela inibitória é uma ferramenta intimamente vinculada ao ilícito e que merece especial atenção do estudioso do Direito Civil.

---

econômica e social aos sujeitos" Danno moral e funzione deterrente della responsabilità civile. *Studi in onore di Nicolò Lipari*. Milano: Giuffrè, 2008, t. II, p. 2773.

248. Adolfo di Majo explica que a tendência do direito europeu é a de substituir a ideia de "tutela de direitos" por "tutela de interesses", no qual assumem protagonismo os "remédios" da common law. É um tema que imbrica com a noção de transversalidade, ou seja, de proteção de direitos por uma via distinta

A ilicitude civil contemporânea apresenta dois matizes básicos: (a) um repressivo, traduzido, quase sempre, pelo dever de reparar os danos causados; (b) e outro preventivo, de forte cor contemporânea, cuja especificidade consiste em não aguardar que os danos tenham lugar para que ele se faça valer.

Essa tutela preventiva não tem lugar cativo na literatura civilística, o que nos leva a questionar se seria possível, entretanto, desconhecê-la, bem como se seria possível cuidar dos ilícitos civis e manter, a seu respeito, uma fria indiferença. Acresça-se a isso o fenômeno de "fragmentação do ilícito", como mérito do progresso da técnica jurídica, as hipóteses em que um preceito sancionador se faz necessário para reprovar condutas potencialmente capazes de produzir danos futuros.

Com efeito, não se poderá ignorar as sanções preventivas, que miram a própria proteção do bem jurídico (v. g., interdito possessório, busca e apreensão), com destaque na espécie para a importante tutela inibitória, cuja feição acautelatória ex ante atua como potente elemento dissuasivo de potenciais comportamentos ofensivos a interesses alheios, com destaque para a defesa das situações jurídicas da personalidade. Posto que o ilícito consiste em uma situação de contrariedade ao direito, a pronúncia inibitória traduz, sob o plano processual, uma proibição já presente no direito substancial. Mediante a ordem inibitória, o juiz se limita a aplicar a valoração negativa em termos de antijuridicidade expressa no ordenamento.

A ação de natureza inibitória é direcionada à obtenção de uma ordem de cessação do comportamento antijurídico, como nos casos de uso não autorizado do nome alheio, concorrência desleal e em outras situações em que o ordenamento atuará preventivamente na tutela de uma situação jurídica patrimonial ou extrapatrimonial. O erro de perspectiva por parte daqueles que dimensionam a matéria pelo filtro apriorístico do binômio ilícito/dano reside em acreditar que o Direito recorre a essa pretensão para evitar um dano futuro, quando na verdade quer se combater o próprio ilícito, já verificado pela prática de um ato de agressão ao sistema jurídico.

A ação inibitória, explica Massimo Bianca,[249] insere-se prioritariamente no âmbito da responsabilidade extracontratual. Esse reconhecimento não se concilia

---

da habitual: os remédios possuem um componente de "auto-referenzialità", no sentido de dispensar pontos de referência externos respeitantes aos interesses do sujeito por eles protegido. Isto é, os remédios precedem aos direitos e todo o direito civil se torna um direito remedial, no qual as posições de direitos subjetivos não são outra coisa que não a consequência dos remédios. Portanto, prevalece o princípio da efetividade. *La tutela civile dei diritti*, 4. ed. Giuffrè 200, p. 172.

249. BIANCA, Massimo. L'Inibitoria come rimedio di prevenzione dell' illecito. *Studi in onore di Nicolò Lipari*. Milano: Giuffrè, 2008, t. I, p. 304.

com a concepção que reduz a responsabilidade civil a uma técnica de alocação de danos a cargo de um responsável segundo vários critérios de imputação. Uma sanção que proíbe determinados comportamentos não teria espaço em um sistema de mera alocação de danos. O remédio inibitório se insere coerentemente no sistema de responsabilidade civil como um mecanismo de reação ao próprio fato ilícito, assumindo relevo central o comportamento lesivo a interesses protegidos.

Aduz Mazzamuto que a tutela inibitória é desprovida de qualquer finalidade ressarcitória e conceitualmente a ela contraposta. A inibitória opera antes que se verifique o dano ou, de qualquer forma, prescinde de sua verificação para propiciar a realização do interesse protegido. Daí a possibilidade de cumulação da medida compulsória com a condenação ao ressarcimento de danos, afinal ambos perseguem finalidades distintas. Por fim, a medida coercitiva opera para o futuro, e não ao passado, como o ressarcimento.[250]

Diferentemente do sistema anterior (que estava assentado em visão patrimonialista e, por conseguinte, reparatória), o Código Civil de 2002[251] alinhou-se à técnica avançada do Código de Defesa do Consumidor (art. 84), abraçando a possibilidade de tutela jurisdicional não apenas reparatória, mas, igualmente, preventiva. É a ruptura definitiva do binômio lesão-sanção. De acordo com o art. 12 do Código Civil, "Pode-se exigir que cesse a ameaça, ou a lesão, a direito da personalidade, e reclamar perdas e danos, sem prejuízo de outras sanções previstas em lei". Em outras palavras, o vocábulo ameaça sugere que mesmo antes da consumação do dano, e a despeito dele, o interessado na salvaguarda de seus atributos existenciais poderá agir preventivamente de modo a impedir que o ato ilícito seja praticado ou reiterado. Consagra esse artigo, de modo inequívoco, a tutela inibitória, cuja nota específica consiste em buscar prevenir a lesão, ou a ameaça de lesão a direito, nos exatos termos do art. 5º da Constituição Federal de 1988.

---

250. MAZZAMUTO, Salvatore. La Comminatoria di cui all Art. 614 Bis CPC e il concetto di infungibilità processuale. *Europa e Diritto Privato*, 4/2009, p. 973.

251. Podemos também ilustrar com o art. 21 do Código Civil, redigido nos seguintes termos: "*A vida privada da pessoa natural é inviolável, e o juiz, a requerimento do interessado, adotará as providências necessárias para impedir ou fazer cessar ato contrário a esta norma*". É a concretização, na lei ordinária, da norma constitucional que prescreve ser inviolável a intimidade, a vida privada, a honra e a imagem das pessoas, cabendo indenização por dano material e moral decorrente de sua violação (CF/88, art. 5º, X). Nas agressões à intimidade e à vida privada – dada a especificidade desses bens –, a tutela preventiva é, por vezes, a única forma de tutela adequada. Não se pode, em lamentável mal-entendido, substituir a proteção de certos valores, sobretudo os de índole não patrimonial, acenando, em contrapartida, com a possibilidade de indenização por dano moral. No Brasil, rememoramos, como triste exemplo, do caso da Escola Base: um casal de meia-idade acusado injustamente de pedofilia em sucessivas reportagens com amplíssima e maciça divulgação. Não serão quantias compensatórias que restituirão, sequer parcialmente, o bem ferido, embora constitucionalmente protegido.

Some-se a isso o respaldo concedido pelo art. 497 e o seu parágrafo único do CPC/15. Com efeito, conforme o disposto no recente Código de Processo Civil Brasileiro,

> Na ação que tenha por objeto a prestação de fazer ou de não fazer, o juiz, se procedente o pedido, concederá a *tutela específica* ou determinará providências que assegurem a obtenção de tutela pelo resultado prático equivalente.
>
> Parágrafo único: Para a concessão da tutela específica destinada *a inibir a prática, a reiteração ou a continuação de um ilícito, ou a sua remoção, é irrelevante a demonstração da ocorrência de dano ou da existência de culpa ou dolo.*
>
> (grifamos)

Em estreita conexão com a norma civil, o art. 497 do CPC/15 cuida da tutela específica das obrigações de fazer e de não fazer, locus adequado para que a potencial vítima de um ilícito possa direcionar a sua pretensão preventiva dirigida a uma abstenção de um comportamento por parte do potencial ofensor. Tendo em vista o direito de acesso à justiça, a tendência do processo civil atual é valorizar a tutela específica, ou seja, buscar soluções que se aproximem, tanto quanto possível, do resultado buscado pelo direito material. Direito Civil e Direito Processual Civil, nesse contexto, dialogam mais do que nunca, buscando meios e formas de conferir resultados – reais e úteis – às demandas.

Pela leitura do referido dispositivo, percebe-se que o dano poderá faltar e mesmo assim ocorrer a violação da norma: a avaliação da situação em termos de desconformidade ao direito objetivo não é ligada à existência do dano e ao seu ressarcimento. A antijuridicidade de um comportamento lesivo surge ainda antes que o dano se verifique e dele prescinde. Os dois elementos, antijuridicidade e dano, são ontologicamente distintos e somente se encontram quando há um fato ilícito danoso. Ademais, para que o magistrado conceda a tutela inibitória, será dispensada a aferição do dolo ou da culpa do agente, sendo bastante a demonstração da urgência da proteção de um interesse em face da iminência da prática ou reiteração de um ato ilícito. O juízo de antijuridicidade é objetivo, dispensando-se a aferição da condição subjetiva do autor do ilícito.[252]

---

252. Nessa perspectiva, explica Salvi, entende-se mais claramente o papel da responsabilidade civil, como uma entre as técnicas civis de tutela de interesses: aquela que possui a tarefa específica de assegurar a reparação de danos. Porém, outras técnicas de tutela civil, distintas da ressarcitória, voltam-se à garantia do sujeito. A inibitória opera com uma *fattispecie* distinta da reparação, sendo diversa a estrutura do fenômeno: ao invés de focar no efeito do dano, é consequência da própria violação do direito. SALVI, Cesare. *La responsabilità civile*. Milano: Giuffrè, 2005, p. 7.

2.2.4 A tutela Inibitória e a tutela de remoção do ilícito – Uma perspectiva brasileira

O referido art. 497, parágrafo único, consagra a necessidade de tutela jurisdicional *contra o ato contrário ao direito*, ou melhor, de tutela jurisdicional *contra o ilícito*. A norma processual trata da tutela dos direitos e veicula uma ação de conhecimento, de natureza preventiva, que permite ao juiz impor ao devedor a observância estrita do que foi objeto da convenção entre as partes, concedendo ao credor duas formas alternativas de implementação da tutela específica, cada qual com os seus próprios pressupostos: a) tutela inibitória; b) tutela de remoção do ilícito.

A *tutela inibitória* volta-se contra a prática, a repetição ou a continuação de um ilícito; já a *tutela de remoção* do ilícito, direciona-se à remoção dos efeitos concretos da conduta ilícita. Em comum, ambas as tutelas são imprescindíveis aos *novos direitos*. Não há como tutelar a marca, a patente, o direito de autor e o direito contra a concorrência desleal sem uma tutela jurisdicional voltada exclusivamente contra o ilícito. No mesmo sentido, os direitos difusos e coletivos. E como poderíamos diferenciá-las? A tutela inibitória possui feição preventiva. Diante da probabilidade de prática ou repetição de um ato ilícito, ela visa justamente a desencorajar o demandado para o futuro, inibindo a consumação ou reiteração do comportamento antijurídico. Seria o caso de inibição de atividade poluidora, prática de atos de concorrência desleal ou de notícia lesiva à personalidade. Em contrapartida, a tutela de remoção do ilícito volta os olhos para o passado. Ela é repressiva, pois pretende reintegrar a situação anterior à ocorrência do ilícito que deixou efeitos concretos continuados. Pode-se exemplificar com a remoção de cartazes que configuram concorrência desleal ou a demolição de obra construída em local vedado pela legislação ambiental.[253] Tanto na tutela inibitória como na remoção do ilícito será absolutamente prescindível discutir se houve o dano ou a sua extensão, bem como a gradação da culpa do demandado (não precisam ser alegados e nem podem ser investigados ou questionados pelo demandado), tratando-se de aspectos unicamente relacionados à causa de pedir da tutela reparatória.[254]

---

253. O Código Civil da Itália abordou explicitamente a concorrência desleal a luz da tripartição entre as tutelas inibitória, reintegratória e ressarcitória. Conforme o art. 2.599, a sentença que declara a existência de atos de concorrência desleal inibe a sua continuação e confere as providências necessárias para que sejam eliminados os seus efeitos (tutelas inibitória e de remoção do ilícito). Já o art. 2.600, assevera que os atos de concorrência desleal exigem culpa ou dolo para o ressarcimento do dano. Diversamente, as duas primeiras tutelas dispensam os referidos elementos subjetivos.

254. MARINONI, Luiz Guilherme. *Tutela contra o ilícito*. São Paulo: Ed. RT, 2015, p. 15.

Na tutela inibitória, é perfeitamente clara a autonomia entre o ilícito e o dano. Em suas três modalidades (prática, repetição ou continuação de um ilícito), trata-se de um remédio que encontra o seu fundamento no ilícito, isto é, na necessidade de se impedir a prática de um ilícito ou de sua reiteração, sem submissão à verificação de uma efetiva lesão a um bem jurídico ou a probabilidade de um novo dano, ou sequer a sua prova. Como ilustração, tenha-se em consideração a hipótese de uma pessoa que adentra o terreno de outra para desfrutar de sua intimidade. Todavia, a vítima em potencial não se encontra em casa naquele momento. O indivíduo se lastima e vai embora. Inexiste dano econômico ou a violação a uma situação jurídica existencial. Contudo, configurou-se o ato ilícito pela prática do comportamento proibido da violação de domicílio e o autor teme que o ato seja repetido no futuro. Quais serão as consequências dessa conduta antijurídica? Conjugando-se ao que se disse acerca das sanções, ao ter notícia do episódio, a vítima poderá em sede civil propugnar pela sanção preventiva inibitória, impondo ao invasor uma obrigação de não fazer cumulada com a imposição de astreintes, como forma mais eficaz de dissuasão em face a um ato contrário ao direito, que prescinde da configuração do dano.

A outro turno, na tutela reintegratória, ou de remoção do ilícito, como bem pondera Marinoni, há ilícito já praticado com efeitos concretos, mas que não significa um dano. Por conta dessa eficácia continuada do ilícito, torna-se necessário tutela jurisdicional voltada a remover os seus efeitos concretos. Não se quer aqui inibir a prática continuada de um ilícito comissivo ou omissivo, porém eliminar a propagação dos efeitos de ilícito já praticado. A tutela reintegratória não protege contra o dano, tendo o desiderato de eliminar uma situação de ilicitude, sem a necessidade de qualquer valoração do comportamento do transgressor da norma. Assim, a construção que desrespeita a legislação urbanística é simplesmente uma conduta *contra ius*, de modo que a determinação da demolição não objetiva ressarcir eventual dano sofrido em virtude da construção irregular nem tutelar contra a probabilidade de dano, mas simplesmente remover o ilícito, a "fonte do dano", restaurando a situação anterior à prática da conduta contrária ao direito. Note-se que construir em desacordo com a lei é ilícito, as consequências que daí decorrem (como a poluição ambiental ocasionada pela obra que gerou dificuldades ao escoamento de esgotos) é que configuram dano.[255]

Ilustrativamente, de acordo com o art. 209 da Lei 9.279/96, a par da tutela ressarcitória derivada da violação de direitos de propriedade industrial, estabelece o § 1º que o juiz poderá determinar liminarmente a sustação da violação ou de ato (tutela inibitória do ilícito pela técnica antecipatória), sendo que o

---

255. MARINONI, Luiz Guilherme, op. cit., p. 27.

§ 2º enfatiza que nos casos de reprodução ou de imitação flagrante de marca registrada, o juiz poderá determinar a apreensão de todas as mercadorias, produtos, objetos, embalagens, etiquetas e outros que contenham a marca falsificada ou imitada (tutela de remoção do ilícito). Apesar de o art. 209 conjugar a tutela reparatória do *caput*, com a inibição da reiteração do ilícito e a remoção dos efeitos concretos do ilícito em seus parágrafos, o certo é que a tríade de tutelas é absolutamente autônoma – mesmo que eventualmente cumuladas –, inexistindo qualquer relação de prejudicialidade entre a tutela contra o dano e as tutelas contra o ilícito.[256]

Prosseguindo, há de se enfatizar que a tutela inibitória, de natureza satisfativa e material, não guarda qualquer proximidade com a tutela cautelar, de natureza processual.[257] Essa clássica tutela se localiza no processo de conhecimento e jamais teve a finalidade de impedir a violação de um direito, mas de apenas garantir que a demora processual não fosse capaz de retirar a utilidade da tutela pretendida pelo demandante. Uma ordem de arresto é medida cautelar que visa a garantir a integridade patrimonial do devedor – e, consequentemente segurança ao credor – ao longo de uma execução que se relaciona com o *periculum in mora* e dependerá da existência de uma "ação principal" que lhe sirva como referência. Diversamente, a tutela contra o ilícito – seja pela via inibitória ou de remoção do ilícito – não pretende acautelar um direito já violado, dispensando considerações de ordem processual, concentrando-se em alcançar o objetivo de impedir a prática ou reiteração de um comportamento antijurídico ou de remover os seus efeitos concretos, independentemente de qualquer outro processo. Mesmo quando a tutela contra o ilícito é antecipada (como pressuposto de tutela de urgência) para um momento anterior ao da sentença – ou mesmo antes do réu ser ouvido –, ela ainda se localizará no plano substancial e satisfativo do direito do autor, pois o que se quer é prevenir ou eliminar o elemento patológico da ilicitude, sem qualquer conotação instrumental, típica da cautelar.

---

256. No mesmo sentido, o titular de uma patente de invenção poderá "impedir" terceiro de se servir de sua propriedade imaterial: Lei 9.279/96: Art. 42. A patente confere ao seu titular o direito de impedir terceiro, sem o seu consentimento, de produzir, usar, colocar à venda, vender ou importar com estes propósitos: I – produto objeto de patente II – processo ou produto obtido diretamente por processo patenteado § 1º Ao titular da patente é assegurado ainda o direito de impedir que terceiros contribuam para que outros pratiquem os atos referidos neste artigo.

257. Humberto Theodoro Júnior conceitua medida cautelar como "a providência concreta tomada pelo órgão judicial para eliminar uma situação de perigo para direito ou interesse de um litigante, mediante conservação do estado de fato ou de direito que envolver as partes, durante todo o tempo necessário para o desenvolvimento do processo principal. Isto é, durante todo o tempo necessário para a definição do direito no processo de conhecimento ou para a realização coativa do direito do credor sobre o patrimônio do devedor, no processo de execução". *Curso de Processo Civil*. Rio de Janeiro: Forense, 2002, p. 334.

Se o processo que mais se aproxima do ideal é aquele capaz de oferecer à parte aquilo que ela desejaria no plano real, caso o direito não fosse violado, naturalmente uma tutela específica do ilícito – seja por inibi-lo ou por remover as suas consequências – será em diversas circunstâncias mais adequada ao autor da ação do que a mera conversão de um direito lesado em uma tutela genérica da reparação. Evidencia-se, portanto, a relativização do binômio direito/processo, pela flexibilização das respostas que o Poder Judiciário poderá ofertar às mais diversas necessidades do direito material que concretamente se revelem em cada lide, promovendo-se tutela jurisdicional efetiva e adequada.

Ademais, a tutela do ilícito requer técnicas processuais adequadas às várias situações de direito substancial e que sejam efetivamente capazes de inibir ou remover os efeitos concretos de um ilícito, vale dizer, instrumentos adequados para garantir que o acesso à justiça seja satisfatório em seu resultado. Isso não seria suficiente apenas com a predisposição de uma técnica antecipatória, mas, principalmente, por vias executivas adequadas. Há no processo civil brasileiro uma *cláusula geral executiva*, que confere ao magistrado o poder de adotar "a medida executiva necessária" às necessidades de tutela do direito material e do caso concreto. De fato, dispõe o § 1º do art. 536 do CPC/15 que

> No cumprimento de sentença que reconheça a exigibilidade de obrigação de fazer ou de não fazer, o juiz poderá, de ofício ou a requerimento, para a efetivação da tutela específica ou a obtenção de tutela pelo resultado prático equivalente, determinar as medidas necessárias à satisfação do exequente.

Aqui, evidencia-se nova distinção entre o alcance prático das tutelas contra o dano e o ilícito. O inadimplemento de uma obrigação contratual ou o dano resultante de um descumprimento de um dever genérico de cuidado acarretarão o nascimento de uma prestação para o devedor ou autor do ilícito, traduzida na clássica expressão "perdas e danos". Mesmo após a pronúncia judicial, espera-se para o futuro um comportamento do executado, decisivo para a satisfação patrimonial do exequente. Em sentido contrário, na tutela contra o ilícito, a execução não nutre a expectativa de que algo deva ainda ser feito pelo réu, pois os atos executivos objetivam converter a sentença em uma realidade, seja pela via da coerção direta seja pela indireta.

Retornando ao mencionado § 1º do art. 536 do CPC/15, é possível antever o poder deferido ao magistrado para, na concretude do caso, deferir a medida necessária ao impedimento ou à cessação dos efeitos do ilícito, que formam um rol meramente exemplificativo e elástico das formas executivas adequadas, sendo suficiente que se eleja o meio que acarrete a menor restrição possível ao demandado, conforme as peculiaridades do caso. Ao romper com o princípio da tipicidade das formas executivas, dependerá a aplicação da cláusula geral de uma justificativa analítica que demonstre a idoneidade da tutela do direito,[258] pois a ampliação do poder judicial lhe obriga a explicar racionalmente a imposição do meio executivo, pena de sua decisão restar destituída de legitimidade.[259]

A tutela específica – tanto a obtida de forma direta como pelo resultado prático equivalente – será alcançada pela imposição de meios coercitivos indiretos, sobremaneira pela multa coercitiva, conhecida como *astreintes*. A sua força é intimidante, pois pela coação de fundo econômico o devedor se sentirá pressionado a abrir mão de sua resistência ao cumprimento da obrigação. A fixação da multa funciona como meio persuasivo de desestímulo ao descumprimento das obrigações e constrange o réu a adimplir a conduta positiva ou negativa. Eventualmente, a pressão psicológica sobre o demandado não será suficiente, devendo o magistrado se socorrer de medidas de coerção direta, de natureza sub-rogatória, na qual se prescinde de colaboração do demandado, sendo ele substituído pela atuação da máquina judiciária ou por uma terceira pessoa. As medidas de apoio serão utilizadas nas seguintes situações: (a) por ter falhado a tutela inibitória e a eficácia persuasiva da multa; (b) pela própria gravidade da situação e urgência na adoção de meios que impeçam o ilícito. Por meio das medidas executivas a tutela específica poderá se impor por um resultado prático equivalente. Aplica-se aqui o princípio da fungibilidade, pois o magistrado substituirá o pedido do autor para ordenar a medida de sub-rogação necessária às peculiaridades do caso.

Apenas como um exercício para aquilo que virá no próximo capítulo, da mesma forma que uma ameaça patrimonial pela aplicação de *astreintes* pode não ser suficiente para demover o poluidor a cessar o ilícito ambiental, sendo para tanto necessária a nomeação de um administrador provisório que atue diligentemente

---

258. No CPC/15, consagrou-se a racionalidade decisória, nos seguintes termos: Art. 489. São elementos essenciais da sentença: I – o relatório, que conterá os nomes das partes, a identificação do caso, com a suma do pedido e da contestação, e o registro das principais ocorrências havidas no andamento do processo; II – os fundamentos, em que o juiz analisará as questões de fato e de direito; III – o dispositivo, em que o juiz resolverá as questões principais que as partes lhe submeterem. § 1º Não se considera fundamentada qualquer decisão judicial, seja ela interlocutória, sentença ou acórdão, que: I – se limitar à indicação, à reprodução ou à paráfrase de ato normativo, sem explicar sua relação com a causa ou a questão decidida; II – empregar conceitos jurídicos indeterminados, sem explicar o motivo concreto de sua incidência no caso; III – invocar motivos que se prestariam a justificar qualquer outra decisão; IV – não enfrentar todos os argumentos deduzidos no processo capazes de, em tese, infirmar a conclusão adotada pelo julgador; V – se limitar a invocar precedente ou enunciado de súmula, sem identificar seus fundamentos determinantes nem demonstrar que o caso sob julgamento se ajusta àqueles fundamentos; VI – deixar de seguir enunciado de súmula, jurisprudência ou precedente invocado pela parte, sem demonstrar a existência de distinção no caso em julgamento ou a superação do entendimento. § 2º No caso de colisão entre normas, o juiz deve justificar o objeto e os critérios gerais da ponderação efetuada, enunciando as razões que autorizam a interferência na norma afastada e as premissas fáticas que fundamentam a conclusão.

259. MARINONI, Luiz Guilherme, op. cit., p. 27.

na empresa, pode-se também pensar na figura jurídica do *receiver* norte-americano como um eficaz *administrator* para as hipóteses em que se queira inibir a reiteração de atividade ilícita típica de um grupo de fato qualificado.

Concluindo, torna-se exceção a aplicação das perdas e danos por expropriação de bens, sobrevindo, assim, a tutela ressarcitória em caráter residual somente quando impraticáveis a tutela específica ou a assecuratória. Com efeito, dispõe o art. 499 do CPC/15 que "*a obrigação somente se converterá em perdas e danos se o autor o requerer ou se impossível a tutela específica ou a obtenção do resultado prático correspondente*".

2.3 ESTRATÉGIAS DE ATUAÇÃO PERANTE O ILÍCITO

Grupos de direito e de fato convivem nos sistemas em que se adotou a estratégia de regulação global, com destaque para Alemanha (1965-Aktiengesetz), seguida do Brasil (1976 – Lei das Sociedades Anônimas) e Portugal (1986 – Código das Sociedades Comerciais). Nessas legislações a premissa é o explícito reconhecimento da juridicidade da facticidade do grupo de sociedade e a consequente legitimação de toda a sua organização em torno do vetor do poder de direção unitário pela sociedade-mãe sobre as afilhadas, com a *potestade* de a elas direcionar instruções vinculativas com fundamento no interesse do grupo. O contrapeso consiste em regra protetivas dos interesses das sociedades-filhas, credores e sócios externos.

Surge um modelo de natureza dualista, que reflete a realidade do controle societário em duas disciplinas: de um lado, os grupos de direito (ou contratuais), de outro, os grupos de fato. Os grupos de direito emanam de um ato negocial no qual a sociedade dominada explicitamente se submete a uma integração intersocietária e, consequentemente, a uma direção econômica comum no interesse do grupo. Tomemos emprestado o exemplo do Direito Societário alemão: a adesão a um desses instrumentos *numerus clausus* legaliza um regime jurídico excepcional e de natureza bifronte, na qual a explícita submissão das afilhadas à supremacia da sociedade-mãe será compensada por um conjunto de mecanismos protetivos em prol das afilhadas, extensivo aos seus sócios minoritários e credores sociais (§§ 291 e segs. "Aktiengesetz"). A sociedade-mãe também se sujeita a um *dever de cobertura de todas as perdas anuais* registradas pelas respectivas filhas e, em certos casos, a uma *responsabilidade ilimitada e solidária* pelas dívidas sociais destas (§§ 302 e 322).

Por outro lado, nos grupos de fato haverá limites ao exercício da influência dominante. A direção unitária não é autorizada pela norma. A independência da filial será preservada na medida do possível, por isso a lei proíbe que os seus interesses sejam prejudicados. O regime especial dos grupos propriamente ditos é inaplicável aos grupos de fato, que serão capturados pelas regras gerais do direito comum das sociedades completamente autônomas, acrescida de algumas disposições especificamente delineadas, cuja finalidade é a de mitigar a vulnerabilidade das sociedades dependentes e a proteção da confiança de terceiros, além de promoção de deveres de cooperação e amplo fluxo de informações no interno do grupo. Assim, essas normas procuram "empurrar" os grupos de fato em direção à legalização, dotando os controladores de poder oficial para fazer, "em seu interesse", o que já faziam clandestinamente, porém dentro das estruturas e eficácias antevistas pelo legislador.

Em outros termos, pode afirmar-se que o regime de responsabilidade resultante deste modelo dualista decorre automaticamente do acomodamento ou integração da realidade num destes dois modelos formais de grupo: ou um sistema de compensação global e automático do passivo das filiais, estabelecido *ex ante*, no caso dos grupos de direito (onde a sociedade-mãe viu reconhecido um poder legal de controle sobre a condução dos negócios sociais daquelas), ou um sistema de compensação pontual e casuístico, apenas constatável *ex post*, no caso das filiais dos grupos de fato. Destaca-se o § 311, 1, "Aktiengesetz" que preconiza uma restrição ao exercício de influência nos grupos de fato. Na ausência de um acordo de controle, a empresa controladora não poderá exercer a sua influência a ponto de praticar atos e transações que causem uma *desvantagem* à controlada e firam os seus interesses, a menos que haja compensação.[260]

O fundamental é perceber que o conceito de desvantagem (*Nachteil*) aplicável aos grupos de fato, não equivale ao de prejuízo (*Schaden*).[261] Evidentemente,

---

260. De forma semelhante, na disciplina do grupo corporativo italiano, destaca-se a regra referente à responsabilidade da empresa ou entidade encarregada da gestão e coordenação das empresas (Art. 2497, Codice civile). É responsável por danos se viola os "princípios de gestão corporativa e empresarial correta das empresas" subordinadas ao poder gerencial e de coordenação (Art. 2497 (1)). A empresa ou entidade detentora desse poder será responsável perante a subsidiária por qualquer prejuízo para a rentabilidade e valor de participação societária e antes de seus credores por qualquer prejuízo para os ativos corporativos "(Art. 2497 (1)). É importante notar, no entanto, que tal responsabilidade não será aplicável se o dano for compensado por "em vista do resultado conjunto da atividade de gerenciamento e coordenação ou se for totalmente compensado através de operações elaboradas para esse fim" (Art. 2497 (1) na íntegra) Com base nessa disciplina, é bastante claro que o poder de gerenciamento em um grupo não implica a responsabilidade do titular, mesmo que seu exercício tenha causado danos imediatos à subsidiária, desde que o princípio de correção na gestão corporativa seja observada. Isso legitima o interesse do grupo e contribui para superar a controvérsia – que foi particularmente intensa na doutrina italiana antes da reforma – quanto à compatibilidade do poder de gestão no grupo com a regulamentação do choque de interesses.

261. O conceito indeterminado "vantagens compensatórias" previsto na disciplina dos grupos do AktG é paulatinamente concretizado pelos tribunais. Em 2009, a Corte de Cassação da Alemanha examinou um caso em que a sociedade filha fez um empréstimo para a controladora, sem qualquer garantia, estando essa em boa situação econômica ao tempo do financiamento. Tempos depois ela é declarada

o termo "prejuízo" se refere aos danos concretamente apurados pelo exercício da direção unitária, em uma objetiva comparação contábil do estado patrimonial anterior da sociedade afilhada com o que se aferiu após a conduta danosa decorrente de um ato lícito (grupo de direito). Todavia, o vocábulo "desvantagem" não concerne a um prejuízo real. Simplesmente, cria-se um mecanismo de cotejo entre a hipotética situação da sociedade, se permanecesse economicamente independente, e aquilo que ocorreu como consequência da influência dominante. Segundo Klaus Hopt,[262] esse mecanismo é mais incisivo que o tratamento da sociedade-mãe como administrador de fato, pois o direito à indenização não precisará ser fundamentado em uma instrução propriamente dita. Meras recomendações ou conselhos poderão servir como nexo de causalidade e as recomendações sequer precisam ser endereçadas à administração da filial, podendo consistir em resoluções adotadas pela assembleia geral ou em atos praticados pelos representantes da sociedade-mãe na administração da subsidiária. O único critério relevante é a desvantagem da subsidiária, no mesmo critério de igualdade de condições aplicável a sociedades independentes.

O critério da "desvantagem" é aberto e impreciso justamente pelo fato de sancionar a sociedade controladora por um ilícito calcado em um abuso do direito. Em princípio, há a formal licitude na existência do grupo de fato, porém a antijuridicidade se manifestará caso o seu exercício seja desvantajoso à subsidiária. Em tese, esperava-se que as sociedades-filhas permanecessem autônomas na condução dos seus negócios. Como isso não ocorreu, a sociedade-mãe compensará as desvantagens patrimoniais consequentes ao uso ilegítimo da sua influência dominante. O sistema de compensação *a posteriori* visa a restabelecer a situação ideal de autonomia da sociedade dependente. Podemos citar, como desvantagens, tanto as perdas decorrentes da celebração de um contrato por preço vil, como também aquelas derivadas do não aproveitamento de uma ocasião negocial pela sociedade dependente.[263]

---

falida, sem ter restituído o empréstimo. A subsidiária ajuíza ação de ressarcimento e também vem a falir na constância da demanda. O fato de o financiamento ter sido realizado em condições especiais denota a influência dominante da sociedade mutuária. Essa natureza desvantajosa da relação jurídica será fundamental para avaliar se cabe a incidência do 311 do AktG para fins de compensação. BGH, 1.12.2008, II ZR, 102/07.

262. HOPT, Klaus J., op., cit., p. 22.

263. Como exemplos de situações desvantajosas que podem ser devidamente compensadas, Viviane Muller Prado cita: "1. A sociedade dominante que passa a utilizar a patente da sociedade dependente ou os resultados de uma pesquisa realizada pela sociedade dependente, deve pagar a respectiva contrapartida ou a respectiva compensação; 2. a sociedade dominante, que determina que a sociedade dependente para de produzir determinado produto rentável deve retribuir com a devida compensação, que, por sua vez, pode ser a produção de outro produto igualmente rentável". Op. cit., p. 181.

Outra distinção clara que emerge da comparação entre os termos desvantagens e prejuízos é que as desvantagens são "compensadas" e os prejuízos "indenizados", sendo que a AktG apenas identifica o fenômeno da responsabilidade civil quando há a passagem do dever de compensar para a obrigação de indenizar (§ 317). Mais uma vez percebe-se que o mecanismo de compensação é uma forma de neutralização do abuso do direito evidenciado por um conflito de interesses. Pode-se dizer que se trata de um "preço" para que a sociedade controladora faça o que não deveria fazer. Já a responsabilidade civil seria uma sanção sucessiva, decorrente da demonstração efetiva de prejuízo à controlada ou aos seus minoritários pela recusa ao cumprimento do dever primário de compensação.

A principal crítica ao sistema de compensação decorre da baixa efetividade das regras compensatórias que visam a limitar o exercício de influência nos grupos de fato. As relações intragrupais são extremamente complexas e, se por um lado a AktG demanda um relatório anual de transações (§ 312), o fato é que nem toda desvantagem resulta de negócios jurídicos isolados, mas do simples fato da sociedade ser parte de um grupo, sendo perceptível a dificuldade de isolar atos negociais quando há forte influência. Ulrich Immenga ressalta que a compensação de desvantagens é uma sanção ao exercício de uma autoridade centralizada no interno de um grupo de fato, pois o critério predominante é o interesse próprio da sociedade dependente, não se permitindo uma completa subordinação.[264]

Aqui alcançamos o ponto. Se apenas em agrupamentos relativamente centralizados será possível viabilizar o mecanismo da compensação de desvantagens e o consequente controle do direito potestativo da influência dominante – sancionando-se a transposição dos seus limites –, o que dizer quando surge o grupo de fato qualificado? Ou seja, a partir do momento que há uma direção unitária, na qual a noção de "desvantagem" não possa mais ser identificada, pois sem qualquer contrato de domínio se impõe uma forte concentração, torna-se irrelevante a discussão sobre mecanismos compensatórios, já que a atividade como um todo pressupõe a subserviência da afilhada à sociedade-mãe. Não estamos mais no terreno do conflito de interesses. A ilicitude é frontal por violação do dever de lealdade (*Treuepflicht*). A ilegalidade se manifesta, notadamente, quando o administrador da dominante é o mesmo das dominadas e as decisões saem do *board* da controladora direto para a administração das controladas, passando à margem da assembleia.

Dentro da concepção dual do sistema alemão, inviabilizando-se a aplicação das regras dos §§ 311 a 318, só restaria ao legislador sancionar o grupo de fato

---

264. IMMENGA, Ulrich. The law of groups in the Federal Republic of Germany. In: WYMEERSCH, Eddy (Org). *Groups of companies in the EEC. Berlin*; New York: Walter de Gruyter, 1993, p. 109.

qualificado pela via analógica da indenização dos danos produzidos nos grupos convencionais, tal como propõe a jurisprudência. O problema, é que o critério sugerido para a colmatação da lacuna legislativa se serve de regras de responsabilidade civil por ato lícito para enfrentar uma ilicitude. Vale dizer, quando o sistema jurídico aquiesce com o exercício do poder de controle nos grupos de direito, naturalmente se legitima a supressão da autonomia da sociedade afilhada. Como contrapartida, o ordenamento oferece duas opções àqueles que já não mais são minoritários de uma sociedade independente: tutela direta pela atribuição de resultados econômicos (indenização) ou tutela indireta mediante restrições na conduta da dominante.[265]

Tal como no direito alemão e português, no Direito Societário brasileiro a sociedade controladora deverá pautar a sua conduta segundo os cânones dos arts. 116 e 117 da LSA, impedindo-se o abuso da sociedade agrupada e de seus recursos em prol de uma política de grupo. Abre-se então uma indagação: por que as grandes empresas brasileiras optam pela estrutura dos grupos de fato, justamente a que não permite esse tipo de interferência? Um doutrinador arremata:

> aqui se divulga apenas uma hipótese que certamente exigiria maior investigação – na fragilidade da sanção de responsabilidade prevista nos arts. 245 e 246 da lei acionária, que não teria suficiente força dissuasória para impedir que os administradores das sociedades agrupadas e a sociedade controladora agissem em desconformidade com os preceitos ali previstos.[266]

A hipótese lançada é por nós compartilhada. Daí o nosso esforço em ofertar uma alternativa ao quadro vigente de responsabilidade civil. Nos grupos de fato qualificados há o imperativo de se localizar critérios distintos para a proteção dos direitos dos minoritários, pois já não mais se trata de uma discussão sobre a conservação de sua posição patrimonial em uma sociedade dependente, porém de uma sujeição econômica imposta à margem do direito. Nessa perspectiva, a tutela inibitória do ilícito pode se mostrar efetiva em duas vertentes: deferindo-se ao minoritário a *potestade* de se retirar da sociedade mediante o pagamento de suas ações ou cotas, ou, caso decida prosseguir na sociedade, possa contar com garantias jurídicas e patrimoniais de que a atividade antijurídica será contida.

No cenário alemão há bons presságios. Partindo da premissa que a criação de um grupo qualificado é ilegal e que as regras da AktG não respondem eficazmente às consequências jurídicas da criação desse grupo, assevera Koppensteiner que ultimamente o Tribunal Supremo adota um conceito geral segundo o qual os sócios devem respeitar o interesse da sociedade no sentido de ela permanecer

---

265. IMMENGA, Ulrich, op. cit., p. 46.
266. ARAÚJO, Danilo Borges dos Santos Gomes. A doutrina Rozenblum do direito francês. *Os grupos de sociedades*. Saraiva: São Paulo: 2012, p. 113.

capaz de satisfazer os credores, sendo, portanto, "inadmissíveis intervenções que coloquem em perigo a existência de uma sociedade". Isso significa que afora os casos de um regular procedimento de liquidação, o patrimônio da sociedade necessário para cumprir as suas obrigações é intocável.[267]

2.3.1 O direito potestativo de recesso

Já tivemos a oportunidade de afirmar que a relação entre o ilícito e a responsabilidade civil é de gênero e espécie. A obrigação de reparar danos patrimoniais ou morais é uma das possíveis eficácias do ato ilícito. Em sua estrutura, o ilícito demanda como elementos nucleares a antijuridicidade (elemento objetivo) e a imputabilidade (elemento subjetivo) do agente. O dano não é elemento categórico do ilícito, mas a ele se acresce como fato gerador de responsabilidade civil (art. 927, CC). A responsabilidade civil é um dos efeitos possíveis do ilícito civil: o ilícito indenizante tem como eficácia a reparação *in natura* ou *in pecúnia*. Mas, outras eficácias se conectam à prática de um ilícito civil.

Todavia, interessa-nos particularmente o denominado "ilícito autorizante". Trata-se do ilícito que autoriza a parte inocente a praticar determinado ato em detrimento do ofensor, facultando-lhe o sistema o exercício de um direito potestativo em face de quem pratica comportamento antijurídico. Ilustrativamente, como reação ao inadimplemento do devedor, o credor poderá pleitear a resolução contratual, desconstituindo o negócio jurídico mediante a sanção da ineficácia superveniente (art. 475, CC).[268] Pode-se ainda cogitar do desforço imediato ou autotutela, como autorização legislativa para que o possuidor possa pela via extrajudicial – de forma moderada e proporcional – recuperar (no caso de esbulho) ou manter (no caso de turbação) o exercício de ingerência socioeconômica sobre o bem diante de um ilícito de agressão atual à sua situação possessória (art. 1.210, § 1º CC).[269]

Pela variedade dos exemplos expostos, vê-se que a contrariedade ao Direito, se viola direito absoluto (propriedade/personalidade) ou relativo (crédito), possibilita ilícitos em ambos os casos. Em comum, ainda, o elemento da culpa não entra em consideração. O dano, como visto, também é despiciendo.[270] Isto se dá,

---

267. KOPPENSTEINER, Hans-Georg, op. cit., p. 25-26.

268. Art. 475. A parte lesada pelo inadimplemento pode pedir a resolução do contrato, se não preferir exigir-lhe o cumprimento, cabendo, em qualquer dos casos, indenização por perdas e danos.

269. Art. 1.210. O possuidor tem direito a ser mantido na posse em caso de turbação, restituído no de esbulho, e segurado de violência iminente, se tiver justo receio de ser molestado. § 1º O possuidor turbado, ou esbulhado, poderá manter-se ou restituir-se por sua própria força, contanto que o faça logo; os atos de defesa, ou de desforço, não podem ir além do indispensável à manutenção, ou restituição da posse.

270. Em situação *sui generis* se encontram os "ilícitos punitivos". Existem comportamento antijurídicos cuja eficácia é a imposição de uma pena civil, independentemente da configuração de um dano, considerando-se o intuito do legislador de reprimir comportamentos intoleráveis e não propriamente de indenizar o ofendido. Nesses ilícitos, o dolo ou a culpa grave surgem como requisito necessário, a ponto de ele

pois pelo prisma da eficácia, não importam os antecedentes do fato jurídico, pois somente os efeitos funcionam como critério de diferenciação. A eficácia é fator fundamental para os ilícitos, porquanto, é por intermédio dela que o ordenamento reage contra o ato que investiu contra os valores objetivados no sistema.[271]

Como é possível transpor a noção de um "ilícito autorizante" ao setor dos grupos societários? Enquanto na Alemanha prevalece o já examinado modelo de "vantagens compensatórias", que caracteriza a disciplina dos grupos de fato, nos EUA e Reino Unido – que desconhecem a figura do grupamento convencional – desenvolveu-se a *takeover regulation,* particularmente pela oferta obrigatória, que concede ao acionista minoritário um mecanismo protetivo perante o novo controlador, afinal o sócio não sabe como ele irá exercer o seu poder de controle e, assim, preferirá sair a um preço justo. O direito de saída após a tomada de controle, seja por *squeeze-out,* seja por *sell-out,* tanto se aplica às sociedades independentes, como para as que se encontram em grupos.

A nosso viso, a constatação da perda de autonomia da sociedade, independentemente da existência de qualquer prejuízo econômico, poderá ser sancionada pela faculdade de os minoritários liquidarem o próprio investimento, não somente pela formação contratual de um grupo de direito como pelo ilícito exercício de uma direção unitária por parte da controladora nos grupos de fato. De fato, uma vez demonstrada a violação do interesse social da controlada e o rebaixamento de seus administradores a "membros de fachada", o juiz avaliará a gravidade e a repetição da infração e, consequentemente, o merecimento de tutela da retirada dos minoritários. O recesso não é automático, o seu exercício dependerá da avaliação judicial sobre a existência e extensão da paralisia dos órgãos sociais, colonizados pelos interesses da sociedade controladora.

No Direito brasileiro, a distinção estrutural e funcional entre grupos de direito e de fato pode ser aferida pelo direito potestativo ao recesso[272] por parte

---

incidir sobre a sua qualificação, ou seja, o aspecto moral da conduta do agente será valorado para fins de aplicação da responsabilidade civil. O aspecto intencional do comportamento será elemento que condicionará a sanção punitiva, pois o componente preventivo da norma é direcionado ao desestímulo de condutas antissociais, impondo ao ofensor uma condenação superior a simples compensação dos danos. Tivemos a oportunidade de discutir longamente o tema em uma obra de pós-doutoramento, vertida no livro *As funções da responsabilidade civil.* 3. ed. São Paulo. Saraiva, 2016.

271. BRAGA NETTO, Felipe Peixoto. *Teoria dos ilícitos civis.* Belo Horizonte. Del Rey, 2003, p. 106-108. Enfatiza o autor que "soaria irreal pretender estabelecer uma lista, tarifada e hermética dos ilícitos civis, ou mesmo seus requisitos abstratos de existência. Acreditamos que a real importância da categoria está exatamente na ausência de rígidos limites operacionais, possibilitando, ao revés, a oxigenação do Sistema por intermédio de uma continua adaptação dos casos aos princípios e valores". Op. cit., p. 127.

272. Art. 137: "A aprovação das matérias previstas nos incisos I a VI e IX do art. 136 dá ao acionista dissidente o direito de retirar-se da companhia, mediante reembolso do valor das suas ações..."; art. 136, V – "participação em grupo de sociedades (art. 265)".

dos acionistas minoritários dissidentes, quando a assembleia geral delibere pela participação em grupo de direito, sem que o mesmo ocorra quando há formação de um grupo de fato (art. 137, c/c art. 136, V, LSA). Ao participar de um grupo de sociedades, a companhia fica subordinada aos interesses e à orientação administrativa geral do grupo, a ponto de que se realizem operações contrárias a seus interesses particulares, ou que não observem condições comutativas. Por isto a LSA atribui o direito de recesso aos acionistas de qualquer companhia que se associe a um grupo de sociedades. Todavia, não há a faculdade de retirada por parte dos minoritários dissidentes quando a companhia passa a integrar um grupo de fato simples. Perante o princípio constitucional da isonomia esse tratamento diferenciado só se justifica por não serem iguais os riscos a que se expõe o investimento dos acionistas num ou noutro caso, já que no grupo de fato o controlador não está autorizado, em nenhuma hipótese, a se utilizar dos recursos e esforços da controlada em prol de interesses outros que não os da própria controlada.[273]

Vê-se que o legislador brasileiro, tal qual o alemão e o português, presos aos rigores dicotômicos das classificações e abstrações que teimam em simplificar a complexidade do mundo real, ignorou a complexidade e multiplicidade das formas de concentração empresarial, desprezou a realidade dos grupos de fato qualificados e as consequências do excesso de controle, cuja previsão só foi estimada para os grupos de direito, partindo-se da premissa que nos grupos de fato jamais haveria a neutralização da autonomia societária da sociedade-filha.[274]

---

273. COELHO, Fabio Ulhoa. O poder de controle sobre companhias abertas concorrentes no direito brasileiro. *Direito das sociedades em revista*. ano 4, v. 8, p. 53-54. Outubro 2012. Explica o doutrinador: "Quando a companhia decide participar de um grupo de direito, seus recursos e esforços podem ser empregados nos termos da convenção grupal, na realização de objetivos de outras sociedades filiadas ou mesmo da controladora. O minoritário pode não ver nessa possibilidade uma decisão adequada para a sociedade em que investe. Daí a lei abrir-lhe a porta do direito de recesso. Já no caso de a companhia fazer parte de um grupo de fato, o minoritário não recebe da lei o direito de dissidência porque os recursos e esforços da sociedade em que investe não podem ser aproveitados na consecução de outros interesses senão os dela. Em outros termos, a LSA só autoriza falar-se em interesses comuns, juridicamente protegidos de sociedades afiliadas a um grupo, quando observadas as formalidades dos arts. 265 e segs. da lei. Somente as sociedades integrantes dos grupos de direito têm 'interesses grupais juridicamente protegidos', se estão ligadas por vínculos característicos de meros grupos de fatos, o que se poderia chamar de 'interesses grupais', simplesmente não tem proteção jurídica". Op. cit., p. 55-56.

274. Os minoritários têm o direito de se retirar, em condições limitadas, na Grã-Bretanha, na França, Suíça e na Itália, bem como no âmbito da proposta de nona diretiva de 1984. A lei belga prevê um direito geral de retirada por meio de decisão judicial. As várias formulações do direito de retirada diferem nos detalhes. A decisão sobre o direito e sobre o montante da indemnização geralmente é decidida por um tribunal, raramente pela Comissão de Bolsa. O direito de retirada é, em parte, regulado expressamente, e em parte autorizado pelos tribunais, em pedido de dissolução por motivos importantes, onde o juiz pode ordenar, em vez de dissolução, uma solução diferente, apropriada nas circunstâncias e razoável para os participantes. In, *Corporate Group Law for Europe, European Business Organization Law Review* (2000) 1: 165–264.

Em resumo, a relação intergrupal legitima, na esfera da controladora, um ajuste de conteúdos na operatividade gestória das sociedades controladas, de tal modo que a *holding* impõe regras de atuação ou delibera que certas decisões dos administradores das filiais sejam por ela previamente aprovadas, fiscalizando a sua execução, sem que por essa conduta seja considerada administradora de fato. Essa dependência, contudo, não cauciona uma intrusão substancial na gestão própria da filial, assente numa perversão *contra legem* das formas de comunicação e imposição dos conteúdos relativos à sua gestão, lesando o compromisso de ponderação entre, de uma banda, a realização da política empresarial de várias sociedades agrupadas e, de outra, a preservação em sentido preponderante do interesse social de cada uma das afilhadas.[275]

É inexorável que a transição de um grupo de fato simples para uma forma extrema de centralização e exercício de direção unitária alterará arbitrariamente a organização da sociedade-filha – com abdicação do espaço de autonomia dos administradores –, assim atingindo gravemente os interesses dos minoritários. Com a cessão da organização, passando o feixe de interesses e contratos a ser centrado na sociedade controladora e não mais na controlada, restará aos minoritários o direito de retirada mediante o reembolso do valor de suas ações, conforme o determinado pelo estatuto. Aliás, no tocante à fixação do preço de resgate, nada impede que seja estimado de comum acordo entre a minoria e o controlador. Este acordo é perfeitamente concebível como um encontro entre a "fome e a vontade de comer". Vale dizer, um bom compromisso entre a proteção do funcionamento da sociedade e a tutela dos acionistas minoritários. Porém, se os defensores dos interesses das empresas e os que prestigiam os interesses dos associados não conseguirem chegar a um acordo sobre o regime de direito de retirada, o juiz ordenará a venda com base em preço fixado por um perito.

Mesmo que nenhum dispositivo legal específico possa ser acionado, há um direito geral de retirada do minoritário, como uma faculdade de forçar a maioria, ou mesmo a empresa, à recompra de suas ações. Este direito geral é estendido a todos os tipos de sociedades, e por seu carácter vinculativo, os beneficiários não podem recusar a oferta. O direito geral de retirada se origina de uma violação do interesse social: quando a maioria persegue seus interesses pessoais em desrespeito aos interesses dos acionistas, a obrigação de adquirir as participações minoritárias é a sanção apropriada para a sua conduta ilícita. O direito de recesso se justifica em termos de prevenção e repressão, pois o medo de ter que fazer tal aquisição pode dissuadir o controlador de buscar o seu interesse fora da qualidade de acionistas. Quanto à sanção, o direito de retirada é mais eficaz que a invalida-

---

275. COSTA, Ricardo, op. cit., p. 275-276.

ção de deliberação abusiva, que apenas corrige o passado sem preparação para o futuro, ou que a reparação de danos, que é incapaz de reparar o dano social. Além disso, a existência de um direito de retratação não autoriza a minoria a exigir a dissolução da sociedade. Finalmente, a carga do recesso recairá no controlador que praticou o ilícito, onerando o financiamento societário.[276]

O exercício do recesso independe da constatação de um dano efetivo, sendo suficiente uma deterioração substancial da posição dos minoritários. Ilustrativamente, ao dispor sobre os direitos especiais dos acionistas externos das sociedades controladas, a Lei 90/2012 da República Checa (Código das Sociedades Comerciais) frisou no § 89 que

> if the controlling party uses its influence in the controlled entity in a way which results in a substantial deterioration in the position of shareholders controlled another person or substantial damage to their legitimate interests, and therefore cannot be reasonably required for them to remain in the controlled entity is each partner who is not a controlling person or a person controlled by it, is entitled to require from him his share of the controlling entity bought at a reasonable cost.

Realmente, o direito geral de recesso é de fato uma alternativa eficaz no cotejo com outras sanções previstas pelo direito das sociedades, pois estabelece um compromisso entre a proteção da sociedade e a proteção dos acionistas minoritários: o direito de retirada protege o bom funcionamento da sociedade, tutelando a minoria em termos rápidos e favoráveis, que não é o caso com instrumentos tradicionais. O controlador, por sua vez, está livre de uma ameaça permanente à sua gestão, o que facilitará um melhor funcionamento da sociedade. Enfim, o direito de retirada pode ser compreendido como uma proposição que transcende o funcionamento da empresa, pois concerne à sua perenidade, como protagonista de seu próprio interesse social.[277]

Entretanto, mesmo um direito potestativo não pode ser exercido abusivamente. Em princípio, em sociedades cotadas em bolsa o direito de retirada parece desnecessário, já que a minoria descontente pode facilmente vender suas ações.

---

276. Dominique Schmidt., *Les conflits d'intérêts dans la société anonyme, Pratique des affaires,* p.238. "Quant aux conditions d'exercice de ce droit de retrait, le retrait soit subordonné au non-respect par le groupe majoritaire de l'intérêt commun des associés, "fondement du pacte social". Ce non-respect de l'intérêt commun serait caractérisé dès lors que les majoritaires cherchent à satisfaire un intérêt autre que celui des associés. Nous avons précédemment étudié, à travers l'abus de majorité, des exemples d'intérêts extérieurs à ceux des associés: il s'agit en pratique pour les majoritaires de tirer profit de la société en utilisant une qualité différente de leur qualité d'associés. C'est le cas notamment quand ils se servent de leur qualité de dirigeants de la société pour percevoir des rémunérations substantielles". *Les conflits d'intérêts dans la société anonyme, Pratique des affaires.* Paris: Joly éditions, 1999, p. 239.

277. FRISON-ROCHE, Marie-Anne. *L'hypothèse d'un droit général de retrait des minoritaires,* JCP E 1996/4, cahiers droit de l'entreprise, n. 28 et s., p. 23.

No entanto, supõe-se que se o controlador atentar contra a própria sustentabilidade da sociedade controlada e paralisar os seus órgãos sociais, a minoria só poderá vender suas ações a um preço que minimamente refletirá o verdadeiro valor das ações. Em contraste, em sociedades não cotadas, o direito de recesso encontra legitimidade na ausência de um mercado para o livre comércio de títulos. Normalmente, o que se evidencia é a ruptura do "pacto social", resultante de um desacordo entre controlador e minoritários que paralise o funcionamento da sociedade.

Lembramos que, no Brasil, o exercício do direito de retirada é efetivado por meio da operação de reembolso das ações, pela qual *a companhia paga aos acionistas dissidentes de deliberação da assembleia geral o valor de suas ações.*

2.3.2 A nomeação de administrador provisório

Vimos que nos grupos de fato qualificados será necessário identificar tutelas adequadas que resguardem os direitos dos minoritários, pois o fato jurídico da tomada do controle se caracteriza por uma submissão econômica de uma sociedade, imposta à margem do direito. Uma alternativa viável, conforme já sugerido, é a de se estender ao minoritário a *potestade* de se retirar da sociedade mediante o pagamento de suas ações ou cotas, tal como se dá diante da formação de um grupo de direito.

Todavia, caso o minoritário decida prosseguir na sociedade, a tutela inibitória do ilícito pode conferir a ele ferramentas de contenção da atividade antijurídica, pela via de meios de coerção direta capazes de efetivamente proteger o seu direito à preservação substancial do direcionamento empresarial autônomo. Há coerção direta quando o direito é efetivamente tutelado independentemente da vontade do demandado, ou seja, quando puder ser dispensada a sua vontade. O direito será realizado em virtude da atuação de um auxiliar do juiz ou de um terceiro. Aqui cogitamos de uma intervenção judicial para o cumprimento de uma tutela específica. O magistrado nomeará administrador provisório para atuar no seio da sociedade controlada, à semelhança do que ocorre no Direito anglo-americano quando se pensa nas figuras do *master* ou *administrator* ou ainda do *receiver*.[278]

---

278. O direito anglo-americano é rico na experiência com essas medidas. Em relação às *injunctions*, o juiz da Common law pode impor formas de substituição da atividade do ordenado pela conduta de terceiros – ou, pelo menos, sob a fiscalização de terceiros – no intuito de obter a tutela específica da obrigação. As Cortes (especialmente nos Estados Unidos) entregam a tarefa não ao réu da demanda, mas a encarregados que operam na qualidade de *officers of the Court*, e que têm a função de desenvolver diretamente, ou de controlar o desenvolvimento, a cargo de terceiros, das atividades necessárias para se levar a cabo a execução prevista na sentença.

É claro que quando se pensa em forma adequada de execução, há tensão entre o direito à efetividade da tutela jurisdicional e o direito do réu cuja efetivação requer que a tutela inibitória não seja utilizada de modo arbitrário. Em princípio, portanto, a cautela indicará a utilização das *astreintes,* como multa periódica capaz de impor constrangimento psicológico para que o controlador seja dissuadido a interromper a atividade ilícita de extraorganicamente instruir a administração da sociedade dominada. Todavia, se o processo de expropriação dos direitos não é dissuadido pela via de ameaça patrimonial ao demandado, será preferível que um auxiliar do juízo atue diretamente de modo a evitar a violação do direito.

As medidas sub-rogatórias são mecanismos de cumprimento da ordem judicial que dispensam a colaboração do ordenado, já que a prestação imposta pode ser atribuída a terceiro, de forma a realizar exatamente o resultado idêntico àquele que seria operado pelo sujeito passivo. Essas técnicas podem assumir várias feições, que vão desde a atribuição da conduta ao Estado, passando pela sub-rogação da prestação em interesse do requerido, e indo até a expropriação dos direitos de administração do réu (sobre sua empresa, por exemplo), conferindo esses poderes a alguém de confiança do magistrado O administrador provisório deve tomar urgentemente todas as medidas necessárias para resolver a crise e afastar os perigos para a sociedade. Adotará atos de disposição sobre o futuro da empresa, especialmente autorizados pela autoridade judicial que nomeou.

O Direito brasileiro expressamente emprega essa técnica, no regime da Lei Antitruste. De acordo com o art. 102 da Lei 12.529/11, "O Juiz decretará a intervenção na empresa quando necessária para permitir a execução específica, nomeando o interventor". O juiz pode efetivamente substituir-se ao devedor para realizar, no seu lugar (ou mesmo fiscalizar mais de perto o cumprimento pelo devedor, nas prestações de trato sucessivo), as mais variadas prestações, quer as que digam respeito à atividade da empresa para com terceiros, quer, sobretudo, aquelas que são realizadas no seu próprio âmbito interno, ou seja, relacionadas ao seu funcionamento e à sua organização. Mesmo para situações que não guardem nenhuma relação com o direito concorrencial, pode a intervenção judicial ser empregada para efetivar a ordem judicial, estando certamente assimilada à cláusula aberta do art. 536, § 1º, do CPC/15. Paradigmático, é o próprio § 1º do art. 102 da citada lei 12.529/11, que remete o interventor aos arts. 153 a 159 da Lei 6.404/76. Vale dizer, associa claramente a atuação do interventor aos deveres de diligência, lealdade e informação, próprios dos administradores das sociedades.

Com efeito, a plasticidade da medida em análise, que permite adaptações a cada caso concreto, com a ampliação ou a redução da extensão dos poderes conferidos ao interventor, faz com que a medida assuma importante papel no efetivo atendimento à ordem judicial e, ainda, como técnica de "coerção indireta", para estimular o próprio demandado a cumprir a decisão judicial. Esse papel coercitivo pode ser visto quando se tem a imagem do controlador que deve escolher entre resistir à ordem judicial – e ver um interventor ser colocado na sociedade controlada, com poderes de administração maiores ou menores, mas com acesso a informações sigilosas, à vida da empresa e com a possibilidade de não conseguir conduzir os negócios com a mesma perícia do controlador – ou cumprir, ele mesmo, a decisão do juiz, restituindo a sociedade controlada ao funcionamento pelas vias orgânicas próprias. Normalmente, só essa visão já será suficiente para estimular o controlador a optar pela segunda alternativa, evitando assim a ingerência de um desconhecido em seus assuntos, mantendo a influência sobre a afilhada dentro dos limites da legalidade.[279]

Ademais, a ação inibitória é tutela de urgência que não guarda identidade com o procedimento cautelar. A nomeação do administrador não se dá em processo que objetiva garantir a integridade das condições de outro processo do qual seja dependente ou acessório (ilustrativamente, uma cautelar de suspensão de deliberação social de nomeação do administrador).[280] A ação contra o ilícito é independente de qualquer "ação principal", sem que prevaleçam considerações de ordem processual tais como a relação entre o provimento cautelar e o provimento definitivo. O que realmente importa esclarecer é que a tutela cautelar não foi concebida para inibir a violação de um direito ou para remover os efeitos concretos de um ilícito. A cautelar pressupõe a violação de um direito que deveria

---

279. No direito brasileiro, Sergio Cruz Arenhart, em A Intervenção Judicial e o Cumprimento da Tutela Específica, nomeia a intervenção mais drástica, como "a chamada intervenção expropriatória ou substitutiva". Nela, realmente, o interventor irá substituir o administrador original da empresa. Este sairá do comando da pessoa jurídica, deixando ao interventor o papel de, por um período de tempo, gerir os negócios (todos) da sociedade. Há notícias de ações coletivas movidas com esse intuito. Uma, de grande repercussão nacional, foi ajuizada pelo Ministério Público Federal no Rio de Janeiro, pedindo a intervenção judicial no Conselho Federal de Enfermagem, no ano de 2006. A intenção era de afastar a administração do conselho, diante de notícias de desvios de recursos públicos e fraudes em licitações. Tem-se também, na mesma linha, ação civil pública, ajuizada pelo Ministério Público do Trabalho da 4ª Região, em face do Grupo Ortopé, solicitando a intervenção judicial nesse grupo, com o afastamento de seus administradores e a nomeação de pessoa da confiança do juízo para esse mister, até a liquidação do passivo trabalhista da empresa. O pedido de liminar foi acolhido, decretando-se a intervenção solicitada pelo prazo inicial de seis meses, que poderia ser prorrogado, se necessário. De modo semelhante ocorreu com a Vasp, companhia aérea que sofreu intervenção judicial, também por iniciativa da Justiça Laboral, em ação proposta pelo Ministério Público do Trabalho no intuito de regularizar o desrespeito por aquela empresa praticado em relação a direitos trabalhistas. As categorias indicadas, à toda evidência, prestam-se apenas para um norte didático. Servem, tão só, para demonstrar a vastidão de feições que a medida pode assumir.

280. A suspensão cautelar do administrador de direito se relaciona com a paralisação da eficácia de determinada deliberação social de nomeação de administrador, com a finalidade de assegurar que até o final da ação principal que objetive declarar a sua ineficácia, sejam mantidas as condições de fato e preservada a realidade sobre a qual incidiu a deliberação impugnada.

ser reparado ou reintegrado ao final e tem a dimensão de tutelar contra o perigo de dano que poderia tornar a tutela final infrutífera.

O administrador judicial será investido das funções de organizar, rever, observar e coletar, descobrir e se encarregar de inventariar todas as propriedades, instalações, bancos e contas de corretagem e outros ativos na posse da administração judicial. O administrador deve informar o tribunal do resultado de todas essas atividades, sobremaneira, qualquer indevida mistura de fundos, empréstimos não autorizados ou outra disposição de propriedade de qualquer natureza. Lateralmente ao administrador, advogados, contadores e outros conselheiros serão nomeados para que os deveres sejam cumpridos fielmente. Essa atuação não apenas propiciaria uma revisão independente de danos à sociedade, ensejando indenizações, como também deterá a prática continuada do ilícito, preservando os ativos de investidores, realizando negócios legítimos, possibilitando o custeio da própria administração judicial e conservação da integralidade da organização empresarial, mesmo que para tanto seja necessário congelar os ativos do réu. Na pendência da administração judicial, exceto por autorização do magistrado, será suspenso o andamento de demandas permitido que credores e outros interessados ajuízem ou executem compensações econômicas judiciais ou extrajudiciais, bem como garantias patrimoniais, contra a sociedade com base em operações praticadas na vigência do grupo de fato qualificado.

O pedido para nomear um administrador temporário por parte dos credores também é admissível, quando o desiderato é o de proteger a sustentabilidade da sociedade. Tal admissibilidade é consistente com um interesse social, entendido como o interesse da empresa, a que estão relacionados os interesses dos credores, especialmente se a existência da empresa está em jogo. Imaginemos uma filial onde o Conselho de Administração é inativo e as reuniões da Assembleia Geral previstas pelos estatutos não são realizadas a ponto de não mais se determinar com precisão quais são as instâncias diretivas da sociedade. Em tais casos, a administração geral confiada ao administrador interino envolverá a conclusão dos atos jurídicos necessários para a prossecução dos negócios da empresa e para a realização de sua finalidade. Para tanto o administrador temporário pode receber missão especial de convocar e/ou monitorar uma assembleia geral ordinária ou extraordinária ou organizar a eleição de um novo Conselho de Administração.

No caso *Fruehauf*, em França, a controladora americana *Fruehauf International Inc.* instruiu os administradores da controlada francesa, *Fruehauf S.A*, a não cumprirem um contrato de suprimento firmado com uma companhia chinesa, optando pelo risco de ser imputado o dever de indenizar à companhia controlada.[281] Contudo, o inadimplemento representaria enorme prejuízo e acarretaria a sua insolvência e demissão de 600 empregados. Os administradores que representavam os minoritários obtiveram êxito na designação judicial de administradores provisórios que cumpriram o contrato, a despeito das instruções da controladora. Vê-se aqui que o ilícito se tratou de um abuso do direito derivado de um conflito de interesses. Apesar da formal licitude do grupo de fato, a antijuridicidade se manifestou episodicamente por via de um concreto objeto de deliberação em assembleia ou órgão administrativo, ou seja, uma instrução isolada cuja efetivação seria desvantajosa à subsidiária.

Porém, a doutrina francesa vai além na justificativa da administração judicial. *Conditio sine qua non* é que os órgãos sociais estejam paralisados pela incompreensão dos protagonistas. A paralisia da sociedade resulta da ausência ou falha dos órgãos de gestão: ausente quando os líderes pediram demissão ou foram removidos sem se chegar a um acordo para substituir; falha quando os órgãos sociais estão no lugar, mas não podem funcionar em resultado de divergências entre os líderes. Em todos os casos, a paralisia deve ser tal que "impede o funcionamento normal da sociedade e compromete interesses sociais". Ou seja, que os interesses sociais estejam expostos a um certo e iminente risco capaz de conduzir a empresa à ruína. Finalmente, a nomeação de um administrador temporário parece uma maneira eficaz de proteger a sustentabilidade da empresa. Por meio do filtro do interesse social, resolvem-se os graves casos onde a empresa está em perigo. A transposição deste mecanismo aos pressupostos de conflito de interesses impedindo a operação simples da empresa seria susceptível de perturbar a segurança nos mecanismos de livre iniciativa. Portanto, a nomeação de um administrador provisório deve permanecer uma medida excepcional, para não servir como um instrumento de contas de liquidação entre sócios ou dirigentes. Esta jurisprudência equilibrada também permite afastar o governo pelos juízes.[282]

---

281. Cour d'appel de Paris le 22 mai 1965. Porém, a jurisprudência francesa até hoje segue as mesmas diretrizes: La Cour de cassation a rendu un arrêt le qui rappelle l'une de ses conditions puisqu'elle précise "La désignation judiciaire d'un administrateur provisoire de la société est une mesure exceptionnelle qui suppose rapportée la preuve de circonstances rendant impossible le fonctionnement normal de la société et menaçant celle-ci d'un péril imminent". (Cass. com., 18 mai 2010, 09-14.838, F-D, Scetbun c/ Bectarte: Juris-Data 2010-006636). Em um caso envolvendo grupo de sociedades, o tribunal observou irregularidades flagrantes e determinou a nomeação de administrador provisório "dans le cas d'un président qui bloque les institutions et dont la volonté est clairement de ne plus respecter les statuts" (CA Paris, 12 sept. 2013, RG: 11/17670). Recentemente, houve a nomeação de administrador provisório em casos de "la difficulté à réunir des assemblées ou à élire des instances dirigeantes" (CA Douai, 16 mars 2015, RG:14/04718); ou "pour un groupement qui n'a pas tenu d'assemblées depuis huit ans ni renouvelé son conseil d'administration" (CA Reims, 8 sept. 2015, RG: 14/ 00774).

282. Benoist Delecourt. *L'intérêt social*. Sous la direction de madame MONSALLIER (M.C.F) Mémoire D.E.A Droit des contrats Université de Lille II, année 2000 / 2001. Droit des sociétés, p. 44-45. Explica o autor que o administrador provisório funciona como um substituto para órgãos sociais durante o

Infere-se tratar de medida apropriada a ser ajuizada pelos administradores ou acionistas externos diante de um grave risco ao interesse social próprio da empresa, pela objetiva impossibilidade de funcionamento de seus órgãos sociais, seja por disfunção ou paralisia. A missão específica do administrador provisório será a de substituir órgãos de administração da empresa, evitando o seu colapso e garantindo, por um período determinado, a revitalização da atividade empresarial. No citado *affair fruehauf*, os interesses sociais foram ameaçados por um perigo certo e iminente. Contudo, em uma perspectiva ampliada, a nomeação de um administrador temporário exige a paralisia dos órgãos sociais (substituídos por decisões exógenas) como disfuncionalidade que ameaça a sustentabilidade da empresa. A emergência da nomeação de administradores judiciais é justificada em casos de ilicitude continuada, nas quais o ingresso na autonomia da sociedade (antijuridicidade atual) se reiterará no futuro. De fato, quando já caracterizada a submissão irrestrita da sociedade à política grupal por via extraorgânica, da sua modalidade e natureza se pode inferir com grande probabilidade a sua continuação no futuro. Sempre que o juiz nomear um administrador provisório será para salvaguardar a perenidade da empresa, mediatamente para proteger os interesses de um grupo de associados, porém imediatamente para resguardar a independência econômica da sociedade.

Certamente, questões importantes concernem ao estabelecimento de critérios objetivos que evitem que uma medida excepcional se torne desproporcional e desmerecedora de tutela. Assim, o administrador limita-se à prática dos atos autorizados pelo magistrado, devendo ainda reportar-se a este sobre todo percalço notado. Cabe-lhe, ainda, apresentar relatórios periódicos das atividades exercidas, de modo a permitir ao juiz acompanhar de forma completa aquilo que é realizado na empresa. Outrossim, a Lei Antitruste brasileira (art. 106) limita o prazo de intervenção a 180 dias. Esse prazo é suficiente quando se trate de dominação econômica. Todavia, na complexidade de um grupo empresarial, poderá se mostrar exíguo para a adoção das providências determinadas judicialmente ao combate à disfunção ou paralisia dos órgãos sociais da filial.

Preocupa, ainda, lidar com os casos em que o administrador judicial será incapaz de cumprir a contento com a sua atividade corretiva, pois o deliberado esvaziamento dos órgãos sociais não será promovido por uma administração indireta (transformando os administradores da controlada em executores de ordens específicas como de instruções do controlador), porém pelo próprio

---

tempo em que se desenrola a crise. A administração interina é criação pretoriana, deferindo poder ao juiz de interferir na gestão da sociedade onde a sua sobrevivência está envolvida. No caso específico da administração interina, trata-se apenas a sustentabilidade da empresa. Esta medida é uma interferência excepcional do juiz na gestão de empresa, só justificada pela gravidade do problema.

administrador da *holding* que diretamente assume a função de administrador de fato, executando interna e externamente atos de gestão, dispensando o administrador de direito. Do mesmo modo, haverá casos em que a administração temporária será ineficaz, pela inexistência de interventor habilitado a administrar a entidade do requerido em razão das peculiaridades do ramo daquela sociedade. Imagine-se atividade tão restrita ou tão complexa que exija o conhecimento do administrador originário (e só dele) para o prosseguimento da atividade. Porém, tais percalços não retiram da intervenção judicial a sua relevância como mecanismo inibitório de comportamentos ilícitos em uma série de circunstâncias em que a multa coercitiva se revela insatisfatória e a tutela ressarcitória será meramente uma ficção *a posteriori*.

A adoção da tutela inibitória em questão também é legítima quando "terceiros controladores",[283] com base em relação contratual particular com a sociedade, ultrapassam o âmbito de eficácia da esfera negocial destinada à concretização do objeto do negócio jurídico estabelecido com a sociedade, transmutando-se em agentes ativos, direta ou indiretamente, na gestão dessa concreta sociedade, dominando a vontade e substituindo-se aos administradores de direito dessa sociedade. Em regra, instituições financeiras se beneficiam de uma condição forte na relação negocial com as sociedades financiadas e interferem ativamente na gestão das suas clientes, colocando os respectivos administradores em uma posição de infraordenação e perda de sua autonomia e liberdade de decisão, até o limite da subserviência.

O problemático no campo do *lender liability* é estabelecer o nível de controle e autoridade necessário para que o banco se transforme em um *shadow director*. Ou seja, compreender em qual momento a instituição financeira transpõe o legítimo campo do exercício de vigilância e monitorização do contrato de mútuo (*watch-dog*) – mediante o natural acréscimo de cláusulas estipulando obrigações de reorganização financeira, e veto a negócios arriscados, objetivando o reforço do adimplemento – convertendo-se em um administrador de fato que neutraliza a aptidão da sociedade devedora de exercer os seus negócios de forma autônoma, mediante influência indireta, vislumbrada pela transformação dos administradores da sociedade mutuária em "testas de ferro" que abdicam

---

283. A expressão "terceiros controladores" é utilizada por Ricardo Costa no sentido de "um domínio ilegítimo e sabotador da independência dos administradores formais das sociedades... que gozam de uma supremacia efectiva e concreta sobre a condução dos assuntos sociais e, em particular da exploração social da empresa (portanto 'autoridade de facto')". O autor corretamente estende esse conceito para ação intrusiva de sociedades ou agentes no âmbito de execução de contratos de franquia e de concessão para além do programa contratual, com ingerência na administração, tendo em conta a determinação das políticas daqueles que se encontram em dependência e subordinação econômico-profissional. Op. cit., p. 311 e 322.

de perseguir o interesse social para prestigiar unicamente o interesse creditício e com base exclusiva nele executar efetivamente a política e gestão da empresa. Evidentemente, entre esses demarcados extremos existem situações limítrofes de exercício de influência que, *per se*, não atestam veementemente o exaurimento da autonomia da sociedade, tais como a inserção de cláusulas para a nomeação de administradores de confiança (fiduciários) ou acordos para a conversão de credores em sócios, de forma a agir ativamente sobre a administração e, posteriormente, alienar o crédito para fins de recuperação do capital mutuado.[284]

Destaca-se nesse cenário a inclusão de *covenants* nos contratos de financiamento, garantindo a solvabilidade dos créditos e reduzindo os custos de agência dos credores bancários. Através dessas cláusulas de imposições de obrigações acessórias (cuja sanção para o descumprimento é a exigibilidade antecipada do débito), os bancos adquirem influência decisória em assuntos vitais da sociedade, afigurando-se essa influência mais extensa que a dos próprios acionistas, provocando o esbatimento da divisória formal entre investidores internos e externos da sociedade. Referidas cláusulas conferem efetividade ao controle dos bancos sobre a administração pois acarretam um conjunto de alterações fundamentais na sociedade, sobremaneira a cessação, redução, suspensão ou alteração da atividade societária.[285]

Em comum aos fenômenos dos grupos de fato qualificados e aos terceiros controladores, o resultado será a vulneração da indelegabilidade das competências da administração e da intangibilidade do interesse próprio da sociedade pelo ilícito exercício de uma influência exógena indireta – porém determinante –, seja em favor do interesse próprio do controlador ou de um banco. Como administradores de fato, sem legitimação formal, expropriam a independência orgânica da sociedade, exercendo de modo continuado e com autonomia decisória as funções de gestão legalmente reservadas ao órgão de administração. Em ambas as situações os *administradores na sombra* não exercem diretamente

---

284. É natural a existência de conflitos de interesses entre cotistas/acionistas e credores, em razão das diferentes características dos investimentos. Enquanto aqueles priorizam distribuição de dividendos e se sujeitam ao risco da atividade (participação nos ganhos e perdas) as instituições financeiras primam pela solvabilidade da empresa, posto sujeitos ao risco de insolvência, sendo a sua remuneração fixa.

285. Francisco Pinto da Silva alude aos tipos de *covenants* mais comuns: "as cláusulas *pari passu* visam evitar a subordinação do crédito face a outros credores comuns da sociedade…as cláusulas *negative pledge* consistem na proibição de prestar garantia sobre qualquer ativo em favor de terceiros com prejuízo para a garantia geral do crédito dos bancos…as cláusulas *cross-default* configuram como evento de crédito, considerando-se imediatamente exigível todo o capital mutuado, o incumprimento por parte da sociedade de qualquer outra obrigação com terceiros. Os *covenants* financeiros são cláusulas que obrigam a sociedade financiada a respeitar determinados índices financeiros e condicionam substantivamente a gestão da sociedade". Op. cit., p. 238-239.

funções de gestão, porém dirigem antes os administradores de direito que as desempenham.[286]

O decisivo em relação aos terceiros controladores é que uma decisão judicial que imponha uma nomeação de um administrador provisório não terá como fundamento a avaliação do dano ou da potencialidade lesiva de uma cláusula *covenant* sobre a sociedade. Será despiciendo aferir a culpa da instituição financeira, o nexo causal entre a influência exógena e o prejuízo propiciado à sociedade, ou mesmo a dimensão singular de um ato ilícito. Decisivo, todavia, será a avaliação acerca do conteúdo das referidas cláusulas como fato gerador de uma atividade antijurídica de gestão social, descomprometida com o interesse próprio da empresa, no qual todas as operações e decisões finais da sociedade serão submetidas ao poder creditício. Essa será a intrínseca ilicitude que determinará a substituição dos administradores de direito – que abdicaram de perseguir a função para o qual foram contratados para passivamente serem guiados pelo credor – por interventores capazes de desempenhar funcionalmente essa administração, independentemente da constatação material de consequências gravosas no plano da subsistência econômica da sociedade.

---

286. Coutinho de Abreu menciona como Terceira situação que dá azo à figura do administrador de fato aquele no qual "uma pessoa sem qualquer cargo de administração ou função profissional na sociedade determina habitualmente a actuação dos administradores de direito". *Responsabilidade Civil dos Administradores de Sociedades*, 2. ed. Coimbra: Almedina, 2010, p. 100.

CONCLUSÃO

Na primeira parte deste livro, identificamos o fluxo de poder na estrutura da companhia brasileira decorrente da força que o direito confere ao acionista controlador, e o efeito desse fluxo sobre o órgão estratégico da companhia com administração dual (o conselho de administração). Consideramos ainda que esse fluxo é intensificado pela possibilidade de a assembleia de acionistas ingerir nos negócios da sociedade. É o que diz o art. 121 da lei acionária: "A assembleia geral, convocada e instalada de acordo com a lei e o estatuto, tem poderes para decidir todos os negócios relativos ao objeto da companhia e tomar as resoluções que julgar convenientes à sua defesa e desenvolvimento."

Como vimos, é uma solução diferente da encontrada no modelo português, que não gravita em torno do acionista controlador. Em Portugal não é pacífica a possibilidade de os sócios reunidos em assembleia ingerirem em assuntos de gestão. Não percebemos, contudo, espaço no direito brasileiro para esse debate.

Logo, os argumentos que se apresentam reforçam a hipótese de que, no Brasil, o órgão estratégico (o conselho de administração) funciona não como um órgão de controle interno, mas como um microcosmos da assembleia de acionistas. Essa hipótese reforça a que formulamos: a necessidade da internalização dos interesses das controladas pelo conselho de administração da controladora nos casos dos grupos de fato (qualificados). Aqui, mais do que nos EUA, local de elaboração do institucionalismo econômico desenvolvido por Oliver Williamson, fica evidenciada a inexistência da neutralidade do *nexus* contratual.

Ao fazermos essa defesa e identificarmos o conselho de administração da sociedade controladora como a estrutura orgânica que deve exercer o poder hierárquico na empresa grupal (em se tratando dos grupos de fato), devemos recomendar outra modificação, a que determine a obrigatoriedade da adoção do conselho de administração por sociedades que exerçam o controle sobre outras.

No caso dos grupos de fato (qualificados), em que há mais de uma controlada, a eleição de membros do conselho de administração da controladora pelas controladas (na realidade pelos minoritários e preferencialistas das controladas) pode ser realizada por meio de mecanismo semelhante ao da eleição em separado, previsto nos artigos 18 e 141, parágrafo 4, da lei das S/A. Semelhante porque no caso do voto em separado, quem vota são os acionistas, enquanto que na hipótese que sugerimos, aqueles que votam são *stakes*, as minorias das controladas, que não votam na condição de acionistas da companhia controladora.

O que está em causa é o modelo de governança (empresa/hierarquia), fincado na lógica de que há unidades básicas (transações) que definem os limites do grupo, economicamente. Juridicamente, isso importa para a identificação e normatização da governança das relações inerentes ao grupo, como por exemplo a identificação do seu centro de comando, da correspondente estrutura orgânica (conteúdo da sociedade nos casos dos grupos de fato), como também da normatização acerca da internalização dos interesses das controladas nessa estrutura. Porém, as várias pessoas, naturais ou jurídicas, que compõem o grupo conservam as respectivas personalidades e as capacidades decorrentes.

Nos grupos de fato (qualificados), a realidade jurídica que o acomoda é a da sociedade controladora. O poder se manifesta por meio dos órgãos da sociedade controlada, entretanto. É a manifestação imediata do poder, mas a manifestação mediata ocorre nos órgãos da controladora ou nas reuniões prévias nos casos em que exista acordo de acionistas. É o que decorre da lógica do direito das S/A brasileiro, como já demonstrado. O modo de governança é a da empresa (expressão de um conjunto de transações que delimitam o grupo, unidade básica de análise da teoria dos custos de transação, que denominamos justificadamente ao longo do trabalho como institucionalismo econômico, ou a resultante de um conjunto de contratos, posicionamento mais próximo ao da teoria positiva da agência). Enquanto que a solução de governança é a da sociedade controladora, local sede da gênese do poder hierárquico e que apresenta a estrutura de comando, ao final, também para o grupo de fato, já que esse não conta com estrutura própria. Não decorre disso que o direito deva personificar o grupo de sociedades.

A principal justificativa para a internalização dos interesses das controladas na estrutura orgânica da controladora é a inexistência de neutralidade no *nexus* de contrato.

Mas uma outra, percebida mais diretamente no direito brasileiro, decorre do fluxo de poder originalmente manifestado pelo controlador nas assembleias de acionistas ou nas reuniões prévias e que transformam o conselho de administração em um microcosmos dessa assembleia.

A participação das controladas no conselho de administração da controladora se justifica porque esse é o local em que são produzidas as informações mais relevantes sobre a administração, inclusive no que repercute na esfera de interesses das controladas. Mas não somente, no caso brasileiro (em se tratando das companhias) é uma forma organizacional de equilibrar os interesses da controladora com os das controladas, minimizando os custos (de transação) decorrentes dos esforços bilaterais posteriores, ou mesmo iminentes a ocorrência de disfunções no governo dos grupos.

Na segunda parte, aprofundamos os estudos sobre a concentração empresarial, que é um fato jurídico determinante na ordem econômica global, seja pela via de agrupamentos horizontais, agrupamentos verticais ou conglomerados. Vimos que a ferramenta central dessa estratégia expansionista é o grupo societário, notabilizado por um conjunto de sociedades que preservam formalmente a sua autonomia jurídica, todavia se subordinam a uma direção econômica unitária exercida por outra sociedade, de acordo com a estratégia e o interesse comum do todo. O fenômeno concentracionista não mais se viabiliza pelo desaparecimento, absorção ou separação de sociedades (fusão, incorporação ou cisão), porém mediante a conservação da integridade formal dos patrimônios e a personalidade jurídica das sociedades envolvidas, encontrando na *holding* o instrumento fundamental de sua organização, com a peculiaridade do objeto principal consistir na participação relevante em uma atividade econômica de terceiros – como controladora ou investidora –, ao invés do exercício de atividade produtiva ou comercial própria.

Os grupos exibem uma singular polaridade, que advém da aparente contradição entre as noções de *autonomia* e *controle*. É a sua combinação que define estrutura e funções do modelo da empresa plurissubjetiva. O Direito Societário moderno nasceu de um dogma (da autonomia da sociedade) e hoje conhece a maturidade em um paradoxo do controle de uma sociedade autônoma por outra. O grupo não é unidade (*Einheit*) nem pluralidade (*Vielheit*). Ao contrário, é simultaneamente unidade econômica e pluralidade jurídica, ou uma "unidade na diversidade", no sentido que as vantagens econômicas que derivam da organização da empresa em grupo justificam os dois atributos. É unidade, pois permite ao grupo participar dos benefícios da economia de escala. É pluralidade, porque há o fenômeno do fracionamento do risco da empresa, pois perante terceiros cada sujeito de direito se distingue das outras sociedades do mesmo agrupamento.

O problema, como se diz aqui e alhures, é que a dinâmica societária é a lebre, e o direito é a tartaruga. Os códigos ainda legislam a *company law*, enquanto a realidade predominante é a do *corporate group*. Se nos idos dos oitocentos a ordem jurídica demorou para capturar o fenômeno da conversão da empresa individual em empresa societária, o roteiro se repete na incapacidade dos ordenamentos jurídicos nacionais e comunitários oferecerem uma regulação capaz de responder aos desafios impostos por um diferenciado modelo de estruturação empresarial que subverte o dogma da autonomia societária a partir do instante em que um (ou vários) ente(s) formalmente independente(s) sob o ângulo jurídico, organizativo e econômico submete(m)-se a um controle material, ditado pelas estratégias da sociedade que encabeça o grupo para os diversos aspectos setoriais das sociedades agrupadas.

O direito grupal ocupa-se da paradoxal atividade de concomitantemente regular e harmonizar relações intra e intersocietárias. Por conseguinte, a disciplina do funcionamento dos grupos deve considerar as relações externas. Modelos jurídicos como a proteção contra o abuso do direito, a desconsideração da personalidade jurídica, a responsabilidade pela confiança e a teoria da aparência dizem respeito à tutela de terceiros que lhes possibilite vincular o agrupamento aos atos individualmente praticados por um de seus membros. Mesmo que se recuse personalidade ao grupo, ele se coloca como unidade objetiva de imputação jurídica no tráfico externo, preservando interesses da sociedade afilhada, sócios externos e credores.

Atualmente, o grupo societário não é considerado um sujeito jurídico no plano legislativo global. O paradoxo é evidente, pois os conglomerados multinacionais que dominam a economia mundial, nos mais diversos setores, estão à margem das diversas regulações globais. O sujeito econômico fático não se traduz em um titular de direitos e obrigações, pois os centros autônomos de imputação de situações jurídicas são as diversas sociedades que formalmente constituem o grupo. No continente europeu vigem três estratégias regulatórias para a empresa plurissocietária: a) regulação global com a finalidade de equilibrar os polos da autonomia/controle (Alemanha/Portugal); b) parcial: a Itália reconhece o interesse do grupo de uma forma mais flexível. Na França há uma jurisprudência reconhecendo o direito de grupos – *Rozenblum decision*. Na regulação parcial há uma sistematização do direito dos grupos, menos articulada em comparação com a regulação global, porém já desponta o reconhecimento das particularidades dessa forma de organização empresarial; c) nenhum tratamento sistematizado para os grupos (exceto o que exigido pelas diretivas), com o nítido objetivo de dar preferência à autonomia de cada sociedade, como é o caso da Inglaterra, eventualmente complementada por decisões de tribunais. Não havendo um conceito unificado de grupo, prevalecem tantos conceitos quantos são as normas setoriais aplicáveis.

A realidade econômica evidencia que a situação de domínio fática é normalmente uma etapa intermediária entre a sociedade independente (administrada por órgãos autônomos e visando aos próprios fins) e a sociedade de grupo propriamente dito, cuja atividade se subordina às diretivas emanadas da cúpula grupal e se orienta pelo interesse do grupo, enquanto unidade econômica. Provavelmente em atenção a essa constatação empírica, ao modelo contratual se opõe o modelo orgânico unitário de regulação, no qual a responsabilização da sociedade-mãe ocorrerá objetiva e ilimitadamente, independentemente de uma fonte legal que outorgue existência ao grupo societário, sendo bastante a afirmação do controle como elemento identificador de uma unidade empresarial (constatado por presunções legais, como os conceitos indeterminados direção unitária e a influência dominante). Prevalece então o *princípio da facticidade*. Todavia, se o objetivo do regulador for o de, pura e simplesmente se render à realidade, bastará admitir que o interesse do grupo coincide com o interesse da sociedade-mãe e a melhor estratégia consistirá em deixá-la seguir os "melhores propósitos" para implementar os fins do grupo, sem que seja afetada por normas que lhe imputem responsabilidade pelas externalidades derivadas no âmbito das sociedades subsidiárias. Com inegável crueza, a abordagem escolhida pelo EMCA é a de considerar o critério do controle para delimitar os grupos verticais de sociedades, considerando-se o poder de direção da empresa-mãe sobre subsidiárias como uma realidade que não tem de ser formalmente "legalizada" ou "declarada" por critérios como "direção unitária" emanados de contratos de subordinação ou de domínio total.

Em países como Alemanha, Portugal e Brasil surge um modelo contratual de natureza dualista, que reflete a realidade do controle societário em duas disciplinas: de um lado, os grupos de direito, de outro, os grupos de fato. Os grupos de direito emanam de um ato negocial no qual a sociedade dominada explicitamente se submete a uma integração intersocietária e, consequentemente, a uma direção econômica comum no interesse do grupo. Por outro lado, nos grupos de fato haverá limites ao exercício da influência dominante. A independência da filial será preservada na medida do possível, proibindo a lei que os seus interesses sejam prejudicados. O regime de responsabilidade resultante deste modelo dualista decorre automaticamente do acomodamento ou integração da realidade num destes dois modelos formais de grupo.

O problema é que no perímetro que separa a autonomia do controle, seja em grupos centralizados ou descentralizados, não há uma polarização tipo *all or nothing*, em que a autonomia será absoluta ou o controle será incontrolável. Trata-se de uma questão de proporção. Em verdade, existirão variadas alternativas organizacionais de direito ou de fato, que remeterão mais a um polo concentrado e hierárquico (grupos constituídos por subsidiárias integrais, cuja vida é completamente gerida pela sociedade-mãe) ou ao outro, mais flexível e disperso, no qual a intervenção da sociedade-mãe será restrita unicamente aos aspectos estratégicos para a sobrevivência, liquidez e maximização lucrativa do grupo. Caberá à lei traduzir essa realidade em proposições normativas variadas, tendo como base parâmetros objetivos que conformem os conceitos indeterminados do *controle, direção unitária, influência dominante, interesse do grupo*.

Todavia, tudo se altera no contexto de um grupo de fato qualificado. Uma simples influência dominante (grupo de fato) se transforma em direção unitária intensamente centralizada (grupo de direito), à margem de uma fonte contratual, na qual o direito potestativo do controle intersocietário é exercido sem qualquer razoabilidade, a ponto de esvaziar permanentemente a estrutura organizacional da sociedade dominada. A intensidade do domínio exercido é de tal ordem que conduz à permanente sujeição da sociedade dependente às instruções da sociedade diretora. Essa noção designa uma situação em que a sociedade dependente, por iniciativa da dominante, encontra-se em posição em que os instrumentos capazes de assegurar o seu patrimônio já não mais atuam eficazmente. Filiais são tratadas como sucursais e o centro decisão se resume a uma única sociedade. É certo que a investigação dos grupos de fatos qualificados como fato ilícito somente faz sentido em sistemas jurídicos como os da Alemanha, Portugal e Brasil, que elegeram uma estratégia regulatória de índole contratual fundada na dicotomia grupos de direito e grupos de fato. Os grupos de fato qualificados ingressam aqui como um patológico *tertium genus*, cuja definição e elementos caracterizadores demandam ampla atividade.

Só haverá possibilidade de compreensão do fenômeno dos grupos de fato qualificados como uma disfunção na perspectiva dinâmica dos grupos como processo polarizado para a realização de uma atividade empresarial benéfica a todos os seus membros. A compreensão da relação em sua complexidade evidencia, ao lado dos deveres de prestação, deveres de proteção, laterais, anexos ou instrumentais. Quando o processo é fisiológico, o conjunto de situações jurídicas subjetivas (direitos, deveres, ônus, faculdades, poderes) é incensado pela via de uma atividade colaborativa, na qual diversas sociedades se auxiliam em um viés organizacional. Esse "processo" será alijado de sua funcionalidade, caso o controle seja desvirtuado no transcurso de uma atividade de substancial esvaziamento dos centros decisórios de uma das subsidiárias, agora localizados na controladora e em sua gestão sem legitimidade formal. O sistema compensatório dos grupos de fato não funcionará quando a sociedade-mãe toma por completo o controle das finanças, políticas e práticas da subsidiária, a ponto de ela perder a direção sobre si própria. A compreensão dos grupos de fato qualificados radica no paradoxo entre autonomia e controle, gerando uma fratura entre a lei e os modelos praticados no mercado.

Em comum aos grupos de direito e de fato, estamos no âmbito da licitude. A atuação empresarial na forma plurissocietária representa exteriorização fisiológica da liberdade econômica do controlador. Direção unitária (em um caso) e influência determinante (em outro) encontram justificação no Direito. Evidentemente, isso não impede que a lei sancione as sociedades controladoras pela reparação dos danos ou compensação de prejuízos sofridos pelas filiais, pois a responsabilidade civil não requer o ato ilícito e a culpa como pressupostos obrigatórios. A obrigação de indenizar resultará do nexo causal entre o exercício do controle e os prejuízos experimentados pela subsidiária. Porém, não é esse o cenário projetado para os grupos de fato qualificados. Aqui se manifesta a ilicitude, em seu perfil clássico. Trata-se de verdadeiro ilícito frontal, por ilegalidade manifesta do comportamento do controlador que se substitui aos órgãos competentes da sociedade-filha. O exercício de funções com a inobservância da distribuição de competências no interno de uma sociedade é um comportamento antijurídico, seja pela ilicitude do objeto, como pela forma empregada pela sociedade-mãe para se sobrepor à administração da filial. Afinal, a relação orgânica dos adminístradores é referível à sociedade em si, mas não ao sócio majoritário.

A emergência do grupo de fato qualificado atrai um aspecto que extrapola a eficácia reparatória dos danos injustos. Deve-se sobrepor mais uma camada à questão indenizatória, pois agora estamos a tratar de um fato ilícito qualificado por uma ilegalidade cuja resposta normativa deve ser remetida a outros confins, mais amplos que os da responsabilidade civil. O direito deve prevenir e sancionar o comportamento antijurídico de comandar uma sociedade "por fora", a par da materialização de prejuízos para credores ou sócios minoritários. Em outros termos, o que se requer aqui é a existência de mecanismos *ex ante,* para prevenir a prática da conduta de asfixia de uma sociedade por outra e, caso essa atividade deletéria seja posta em prática, o recurso a instrumentos *ex post* que sejam capazes de inibir a sua continuação ou reiteração, antes mesmo que produzam danos.

A compreensão de um grupo de fato qualificado como um fato ilícito permite deduzir efeitos jurídicos que extrapolam o setor da responsabilidade civil ou da desconsideração da personalidade jurídica. A atividade predatória permanentemente direcionada à sociedade afilhada requer combate, independentemente da constatação da culpa, dano e nexo causal, pressupostos apenas indispensáveis à eclosão da eficácia reparatória, restituitória, ou da derrogação da autonomia jurídica de uma sociedade. Por outro lado, na impossibilidade de se sancionar os fatos ilícitos extraorgânicos pela via da invalidade – em comum, nulidade e anulabilidade têm como objetivo a desconstituição de atos antijurídicos individualizados no perímetro orgânico da sociedade controlada –, a tutela inibitória da atividade ilícita será uma eficiente sanção civil para a contenção do fenômeno do grupo de fato qualificado, por sua aptidão para pedagogicamente neutralizar procedimentos intoleráveis da sociedade controladora, quiçá direcionando-a à fisiológica escolha entre os grupos de direito ou de fato. Com efeito, nas relações de grupo qualificado, o recurso à tutela inibitória de comportamentos antijurídicos que comprometam a autonomia substancial da sociedade dominada será um remédio manifestamente legítimo, para frear o reiterado comportamento de subordinação dos interesses da dominada à dominante.

Ilícito civil e responsabilidade civil são realidades distintas e não podem ser tratados indistintamente. É necessária a superação de mais um dos diversos dogmas do direito privado: aquele que reduz o ato ilícito a mero fato gerador da responsabilidade civil, quando, em verdade, a obrigação de indenizar é somente uma das eventuais consequências de um ilícito civil. A relação entre o ilícito e a responsabilidade civil é de gênero e espécie. A obrigação de reparar danos patrimoniais ou morais é uma das possíveis eficácias do ato ilícito. Em sua estrutura, o ilícito demanda, como elementos nucleares, a antijuridicidade (elemento objetivo) e a imputabilidade (elemento subjetivo) do agente. O dano não é elemento categórico do ilícito, mas a ele se acresce como fato gerador de responsabilidade civil. Sobreleva evidenciar a existência de uma gama infinita de efeitos jurídicos potenciais decorrentes da ilicitude. Se o fato ilícito é um acontecimento contrário ao ordenamento jurídico, certamente o próprio sistema jurídico poderá reconhecer diferentes consequências à prática desse comportamento desconforme a ordem jurídica.

O modelo jurídico da responsabilidade civil é por essência cambiante, extremamente sensível aos influxos econômicos e sociais. Na sociedade de riscos, um altivo papel do ordenamento jurídico consiste em induzir, de forma generalizada, comportamentos virtuosos, orientando potenciais ofensores a adotar medidas de segurança a evitar condutas danosas. Uma ode à virtude da "previdência" (olhar antes). A tutela inibitória se propaga no Direito Civil com uma série de instrumentos que permitem prevenir o ilícito antes que ele se produza, sinalizando o compromisso do direito com o desestímulo a comportamentos antijurídicos. Por conseguinte, a responsabilidade civil pode se prestar a um papel preventivo de grande importância, sem qualquer demérito à técnica compensatória. Na dinâmica da sociedade contemporânea, não mais é possível aguardar, em berço esplêndido, a frustração ou violação de um direito, para, somente depois, pleitear uma providência jurisdicional. Na pós-modernidade, urge a obtenção de respostas efetivas e concretas, práticas e céleres, contra a ilicitude. Em determinadas circunstâncias particularizadas, haverá a necessidade de o ordenamento jurídico agir de forma pragmática e flexível para mensurar bases de ponderação entre o acolhimento de interesses merecedores de tutela de credores e vítimas, com a consciência de que os critérios distributivos de danos para outros sujeitos, em sede de imputação objetiva, eventualmente não poderão desprezar a importância do desestímulo ao agente causador do dano.

Nos grupos de fato qualificados há o imperativo de se localizar critérios distintos para a proteção dos direitos dos minoritários, pois já não mais se trata de uma discussão sobre a conservação de sua posição patrimonial em uma sociedade dependente, porém de uma sujeição econômica imposta à margem do direito. Nessa perspectiva, a tutela inibitória do ilícito pode se mostrar efetiva em duas vertentes:

deferindo-se ao minoritário a *potestade* de se retirar da sociedade mediante o pagamento de suas ações ou cotas, ou, caso decida prosseguir na sociedade, possa contar com garantias jurídicas e patrimoniais de que a atividade antijurídica será contida.

A constatação da perda de autonomia da sociedade, independentemente da existência de qualquer prejuízo econômico, poderá ser sancionada pela faculdade dos minoritários liquidarem o próprio investimento, não somente pela formação contratual de um grupo de direito como pelo ilícito exercício de uma direção unitária por parte da controladora nos grupos de fato. De fato, uma vez demonstrada a violação do interesse social da controlada e o rebaixamento de seus administradores a "membros de fachada", o juiz avaliará a gravidade e a repetição da infração e, consequentemente, o merecimento de tutela da retirada dos minoritários. O recesso não é automático, o seu exercício dependerá da avaliação judicial sobre a existência e extensão da paralisia dos órgãos sociais, colonizados pelos interesses da sociedade controladora.

Todavia, caso o minoritário decida prosseguir na sociedade, a tutela inibitória do ilícito pode conferir a ele ferramentas de contenção da atividade antijurídica, pela via de meios de coerção direta capazes de efetivamente proteger o seu direito à preservação substancial do direcionamento empresarial autônomo. O direito será realizado em virtude da atuação de um auxiliar do juiz ou de um terceiro. Aqui cogitamos de uma intervenção judicial para o cumprimento de uma tutela específica. O magistrado nomeará administrador provisório para atuar no seio da sociedade controlada, à semelhança do que ocorre no Direito anglo-americano quando se pensa nas figuras do *máster, administrator* ou *receiver*. Infere-se tratar de medida apropriada a ser ajuizada pelos administradores ou acionistas externos diante de um grave risco ao interesse social próprio da empresa, pela objetiva impossibilidade de funcionamento de seus órgãos sociais, seja por disfunção ou paralisia. A missão específica do administrador provisório será a de substituir órgãos de administração da sociedade, evitando o seu colapso e garantindo, por um período determinado, a revitalização da atividade empresarial.

A adoção da tutela inibitória também é legítima quando "terceiros controladores", com base em relação contratual particular com a sociedade, ultrapassam o âmbito de eficácia da esfera negocial destinada à concretização do objeto do negócio jurídico estabelecido com a sociedade, transmutando-se em agentes ativos, direta ou indiretamente, na gestão dessa concreta sociedade, dominando a vontade e substituindo-se aos administradores de direito dessa sociedade. Em regra, instituições financeiras se beneficiam de uma condição forte na relação negocial com as sociedades financiadas e interferem ativamente na gestão das suas clientes, colocando os respectivos administradores em uma posição de infraordenação e perda de sua autonomia e liberdade de decisão, até o limite da subserviência.

REFERÊNCIAS

ABRÃO, Carlos Henrique; Andrighi, Fátima Nancy; Beneti, Sidnei (Coord.). *10 Anos de Vigência da Lei de Recuperação e Falência*. São Paulo: Saraiva, 2015.

ABREU, Jorge Manuel Coutinho de. *Curso de Direito Comercial*. 5. ed. Coimbra: Almedina, 2015. v. 2.

ABREU, Jorge Manuel Coutinho de. *Governação das sociedades comerciais*. 2. Ed. Almedina: Coimbra, 2010.

ABREU, Jorge Manuel Coutinho de (Coord.) *Código das Sociedades Comerciais em comentário.*, Coimbra: Almedina, 2013. v. VI.

ABREU, Jorge Manuel Coutinho de. *Curso de Direito Comercial*. 4. ed. Coimbra: Almedina, 2013. v. III.

ABREU, Jorge Manuel Coutinho de. *Da empresarialidade – As empresas no direito*. Coimbra: Almedina, 1999.

ABREU, Jorge Manuel Coutinho de. *Direito dos grupos de sociedades segundo o European Model Company Act*. IV Congresso Direito das Sociedades em Revista. Almedina: Lisboa, 2016.

ABREU, Jorge Manuel Coutinho de. *Duas ou três coisas sobre grupos de sociedades (perspectivas europeias)*. Texto Inédito, escrito especialmente para conferência proferida em Congresso Brasileiro de Direito Societário de 2017.

ABREU, Jorge Manuel Coutinho de. In: FLECKNER, Andreas M.; HOPT, Klaus J. (Ed.). *Comparative corporate governance*: a functional and international analysis. New York: Cambridge University Press, 2013.

ABREU, Jorge Manuel Coutinho de. Notas sobre o poder nas sociedades anônimas. In: A. Avelãs Nunes; J. Miranda Coutinho (Coord.). *O direito e o futuro. O futuro do direito.* Coimbra: Almedina, 2008.

ABREU, Jorge Manuel Coutinho de. *Responsabilidade civil dos administradores de sociedades*. 2. ed. Coimbra: Almedina, 2010.

ABREU, Jorge Manuel Coutinho de. Responsabilidade nas sociedades em relação de domínio. *Scientia Ivridica*, t. LXI, n. 329. Universidade do Minho, maio/ago. 2012.

ABREU, Jorge Manuel Coutinho de. *Responsabilidade por perdas da sociedade subordinada*. In: ABREU, Jorge Manuel Coutinho de (Coord.). *Código das sociedades comerciais em comentários*. Coimbra: Almedina, 2013. v. VI.

ADELSTEIN, Richard. Firms as Social Actors. *Journal of Institutional Economics*, v. 6, n. 3, p. 329-349, 2010.

ALCHIAN, A., & Woodward, S. (1988). The Firm Is Dead; Long Live The Firm a Review of Oliver E. Williamson's The Economic Institutions of Capitalism. *Journal of Economic Literature*, 26(1), 65-79. Disponível em: http://www.jstor.org/stable/2726609.

ALCHIAN, Armen A.; DEMSETZ, Harold. Production, information costs, and economic organization. *The American economic review*, v. 62, n. 5, p. 777-795, 1972.

ANTUNES, José Engrácia. A empresa multinacional e sua responsabilidade. *Direito das Sociedades em Revista.* ano 1, v. 1, mar. 2009.

ANTUNES, José Engrácia. Estrutura e responsabilidade da empresa. O moderno paradoxo regulatório. *Revista Direito GV*, v. 2, São Paulo, 2005.

ANTUNES, José Engrácia. *Participações qualificadas e domínio conjunto*. Porto: Publicações Universidade Católica, 2000.

ANTUNES, José Engrácia. *Os grupos de* sociedades – Estrutura e organização jurídica da empresa plurissocietária. 2. ed. Coimbra: Almedina, 2002.

ARAÚJO, Danilo Borges dos Santos Gomes; WARDE JR, Walfrido Jorge. *Os grupos de sociedades.* O estado atual da técnica. São Paulo: Saraiva, 2012.

ARAÚJO, Danilo Borges dos Santos Gomes; WARDE JR, Walfrido Jorge. A doutrina Rozenblum do direito francês. *Os grupos de sociedades*. São Paulo: Saraiva, 2012.

ATIENZA, Manuel; MANERO, Juan Ruiz. *Illeciti atipici*. Bologna: Mulino Ricerca, 2004.

AZEVEDO, Erasmo Valladão; FRANÇA, Novaes. *Conflito de interesses nas assembleias de S/A*. São Paulo: Malheiros, 1993.

AZEVEDO, Luis Andre Moura. O paradoxo da disciplina legal dos grupos de direito no Brasil sob uma perspectiva de direito e economia. *Os grupos de sociedade*. São Paulo: Saraiva, 2012.

BARBOSA FILHO, Marcelo Fortes. *Código Civil comentado*. In: PELUSO, Cezar (Coord.). 11. ed. São Paulo: Manole, 2017.

BAUMS, Theodor; ANDERSEN, Paul Kruger, ANTUNES, José Engrácia. A lei-modelo europeia das sociedades: um projecto inovador. In: TELLES, Inocencio Galvão (Dir.). *O Direito*. ano 140, 2008.

BENJAMIM, Antonio Herman; MARQUES, Claudia Lima; BESSA, Leonardo Roscoe. *Manual de Direito do Consumidor*. 4. ed. São Paulo: Ed. RT, 2012.

BERLE, Adolf Augustus; MEANS, Gardner. A moderna sociedade anônima e a propriedade privada. Trad. Dinah de Abreu Azevedo. 3 ed. São Paulo: Nova Cultural, 1988.

BERLE, Adolf; MEANS, Gardiner. *A moderna sociedade anônima e a propriedade privada*. Rio de Janeiro: Nova Cultural, 1987.

BIANCA, Massimo. L'Inibitoria come rimedio di prevenzione dell' illecito. *Studi in onore di Nicolò Lipari*. Milano: Giuffrè, 2008. t. I.

BLAUROCK, Uwe. Regulação dos grupos de sociedades. *Os grupos de sociedades*. São Paulo: Saraiva, 2012.

BLUMBERG, Phillip. *A. Blumberg on corporate groups*. 2. ed. Aspen: Aspen Publishers, 2005.

BORGES, Souto Maior. *Ciência feliz*: sobre o mundo jurídico e outros mundos. Recife: Fundação de Cultura Cidade do Recife, 1994.

BRAGA NETTO, Felipe Peixoto. *Teoria dos ilícitos civis*. Belo Horizonte. Del Rey, 2003.

BRATTON JR, William W. The new economic theory of the firm: Critical perspectives from history. *Stanford Law Review*, p. 1471-1527, 1989.

BUSNELLI, Francesco. Deterrenza, responsabilità civile, fatto illecito, danni punitivi. *Europa e Diritto Privato*, n. 4, 2009.

CABALLERO, G; SOTO-OÑATE, D. The Diversity and Rapprochement of Theories of Institutional Change: Original Institutionalism and New Institutional Economics. *Journal of Economic Issues* (M.E. Sharpe Inc.). 49, 4, 947-977, Dec. 2015.

CARVAL, Suzanne. *La responsabilité civile dans sa fonction de peine privée*. Paris: LGDJ, 1995.

CARVALHOSA, Modesto de S. Barros; EIZIRIK, Nelson Laks. *Estudos de direito empresarial*. São Paulo: Saraiva, 2010.

CARVALHOSA, Modesto Souza Barros. *Comentários à Lei de Sociedades Anônimas*. São Paulo: Saraiva, 2009.

CARVALHOSA, Modesto. *Comentários a Lei de Sociedades Anônimas*. 3. ed. São Paulo: Saraiva, 2009. v. 4.

CARVALHOSA, Modesto. In: WALD, Alrnold et al. *Sociedades Anônimas e Mercado de Capitais*. São Paulo: Quartier Latin, 2011.

CASTELÕES, Leonardo de Gouvea. *Grupos de Sociedades*. Curitiba: Juruá, 2008.

CIAN, Giorgio. *Antigiuridicità e colpevolezza*. Padova: Cedam, 1966.

COASE, Ronald H. The nature of the firm. *Economica*, v. 4, n. 16, p. 386-405, 1937.

COASE, Ronald Harry. *The firm, the Market, and the law*. Chicago: The University of Chicago Press, 1988.

COELHO, Fabio Ulhoa. O poder de controle sobre companhias abertas concorrentes no direito brasileiro. *Direito das sociedades em revista*. a. 4, v. 8. out. 2012.

COMPARATO, Fábio Konder. *Ensaios e pareceres de direito empresarial*. Rio de Janeiro: Forense, 1978.

COOTER, Robert and PORAT, Ariel. Total Liability for Excessive Harm. *The Journal of Legal Studies*, v. 36, n. 1, p. 63-80, Chicago, 2013.

COOTER, Robert, and Bradley J. Freedman. Fiduciary Relationship: Its Economic Character and Legal Consequences, The. *NYUL Rev.* 66 (1991): 1045.

CORDEIRO, António Menezes. *Direito das sociedades*. 3. ed. Coimbra: Almedina, 2011.

COSTA, Ricardo. *Os administradores de facto da sociedade comercial*. Coimbra: Almedina, 2014.

COSTA, Ricardo. Domínio total inicial. In: ABREU, Jorge Manuel Coutinho de (Coord.). *Código das sociedades comerciais em comentários*. 2. ed. Coimbra: Almedina, 2015. v. VI.

COX, James & HAZEN, Thomas Lee. *On Corporations*. 2. ed. Aspen: Aspen Publishers, New York, 2003.

DAVIES, Paul. *Gower and Davie's Principles of Modern Company Law*. 7. ed. London: Sweet & Maxwell, 2003.

DELECOURT, Benoist. *L'intérêt social*. Sous la direction de madame MONSALLIER (M.C.F) Mémoire D.E.A Droit des contrats Université de Lille II, année 2000 / 2001. Droit des sociétés.

DI MAJO, Adolfo. *La Tutela civili dei Diritti*. Milano: Giuffrè, 2003.

DI MAJO, Adolfo. *Profili della responsabilità civile*. Torino: G. Giappichelli, 2010.

Di Miceli da Silveira, Alexandre and Prado, Viviane Muller and Sasso, Rafael de Campos, Related Party Transactions: Legal Strategies and Associations with Corporate Governance and Firm Value in Brazil (November 26, 2008). Disponível em: SSRN: https://ssrn.com/abstract=1307738 or http://dx.doi.org/10.2139/ssrn.1307738.

DIAS, Rui Pereira. Sociedades em relação de domínio. In: ABREU, Jorge Manuel Coutinho de. *Código das Sociedades Comerciais em comentários*. 2. ed. Coimbra: Almedina, 2015. v. VI.

DOMINGUES, Paulo de Tarso. O exercício de funções de administração por parte dos órgãos fiscalizadores. *Cadernos de Direito Privado*. n. 46, 2014.

DONATIVI, Vincenzo. Struttura proprietaria e disciplina dei gruppi di "imprese sociali". *Rivista delle società*, Giuffrè Editore, Novembre-Dicembre, 2009.

DUARTE, Rui Pinto; ABREU, Jorge Manuel Coutinho de; VASCONCELOS, Pedro Pais de (Dir.). *Direito das sociedades em revista*. Almedina, 2009.

EIZIRIK, Nelson. *A Lei das S/A comentada*. São Paulo: Quatier Latin, 2011. v. 1.

EIZIRIK, Nelson. *Estudos de direito empresarial*. São Paulo: Saraiva, 2010.

FERRI, Giuseppe. *Concetto di controllo e di gruppo*. Scritti giuridici. Napoli: Edizione Scientifici italiana, 1990. v. 3.

FORTUNATO, Sabino. Il Sistema dei Controlli e la Gestione dei Rischi. *Rivista dele Società*, Giuffrè Editore, anno 60, Marzo-Giugno 2015.

FRANÇA, Erasmo Valladão Azevedo e Novaes. *Invalidade das deliberações de assembleia das S/A*. 2. ed. rev. e aum. São Paulo: Malheiros, 2017.

FRANCO, Vera Helena de Mello; SZTAJN, Rachel. *Direito empresarial II*: sociedade anônima, mercado de valores mobiliários. São Paulo: Ed. RT, 2009.

FRANKEL, Tamar. *Fiduciary Law*. Oxford, New York: Oxford University Press, 2011.

FRAZÃO, Ana. *Direito da concorrência*: pressupostos e perspectivas. São Paulo: Saraiva, 2017.

FREOA, Ricardo Peres; Zequi, Alessandra. *Negociações com partes relacionadas*. Disponível em: https://www.jota.info/opiniao-e-analise/artigos/negociacoes-com-partes-relaciona-das-30112016. Acesso em: 24 fev. 2023.

FRISON-ROCHE, Marie-Anne. *L'hypothèse d'un droit général de retrait des minoritaires*, JCP E 1996/4, cahiers droit de l'entreprise, n. 28 et s.

GALGANO, Francesco. *I gruppi di società*. Torino: UTET, 2001.

GALGANO, Francesco. *Il nuovo diritto societário*. Padova: Cedam, 2003.

GALGANO, Francesco. *Lex mercatoria*. 5. ed. Bologna: Il Mulino, 2010.

GALGANO, Francesco. *Trattato di diritto comerciale e di diritto pubblico delle economia la società per azioni*. 2. ed. Itália: Ceda-Padova, 1988. v. 7.

GALGANO, Francesco. *Direzione e coordinamento di società*. Bologna: Zanichelli Editores, 2005.

GAVAZZI, Giacomo. *Elementi di teoria dell diritto*. Torino: G. Giappichelli, 1986.

GELTER, Martin; HELLERINGER, Geneviève. Constituency Directors and Corporate Fiduciary Duties. *Philosophical Foundations of Fiduciary Law*. Oxford: Oxford University Press, 2014.

GOLD, Andrew S. *Contract, Status, and Fiduciary Law*. Oxford: Oxford University Press, 2016.

GOLDBAUM, Sergio. O *postulado da racionalidade e a nova economia institucional*: a nova teoria da firma. Disponível em: https://bibliotecadigital.fgv.br/dspace/bitstream/handle/10438/5392/1199701285.pdf. Acesso em: 20 dez. 2018.

GOMES, Fabio Bellote. *Manual de direito empresarial*. 6. ed. JusPodivm: Salvador, 2017.

GUERREIRO, José Alexandre Tavares. Conflito de interesses entre sociedade controladora e controlada no exercício do direito de voto, em assembleias gerais e reuniões sociais. *Revista de direito mercantil*, ano 22, n. 51, p. 30, São Paulo, jul.-set. 1983.

GUINÉ, Orlando Vogler. *Código das Sociedades Comerciais em comentários*. In: ABREU, Jorge Manuel Coutinho de (Coord.). 2. ed. Coimbra: Almedina, 2015. v. VI.

HAMILTON, Robert. *The law of corporations*. 5. ed. Saint Paul: West, 2000.

HANSMANN, Henry; KRAAKMAN, Reinier. Pela responsabilidade ilimitada do acionista por danos societários. *Os grupos de sociedade*. São Paulo: Saraiva, 2012.

HAUSMANN, Yannick. Corporate Governance of Groups in an Era of Regulatory Nationalism: A Focused Analysis of Financial Services Regulation. *European Company and Financial Law Review*, v. 12/Issue 3, 1 October.

HOPT, Klaus. Direito de grupos societários – uma perspectiva europeia. *Os grupos de sociedade*. São Paulo: Saraiva, 2012.

HOPT, Klaus. *Groups of companies. A comparative study on the economics, law and regulation of corporate groups*. Ch. II 26 *Groups of Companies* in Jeffrey Gordon/Georg Ringe, eds. Oxford Handbook of Corporate Law and Governance, Oxford University Press, 2015.

IMMENGA, Ulrich. The law of groups in the Federal Republic of Germany. In: WYMEERSCH, Eddy (Org.). *Groups of companies in the EEC. Berlin*; New York: Walter de Gruyter, 1993.

IRTI, Natalino. Capitalismo e calcolabilità giuridica. *Rivista dele società*, Giuffrè Editore, Settembre-Ottobre, 2015.

IRUJO, José Miguel Embid. Trends and Realities in the Law of Corporate Groups. *European Business Organization Law Review.*, v. 6/Issue 1, 2005.

IUDÍCIBUS, Sérgio de et al. *Manual de contabilidade societária*. FIPECAFI.–Fundação Instituto de Pesquisas Contábeis, Atuariais e Financeiras, FEA/USP. 2010.

JENSEN, Michael C. and Meckling, William H., The Nature of Man. July 1, 1994.

Jensen, Michael C. Foundations of organizational strategy. Harvard University Press, 1998; *Journal of Applied Corporate Finance*, v. 7, n. 2, p. 4-19, Summer 1994.

JENSEN, Michael C.; MECKLING, William H. Theory of the firm: Managerial behavior, agency costs and ownership structure. *Journal of financial economics*, v. 3, n. 4, 1976.

KELSEN, Hans. *Teoria pura do direito*. São Paulo: Martins Fontes, 1994.

KOPPENSTEINER, Hans-Georg. Os grupos no direito societário alemão. *Miscelâneas*. n. 4 do IDET. Coimbra: Almedina, 2006.

LAMY FILHO, Alfredo; PEDREIRA, José Luiz Bulhões. *A Lei das SA*. Rio de Janeiro: Renovar, 1992.

LOBO, Jorge. *Direito dos grupos de sociedades*. Disponível em: https://www.mprj.mp.br/documents/20184/2835124/Jorge_Lobo.pdf. Acesso em: 24 fev. 2023.

LOUREIRO, Catarina Tavares; Ereio, Joana Torres. A relação de domínio ou de grupo como pressuposto de facto para a aplicação das normas do código das sociedades comerciais – O âmbito espacial em particular. Disponível em: https://www.uria.com/documentos/publicaciones/3223/documento/art05.pdf?id=3371&forceDownload=true. Acesso em: 24 fev. 2023.

MAJO, Alessandro di. *I Gruppi di Società*. Milano: Giuffrè, 2012.

MARINONI, Luiz Guilherme. *Tutela contra o ilícito*. São Paulo: Ed. RT, 2015.

MARTINS, Alexandre de Soveral Martins. In: ABREU, Jorge Manuel Coutinho de. (coord.) *Código das Sociedades Comerciais em Comentário*. V. VI, Coimbra: Almedina, 2013.

MATOS, Óscar Miguel da Silva Pinto de; GALDI, Fernando Caio. *O impacto das transações com partes relacionadas na performance operacional das companhias listadas na Bm&Fbovesp*a. Disponível em: file:///C:/Users/fabri/Downloads/1961-Texto%20do%20artigo-9569-1-10-20150511.pdf.

MAZZAMUTO, Salvatore. La Comminatoria di cui all Art. 614 Bis CPC e il concetto di infungibilità processuale. *Europa e Diritto Privato*, 4/2009.

MELLO, Marcos Bernardes de. *Teoria do fato jurídico*. São Paulo: Saraiva, 1991.

MERKT, Hanno. In FLECKNER, Andreas M.; HOPT, Klaus J. (Ed.). *Comparative corporate governance*: A functional and international analysis. New York: Cambridge University Press, 2013.

MIRANDA, Francisco Cavalcante Pontes de. *Tratado de direito privado*. Rio de Janeiro: Borsoi, 1954. t. II.

MONATERI, Giuseppe Pier. *La responsabilità civile*. Torino: Utet Giuridica, 2006.

NEVES, A. Castanheira. *Metodologia jurídica*: problemas fundamentais. 2013.

NUNES, Pedro Caetano. *Dever de Gestão dos Administradores de Sociedades Anónimas*. Coimbra: Almedina, 2018.

OLIVEIRA, Ana Perestrelo de. *A responsabilidade civil dos administradores nas sociedades em relação de grupo*. Coimbra: Almedina, 2007.

OLIVEIRA, Ana Perestrelo de. Anotação aos artigos 481.º a 508.º do Código das Sociedades Comerciais. In: CORDEIRO, Menezes. *Código das Sociedades Comerciais anotado*. Coimbra: Almedina, 2009.

OLIVEIRA, Fabrício de Souza. A introdução das superpreferenciais no Brasil: Estudo de caso: Azul S.A. *Revista de Direito Empresarial*: RDEmp, v. 11, n. 2, p. 153-168, Belo Horizonte, maio/ago. 2014.

OLIVEIRA, Fabrício de Souza; GONTIJO, Vinícius José Marques. O voto plural: problemas em governança corporativa. *Direito das Sociedades em Revista*, 13, v. 28, 2022.

ORTS, Eric W. *Business persons*: A legal theory of the firm. Oxford University Press, 2013.

PARDOLESI, Roberto, GRIFFI, Ugo Patroni. I gruppi di società tra anomia e corporate governance. *ll Foro Italiano*, v. 120, n. 1, gennaio 1997, Società Editrice Il Foro Italiano.

POPPER, Karl R. *Lógica das ciências sociais*. Brasília: Universidade de Brasília, 1978.

PORTALE, Giuseppe. La parabola del capitale sociale nella s.r.l. *Rivista delle società*, Giuffrè Editore, settembre-ottobre, 2015.

POSNER, Richard A. *Problemas de Filosofia do Direito*. Trad. Jefferson Luiz Camargo. São Paulo: Martins Fontes, 2007.

PRADO, Viviane Muller. *Conflito de interesses nos grupos societários*. São Paulo: Quartier Latin, 2006.

PRADO, Viviane Muller. Grupos societários: análise do modelo da Lei 6.404/1976. Revista direito GV, v. 1, n. 2, p. 5-27, 2005.

PORTA, Rafael La et al. Law and finance. *Journal of political economy*, 1998, 106.6: 1113-1155.

QU, Charles Zhen & AHL Björn. Lowering the Corporate Veil in Germany: a case note on BGH 16 July 2007 (Trihotel). *Oxford University Comparative Law Forum 4*, 2008.

REICH-GRAEFE, René. *Changing Paradigms*: The Liability of Corporate Groups in Germany. Western New England University School of Law Digital Commons @ Western New England University School of Law, 2005.

RIBEIRO, Joaquim de Souza. *Direito dos contratos*. Coimbra: Almedina, 2007.

ROSENVALD, Nelson. *As funções da responsabilidade civil*. 3. ed. São Paulo: Saraiva, 2017.

SALOMÃO FILHO, Calixto. *O novo direito societário*. 3. ed. São Paulo: Malheiros, 2006.

SALOMÃO FILHO, Calixto. *O novo direito societário*. 4. ed. São Paulo: Malheiros, 2011.

SALOMÃO FILHO, Calixto; COMPARATO, Fábio Konder. *O poder de controle na sociedade anônima*. 6. ed. São Paulo: Forense, 2005.

SALVI, Cesare. *La responsabilità civile*. Milano: Giuffrè, 2005.

SERAFIM, Sónia das Neves. In: MARTINS, João Pedro Vargas Carinhas de Oliveira et al. *Temas de Direito das Sociedades*. Coimbra: Coimbra, 2011.

SMITH, Adam. *An inquiry into the nature and causes of the wealth of nations*. General editors R. H. Campbell and A. S. Skinner; textual editor W. B. Todd. Oxford: Clarendon Press, 1976.

SCHELLING, Thomas C. *The Strategy of Conflict*: with a new Preface by the Author. Harvard university press, 1980.

TIROLE, Jean. *The Theory of Corporate Finance*. New Jersey: Princeton University, 2006.

TYLER, Tom R.; MENTOVICH, Avital. Punishing collective entities. *JL & Pol'y*, v. 19, p. 203, 2010.

VALVERDE, Trajano de Miranda. *Sociedade por Ações*: Comentários ao Decreto-Lei 2.627, de 26 de setembro de 1940. Rio de Janeiro: Forense, 1959.

VASCONCELOS, Pedro Pais de. Dependência e independência entre sócios e gestores nas sociedades comerciais. In: DOMINGUES, Paulo de Tarso (Org.). *Congresso Comemorativo dos 30 Anos do Código das Sociedades Comerciais*. Coimbra: Almedina, 2017.

VELASCO, Gaudencio Esteban. Distribución de competencias entre la Junta General y el órgano de Administración, en particular las nuevas facultades de la Junta sobre activos esenciales. Junta *General y Consejo de Administración de la Sociedad cotizada*: Estudio de las modificaciones de la Ley de Sociedades de Capital introducidas por las Leyes 31/2014, de 3 de diciembre, 5/2015, de 27 de abril, 9/2015, de 25 de mayo, 15/2015, de 2 de julio y 22/2015, de 20 de julio, así como de las Recomendaciones del Código de Bon Gobierno de Febrero de 2015. Thomson Reuter, 2016.

WEBER, Max. *The history of commercial partnerships in the middle ages*. Rowman & Littlefield, 2003.

WILLIAMSON, Oliver E. The New Institutional Economics: Taking Stock, Looking Ahead. *Journal of Economic Literature* 38, n. 3 (2000): 595-613.

WILLIAMSON, Oliver E. *The mechanisms of governance*. Oxford University Press, 1996.

SCHMIDT, Dominique. *Les conflits d'intérêts dans la société anonyme, Pratique des affaires*. Paris: Joly éditions, 1999.

SCHREIBER, Anderson. *Novos paradigmas da responsabilidade civil*. São Paulo: Atlas, 2007.

SCOGNAMIGLIO, Claudio. Danno morale e funzione deterrente della responsabilità civile. *Studi in onore di Nicolò Lipari*. Milano: Giuffrè, 2008. t. II.

SCOGNAMIGLIO, Renato. *Responsabilità civile e danno*. Torino: G. Giappichelli, 2010.

SILVA, Francisco Pinto da. A influência dos credores bancários na administração das sociedades comerciais e a sua responsabilidade. *Direito das sociedades em revista*. ano 6, v. 12, Coimbra: Almedina, 2014.

THEODORO JR., Humberto. *Curso de Processo Civil*. Rio de Janeiro: Forense, 2002.

TOMBARI, Umberto. *Diritto dei gruppi di imprese*. Milano: Giuffrè, 2010.

VILANOVA, Lourival. *Estruturas lógicas e o sistema do direito positivo*. São Paulo: Ed. RT, 1977.

WARDE JR, Walfrido Jorge. O fracasso do direito grupal brasileiro. *Os grupos de sociedade*. São Paulo: Saraiva, 2012.

WIEDEMANN, Herbert. The German Law of Affiliated Enterprises. *Groups of Companies in European Laws*. Berlin: Walter de Gruyter, 1982.

ZECKHAUSER, Richard J. *Principals and agents*: The structure of business. Harvard Business School Press, 1991.

POSFÁCIO

É com muita honra e alegria que recebi o convite para posfaciar o livro "Governança nos Grupos Societários: inovações", de autoria dos amigos e professores consagrados Nelson Rosenvald e Fabrício Oliveira.

Como alguém que atua na área dos negócios, tanto do ponto de vista acadêmico como profissional, observo o protagonismo crescente dos grupos societários e o acerto da conclusão do professor Engrácia Antunes, ao afirmar que o Direito Comercial há muito tempo deve ser visto como o Direito dos Grupos Societários ou das Empresas Plurissocietárias.[1] Sob essa perspectiva, e partindo da premissa de que o direito precisa acompanhar a multiformidade e a evolução constante do fenômeno empresarial, é fundamental que os grupos societários encontrem a sua "cara-metade" na regulação jurídica.[2]

Com a crescente importância dos grupos contratuais[3] e das diversas relações entre estes e os grupos societários, assim como com o progressivo declínio do protagonismo do próprio poder de controle[4], criam-se novos desafios para a compreensão da organização empresarial e para saber como a regulação jurídica poderá realizar aquela que considero a sua principal função: equilibrar poder empresarial e responsabilidade.

Afinal, o exercício de poder empresarial sem responsabilidade é, por si só, grande incentivo para abusos e disfuncionalidades. Por outro lado, sem uma efetiva compreensão de como os agentes econômicos podem usar as formas jurídicas para disfarçar o poder, cria-se contexto propício à chamada "irresponsabilidade organizada", em que cadeias societárias são facilmente utilizadas para ocultar o verdadeiro titular do poder empresarial ou dificultar qualquer atribuição de responsabilidade a ele.

Não obstante nos encontrarmos hoje na fase "molecular" do fenômeno societário, o Direito Societário brasileiro continua sendo atomístico. A legislação

---

1. ANTUNES, Engrácia. *Os grupos de sociedades*. estrutura e organização jurídica da empresa plurissocietária. Coimbra: Almedina, 2002, p. 31-46.
2. ANTUNES, ibidem, p. 46.
3. Ver FRAZÃO, Ana. *Direito da Concorrência*: pressupostos e perspectivas, São Paulo: Saraiva, 2017, Capítulo 5.
4. Ver FRAZÃO, Ana. "Outras instâncias de poder na sociedade por ações: declínio do protagonismo do controle? In: ULHOA, Coelho; FRAZÃO, Ana; MENEZES, Maurício; CASTRO, Rodrigo; CAMPINHO, Sérgio. *Lei das Sociedades Anônimas Comentada*. São Paulo: Gen/Forense, 2022, p. 539-542.

pouco cuida da matéria, assim como as reflexões doutrinárias e jurisprudenciais são escassas e normalmente superficiais. Com exceção de discussões mais acaloradas sobre desconsideração da personalidade jurídica no âmbito grupal, que nem sempre observam a melhor técnica jurídica, ainda há grande lacuna sobre os grupos societários no pensamento jurídico brasileiro.

Exemplo mais recente dessa constatação é que a Lei de Liberdade Econômica, ao tocar no assunto, o fez exclusivamente sob a perspectiva da desconsideração, a fim de afastá-la em razão da mera existência de grupos. Embora o raciocínio do legislador seja, a rigor correto, a sua omissão em tratar seriamente da estrutura grupal mantém o desbalanceamento do sistema jurídico brasileiro, na medida em que não há regramento jurídico suficiente para regular a dinâmica dos grupos, especialmente sob o enfoque da responsabilidade.

Verdade seja dita que avançar na reflexão dos grupos não é tarefa fácil, uma vez que eles são a prova viva de que as formas jurídicas, como a personalidade jurídica, não mais são suficientes para a compreensão da estruturação dos entes econômicos. Assim, é fundamental avançar em outros critérios e parâmetros para a compreensão do poder empresarial, o que requer a utilização de conceitos que, como é o caso de controle, influência significativa e tantos outros, não estão sujeitos a formas rígidas e objetivas e ainda dependem, para a sua efetiva identificação, de um enfoque multidisciplinar que considere seriamente as contribuições de outras áreas, notadamente da economia e da sociologia.

É nesse contexto que os professores Nelson e Fabricio se dispõem a enfrentar os desafios mencionados e oferecer uma contribuição para a compreensão dos grupos a partir da discussão sobre governança. Como eles próprios esclarecem na introdução, embora não defendam a personificação dos grupos societários, consideram ser fundamental entender a empresa plurissocietária se quisermos minimamente compreender se, como e por que se deve regulá-la.

Para isso, os autores procuram fazer uma revisão da literatura essencial sobre o assunto, incluindo a econômica, para mapear o problema e, a partir daí, propor perspectivas para a compreensão das alternativas de governança e de suas relações com a responsabilidade civil.

Os próprios autores advertem que, ao longo do texto, o leitor irá deparar-se com dados que justificam a necessidade de outros estudos teóricos e empíricos sobre os grupos de sociedades e outras propostas de pesquisa. Entretanto, tal conclusão, longe de diminuir a importância da obra, apenas reforça o quanto é importante a iniciativa dos autores para gerar frutos em uma área tão carente de reflexão.

Por todas essas razões, parabenizo os professores Nelson Rosenvald e Fabrício Oliveira e espero que a obra seja um importante incentivo para que todos aqueles que lidam com o fenômeno empresarial se engajem na necessária tarefa de discutir a adequada regulação jurídica para os grupos societários.

Brasília, 16 de fevereiro de 2023.

Ana Frazão

Professora-Associada de Direito Civil, Comercial e Econômico da Universidade de Brasília – UnB.